ENTRETIENS D'ARTISTES

POÉTIQUE ET PRATIQUES

Dernières parutions dans la même collection

Jean COCTEAU, *Écrits sur la musique*, présentés par David GULLENTOPS et Malou HAINE, 2016, 500 pages.

Marges de l'opéra : musique de scène, musique de film et musique radiophonique en France, en Suisse, en Allemagne et aux États-Unis, 1920-1950, sous la direction de Frédérique TOUDOIRE-SURLAPIERRE et Pascal LÉCROART, 2015, 288 pages.

L'orchestre à cordes sous Louis XIV, sous la direction de Jean DURON et Florence GÉTREAU, 2015, 472 pages.

Essais de philosophie, par Jerrold LEVINSON, textes réunis, traduits et introduits par Clément CANONNE et Pierre SAINT-GERMIER, 2015, 288 pages.

L'orchestre au travail : interprétations, négociations, coopérations, par Hyacinthe RAVET, 2015, 384 pages.

L'enquête en ethnomusicologie : préparation, terrain, analyse, par Simha AROM et Denis-Constant MARTIN, 2015, 288 page.

Perception et cognition de la musique, par Stephen MCADAMS, 2015, 248 pages.

Camille Saint-Saëns et le politique de 1870 à 1921 : le drapeau et la lyre, par Stéphane LETEURÉ, 2014, 224 pages.

Darius Milhaud, compositeur et expérimentateur, sous la direction de Jacinthe HARBEC et Marie-Noëlle LAVOIE, 2014, 288 pages.

La steppe musicienne : analyses et modélisation du patrimoine musical turcique, par Frédéric LÉOTAR, 2014, 320 pages (Coup de cœur Académie Charles Cros, 2015).

La musique face au sytème des arts ou les vicissitudes de l'imitation au siècle des Lumières, sous la direction de Marie-Pauline MARTIN et Chiara SAVETTIERI, 2014, 352 pages.

Ernest Van Dyck et Jules Massenet : une interprète au service d'un compositeur, par Jean-Christophe BRANGER et Malou HAINE, 2014, 176 pages.

Michèle Reverdy, compositrice intranquille, par Yves BALMER et Emmanuel REIBEL, 2014, 200 pages.

Le compositeur, son oreille et ses machines à écrire : déconstruire les grammatologies du musical pour mieux les composer, par Fabien LÉVY, 2014, 288 pages.

Les Variations pour piano, op. 27 d'Anton Webern : essai d'analyse sémiologique, par Luiz Paulo de OLIVEIRA SAMPAIO, 2014, 256 pages.

L'essor du romantisme : la fantaisie pour clavier de Carl Philipp Emmanuel Bach à Franz Liszt, par Jean-Pierre BARTOLI et Jeanne ROUDET, 2013, 400 pages.

Analyses et interprétations de la musique : la mélodie du berger dans le Tristan et Isolde *de Richard Wagner*, par Jean-Jacques NATTIEZ, 2013, 402 pages.

(suite en fin d'ouvrage)

MusicologieS

ENTRETIENS D'ARTISTES

POÉTIQUE ET PRATIQUES

sous la direction de

Laurence Brogniez et Valérie Dufour

Ouvrage publié avec le concours
de Pictoriana,
du Fonds national de la recherche scientifique (FNRS)
et de l'Université libre de Bruxelles

VRIN

La collection *MusicologieS* présente des ouvrages qui répondent aux attentes des mélomanes, des musiciens, des musicologues mais aussi à celles de toutes les personnes qui s'intéressent à la musique et qui souhaitent découvrir et explorer son histoire, son langage, sa place et son rôle au cœur des sociétés occidentales et non occidentales.
La musicologie contemporaine possède de multiples orientations disciplinaires : histoire, histoire de l'art, philosophie, psychologie, psychanalyse, esthétique, sociologie ou anthropologie, pour ne citer qu'elles. Les ouvrages de la collection puiseront à ces univers et contribueront à la connaissance et à la compréhension des musiques savantes et populaires de toutes les époques.

MusicologieS
collection dirigée par
Malou Haine et Michel Duchesneau

Imprimé en France
ISSN 2114-169X
ISBN 978-2-7116-2576-5
www.vrin.fr

L'interviewer n'a qu'à me dire les mots qu'il veut que je prononce
et je les répéterai après lui.

Andy Warhol

AVANT-PROPOS

Manuel Couvreur

Ego sum pictor optimus, proclame hautement Giorgio De Chirico en tête du texte qu'il publie en 1970 et qu'il aurait pu intituler, tout aussi bien, sinon plus justement encore, *Ego sum scriptor*. André Grétry, Hector Berlioz, Claude Debussy, Eugène Delacroix ou Eugène Fromentin, pour me borner au domaine francophone, ont bien montré qu'ils possédaient plus d'une corde à leur arc, ou plus justement à leur lyre. Les écrits d'artistes ont, depuis quelques années, suscité un intérêt renouvelé tant auprès des historiens de l'art, des musicologues que des littéraires, et cela dans le sillage du développement fulgurant des études pluri- ou interdisciplinaires durant le dernier quart du siècle dernier. La base de données *Pictoriana* (www.pictoriana.be), développée par Laurence Brogniez aux Facultés Universitaires Notre-Dame de la Paix à Namur, puis à l'Université libre de Bruxelles, illustre à la fois l'immense domaine de recherche que constituent les écrits d'artistes, ainsi que le développement sans cesse croissant de la production scientifique qu'il suscite.

Tout en s'inscrivant dans ce sillage, le colloque *Entretiens d'artistes* (Université libre de Bruxelles, 2-4 décembre 2010) a choisi un angle d'approche plus pointu et singulièrement original. Les imposants corpus des écrits autobiographiques, des correspondances, des traités théoriques ou des chroniques critiques, ont été déjà largement balisés, certes sans avoir été étudiés de manière exhaustive, loin de là. Mais en choisissant le corpus des entretiens d'artistes, les organisateurs de ce colloque savaient qu'ils feraient œuvre de pionniers et que le volume qui en résulterait serait appelé à constituer le premier ouvrage entièrement consacré à ce genre littéraire. Le genre de l'entretien d'artistes n'est pas nouveau, qui trouve ses origines dans les antiques dialogues philosophiques. Chez Platon, la forme dialogique y est au service d'une pensée dialectique, mais est aussi un fascinant outil qui, donnant chair et voix à la pensée, sert un propos souvent didactique : c'est ainsi qu'en usent André Félibien au XVIIe siècle ou Denis Diderot et Jérôme-Joseph de Momigny au siècle suivant.

Le présent ouvrage ne fait pas l'impasse sur la diachronie, mais entend surtout s'efforcer de définir les modalités d'un genre qui s'affirme précisément au XVIIIe siècle, sans doute en parallèle avec la montée en puissance des critères esthétiques relevant de l'originalité qui, par essence, induit un intérêt accru pour l'infinie diversité des individus. Un XVIIIe siècle qui est aussi le siècle de la conversation et qui voit naître des *Conversations* avec tel ou tel personnage célèbre. Puisque le genre de l'entretien littéraire n'a pas été retenu ici, je ne résiste pas au plaisir d'évoquer les *Conversations avec Voltaire* et les *Conversations avec Jean-Jacques* que le prince Charles-Joseph de Ligne met en forme en 1796. *A priori*, ces entrevues et entretiens devraient nous en apprendre beaucoup sur les illustres interlocuteurs du prince :

> *Mes conversations avec M. de Voltaire* : Ce que je pouvais faire de mieux, c'était de ne pas en avoir. Je ne parlai que pour le faire parler. J'ai été huit jours chez lui, et je voudrais me rappeler les choses sublimes, simples, gaies, aimables qui partaient sans cesse de lui. Mais, en vérité, c'est impossible. Je riais, ou j'admirais [1].

Que croire dès lors des propos rapportés par un intervieweur qui dit avoir tout oublié… ? C'est pire encore lorsqu'il aborde Rousseau. Jean-Jacques n'étant pas passé à la postérité pour une affabilité légendaire, le prince de Ligne sait qu'il devra déjouer sa sauvagerie s'il veut pouvoir l'entretenir. Mais comment s'y prendra-t-il ?

> Je ne savais pas encore, en montant l'escalier, comment je m'y prendrais. Mais accoutumé à me laisser aller à mon instinct qui m'a toujours mieux servi que la réflexion, j'entrai, et parus me tromper. — *Qu'est-ce que c'est ?* me dit Jean-Jacques. Je lui répondis : — *Monsieur, pardonnez. Je cherchais M. Rousseau de Toulouse. — Je ne suis*, me dit-il, *que Rousseau de Genève. — Ah oui,* lui dis-je, *ce grand herborisateur. Je le vois bien. Ah ! mon Dieu, que d'herbes et de gros livres ! Ils valent mieux que tous ceux qu'on écrit.*
> Rousseau sourit presque, et me fit voir peut-être sa chère pervenche, que je n'ai pas l'honneur de connaître, et tout ce qu'il y avait entre chaque feuillet de ses in-folio [2].

Que devrons-nous croire d'une interview qui commence par un marché de dupe ?

De quoi sont faits les entretiens d'artistes ? En quoi constituent-ils, ou non, un genre spécifique ? Ce qu'il convient d'en croire et ce que l'on peut en tirer tant sur la personnalité de l'artiste interrogé que sur celle de celui qui lui pose des questions ? Voici autant d'aspects qui sont au centre des articles réunis ici.

Une telle entreprise ne peut manquer de me réjouir, et tout d'abord, à titre personnel par sa problématique et son approche pluridisciplinaires, mais aussi parce que je vois là le travail conjoint de trois centres de recherches de la Faculté de Philosophie et Lettres et la convergence des recherches de plusieurs chercheurs parmi les plus dynamiques. L'engouement qu'a suscité leur projet ne peut que confirmer l'excellence des questions qu'ils posent, non sans témérité, en n'hésitant pas à aborder, non seulement les domaines de la musique et de la peinture, mais aussi du cinéma ou de la danse, d'hier comme d'aujourd'hui, et cela au-delà du seul domaine français.

1. Charles-Joseph de Ligne, *Mes conversations avec M. de Voltaire*; repris dans *Caractères et portraits*, édition critique dirigée par Daniel Acke, Paris, Honoré Champion, 2003, p. 463-483, ici p. 469.

2. Charles-Joseph de Ligne, *Mes conversations avec Jean-Jacques*; repris dans *Caractères et portraits*, édition critique dirigée par Daniel Acke, Paris, Honoré Champion, 2003, p. 485-500, ici p. 493.

Introduction

L'ENTRETIEN D'ARTISTES EN QUESTIONS

Laurence Brogniez et Valérie Dufour

D'oral destiné à être écrit, l'entretien comme texte est un genre de caractère hybride. La parole transcrite constitue une forme de médiation qui repose sur le paradoxe de l'illusion de son immédiateté et de sa spontanéité. Tout au long des XIXe et XXe siècles, le genre a suivi l'évolution de la presse et des nouveaux moyens de communication, et est devenu, dans le monde culturel, une source essentielle pour diffuser et saisir le discours de l'artiste, qu'il soit plasticien, compositeur, musicien, cinéaste, metteur en scène ou chorégraphe. Il est d'autant plus important qu'il se développe parallèlement à une modernité en art qui, de par les ruptures de codes qu'elle opère, ne peut plus faire l'économie de la « communication ». Aussi l'artiste est-il de plus en plus conscient ou soucieux de son image présente et à venir ; il s'exprime et s'explique tant pour son public contemporain que futur, et s'empare du discours sur son œuvre. En plus de sa valeur didactique et de sa fonction de médiation, l'entretien pose également, comme l'ont déjà montré diverses études sur les écrits d'artistes et de compositeurs, la question de l'élargissement du statut de l'artiste. En effet, qu'il soit écrit ou transcrit, réel ou fictif, l'entretien publié se présente bien souvent, malgré son apparente spontanéité, comme une conversation élaborée, composée et recomposée. Celle-ci suppose des principes opératoires orientant une pratique dialoguée qui, au XXe siècle, se fixe en genre très apprécié du discours sur l'art et contribue à transformer l'artiste en auteur, tantôt intellectuel, tantôt promoteur.

Parfois redouté devant une éventuelle perte de contrôle du discours, méprisé pour son apparente facilité, ou au contraire apprécié comme voie privilégiée de médiation avec le public, le genre de l'entretien pose donc de nombreuses questions historiques, méthodologiques, philologiques et critiques, auxquelles les contributions ici réunies tentent d'apporter des réponses en mêlant les points de vue disciplinaires. L'entretien est envisagé dans sa modalité écrite (et non pas radiophonique ou filmique) dans la lignée des travaux consacrés par les auteurs aux écrits d'artistes et de compositeurs [1].

Après une entrée en matière de Françoise Levaillant soulevant le questionnement philosophique intérieur à la base de tout cheminement artistique, les dix-sept contributions explorent un ou plusieurs aspects de l'échange dialogique transcrit. Le sommaire propose de les aborder en deux parties : « Poétique » de l'entretien et « Pratiques » de l'entretien. La partie « Poétique » met l'artiste au centre du questionnement puisqu'elle concerne l'art de l'entretien comme stratégie de communication ou comme stratégie artistique. Les auteurs y montrent donc comment l'artiste fait usage de l'entretien pour communiquer sur son art (et la distance critique que cela implique devant les entretiens parfois « revus et corrigés »), ou comment l'artiste insère l'entretien au sein même du processus créateur. C'est plutôt le travail de l'historien, de l'historien d'art, du musicologue ou du sociologue qui inspire la partie « Pratiques » de l'ouvrage : l'entretien y est abordé comme collaboration avec l'artiste pour établir une archive de l'art, ou comme enquête auprès de l'artiste, source *a priori* idéale d'explications ou de révélations. Chaque auteur veille par ailleurs ici, et dans tous les cas de figure, à cerner l'environnement de l'entretien et les logiques éditoriales, commerciales, pédagogiques, philologiques ou critiques qui conditionnent le travail de l'artiste et de son interlocuteur.

L'ensemble des études tend à confirmer la montée en puissance de l'échange dialogique dans le discours de l'artiste dès la fin du XIXe siècle, développement que l'on peut attribuer tant à l'essor de la presse qu'à l'émergence de formes artistiques « modernes » qui requièrent des médiations. La publication d'entretiens dans la presse, généraliste ou spécialisée, répond à un besoin de communication de l'artiste, à sa volonté de légitimation et de promotion, mais aussi à la déroute parfois ressentie par la critique en perte de repères devant un paysage artistique où les langages s'individualisent très fort. À lire les analyses, on peut se demander, à la suite d'Anna Guilló [2], si l'entretien ne devient pas, au XXe siècle, l'une des formes privilégiées par l'artiste pour la verbalisation et la diffusion de ses idées. L'option est d'autant plus séduisante qu'elle ne passe pas directement par la plume : cela épargne tant l'effort de l'écriture que la charge symbolique, et *a priori* rébarbative, du pur discours peu orienté vers le grand public.

Pour spontanée qu'elle se donne, la forme n'est en pas pour autant transparente et simple à appréhender. Les usages que les artistes ont faits de l'entretien sont divers et parfois retors : si certains l'ont investi avec maîtrise, et parfois avec un plaisir narcissique manifeste, d'autres s'y sont livrés avec des réticences tout aussi significatives [3]. La forme dialogique implique en effet tantôt un rapport de séduction, tantôt un rapport de force entre interviewé et interviewer, ce qui mérite d'être étudié avec attention et avec la conscience des manipulations et réécritures inhérentes au genre. Car l'entretien constitue une forme paradoxale et complexe, entre oral et écrit, entre spontanéité et

1. Voir Laurence Brogniez (dir.), *Écrit(ure)s de peintres belges*, Bruxelles, Peter Lang, 2008; Michel Duchesneau, Valérie Dufour et Marie-Hélène Benoit-Otis (dir.), *Écrits de compositeurs : une autorité en questions*, Paris, Vrin, 2013.

2. Anna Guilló, *Écrits d'artistes au XXe siècle*, Paris, Klincksieck, 2010.

3. Voir Claude Jaeglé, *L'interview : artistes et intellectuels face aux journalistes*, Paris, Presses universitaires de France, 2007.

artificialité, entre authenticité et falsification. Dans sa forme écrite (qu'il soit à la base noté, enregistré ou filmé), c'est un genre à la fois instable et riche que le sommaire de ce volume est loin d'épuiser ; tout au plus s'agit-il ici de faire saillir quelques grandes lignes de force. Les voici résumées sous la forme d'une série de mots clés pour accéder aux multiples questions que pose le genre.

Archive

Le travail sur les archives, les sources, les avant-textes (brouillons, notes, enregistrements, etc.) de l'entretien témoignent, lorsqu'ils sont disponibles, du grand travail d'élaboration que représente la transcription de propos destinés à être publiés et des innombrables questions que pose le travail d'écriture de l'oral. La part d'autorité prise en charge par le transcripteur, qu'il soit journaliste ou autre interlocuteur, présenté comme coauteur ou pas, peut être très importante au point d'orienter le contenu. La contribution de Fabien Gerard nous montre qu'au contraire, elle peut être très modeste et entraîner des transcriptions absurdes, surtout lorsque le travail est pris en charge par un secrétaire non spécialisé.

Si l'entretien constitue un document précieux, ce peut donc aussi être un objet instable et peu fiable qui invite le chercheur à opérer un travail de critique des sources, en appelant à la génétique, voire à la philologie au fil d'une véritable enquête telle que l'a menée Marie-Hélène Benoit-Otis en remontant aux sources d'un célèbre entretien avec Richard Wagner. Le recoupement avec d'autres documents s'avère souvent très instructif pour tirer parti de ces écrits dont la forme mérite d'être interrogée pour elle-même.

Par ailleurs, l'entretien peut être considéré, par l'artiste lui-même parfois, comme une archive de l'art, une mémoire comme le montre Françoise Levaillant à travers plusieurs exemples. Il n'est pas rare de voir certains artistes puiser dans ces ressources pour alimenter de nouveaux discours ou les « recycler » pour élaborer un texte de commande par exemple. Enfin, en terme de mémoire, la tendance scientifique actuelle à compiler en recueil tous les écrits et entretiens de tel créateur tend à fixer cette mémoire, à reconstituer un discours, avec tous les risques que cela implique.

Autorité

Qui est le véritable auteur de l'entretien ? On le sait, pour l'artiste, s'exprimer à travers l'entretien constitue un moyen d'échapper au statut d'auteur, à ses exigences, en évitant de se placer sur le terrain de l'institution et de la littérature proprement dite, ou du savoir et de la théorie. Revendiquer la liberté de parole de l'entretien, la spontanéité (même feinte), la pensée en mouvement est une façon de se situer hors du champ de la parole savante, « autorisée ». Pour certains artistes, c'est une véritable stratégie d'évitement du littéraire, qui consiste à créer une alternative au discours critique ou théorique sur l'art, une forme qui serait propre à l'artiste. Richard Hobbs aborde à cet égard le cas des

« entretiens d'atelier » de Thomas Couture. Plusieurs chercheurs montrent au contraire que beaucoup d'artistes participent activement, soit à la préparation de l'entretien en amont, soit au travail de transcription ou de correction en aval, voire de réécriture. À ce sujet, on s'attardera notamment ici aux cas de Marcel Duchamp avec Sophie Stévance ou d'Igor Stravinski avec Valérie Dufour.

Dans certains cas, le travail de l'interviewer peut également s'apparenter à celui d'auteur : lors de l'échange, son rôle peut être prépondérant, envahissant même, empiétant sur la parole de son interlocuteur, allant parfois jusqu'à la confisquer afin d'apparaître au premier plan comme le soulève avec ironie Andy Warhol : « J'ai toujours l'impression que mes mots arrivent derrière moi, et non pas de moi. L'interviewer devrait simplement me dire les mots qu'il veut que je dise et je les répèterai après lui »[4]. La connaissance approfondie ou non de l'œuvre de son interlocuteur dont fait preuve l'interviewer conditionne bien entendu considérablement la teneur et l'intérêt des propos ou des confidences. Les inflexions qu'il apporte à l'entretien en le mettant par écrit ne sont pas non plus négligeables, autorisant des réorientations stratégiques du discours ou déformant, volontairement ou involontairement, les propos recueillis. Tantôt, l'artiste récupère *in extremis* l'autorité, réclamant et corrigeant abondamment les épreuves, tantôt il semble s'en désintéresser totalement, ne relisant rien. De nombreuses contributions ont tenté ce travail philologique relatif à la genèse des entretiens, ce qui permet de mieux cerner l'autorité, les rôles assumés par chacun, et donc aussi une approche plus critique de la source.

Connaissance de l'art

Source, document, archive, forme, l'entretien constitue aussi une pratique pour l'artiste et le chercheur, un outil de connaissance de l'art. Les artistes s'en servent pour questionner leur propre travail et dialoguer avec d'autres créateurs, allant parfois jusqu'à en faire la matière même de l'œuvre. Julie Perrin nous donne l'exemple des entretiens entre artistes chorégraphiques. Les chercheurs, surtout dans le domaine de la sociologie, l'utilisent pour enquêter et collecter des données selon des procédures rigoureuses dans le but de faire saillir des logiques invisibles, ou volontairement occultées, dans le monde artistique, telles qu'elles apparaissent dans l'article de Hyacinthe Ravet qui nous fait part de ses retours d'enquête de terrain.

Connaissance de soi

On ne peut manquer de remarquer la concomitance entre l'attrait de plus en plus grand pour l'entretien journalistique au tournant du XXe siècle avec, à une période proche, le développement de la psychanalyse et de la mise au point des fonctions de

4. « *I always feel that my words are coming behind me, not from me. The interviewer should just tell me the words he wants me to say and I'll repeat them after him* ». Gretchen Berg, « Andy : My True Story », *Los Angeles Free Press*, 17 mars 1967, p. 3. Notre traduction.

l'écoute chez Sigmund Freud. L'entretien, en effet, avec le ton de la confidence qu'il implique, semble être l'occasion d'un retour sur soi et d'un bilan. Se raconter revient à élaborer son « roman d'artiste » et peut constituer pour le sujet un moyen de jeter un regard rétrospectif sur ce qu'il a accompli et de se réapproprier son histoire, de la comprendre, et donc aussi de s'inscrire dans une histoire de l'art, en tissant autour de son œuvre des réseaux, des filiations, des ruptures. Ce faisant, l'artiste construit également une posture et compose une image de lui-même qui oriente la réception de son œuvre. S'y joue donc un rapport réflexif à soi et au collectif, à la croisée de la biographie, de la théorie et de l'histoire.

Le rapport entre interviewer et interviewé peut aussi être envisagé sous l'angle psychanalytique. La présence d'un tiers et la situation de l'échange permet au sujet de formuler sa pensée tout en se questionnant lui-même. Ce faisant, il est conduit à révéler à autrui ce qu'il ne sait pas encore (de) lui-même ou ce qu'il hésite à tenir secret. C'est ce qu'a largement expérimenté Evelyne Gayou en tant que directrice d'une collection d'entretiens avec des compositeurs de musique électroacoustique, expérience dont elle rend compte ici.

Réticence

Nombre d'artistes postulent dans un premier temps la nécessaire autonomie de l'art, et la demande d'expliciter l'œuvre en mots est parfois vécue comme une défaite de l'art. Lorsque l'artiste y adhère, c'est soit dans le but d'une mise en scène de soi, où la posture discursive fait partie de l'œuvre d'art, soit plus pragmatiquement pour combler les défaites de la critique. Dans ce cas, l'entretien apparaît comme un mal nécessaire, ou du moins l'artiste aime-t-il à le présenter ainsi.

Dans le monde de l'art moderne, les médiations sont indispensables pour faire connaître l'œuvre, mais elles en menacent aussi l'idéal de pureté et le caractère autonome. Ainsi l'entretien informe-t-il le public, mais il parasite aussi son rapport avec l'œuvre ; il donne à la fois accès à l'œuvre et oblitère l'expérience directe que le spectateur ou l'auditeur peut en avoir.

Maïeutique

Il ne faut pas sous-estimer le bénéfice intellectuel personnel que retirent les artistes de ce moment de réflexion que constitue l'interrogation sur soi dans le monde. Ainsi l'entretien nourrit-il indirectement la pensée artistique elle-même du créateur, comme si le dispositif lui donnait accès à des pans insoupçonnés de sa créativité. Lorsque les deux parties sont artistes, l'entretien conduit également les interlocuteurs à regarder d'un autre œil leur propre pratique et à l'envisager sous un angle inédit. Un artiste « jeune » peut ainsi recueillir la parole d'un « maître » pour en tirer des leçons et faire progresser sa connaissance de l'art, mais l'aîné peut aussi être amené à reconsidérer l'ensemble de son œuvre, bousculé dans ses certitudes ou ses positions par la confrontation avec la nouvelle génération. La dimension pédagogique est parfois flagrante dans ce rapport, avec un artiste prêchant la bonne parole à des disciples notant scrupuleusement ses propos dans le but d'apprendre. L'entretien, dans cette perspective, s'inscrit aussi dans l'antique exemple du dialogue platonicien et dans la tradition ancienne de « propos d'atelier » qui exploite les potentialités productives d'un lieu polyphonique, un lieu où l'on crée, mais aussi où l'on enseigne et où l'on parle. L'engagement pédagogique de Robert Delaunay à travers le dialogue est notamment au cœur de l'article de Delphine Bière.

Lieu

Pour appréhender le fonctionnement de l'entretien, il faut poser la question « d'où l'on parle ». L'entretien relève en effet aussi d'un dispositif matériel, physique, qui détermine à la fois la forme du discours et son contenu. Où l'artiste exerce-t-il sa parole ? Dans l'atelier, au travail, illustrant ses propos de gestes créateurs ? Dans un café, jouant de la complicité autorisée par des « propos de table » ? Dans son lieu de vie, ouvrant symboliquement ainsi sur un pan de son intimité ? Des photographies, parfois, viennent documenter ces rencontres et contribuent à la construction de l'univers de l'artiste et de ses postures. Christian Janssens en fait la démonstration avec un corpus d'entretiens du réalisateur Maurice Tourneur.

Aussi peut-on explorer une autre forme de « topologie » de ces entretiens : la publication dans la presse, quotidienne ou spécialisée, dans des magazines artistiques, des revues, généralistes ou scientifiques, dans des collections spécialisées, chez tel ou tel éditeur, tous ces choix contribuent à faire comprendre la nature de l'entretien et le projet de l'artiste et de son complice. Aliénor Debrocq rencontre ces aspects en s'attachant à la construction d'un recueil, en l'occurrence celui des entretiens de Christian Dotremont par son ami Jean-Clarence Lambert.

Fiction

Le dialogue propre à l'entretien relève d'une mise en scène, d'un jeu de rôles, où les personnages s'inversent parfois. Dans ce sens, il obéit aussi à un travail de dramatisation et de théâtralisation du discours dont le cas de l'entretien fictif constitue un exemple extrême. L'entretien participe de la construction d'une scénographie – pour reprendre le terme de Dominique Maingueneau[5] – qui justifie un certain type de prise de parole, en appelant à divers registres : polémique, démonstratif, familier, savant, etc. Sous ses apparences de spontanéité, l'entretien est tout sauf un discours transparent.

Le complexe économique de l'art, qui se met en place au sein de la presse et de la littérature spécialisées depuis la fin du XIXe siècle, recourt aussi de plus en plus à l'entretien comme levier promotionnel ou publicitaire. La recherche de Michel Duchesneau

5. Dominique Maingueneau, *Le contexte de l'œuvre littéraire*, Paris, Dunod, 1993.

relative aux entretiens de musiciens dans la presse musicale française entre 1900 et 1939 met en relief cette « ère des interventions médiatiques » : séquences dialogiques avec un artiste ou un musicien comme support publicitaire pour un objet, entretiens-feuilletons ou séries de questions ponctuelles (type questionnaire de Marcel Proust), ce sont des procédés hérités de la presse populaire qui reposent tant sur l'intimité fantasmée que sur le jeu avec la subjectivité du lecteur.

Corps

Le caractère prosodique de l'entretien est essentiel, allant parfois jusqu'à affecter le sens même des propos. Au cours de l'échange oral, l'artiste parle aussi avec son corps et le ton qu'il donne à sa voix, porteur de nombre de nuances (l'ironie, le doute, l'hésitation, par exemple) qui passent par le non-verbal : les inflexions vocales, les silences, le regard, le geste. Certains artistes cultivent une forme d'homologie entre leur pratique artistique et leur manière de parler. Or le transcripteur est démuni devant ce matériau silencieux, ce niveau de sens intranscriptible. Pier Paolo Pasolini signalait ainsi la nécessité d'assortir les différentes parties de l'entretien de didascalies, comme au théâtre, afin de prendre en charge, au niveau de l'écrit, ces éléments difficiles à transcrire. C'est pour la même raison que l'on voit parfois les journalistes entamer la chronique de leur rencontre par une sorte de « vidéographie » de l'entretien décrivant le physique de l'artiste, sa dégaine, son allure, son élocution et le cadre de la rencontre, éléments d'une image vivante inaccessibles avant le télévisuel.

C'est dans un autre sens que Sylveline Bourion aborde la notion de corps dans les entretiens de compositeurs électroacoustiques où l'on retrouve le discours comme manière de (dé)finir l'œuvre. Là, l'usage des mots, et de la métaphore en particulier, permet de donner corps à une musique d'emblée privée du support écrit de la partition, et de l'installer ainsi dans une réalité plus tangible.

Critique

Le recours à l'entretien peut constituer pour l'artiste un moyen de « répondre » aux incompréhensions de la critique et du public allant jusqu'à réparer les erreurs, voire les injustices, dont il aurait été victime. Parallèlement au discours des « spécialistes », s'élabore ainsi une autre histoire de l'art, « écrite » par les créateurs. Ainsi l'artiste est-il en mesure de disqualifier la critique, s'estimant le plus autorisé à parler de son art et s'emparant du pouvoir sur une partie de la chaîne de coopération artistique telle que décrite par Howard S. Becker dans *Les mondes de l'art*[6]. Le bénéfice médiatique et critique de l'entretien est donc potentiellement très élevé.

6. Howard S. Becker, *Les mondes de l'art* [1982], Paris, Flammarion, 1988.

Stratégie

Au travers de l'entretien se donne à lire un positionnement de l'artiste dans l'histoire ; il cherche à se situer (ou à se distinguer) par rapport à ses contemporains et à ceux qui l'ont précédé comme le montre par exemple le cas de Marcel Broodthaers devant ses maîtres surréalistes, décrit ici par Denis Laoureux. Ainsi l'artiste participe-t-il à la construction de sa place dans une généalogie fantasmée. À ce sujet, Anne-Lise Quesnel nous montre l'usage habile de l'entretien dans la carrière de Jacques Villeglé.

Les dates de publication des entretiens sont aussi révélatrices, car elles sont significatives dans la « carrière médiatique » de l'artiste. L'artiste des « débuts » ne tient en effet pas les mêmes discours que l'artiste « consacré », et il n'est pas sollicité de la même manière, ni dans les mêmes types de support. Les propos tenus doivent donc se lire à la lumière de la place qu'occupe l'interviewé dans le champ artistique. Ces témoignages peuvent aussi être des indicateurs de notoriété, celle-ci se mesurant aussi au nombre de sollicitations dont l'artiste fait l'objet. Machine à célébrité, l'entretien révèle une position dans le monde de l'art et constitue un bon outil pour la conquérir.

Manipulation

Dans la mesure où il s'inscrit dans une stratégie, l'entretien est aussi soumis à un travail de contrôle : certains artistes sont soucieux de garder la mainmise sur leur image et sur les usages et la réception de leur œuvre. L'artiste peut ainsi, au cours de l'entretien, être conduit à falsifier les faits, à réécrire l'histoire et à se donner le « beau rôle » aux dépens de collaborateurs ou de contemporains. Dans cette perspective, l'entretien se met au service de sa légende. Mais le manipulateur peut aussi être manipulé par un interviewer particulièrement habile qui peut inverser le rapport de force et faire dire à l'artiste ce qu'il veut ou instrumentaliser l'entretien pour le mettre au service d'une certaine vision de l'art dans une opération de récupération (Anaël Lejeune en donne un parfait exemple avec l'entretien *Questions to Stella and Judd* de Bruce Glaser).

Portés à l'écrit, les propos peuvent également échapper au contrôle de l'artiste et être amputés, trafiqués, défigurés, décontextualisés. L'écrit contribue à figer la pensée en mouvement propre à l'échange verbal et à en gommer les nuances. La tentation est parfois grande de ne retenir que les propos les plus frappants, les formules sonores propres à devenir des aphorismes destinés à être mis en recueils, autant de « bons mots » qui seront répercutés – et parfois déformés – par la suite, dans le discours collectif. Gilles Saint-Arroman en donne une série d'exemples dans « Vincent d'Indy au parloir » devant la question de la fiabilité des entretiens.

Prolongements

Maurice Blanchot titrait l'un de ses ouvrages *L'entretien infini*[7] : la forme même de l'entretien semble en effet appeler des prolongements. Le genre, s'il en est un, constitue bien une des formes privilégiées du discours artistique, une forme qui pose question, et le présent volume ne prétend aucunement circonscrire définitivement cet objet éminemment problématique et ouvert à toutes les (re)mises en question…

La plupart des textes repris dans cet ouvrage sont issus d'un colloque international, tenu à l'Université libre de Bruxelles du 2 au 4 décembre 2010, et organisé conjointement par le groupe de contact Fonds de la recherche scientifique (F.R.S.-FNRS) « Écrits d'artistes » piloté par Laurence Brogniez et Denis Laoureux et le Réseau d'études des écrits de compositeurs créé en 2008 par Michel Duchesneau et Valérie Dufour. Les deux groupes de recherches publieront désormais conjointement leurs travaux au sein de la revue *arText.*

Nous remercions le F.R.S.-FNRS, la Faculté de Philosophie et Lettres de l'Université libre de Bruxelles ainsi que la Faculté de musique de l'Université de Montréal et l'Observatoire interdisciplinaire de création et de recherche en musique (OICRM) pour leur soutien précieux. L'édition de ce volume a été rendue possible grâce au Mandat d'Impulsion Scientifique octroyé par le F.R.S.-FNRS au projet *Pictoriana.* Il nous fait plaisir d'adresser enfin nos plus vifs remerciements à Marie-Hélène Benoit-Otis, Julie Fäcker, Bibiane Fréché et Florence Huybrechts pour leur aide et disponibilité dans la réalisation des différentes étapes de ce projet.

7. Maurice Blanchot, *L'entretien infini*, Paris, Gallimard, 1969.

« D'OÙ EST-CE QUE JE VIENS ? OÙ JE ME SITUE ? » : L'ENTRETIEN ENTRE MÉMOIRE ET HISTOIRE

Françoise Levaillant

Prologue : contours liminaires

Le thème de ce volume, consécutif à une rencontre internationale à laquelle j'ai eu le plaisir de participer, correspond à une pratique certes discontinue, mais récurrente, dans le cadre de mes recherches et de mon enseignement. Si j'ai eu personnellement la chance, dès les années 1968-1970, de m'entretenir chaque fois que l'occasion m'en était donnée, avec tel artiste ou tel auteur qui s'était trouvé un acteur ou un témoin dans le champ de l'art contemporain que je voulais explorer, cette démarche relevait plutôt de la curiosité légitime de recueillir des souvenirs qui pussent m'orienter dans mon travail d'enquête historienne, confirmer ou au contraire infirmer un ouï-dire, une rumeur, une hypothèse, une chronologie, et me faire découvrir des relations inédites, inattendues, entre des personnes ; bref, m'aider à reconstituer des réseaux, des liens. En France, lors de ces contacts, pas de magnétophone. Je recourais à la prise de notes ou au gribouillage rapide de quelques mots, dates, formules prises à la volée, et je procédais ensuite à la « mise au net », comme on disait, sur papier après l'entretien : c'était la seule méthode, pragmatique, spontanée. Au Japon, où j'eus la chance de pouvoir interroger en 1973 des surréalistes de la première heure ainsi qu'un des grands rénovateurs de la calligraphie, le maître Morita Shiryû, j'employais un magnétophone car la conversation se déroulait en anglais ou en français avec une traductrice ; le pari était donc de recomposer le déroulement le plus exact, en vue d'une publication, de ces échanges trilingues ; sans enregistrement, que de confusions prévisibles ! Mais pourquoi ces souvenirs personnels qui n'ont rien de si original ? C'est que le contexte institutionnel dans lequel je me débrouillais ainsi était celui de l'université et non du journalisme. Or, l'université française reconnaissait encore peu l'art « contemporain », celui dont les protagonistes étaient vivants. De plus, l'époque était au structuralisme, c'est-à-dire à l'analyse des œuvres, des productions ; en histoire même, on se fiait plus aux archives traditionnelles (manuscrits, imprimés, documents divers) qu'à ce qui allait devenir les « archives orales », celles-ci étant réservées à des disciplines comme l'ethnolinguistique, l'ethnomusicologie, l'ethnographie en général et les enquêtes de sociologie.

La situation a connu un changement considérable en une génération. Il est désormais courant qu'une thèse d'histoire de l'art contemporain comporte une série d'entretiens menés avec un ou plusieurs artistes. Ce qui était encore, il y a trente ou quarante ans, un défi à l'objectivité requise de tout historien, est devenu une modalité de la recherche. J'ai même entendu dire, lors d'une soutenance de thèse : « Votre annexe [à savoir les entretiens retranscrits] mériterait de devenir la partie principale ! »... Pour répondre aux incertitudes méthodologiques dont me faisaient part les étudiants confrontés à la nécessité ou au désir de l'entretien, j'ai à plusieurs reprises mis au programme de mon séminaire l'entretien, envisagé d'abord comme un moyen, digne d'entrer dans la « boîte à outils » de l'historien de l'art. Rapidement, il s'est avéré, d'une part, que l'entretien était beaucoup plus qu'un outil et, d'autre part, que le fonctionnement de cet outil avait besoin d'un mode d'emploi à plusieurs niveaux. L'expérience subjective prenait le pas sur la recherche de système ou de codification et devenait la base d'une réflexion sur les objectifs, les « ratés », les contraintes, les exigences de ce « genre » très particulier : le face à face de l'historien d'art et de l'artiste [1].

Je ne m'exprimerai donc pas ici en journaliste, car ce n'est pas mon métier – et le journalisme est un métier qui oblige à des protocoles d'enquête bien définis que je n'ai pas appris –, mais en historienne et philologue d'origine qui a profité fort heureusement de l'évolution radicale des mentalités académiques. J'ai moi-même rencontré de multiples situations d'entretien et d'interview, privés, radiophoniques, télévisuels, en tant qu'intervieweuse et en tant qu'interviewée. Jusqu'à présent la synthèse de ces expériences m'échappe encore, sans doute en raison de la variété des situations contextuelles de l'exercice.

Mes propos n'ont donc d'autre ambition que de poser les bases d'une telle synthèse, en m'interrogeant sur le statut de l'entretien oral, sur la place respective des interlocuteurs, sur la question de l'auteur, sur l'enjeu, en général, de la parole de l'artiste.

Une précision m'apparaît nécessaire pour terminer ce prologue : n'étant spécialiste ni de musique, ni de cinéma, il serait bien prétentieux que je m'aventure sur des questions spécifiques à ces arts, qui sont traitées ailleurs dans ce volume. Aussi, en raison d'une certaine familiarité avec l'histoire des arts plastiques et avec ceux qui y participent, ou en ont été des acteurs, ma réflexion portera exclusivement sur l'entretien avec l'artiste plasticien, et ce dans le champ historique que la langue anglaise nomme *modern art*.

1. Quelques séances de séminaire de maîtrise / DEA ont eu lieu à l'Université Paris I Panthéon-Sorbonne en 1977-1978, puis une série plus structurée s'est tenue dans le cadre de l'Équipe de recherche en histoire de l'art contemporain (ERCO) du Centre André Chastel (UMR 8150) entre 2006 et 2010 : voir le site www.centrechastel.paris-sorbonne.fr/index.html. Diverses soutenances de thèses de doctorat m'ont amenée par ailleurs à lire de nombreux entretiens transcrits, dont la publication par la suite n'est pas sans poser des problèmes juridiques. Sur ce dernier point, devenu un sujet brûlant, le colloque de l'Association des détenteurs de documents audiovisuels et sonores (AFAS) à Aix-en-Provence le 22 novembre 2005 a apporté des contributions essentielles. Voir également les travaux de Florence Descamps consacrés aux questions juridiques des archives orales. Je remercie Muriel Braconnier d'avoir recensé les travaux utiles en français sur cette question à l'occasion de sa communication au Centre Chastel le 9 avril 2010 : « L'entretien d'artiste et son évolution récente : une expérience ».

Entretien et « archives orales »

Difficile d'entreprendre aujourd'hui une réflexion sur l'entretien sans s'attarder un moment sur les « archives orales » en général. Les archives orales contiennent généralement des entretiens. Les archives de la radio et de la télévision françaises conservées par l'Institut national de l'audiovisuel (INA) à Paris, déposées à la BnF, et parfois abordables en ligne, en donneraient une quantité d'exemples, essentiellement dans les domaines économiques, politiques, culturels, etc. Or, dans ce dernier domaine, celui qui nous intéresse ici, les méthodes de l'audiovisuel ont fini par définir une forme de dialogue entre l'interviewer et l'interviewé qui, de nos jours, innove peu, mis à part « l'habillage », et repose principalement sur des réponses à des questions, selon une mise en scène récurrente où la parole est rien moins que spontanée. Ceci parce que le dialogue a surtout lieu à l'occasion d'un événement qui met en scène, précisément, l'interviewé. Ironiquement, l'interview de « communication » donne à la parole un statut de *valeur ajoutée* à l'événement; elle l'enrobe tout en étant engloutie par l'effet d'image. Il sera de plus en plus difficile d'analyser les entretiens audiovisuels publics sans tenir compte de cette curieuse et fondamentale fusion – ou confusion – entre la parole et cette notion d'*image*.

Ce n'est pas ainsi que se sont créées et développées les archives orales chez les historiens et les ethnologues, dont nous nous rapprochons, du moins dans un premier temps. Dans un des textes qui ont fait d'elle une spécialiste de la réflexion sur les archives orales dans la discipline historique en France, Danièle Voldman propose de maintenir une distinction fondamentale entre « archive orale » et « histoire orale »[2]. L'archive orale, précise-t-elle, « est un document sonore enregistré par un enquêteur, archiviste ou historien, sans doute en fonction d'un sujet précis, mais dont le dépôt dans un centre destiné à garder les vestiges des temps écoulés pour les historiens du futur, a été d'emblée la destinée naturelle »[3], tandis que la source orale serait « le matériau recueilli par un historien pour sa recherche »[4]. La parole-source dont parle Voldman fonctionnerait au fond comme un complément d'enquête, permettant d'augmenter le potentiel de *vérité* historique, rassurant, ou bousculant parfois, l'historien en mal de preuve. Revers de la médaille, la difficulté de trouver des critères d'interprétation pertinents de cette parole par rapport au traitement des archives documentaires classiques, écrites ou imprimées; bien souvent, l'analyse critique de l'entretien revient à *lire* celui-ci comme toute autre source écrite. Autre problème, corrélé, la position de l'historien face au « témoin » : Voldman insiste assez longuement sur le cache-cache auquel se livreraient les deux protagonistes de l'entretien, l'historien pour sa part étant décrit comme l'homme de savoir et d'autorité – un véritable « inquisiteur » – face à la subjectivité de « celui qui a vécu »[5].

---

2. Danièle Voldman, « La place des mots, le poids des témoins », dans Écrire l'*histoire du temps présent : en hommage à François Bédarida*, actes de la journée d'études de l'Institut d'histoire du temps présent (IHTP) (Paris, 14 mai 1992), Paris, CNRS Éditions, 1993, p. 123-131.

3. *Ibid.*, p. 125-126.

4. *Ibid.*, p. 126.

5. *Ibid.*

Aujourd'hui, un demi-siècle après les premières tentatives incomprises et malmenées (en France) d'une histoire tenant compte de la « parole-source », il est évident que la démarche d'entretien n'est pas une sinécure, que de la *bouche de la vérité*[6] sortent parfois des mots de vipère… L'entretien, conçu comme une quête de la preuve ou la mise à jour des zones d'ombre de l'histoire, implique que l'interviewer, pour autant qu'il n'ait pas oublié d'appuyer d'abord sur le bouton *on* du magnétophone, réussisse à éviter ensuite les faux-pas qui l'attendent.

Il me semble que, si l'enquête orale de l'historien de l'art auprès de l'artiste nécessite de prendre également des précautions, le face-à-face est différent de ceux qui viennent d'être évoqués. Car la place de l'interviewer n'est ni celle du journaliste guidé par l'événementiel et l'information auprès d'un large public, ni celle de l'historien en quête d'un témoignage. Il ne peut pas totalement imiter ces postures pour deux raisons : tout d'abord, parce que la position de l'artiste interviewé est très particulière et diffère de celle du témoin « banalisé », ensuite parce que l'histoire artistique est déjà longue de « propos », « conversations », « entretiens », en majorité sous une forme imprimée, fournissant plusieurs types de paradigme.

Si je devais distinguer des objectifs d'entretien, indépendamment de ces genres que la tradition a déjà plus ou moins bien fixés, j'en proposerais quatre, plus un, fondés sur le contenu :

1) L'approche systématique d'une *profession* : les résultats attendus sont de caractère sociologique (la connaissance d'un mode de vie) ;

2) Le récolement de *méthodes et techniques* : l'enjeu est alors de caractère patrimonial et pédagogique (popularisation d'un métier, accumulation archivistique de récits d'ateliers[7]) ;

3) L'approche monographique ou comparatiste, orientée vers *l'histoire et la personnalité d'un artiste* ; la plus répandue dans les travaux de recherche, c'est aussi celle qui soulève les questions les plus complexes. Qu'il s'agisse d'artiste connu au sein d'un groupe, d'artiste immigré, d'artiste-écrivain, d'artiste engagé politiquement, d'artiste à ses débuts ou parvenu à la notoriété, etc., chacun, en situation d'entretien, jouera une partition personnelle qu'il appartiendra à l'interviewer de resituer dans un contexte ;

4) La reconstitution d'un *contexte* par le biais de l'entretien est probablement l'approche la plus excitante et la plus riche, tout en étant, on s'en doute, biaisée par le décalage chronologique et les effets de mémoire. Il n'importe : l'engouement toujours renouvelé pour l'entretien montre la survivance de la valeur augurale accordée à la parole, la fascination atemporelle qu'exerce tout récit *raconté*, et jusqu'à l'attrait ambigu pour la rumeur, l'opinion et les « petites phrases » ;

---

6. Danièle Voldman (dir.), *La bouche de la vérité : la recherche historique et les sources orales*, numéro spécial des *Cahiers de l'ITHP*, n° 21, novembre 1992.

7. Pour exemple, signalons le récolement systématique de témoignages et souvenirs des maîtres-verriers qui ont participé aux chantiers des vitraux du siècle dernier jusqu'à aujourd'hui, par une équipe faisant partie du Centre André Chastel, unité mixte de recherche du CNRS, de l'Université Paris IV Paris-Sorbonne et du ministère de la Culture et de la Communication (site http://www.centrechastel.paris-sorbonne, rubrique « archives orales »).

5) Un dernier objectif, qui pourrait passer pour prioritaire, consiste à recueillir une *explication* de l'artiste relative à son œuvre, sinon en général, du moins sur telle ou telle, présente dans le lieu de l'entretien, ou bien une explication sur tel de ses choix, par exemple l'usage privilégié du support papier[8].

L'expérience montre que cette direction de l'entretien n'est pas la plus simple, bien au contraire, car elle entraîne l'interviewé sur un terrain quasi intime ou non verbalisable. Certains artistes prennent plaisir à jouer le jeu, d'autres l'esquivent, renvoyant la balle à l'historien quant à l'interprétation. Certains refusent que leur opinion soit retranscrite, d'autres sont prêts à constituer une nouvelle « archive » de leurs réponses et tiennent à l'enrichir par d'autres réponses, écrites[9].

L'entretien d'artiste possède donc une spécificité qui devrait lui éviter d'être englouti dans le vaste corpus documentaire que constituent les archives orales.

Entretien et conversation

L'entretien présuppose deux sujets, celui qui pose les questions et celui qui accepte ou a accepté d'y répondre. Pour faciliter le flux de la communication, d'un point de vue pratique, on pourrait penser *a priori* que la rencontre doit se dérouler dans un lieu unique, s'accommoder d'un temps imparti, et s'en tenir à des questions « ouvertes » et « fermées » comme définies par les sociologues[10]. Ce type de méthode relève davantage du questionnaire écrit (souvent envoyé par des institutions comme les musées, auprès d'artistes vivants dont ils ont acquis une œuvre, par exemple). Restent donc le lieu et la durée comme cadres pour donner une objectivité contextuelle à un événement pétri de subjectivité. Or, il est rarissime que l'entretien de recherche soit minuté et figé, quand il se tient en dehors des contraintes qu'imposent les médias audiovisuels[11]. Seul le lieu, en fin de compte, semble attaché de façon signifiante à la situation d'entretien oral. En l'absence de recherche sur ce point, on fera ici l'hypothèse que l'atelier de l'artiste est le plus souvent utilisé[12], puis sa bibliothèque, ou un « coin salon », le jardin s'il y en

8. Muriel Braconnier, *Le dessin en France à travers les écrits et propos de peintres : du Journal de Delacroix à 1970*, thèse de doctorat, Université Paris I Panthéon-Sorbonne, 2008.

9. Ainsi dans le cas de l'artiste syrien-berlinois Marwan Kassab Bachi, interrogé par Nagham Hodaifa dans le cadre de la préparation de sa thèse de doctorat *L'œuvre de Marwan depuis 1964 : la question du visage et l'œuvre sur papier*, Université Paris I Panthéon-Sorbonne, à soutenir en 2015.

10. L'actualité de la réflexion sur les méthodes de l'entretien dans la discipline sociologique est indéniable, malgré une déjà très longue histoire et une bibliographie abondante; ce qui tend à prouver que la situation d'entretien, quel qu'en soit le but, est loin d'être facile, d'une part, et qu'elle s'inscrit, d'autre part, dans l'enseignement de certaines disciplines établies (par exemple le séminaire « Pratiques de recherche sur des univers professionnels : enquêtes, analyse des données, écriture sociologique » donné par Christel Coton, Dominique Marchetti et Laurence Proteau à l'École des hautes études en sciences sociales (EHESS) de Paris, de février à mai 2012). Voir aussi la contribution de Hyacinthe Ravet dans le présent volume.

11. Les « reprises » sur l'entretien d'origine, quand ce n'est pas en direct, sont aussi importantes dans les médias audiovisuels que le travail éditorial dans l'édition imprimée. Les questions peuvent être remaniées après-coup, etc. La plupart du temps, il s'agit, pour le producteur, de raccourcir.

12. Sur le rôle idéologique de *l'entretien d'atelier* conçu par les rédacteurs de la revue *Art d'aujourd'hui* dans l'après-guerre, voir Corine Girieud Ghiyati, *La Revue* Art d'aujourd'hui : *une vision sociale de l'art*, thèse de doctorat, Université Paris IV Paris-Sorbonne, 2011.

a un, ou encore une galerie. L'idéal du lieu unique est loin d'être respecté et fort loin d'être indispensable, puisque, sauf lorsque l'entretien tourne court, il peut se poursuivre ailleurs. Le protocole initial se voit remplacé par les aléas d'un dialogue, l'échange prend un ton plus familier. Ce n'est plus un entretien, c'est une conversation, ce sont des « propos » tenus et recueillis comme tels, y compris lors d'une promenade ; le rythme de la marche en commun aiderait-il à l'échange, comme au temps de Johann Wolfgang von Goethe et de Johann Peter Eckermann, de Paul Cézanne et d'Émile Bernard, ou d'Auguste Rodin et de Paul Gsell ?

« Conversation à bâtons rompus » – quel meilleur exemple que le déroulement des *Entretiens avec le Neveu de Rameau* ? Forme éblouissante de dialogue dans le dialogue, où les esthétiques du mime et de la musique sont remises en cause, à un moment, qui plus est, de tournant décisif dans la littérature du XVIIIe siècle. À la moindre question que lui adresse Denis Diderot – disons plutôt : le philosophe de métier –, « le neveu », extravagant personnage de saltimbanque, se transforme en mime des travers contemporains, philosophe à son tour, renversant les rôles, trop heureux, après des échanges longs et passionnés sur la musique, la morale et les passions, de quitter la scène pour s'en aller souper dans un bon « caveau », de concert avec un interlocuteur qui ne tenait sur lui que des propos satiriques avant leur rencontre.

Citer le *Neveu de Rameau*, c'est forcément extrapoler, et, dira-t-on, sortir du sujet ici débattu, l'entretien d'artiste. Je n'en suis pas si sûre. J'y vois l'exemple même de la *liberté de propos* que l'allègre écrivain qu'était Diderot espérait, dans le fond, affecter à tout artiste comme à tout philosophe.

Un livre d'entretiens qui est plutôt un livre de conversations le démontrera. Dans *L'Art*, recueil d'entretiens réunis par Gsell[13], au cours des longues séances de conversations qu'il a acceptées d'avoir avec le critique, Rodin est très souvent amené à préciser sa position esthétique et son travail de sculpteur *contre* les opinions hostiles que lui rapporte son interlocuteur, et qui font mouche, de sorte que, loquace, l'artiste discourt et disserte sur lui-même et sur l'art, s'anime, provoque à son tour le critique pour lui montrer les limites de sa capacité à juger, et se livre avec une sorte de passion de dire et de confier le vrai. Cela dans les divers lieux où il vit et où il travaille, parfois pendant ces « promenades » qui nous semblent aujourd'hui faire partie d'une civilisation disparue. « N'y a-t-il pas entre l'art et la littérature une ligne frontière que les artistes ne doivent point franchir ? » demande Gsell[14] ; réponse du maître, débordant peu à peu la question pour y intégrer l'art et la musique :

> Je vous avoue [...] qu'en ce qui me concerne je supporte malaisément les *défenses de passer*. [...]
> Un publiciste critiquait dernièrement mon Victor Hugo du Palais-Royal en déclarant que ce n'était pas de la sculpture mais de la musique. Et il ajoutait naïvement que cette œuvre faisait penser à une symphonie de Beethoven. Plût au ciel qu'il eût dit vrai[15] !

13. Auguste Rodin, *L'Art*, entretiens réunis par Paul Gsell, Paris, Bernard Grasset, 1911 ; Paris, Gallimard, 1967 ; Paris, Bernard Grasset, 2005. Les citations proviennent de l'édition de 1967.

14. *Ibid.*, p. 125.

15. *Ibid.*, p. 126.

La suite du développement pose Rodin en critique d'art, précis, démonstratif, ne lésinant ni sur son enthousiasme, ni sur son ironie, ni sur son plaisir.

Tous les entretiens ne tournent pas en libre conversation. Certains se terminent modestement au café du coin, s'ils n'y débutent pas. Ainsi l'échange entre Alberto Giacometti et ses questionneurs, transcrit dans un précieux recueil d'entretiens d'une cinquantaine d'artistes publié en 1964 par les Éditions du Temps [16] (voir les illustrations 1a et 1b).

La photographie intérieure illustrant les pages consacrées à Giacometti nous le montre cigarette entre deux doigts, bouteille et verre posés près de lui, la bouche entrouverte, comme s'il parlait – ce qu'il fait d'ailleurs, après avoir éconduit dans un premier temps les intervenants dont les mouvements dans l'atelier commençaient à l'agacer : « Attendez-moi au café du coin. J'ai justement envie d'aller prendre un verre... dans une demi-heure » [17]. Giacometti, resté seul, continue à travailler, puis se rend comme prévu au café, où l'entretien peut alors reprendre sérieusement, alternant questions sur son art et questions sur le jugement qu'il porte sur l'art :

> — Quelle sera la peinture de demain ?
> — La peinture de demain ? Je ne sais si elle existera encore. On ne peut plus aller vers le figuratif et la peinture abstraite se ferme, se dissout : elle s'use.
> — En tant que peintre professionnel, vous sentez-vous responsable ?
> — J'ai beau sculpter, peindre, je suis comme au début. Je ne sais pas encore faire une tête. Il n'y a aucune relation dans le domaine artistique entre ce que je veux et ce que je vais faire. Mais ceci est mon cas qui n'est pas celui des autres [18].

Ce court extrait contient des *topoi* qui ne sont pas spécifiques à Giacometti. L'un consiste à se réfugier dans le « quant à soi », une posture propre à tout artiste que l'on interroge : ainsi donne-t-il l'impression de répondre généreusement à l'attente de son interlocuteur que seul le « je » de l'artiste devrait intéresser. L'artiste est prêt à donner la réponse qui, répétée, écrite, sonnera comme une confidence tout en contribuant à créer son image, d'aucuns diraient sa légende. La forme courte ou aphoristique s'y prête à l'évidence : « Je ne sais pas encore faire une tête. » Autre *topos*, répondre à une question sur l'avenir de l'art, par une interrogation sur son présent. Ici, la réponse est particulièrement désabusée : Giacometti se situe explicitement hors du circuit. Ce n'est pas le cas de tous les interviewés, plus engagés, plus enthousiastes... ou plus loquaces, comme l'était Rodin.

16. Louis Goldaine et Pierre Astier, *Ces peintres vous parlent*, présenté par Pierre Restany, Paris, Éditions du Temps, 1964. Chaque artiste est représenté par sa photographie, une ou deux pages d'entretien en petit corps – les questions posées étant imprimées dans un corps encore plus petit que les réponses – et enfin quelques lignes manuscrites précédant des « Impressions graphologiques » ; Giacometti a refusé de se prêter à cette dernière expérience.

17. *Ibid.*, p. 86.

18. *Ibid.*, p. 88.

Histoire et identité

De l'entretien au propos, du propos à la conversation, de la conversation à la profession de foi : quel qu'en soit le type, ce qui demeure en jeu pour l'artiste dans cette forme de communication dialoguée tient en deux interrogations : « D'où venez-vous ? Où vous situez-vous ? ». Dans l'extrait que je viens de citer, c'est comme si Giacometti répondait à la deuxième.

Quoi qu'il fasse, l'interviewer, par ses questions, renvoie l'interviewé à son histoire personnelle. Une histoire, c'est-à-dire un passé, des passages dans le temps, un présent; une durée. Une histoire *personnelle* implique un vécu particulier que l'entretien rend justement plus particulier encore. Cet *autrui* qui interroge, s'intéresse à *cet artiste-là* parce qu'il vient de quelque part et qu'il se situe quelque part. C'est le code implicite sans lequel le jeu des questions-réponses ne pourrait avoir lieu, et sans lequel, paradoxalement, autrui ne serait qu'un intrus. Notre interlocuteur *entend* les questions que nous posons à travers le filtre de son histoire.

Aussi sommes-nous tentés de transposer à la première personne le double questionnement. « D'où est-ce que je viens? Où je me situe? » résume le soubassement virtuel de l'entretien. Il est permis de penser que tout créateur – et tout homme et toute femme « du commun » (pour parler comme Jean Dubuffet en y ajoutant le féminin) – se pose un jour ces questions à lui / elle-même. Plus que tout un chacun, l'artiste semble amené à s'en expliquer devant autrui.

De facto, les questions posées sont prélevées dans un champ très large incluant plusieurs directions : sociale (les milieux), géographique (les pays, les territoires), historique (les apprentissages, les maîtres, les écoles, les groupes), professionnelle (« Préférez-vous le papier à la toile? »), philosophique (« L'art est-il une vérité? », « La peinture a-t-elle un avenir? »); selon les circonstances et les moments historiques, une même question de caractère personnel n'aura pas la même pertinence; le « Êtes-vous religieux? » de Gsell à Rodin [19] n'est pas répétable ni même compréhensible ailleurs et en tout temps [20].

L'artiste est donc confronté au désir très fort de son interviewer qui est de reconstituer le puzzle de sa vie. C'est en puisant dans l'ensemble complexe de ses souvenirs, et comme si n'existait ni censure ni oubli, qu'il répond lui-même par des fragments, des « morceaux choisis ».

À ce point de ma réflexion, il me semble que les entretiens réalisés avec des artistes expatriés sont exemplaires. Une thèse récemment soutenue à Paris portait sur la diaspora des artistes de Taïwan [21]. Après la levée de la loi martiale de 1987, la liberté de sortir du pays retrouvée, les expatriés ont été nombreux. Une minutieuse recherche sur l'histoire artistique dans cette île occupée à plusieurs reprises constitue le corps de la thèse ; les

19. « J'eus l'idée de lui demander s'il était religieux ». Paul Gsell dans Rodin, *L'Art*, p. 151.

20. On trouvera de multiples exemples de ces questions de critiques dans la remarquable édition que Bernard Tillier a consacrée à la « parole », rare, du sculpteur Apel·les Fenosa (Apel·les Fenosa, *Propos d'atelier*, édition établie, annotée et présentée par Bernard Tillier, Creil, Dumerchez, 1996).

21. Jii-Rong Tseng, *Un art national dans la mondialisation : l'art à Taïwan et dans la diaspora taïwanaise depuis 1987*, thèse de doctorat, Université Paris X Nanterre, 2009.

vingt-sept entretiens réalisés (environ 300 pages en annexe) retranscrivent les réponses de responsables de musée et de galerie à Taïwan même ou à Paris, et d'artistes de la diaspora taïwanaise fixés à Paris. Il est abondamment question de la mondialisation, des collectionneurs, du marché; les artistes répondent aussi sur leur travail, les raisons de leur départ, leur adaptation à Paris, leur mode de vie et leurs moyens de subsistance. La Chine est toujours présente dans les questions et réponses; pays d'immigration, le continent chinois est vu comme un marché potentiel fantastique, mais les réponses sur l'épanouissement de l'art des Taïwanais immigrés sont mitigées. « Aujourd'hui, l'art contemporain chinois est en plein essor, pensez-vous que l'art de Taïwan profite de cet essor de l'art contemporain chinois en Occident? » demande l'historienne d'art. Réponse de l'artiste interrogé (qui est aussi critique d'art) : « Si l'art de Taïwan pouvait profiter de l'essor de l'art chinois actuel, la stratégie politique de l'État chinois serait mise en jeu »[22]. Entre le pays natal que l'on aime toujours, mais qui n'a plus assez de dynamique aux yeux des artistes expatriés, le continent jugé récupérateur et dont on se méfie, et la France, pays d'accueil où les mentalités, quoi qu'on fasse, sont largement éloignées de celles du pays d'origine, la question de l'identité artistique de l'artiste taïwanais imprègne l'entretien, même si elle apparaît reléguée derrière celle, pragmatique, des institutions et du marché. En d'autres temps, on l'aurait abordée sous l'angle de l'acculturation – mais l'acculturation n'est qu'une autre manière de parler de l'identité. L'artiste apporte une valeur ajoutée *symbolique*, en répondant comme s'il s'était demandé à lui-même : « Qu'est-ce que mon identité aujourd'hui? L'art a-t-il une identité géographique, politique? Comment puis-je rester ancré dans une identité passée que j'ai refusée car elle me bridait, et quelle identité aurais-je alors que je veux me faire une place dans ce monde prétendument "globalisé"? Comment faire pour être Taïwanais sans l'être? »

La mémoire sollicitée pour expliciter le passé engage aussi le présent et l'avenir. Nous sommes là au cœur de l'échange : si, venant du même pays que ces artistes, parlant la même langue, l'historienne amène à elle des réponses qui concernent au moins autant l'identité que l'histoire, c'est qu'elle touche à une vérité d'ordinaire tue. Elle devient, et plus généralement tout historien dans une situation analogue devient, sans l'avoir prévu, un passeur entre une histoire générale et un présent singulier.

(R)ÉCRIRE L'HISTOIRE

La situation d'entretien, redisons-le, implique une alternance de questions et de réponses. Les unes et les autres peuvent s'imbriquer parfois jusqu'à ce qu'on perde la notion d'entretien au profit d'un échange de libres propos selon un fil plus ou moins continu. Pour en rester à la problématique de l'histoire et de la mémoire, je me référerai maintenant aux ouvrages publiés par Georges Charbonnier, qui eurent du succès à la fin des années 1950 et dans les années 1960, l'après-guerre prolongée ayant été une période féconde pour la communication extérieure des artistes – films, photographies en masse,

22. Entretien avec Ying-the Chen, 13 janvier 2007, chez l'artiste (Paris), dans *ibid.*, p. 223.

émissions radiophoniques, etc. L'émission régulière de Charbonnier à la Radiodiffusion télévision française (RTF) s'intitulait « Dialogues avec… ». Les « Dialogues avec André Masson », série diffusée en octobre, novembre et décembre 1957, avaient été enregistrés chez l'artiste près d'Aix-en-Provence. L'année suivante, on pouvait les lire sous la forme d'un ouvrage de la collection « Les Lettres nouvelles » dirigée par Maurice Nadeau aux éditions René Julliard (Paris). L'auteur désigné est bien André Masson, le livre s'intitule *Entretiens avec Georges Charbonnier*[23] (voir l'illustration 2).

Une autre série d'entretiens du même Charbonnier réalisés avec plusieurs artistes en 1951 et en 1957, sera publiée sous le curieux titre *Le Monologue du peintre* chez le même éditeur, en 1959. Masson y participera à nouveau avec un entretien court, intitulé *Entretien avec André Masson* selon la formule adoptée dans tout le livre. Si j'insiste un peu sur ces détails formels, c'est que la question de l'entretien d'artiste, pour un éditeur, et *a fortiori* pour le lecteur, peut se poser ainsi : « Qui est l'auteur ? » En 1985, paraît une réédition intégrale du premier recueil, celui des entretiens radiophoniques enregistrés et diffusés en 1957. Mais l'auteur désigné en couverture est Charbonnier, le livre s'intitule *Entretiens avec André Masson*[24], la mention de la « Préface de Georges Limbour » disparaît de la couverture, mais pas du grand titre ni de la publication (voir l'illustration 3).

Cette préface est cependant *suivie* d'un « Avant-propos » de Charbonnier (daté de 1985) que lui-même désigne, du reste, comme une « postface ». On peut s'y perdre ! En fait, l'éditeur marseillais a légèrement modifié le titre de l'émission proprement dite en remplaçant *Dialogues* par *Entretiens*, l'auteur redevenant naturellement Charbonnier. Il est cependant tout à fait dommage que le texte n'ait pas été revu et que les *errata* ajoutés dans l'édition de 1958 n'aient pas été pris en compte[25].

Or cette étrange alternative « auctoriale » était aussi rendue possible par la manière dont les entretiens sont conduits et retranscrits. L'ouvrage contient des chapitres constitués de longs dialogues. Les interventions du critique ont une double fonction : rappeler au lecteur le contenu des chapitres précédents et lancer son interlocuteur sur le thème du jour. Au cours du déroulement, le critique impose sa présence, affichant ses opinions personnelles, affirmatif autant qu'interrogatif; il interrompt parfois les réponses de Masson, comme si cette manière de faire, purement orale, devait rendre l'échange plus vivant, plus véridique non seulement à l'écoute immédiate mais à la lecture. Charbonnier a pour but de faire reconstituer par Masson, verbalement, sa propre histoire d'artiste, en orientant le cheminement selon quelques grandes curiosités du moment. Et celle qui domine est indiquée par le bandeau d'annonce en rouge sur blanc : « André Masson et le scandale surréaliste ».

Contrairement à ce qu'annonce cette accroche publicitaire, l'épisode surréaliste ne fait pas tout le livre, qui commence à la veille de la guerre de 1914-1918, revient sur

23. André Masson, *Entretiens avec Georges Charbonnier*, préface de Georges Limbour, Paris, René Julliard, 1958.

24. Georges Charbonnier, *Entretiens avec André Masson*, préface de Georges Limbour, Marseille, Éditions Ryôan-ji, 1985.

25. Par exemple, « Géricault » entendu et imprimé au lieu de « Chirico », « Beaudin » écrit « Bodin » et quelques autres « coquilles » également importantes.

l'enfance, et se clôt sur l'année 1945. En 1985, pourtant, l'avant-propos de Charbonnier charge encore la barque en ne portant que sur la relation avec le surréalisme, comme si le reste (l'enfance, la guerre, la rencontre avec Henri Matisse, l'expérience espagnole, l'exil américain) ne pesait pas autant : selon lui, la vie de l'artiste est imprégnée d'un bout à l'autre par le surréalisme. Masson, subtilement, ne refuse pas de front cette idée, mais il la réoriente : en tirant du côté de l'esprit de rébellion, qui lui convient mieux de toute évidence, et en désacralisant assez rudement ses relations avec André Breton à qui son interlocuteur donne une immense aura. Malgré l'extrême courtoisie de l'artiste, le dialogue, de ce fait, se trouve paradoxalement en porte-à-faux sur la question soulignée comme essentielle.

Le récit de Masson, quant à lui, est étonnant par la variété des genres et des temps littéraires qu'il emploie : récit-confession (passé raconté au présent : « J'ai des ennuis [...] », puis au passé composé : « J'ai mené une vie terrible à ce moment-là [...] »[26]), dialogues réinventés dignes d'un scénariste, exclamations (« Eh bien, si ! », « Mais non ! », « Attention ! »), apostrophe de l'interlocuteur (« [...] vous voyez cela ? », « Eh bien, mon cher Charbonnier »), approbation d'un commentaire (« Oui, je n'avais pas pensé à cela », « C'est très vrai »), etc. À toute occasion, l'humour ou l'ironie affleurent, ce qui rend extrêmement drôles certains passages, sur le surréalisme précisément. Il y a quelques moments forts dans ce grand récit fragmenté que Masson fait de son histoire à travers ses fréquentations, en particulier quand il raconte une conversation avec Matisse lors d'une visite que celui-ci lui rend dans son atelier de Grasse (il convient de préciser que cette rencontre se passe en 1933, époque de la deuxième version de *La Danse* de Matisse pour Barnes et troisième année des *Massacres* de Masson). Résumons : Matisse lui demande comment il commence une toile, et Masson explique qu'il part de « grandes nappes de couleur », ajoute des lignes, puis survient le thème :

> Voilà, je procède de cette façon-là, et le tableau, à la fin, je lui donne un titre : c'est un *Massacre*, c'est une *Poursuite*...
> Il me dit : « Eh bien, c'est curieux, moi je procède exactement de la manière contraire. Je mets un bouquet sur la table, je voudrais que le tableau une fois terminé – il disait même, le tableau que j'ai fait "d'après ce bouquet" – un jardinier puisse y reconnaître toutes les variétés de fleurs ; mais je ne sais pas ce qui se passe en route, ça devient des jeunes filles qui dansent, etc. » Au fond, conclut Matisse, « c'est la même chose. C'est le contraire, mais c'est la même chose »[27].

Et Masson de poursuivre à l'attention de Charbonnier : « [...] le lien de toutes les grandes œuvres, moi j'appelle ça "la poésie" »[28].

Comment Charbonnier avait-il pu susciter le souvenir de ce bel épisode ? Avec une question portant sur la personne : « André Masson, quand vous avez fait la rencontre d'Henri Matisse, comment était l'homme ? » Après avoir répondu en trois termes – « imposant, avec un aspect un peu froid, rigide »[29] – auxquels il ajoute un peu plus

26. Masson, *Entretiens avec Georges Charbonnier*, p. 97.
27. *Ibid.*, p. 156.
28. *Ibid.*, p. 157.
29. *Ibid.*, p. 155.

loin « réfléchi » –, c'est d'opinion sur la peinture et sur le ballet[30] qu'il s'agit, long développement tenant, dans le volume in-octavo, la dimension d'une page imprimée. Charbonnier va ensuite relancer sur l'anecdotique : « Est-ce que vous avez gardé le souvenir des jugements qu'il portait sur ses pairs ? ». « Oui », répond Masson – et l'on en vient à une suite de jugements lapidaires, pas vraiment aimables ; aucun nom n'est cité, pour ne pas créer d'ennuis à l'interviewé qui, en quelque sorte, prête ses souvenirs ; c'est ensuite un jeu pour le lecteur, de deviner de qui il s'agit[31].

Ces souvenirs que Masson libère en les faisant jouer de façon quasi familière, sans aucune « pompe », pour le plaisir de ses auditeurs (car à l'origine on est à la radio, ne l'oublions pas), avec un talent et une verve de conteur oral, correspondent sur le fond à une écriture de l'histoire faite par un mémorialiste ou un chroniqueur. De la manière dont il réagit à la situation d'entretien, on peut dire ce que lui-même dit de Matisse : « Il parlait de toutes choses quand il s'agissait de peinture »[32]. Comme le neveu de Rameau, par ses changements de ton et de registre, l'artiste donne du relief à la moindre chose. L'entretien, ici, en assumant pleinement le mode anecdotique, aboutit à un récit de vie dont l'auteur se fait à la fois le scénariste, le dialoguiste et le philosophe. Malgré les interventions nombreuses du critique, c'est comme si l'artiste livrait aux auditeurs (puis aux lecteurs) les prémisses d'une biographie *autorisée*.

Final : au présent, *a contrario*

Il est temps d'avouer à qui j'ai emprunté, en le modifiant, le titre de ces propos. Il m'a été suggéré par un collage de Thomas Hirshhorn, intitulé et réalisé à l'origine en langue anglaise, traduit en allemand, en espagnol, puis en français : *Où je me situe ? Qu'est-ce que je veux ?* Il l'appelle lui-même un « plan » (voir l'illustration 4).

C'est une sorte de diagramme ou de schéma qui date de 2007 et prélude à une conférence que l'artiste a d'abord dite en anglais ; à notre invitation, il l'a prononcée en français en 2009 à l'auditorium de l'Institut national d'histoire de l'art[33]. Cette intervention de Hirshhorn intitulée par lui « Où est-ce que je me situe ? Qu'est-ce que je veux ? » m'a fait immédiatement penser à un contre-exemple d'entretien. En effet, les questions qu'il pose, se pose, et commente, ne sont pas loin des questions que quelqu'un d'autre, en face de lui, voudrait lui poser. Mais formellement, il ne s'agit pas d'un jeu de questions-réponses typiques d'un entretien même fictif. Dans son plan-collage, l'artiste représenté par le mot « MOI » encerclé au centre, ne laisse place à nul autre *sauf sous la forme de noms d'auteurs*, philosophes (Baruch Spinoza, Gilles Deleuze, Georges Bataille,

30. Masson se trouvait alors dans le milieu des Ballets de Monte-Carlo pour lesquels il avait fait le décor et les costumes de *Présages* dont il devait suivre les répétitions.

31. Ainsi le développement assez cruel, comme le dit justement Masson, rapporté à la page 161 de l'édition que nous suivons, concerne-t-il sans aucun doute André Derain.

32. Masson, *Entretiens avec Georges Charbonnier*, p. 157-158.

33. La traduction de l'anglais vers le français a été réalisée, en accord avec l'artiste, par Stéphanie Jamet-Chavigny. Nous l'avons éditée, avec les illustrations choisies par l'artiste (Thomas Hirshhorn, « Où est-ce que je me situe ? Qu'est-ce que je veux ? », dans Stéphanie Jamet-Chavigny et Françoise Levaillant (dir.), *L'art de l'assemblage : relectures*, Rennes, Presses universitaires de Rennes, 2011, p. 227-240).

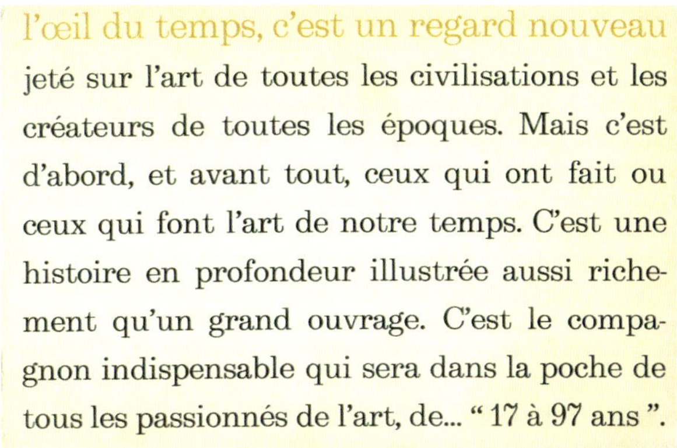
l'œil du temps, c'est un regard nouveau jeté sur l'art de toutes les civilisations et les créateurs de toutes les époques. Mais c'est d'abord, et avant tout, ceux qui ont fait ou ceux qui font l'art de notre temps. C'est une histoire en profondeur illustrée aussi richement qu'un grand ouvrage. C'est le compagnon indispensable qui sera dans la poche de tous les passionnés de l'art, de... " 17 à 97 ans ".

Illustrations 1a et 1b. Premier et quatrième plats de couverture du livre : Louis Goldaine et Pierre Astier, *Ces peintres vous parlent*, présenté par Pierre Restany, Paris, Éditions du Temps, 1964.

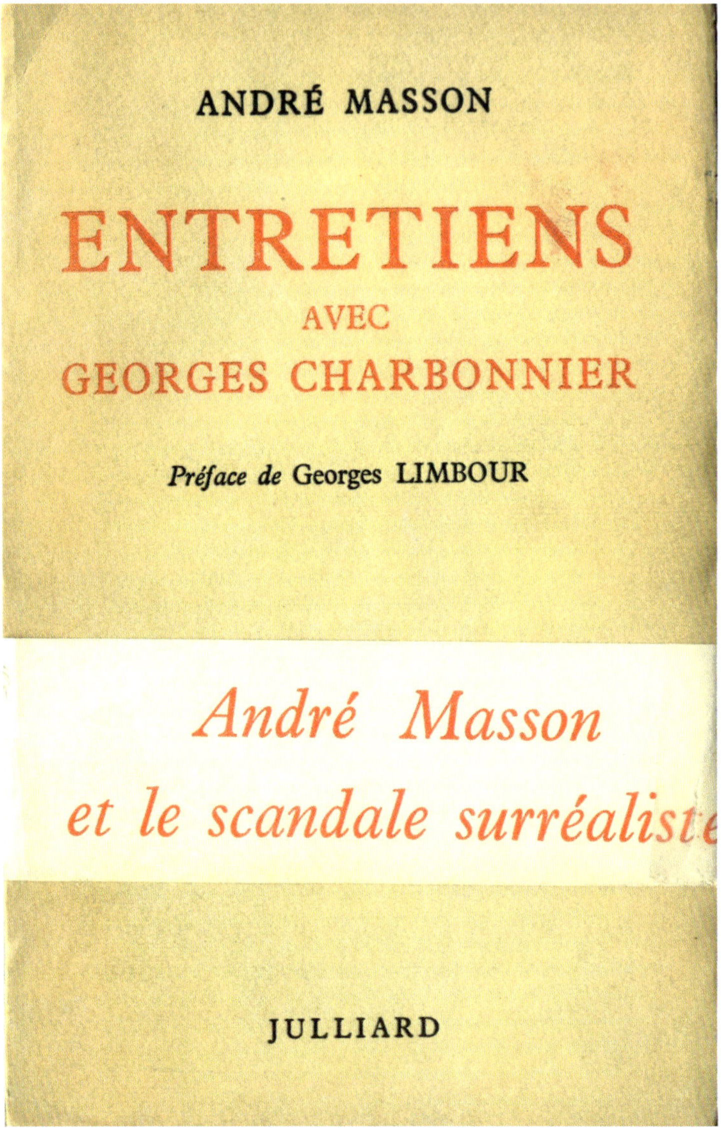

Illustration 2. Premier plat de couverture et bandeau du livre : André Masson, *Entretiens avec Georges Charbonnier*, préface de Georges Limbour, Paris, René Julliard, 1958.

Illustration 3. Premier plat de couverture du livre : Georges Charbonnier, *Entretiens avec André Masson*, préface de Georges Limbour, Marseille, Éditions Ryôan-ji, 1985.

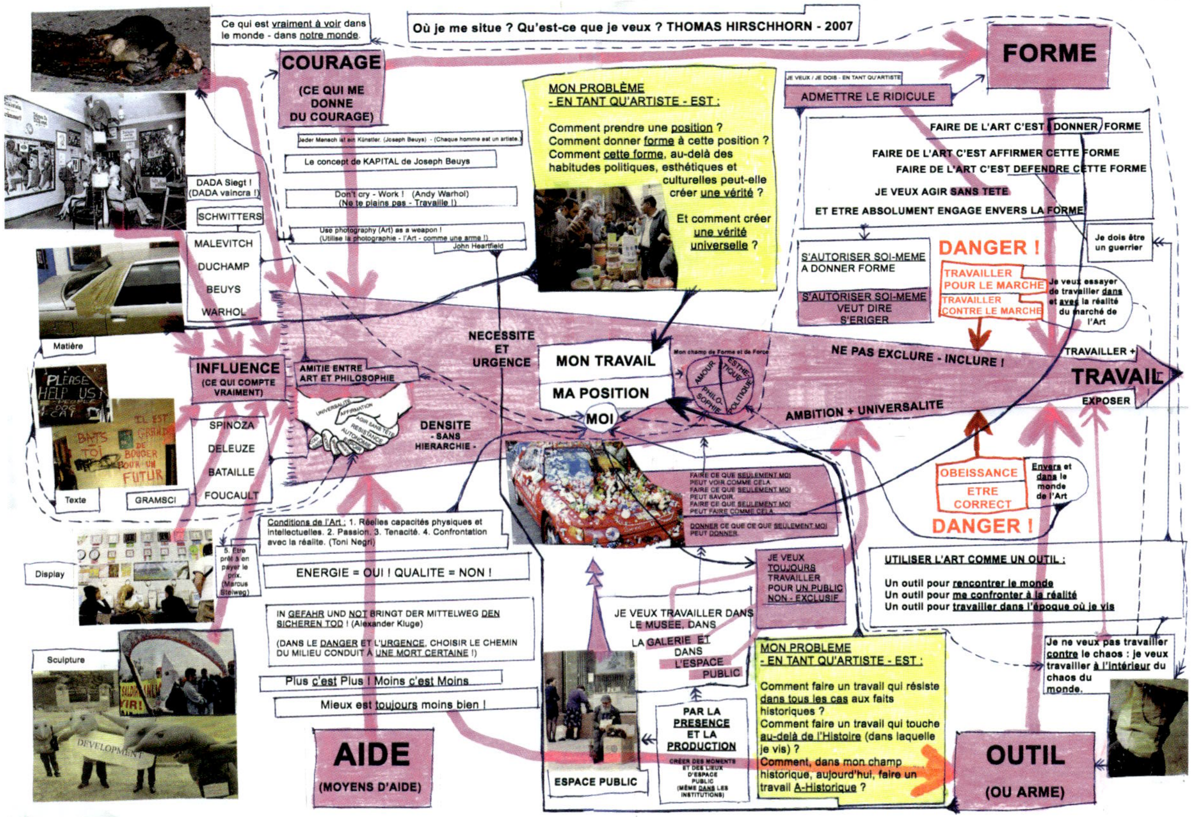

Illustration 4. Thomas Hirshhorn, *Où je me situe ? Qu'est-ce que je veux ?*, 2007, plan, imprimé, version en français, coll. de l'artiste. Reproduit avec l'aimable autorisation de Thomas Hirschhorn.

Illustration 5. Thomas Hirshhorn, *Stand-alone*, 2007, vue d'une partie de l'exposition au Museo Tamayo Arte Contemporaneo, Mexico (2008). Reproduit avec l'aimable autorisation de l'artiste, d'Isabel Coppel et d'Agustín Coppel.

MUSICA 185

SOUVENIRS SUR J. MASSENET

UNE CAUSERIE FAMILIÈRE : DANS LE JARDIN DE MASSENET A ÉGREVILLE, LE MAITRE REÇOIT L'ENVOYÉ DE *Musica.*

Illustration 6. « Une causerie familère : dans le jardin de Massenet à Égreville, le Maître reçoit l'envoyé de *Musica* », *Musica*, n° 120, septembre 1912, p. 185.

QUELQUES OPINIONS SUR LES RÉSULTATS OBTENUS PAR L'EMPLOI DE L'*OCHYDACTYL*

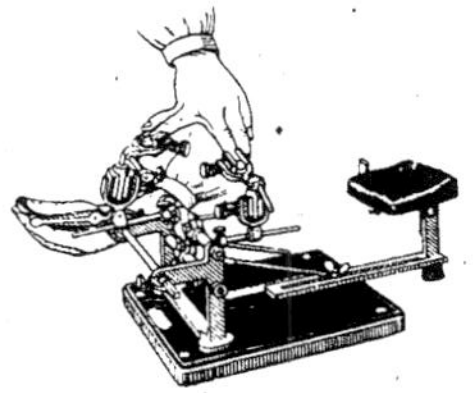

OCHYDACTYL

Je me sers de l'Ochydactyl tous les matins environ sept minutes par main, d'exercices d'étirement progressifs, moyens et forts.

L'Ochydactyl supprime les exercices de tenues et de pure vélocité.

Il m'est particulièrement utile pour la préparation de mes concerts.

Victor STAUB,
Professeur au Conservatoire.

***

L'Ochydactyl ne saurait dispenser des études habituelles mais il permettra de les simplifier considérablement.

Avec lui, quelques minutes suffisent à assouplir les muscles, délier les articulations et discipliner les doigts tandis que par les moyens accoutumés, des heures sont parfois nécessaires. En outre, cette gymnastique, répétée chaque jour, cultive et développe la main d'une façon remarquable.

L'Ochydactyl peut donc rendre les plus grands services à tous les exécutants, élèves ou maîtres, et faciliter leur tâche toujours si rude, je vous en félicite sincèrement.

MORPAIN,
Professeur au Conservatoire.

***

Je suis enchanté de l'Ochydactyl. Malgré ses qualités mécaniques, il est plus qu'une machine et je peux dire de votre appareil qu'il a de l'intelligence, car il incite — en dehors de ce qu'il s'y prête — à la découverte d'un riche kaléidoscope de combinaisons. Chacun peut donc agencer la disposition de ses leviers selon ses besoins propres, et en vue de tel développement de force ou d'étirement qu'il lui semblera utile de rechercher. Pour ma part, j'attache une importance toute particulière aux exercices avec résistance ou à tels autres pendant l'accomplissement desquels la *volonté musculaire* a une part. Votre Ochydactyl est appelé à un très brillant succès, et il donnera les résultats les plus effectifs à ceux qui lui demanderont des choses précises.

Diran ALEXANIAN,
Professeur à l'Ecole Normale de Musique.

***

Je me sers de votre appareil (un quart d'heure environ). Je le trouve excellent, non seulement pour l'articulation, mais aussi pour les écarts.

J. BOUCHERIT,
Professeur au Conservatoire.

***

Ayant essayé l'Ochydactyl, je me fais un devoir et un plaisir d'en reconnaître les indiscutables mérites. C'est surtout en voyage pendant le séjour dans les hôtels, où la musique est prohibée, que cet appareil peut rendre de très grands services aux virtuoses désiran garder la souplesse de leurs doigts et, à ce titre, je ne puis que le recommander chaudement.

Georges ENESCO.

***

Voici d'autre part un rapport du Conseil des Professeurs de l'Ecole Normale de Musique relatif à l'OCHYDACTYL.

Le Conseil des professeurs réuni le 10 mai 1925 sous la présidence de M. Alfred Cortot a pris connaissance des résultats obtenus par l'emploi de l'Ochydactyl sur un groupe d'élèves des classes de piano de Mmes Bascouret de Gueraldi, Giraud-Latarse, Julliard de Gueraldi, Morhange, Dienne, Kastleer, Yvonne Jean et de la classe de violoncelle de M. Alexanian.

De l'avis de ces professeurs, il résulte que d'excellents résultats ont été obtenus sur des mains raides qu'il a assouplies ainsi que sur des mains molles auxquelles il a donné de la force et de la précision dans le toucher.

D'une manière générale, l'Ochydactyl met rapidement la main en bonne condition pour le jeu de l'instrument

Le Conseil décide de demander à M. Rétif de vouloir bien continuer à faciliter l'emploi de son appareil aux élèves qui lui seront désignés par les professeurs et le remercie pour l'utile concours qu'il leur apporte en l'occurence.

(*A suivre.*)

***

*M. Georges Rétif, l'ingénieux et actif inventeur de l'*OCHYDACTYL *fait actuellement une tournée de démonstration du merveilleux instrument, dont nous avons exposé le principe et le mécanisme dans notre numéro du 1er décembre dernier, à travers les départements. Il serait heureux que les directeurs des Conservatoires et Ecoles de musique profitent de son passage pour lui exprimer leurs desiderata au sujet de l'*OCHYDACTYL.

Illustration 7. « Quelques opinions sur les résultats obtenus par l'emploi de l'ochydactyl », *Le Courrier musical*, vol. 28, n° 5, 1er mars 1926, p. 142.

QUELQUES INTERVIEWS, PAR MÉDIUM S. G. D. G.

— « *Ce Chopin me prend tout entier,*
mon Erard lui-même en jubile ! »
— « *Moi, le Schumann me rend fébrile,*
mon Pleyel s'affole à moitié ! »
— « *Pour moi, comtesse Polonaise,*
dans le Liszt je suis à mon aise...
et tout le reste est vanité. »
Ainsi parlent — ne vous déplaise —
Victor Gille et Jane Mortier.

— *Je pourfends Reber et Dubois*
ou je fais rage des dix doigts ;
mais l'auteur toujours à la page,
c'est bien moi, Marcelle Soulage !

— *Poèmes doux, sereins, gris, noirs,*
j'interprète tous les grands rêves !
Et Marguerite Thévenard
par son seul verbe vous soulève !

— *Debussy, Beethoven, Aubert,*
Ravel, Ducasse et leurs complices,
Que le bon Dieu tous les bénisse !
J'ai dit, moi, Philippe Gaubert.

— *Avec l'archet de* Jeanne Isnard
je médite un haut régal d'art...
Chacun veut y passer la vie
lorsque Denyse Molié
vient salle de Géographie.
Tout-Paris musical y est !
D'ailleurs, les Grecs déjà m'acclament,
et les New-Yorkais me réclament...

— *Pour caresser ma « Chromatique »*
je suis là, dès patron-minet.
Ah ! la suave mécanique
dans les mains de Stella Goudket !

Illustration 8. « Quelques interviews par médiums, S. G. D. G. », *Le Guide du concert*, vol. 7, n° 8, 26 novembre 1920, p. 128.

Michel Foucault) et artistes (Kasimir Malevitch, Marcel Duchamp, Joseph Beuys, Andy Warhol), dont on suppose spontanément qu'ils sont importants pour lui ou qu'il les reconnaît comme faisant partie de son histoire et de son présent[34]. Quand il colle dans ce même schéma une photo de l'exposition de la Première foire internationale dada (Berlin, 1920), on suppose, ici encore, qu'elle représente pour lui un moment essentiel; en l'insérant dans le plan, il la *présentifie*. Il dira dans sa conférence que ce sont *ses influences*.

Ainsi ce ne sont pas les questions d'autrui qui lui permettent d'exemplifier sa propre identité d'artiste combattant (« Je dois être un guerrier ») mais lui-même, auteur d'un assemblage de noms, d'assertions et de questions qui le regardent et qu'il nous donne à regarder, puis à lire avec lui, un assemblage qu'il serait vain et sans aucune signification de vouloir démanteler, puisque tout se tient grâce à un réseau de flèches, de lignes pleines ou de pointillés. Les unités de sens formées par un mot ou un ensemble de mots (typographiés) sont encadrées d'un trait leur donnant une différenciation spatiale; à l'intérieur de ces carrés ou rectangles (constituant des fonds parfois colorés en rouge ou en jaune), les mots et phrases sont marqués par des signes expressifs tels que le souligné, les capitales, la colorisation, etc. Cette technique met la pratique du collage au premier plan de l'art contemporain parce qu'elle est réalisable par tous : « Tout le monde – partout dans le monde – a fait au moins une fois dans sa vie un collage »[35]. Le collage est « une manière de vivre dans le monde ».

Le plan-collage *Où je me situe? Qu'est-ce que je veux?* m'apparaît comme l'antithèse des schémas propres et figés de l'histoire officielle de l'art, tel celui que le Museum of Modern Art (MoMA) de New York imposa en 1936 pour marquer les filiations des mouvements de l'art contemporain[36]. « *Re-créer* le monde », créer un « *nouveau monde* » à partir du monde existant, telle est la fonction essentielle, actuelle, combattante du collage selon Hirshhorn. J'entrevois aussi dans le schéma hirshhornien la forme symbolique de ce que devrait être le résultat d'un entretien dans l'art actuel : éclaté, multiforme (les photographies découpées venant comme des flashs de mémoire ou des fragments de réalité) et pourtant structuré. Mais sous quelle *forme* le réaliser? C'est comme si Hirshhorn avait anticipé ma question en répondant par avance : « Lisez et suivez les flèches et les lignes de mon réseau si vous y parvenez », semble-t-il dire, « écoutez la conférence que je vais faire et qui vous donnera les clés de ce collage, qui sont les clés de mon engagement, et si vous allez voir mes expositions, vous rencontrerez à nouveau, mais en volume, dans un espace précis, selon des trajets précis, mon système de références qui vous apparaît tellement éclaté, alors qu'il est si organisé que je vous donnerai l'impression d'avoir tout dit en accumulant mots, objets et fictions ».

Le plan-collage de Hirshhorn accompagne en effet son exposition *Stand-alone*, grande installation présentée en 2007 à Berlin et en 2008 à Mexico (voir l'illustration 5).

34. Dans la conférence, Hirshhorn ajoute à ceux-ci le nom de Antonio Gramsci.

35. Hirshhorn, « Où est-ce que je me situe? Qu'est-ce que je veux? », p. 236.

36. Ce que l'on appelle la « charte » d'Alfred H. Barr, Jr., premier et célèbre conservateur du MoMA créé en 1929, schéma publié dans *Cubism and Abstract Art*, catalogue de l'exposition (MoMA, 1936), New York, MoMA, 1936.

À l'instar de la visiteuse qui, sur l'une des photographies de l'installation au Mexique, regarde dans la direction de la cheminée recouverte de graphes et de livres amoncelés, je voudrais ici pointer un de ces livres. Placé à la verticale et non empilé, plus grand que les autres, sa présence attire et intrigue : sa couverture reproduit des médicaments en forme de gélules à deux couleurs qui se font écho devant le miroir, et qu'une ligne imaginaire relie aux grandes pilules de carton et plastique monochrome vert (portant toutes l'empreinte « YOU ») installées en tas dans un coin de la pièce ; mis en place pour être repéré, ce « livre » porte le nom de Jacques Derrida. Hommage ou clin d'œil à un auteur absent du plan *Où je me situe ? Qu'est-ce que je veux ?* ? Ou plus que cela, index de l'exposition ? Je m'en tiendrai pour finir à rappeler que, hasard ou non, Derrida (décédé en 2004) est l'auteur des années glorieuses des sciences humaines en France, qui n'a pas ménagé son temps pour satisfaire à la demande d'*entretiens*, les suscitant aussi, considérant cette forme de communication comme les *post-scriptum* de ses propres lectures et analyses, ainsi qu'il le dit à Gérard Farasse dans le dialogue publié sous le titre *Déplier Ponge*[37].

Il reste quand même une question à poser à Hirshhorn : pourquoi Derrida ? pourquoi *ce* Derrida aux gélules[38] ?

L'entretien ce serait, en somme, déplier au présent des pans de mémoire dans des fragments d'histoire.

37. Jacques Derrida, *Déplier Ponge : entretien avec Gérard Farasse*, Villeneuve d'Ascq, Presses universitaires du Septentrion, 2005. Les entretiens ont été réalisés en 1991, publiés en pré-originale dans la *Revue des Sciences Humaines*, n° 228, 1992. Le prétexte était une conférence de Jacques Derrida, prononcée devant Francis Ponge à une décade de Royaumont en 1975, publiée d'abord en édition bilingue (*Signéponge / Signsponge*, Columbia, Columbia University Press, 1984) puis française (*Signéponge*, Paris, Éditions du Seuil, 1987).

38. Je remercie vivement Thomas Hirshhorn d'avoir accepté de lire le tapuscrit de ce texte, de m'avoir donné son accord pour la partie qui le concerne, et enfin d'avoir autorisé à titre gracieux la reproduction de ses œuvres.

Première partie

POÉTIQUE DE L'ENTRETIEN

L'ENTRETIEN COMME STRATÉGIE DE COMMUNICATION

LOUIS DE FOURCAUD ET RICHARD WAGNER : UN ENTRETIEN APOCRYPHE ? [1]

MARIE-HÉLÈNE BENOIT-OTIS

L'entretien constitue sans le moindre doute une voie d'accès privilégiée à la pensée de l'artiste interrogé. Mais jusqu'à quel point son contenu est-il influencé par la personne qui l'interroge ? Le point de vue présenté dans l'entretien est-il uniquement celui de l'interviewé, ou aussi (voire surtout) celui de l'intervieweur ? Cette question, à laquelle il n'est évidemment pas possible de répondre dans l'absolu, doit être posée au cas par cas, pour chaque entretien dont on se propose de tirer des conclusions esthétiques ou historiques. Le présent article donne un exemple d'une telle démarche en remontant aux sources d'un célèbre entretien avec Richard Wagner.

Cet entretien date de la fin du mois d'octobre 1879, alors que le critique d'art, musicographe et ardent wagnérien Louis de Fourcaud (1851-1914) [2] se rend à Bayreuth pour y rencontrer Wagner. Cinq ans plus tard, en 1884, il fait paraître un compte rendu de son entretien avec l'illustre compositeur. Dans cet article largement diffusé en France, il rapporte en ces termes les propos de Wagner :

> Le premier souci d'un compositeur français décidé à s'arracher à l'ornière doit être de se procurer un poème simple, humain, expressif, et surtout, conforme au génie de sa

1. Je remercie chaleureusement Jean-Jacques Nattiez, dont la profonde connaissance de la littérature wagnérienne a contribué à étayer l'argumentation présentée dans les pages qui suivent, ainsi que Knut Holtsträter, qui a eu la générosité de me fournir une source qui, autrement, aurait échappé à mon attention. Une version plus détaillée de cet article est parue en anglais sous le titre « Richard Wagner, Louis de Fourcaud, and a Path for French Opera in the 1880s », ACT : *Zeitschrift für Musik und Performance*, n° 3, mai 2012 (accessible en ligne : http://www.act.uni-bayreuth.de/de/archiv/2012-03/03_Benoit-Otis_Wagner/index.html).

2. Pour une brève bio-bibliographie de Louis de Fourcaud, voir Laure Schnapper, « Fourcaud, Louis (de) », dans Philippe Sénéchal et Claire Barbillon (dir.), *Dictionnaire critique des historiens de l'art actifs en France de la Révolution à la Première Guerre mondiale*, http://www.inha.fr/spip.php?rubrique347, consulté le 15 mai 2009.

> nationalité. [...] J'ai expliqué dans mes ouvrages théoriques quelles raisons militent pour les sujets légendaires, où les héros sont affranchis des pressions contingentes, des petitesses, de l'intérêt et de la politique. Cela est dit pour la France comme pour l'Allemagne, et pour tous les pays imaginables. Puisez donc dans vos légendes, qui sont innombrables, et d'une richesse infinie. Lisez donc vos poèmes du Moyen Âge, vos chansons de geste, voire vos romans de chevalerie; ils forment le plus pur trésor de vos archives intellectuelles. [...] Les Roland, les Arthur, les chevaliers de la Table Ronde, les paladins de vos anciens auteurs populaires ont éminemment la taille épique et lyrique et les idées qu'ils incarnent – idées de droit, de justice, de loyauté, de charité, d'amour qui sont, au premier chef, de celles qui portent à chanter [3].

Cet entretien fréquemment cité [4] constitue l'un des moments forts du wagnérisme en France. Il a eu un profond impact sur les compositeurs français de la fin du XIXe siècle : on pense, par exemple, à l'opéra *Le Roi Arthus* d'Ernest Chausson, dont la trame dramatique est basée sur le cycle des légendes arthuriennes; à *Fervaal*, de Vincent d'Indy, dont l'action se situe à une époque légendaire dans les Cévennes natales de son auteur; ou encore à *Esclarmonde*, de Jules Massenet, dont le livret repose en partie sur un roman médiéval français [5]. Mais si les conseils de Wagner tels que rapportés par Fourcaud ont indéniablement contribué à l'évolution du mouvement wagnérien en France, plusieurs indices dont l'importance a été négligée jusqu'à maintenant permettent de remettre sérieusement en doute leur authenticité. Wagner a-t-il vraiment tenu les propos que lui attribue Fourcaud en 1884? Telle est la question à laquelle je tenterai de répondre dans les pages qui suivent, en explorant plusieurs pistes qui, réunies, suggèrent que cet entretien doit finalement peu à la parole de Wagner.

LES PRÉMISSES DE L'ENQUÊTE

Le point de départ de l'investigation a été une constatation très simple : à ma connaissance, tous les ouvrages et articles récents où l'entretien de Fourcaud avec

---

3. Louis de Fourcaud, « Richard Wagner et l'opéra français », *Bayreuther Festblätter in Wort und Bild : Gesammelte Beiträge deutscher, französischer, belgischer, schweizerischer, spanischer, englischer, amerikanischer und italienischer Schriftsteller und Künstler mit Facsimiles aus den Original-Partituren Richard Wagners*, München, Verlag der Autotype-Company, 1884, p. 42-43.

4. Voir par exemple Steven Huebner, *French Opera at the Fin de siècle : Wagnerism, Nationalism, and Style*, Oxford, Oxford University Press, 1999, p. 78 et p. 321-322; Cécile Leblanc, *Wagnérisme et création en France, 1883-1889*, Paris, Honoré Champion, 2005, p. 355-356; Jean-Jacques Nattiez, « L'univers wagnérien et les wagnérismes », dans Jean-Jacques Nattiez (dir.), *Musiques : une encyclopédie pour le XXIe siècle*, vol. 4 : *Histoires des musiques européennes*, Arles, Actes Sud / Paris, Cité de la musique, 2006, p. 1221-1257, ici p. 1242-1243; François de Médicis, « *Tristan* dans *La Mer* : le crépuscule wagnérien noyé dans le zénith debussyste ? », *Acta musicologica*, vol. 79, n° 1, 2007, p. 195-252, ici p. 228; Jean-Christophe Branger, « Alfred Bruneau, compositeur et critique musical (1889-1902) : quelle réforme pour l'opéra français? », dans Michel Duchesneau, Valérie Dufour et Marie-Hélène Benoit-Otis (dir.), *Écrits de compositeurs : une autorité en questions*, Paris, Vrin, 2013, p. 339-350, ici p. 343. L'entretien est également évoqué (sans toutefois être cité nommément) dans Cécile Leblanc, « Le wagnérisme musical en France », dans Timothée Picard (dir.), *Dictionnaire encyclopédique Wagner*, Arles, Actes Sud / Paris, Cité de la musique, 2010, p. 751-735, ici p. 751.

5. Voir Huebner, *French Opera at the Fin de siècle*, en particulier p. 77-78; pour plus de détails sur le cas spécifique du *Roi Arthus*, voir Marie-Hélène Benoit-Otis, *Ernest Chausson,* Le Roi Arthus *et l'opéra wagnérien en France*, Francfort, Peter Lang, 2012, en particulier p. 52-57.

Wagner est cité, mentionné ou commenté en donnent des références indirectes, approximatives ou carrément inexactes, lesquelles, pour la plupart, ne permettent pas de retrouver aisément le texte original (cité plus haut). En fait, autant qu'il a été possible de le constater par le biais d'une revue de la littérature ne prétendant pas le moins du monde à l'exhaustivité, tous les auteurs qui ont mentionné l'entretien de Fourcaud avec Wagner au cours des dix ou quinze dernières années l'ont fait par l'intermédiaire de deux sources qui s'avèrent aussi problématiques l'une que l'autre : le volume *Richard Wagner : vues sur la France* réuni par Gustave Samazeuilh en 1943[6] et le premier tome de la monographie de Léon Vallas sur Vincent d'Indy, paru en 1946[7]. Ces ouvrages accordent tous deux une place importante à l'entretien de Fourcaud avec Wagner et offrent toutes les apparences de sources de première main absolument fiables ; mais pour peu qu'on s'y attarde, on s'aperçoit qu'il convient de les traiter avec la plus grande prudence.

Le volume *Richard Wagner : vues sur la France* est un recueil de textes réunis par Samazeuilh en l'honneur de Wagner ; on y retrouve aussi bien des écrits de Wagner lui-même que des textes d'auteurs français chantant les louanges du maître de Bayreuth. Samazeuilh y livre une nouvelle publication de l'entretien de Fourcaud avec Wagner paru en 1884 ; cette réédition serait tout à fait irréprochable si elle ne s'accompagnait de la mention bibliographique suivante : « Publié en 1886, par les *Feuilles de Bayreuth* et reproduit fragmentairement par le *Ménestrel* »[8]. Or, ces deux références sont inexactes : l'entretien de Fourcaud avec Wagner n'a paru ni dans les *Bayreuther Blätter*, mensuel fondé par Hans von Wolzogen à l'intention des visiteurs du festival de Bayreuth, ni dans *Le Ménestrel*, hebdomadaire parisien publié par Heugel, comme j'ai pu m'en convaincre suite à une recherche systématique effectuée à travers plusieurs décennies de chacun de ces deux périodiques. En réalité, comme je l'ai indiqué plus haut (note 3), l'entretien a été publié en 1884 dans un volume spécial intitulé *Bayreuther Festblätter in Wort und Bild* (réédité en 1886), qui, malgré la ressemblance des titres, n'est pas assimilable aux *Bayreuther Blätter* ; il a ensuite été reproduit partiellement en 1886 dans *Le Gaulois*, et non dans *Le Ménestrel* comme l'affirme Samazeuilh. Selon toute apparence, Samazeuilh a donc confondu différentes publications, produisant ainsi des références complètement erronées.

La monographie de Vallas intitulée *Vincent d'Indy*, parue en deux volumes en 1946 et 1950, présente un cas à la fois plus subtil et plus complexe. Ici, on retrouve des informations bibliographiques en apparence complètes et exactes sur l'entretien de Fourcaud avec Wagner – mais en apparence seulement, et cette réserve prend une importance d'autant plus grande que c'est par l'intermédiaire de Vallas que la plupart des publications récentes font référence à l'entretien de Fourcaud avec Wagner[9].

6. Gustave Samazeuilh (dir.), *Richard Wagner : vues sur la France*, Paris, Mercure de France, 1943.

7. Léon Vallas, *Vincent d'Indy*, vol. 1 : *La jeunesse (1851-1886)*, Paris, Albin Michel, 1946.

8. Louis de Fourcaud, « Richard Wagner et l'opéra français », dans Gustave Samazeuilh (dir.), *Richard Wagner : vues sur la France*, Paris, Mercure de France, 1943, p. 54-61, ici p. 54, n. 1.

9. Voir en particulier Leblanc, *Wagnérisme et création en France*, p. 355. L'auteur n'y fait certes aucune mention de l'ouvrage de Vallas, mais elle n'en reprend pas moins à son compte l'intégralité du contenu des pages consacrées par ce dernier à l'entretien de Fourcaud avec Wagner.

Vallas retrace en ces termes l'histoire de la publication dudit entretien :

> Louis de Fourcaud avait fait imprimer une première fois le texte dans *Le Gaulois* du 5 janvier 1880. De nouveau, le 17 juin 1884, il en fit publier les termes, mais en allemand, par les *Bayreuther Festblätter* [...] ; une nouvelle fois il les redit en français dans un article, *La Revanche de Wagner* [...], publié par *Le Gaulois* du 13 janvier [10].

Comme Samazeuilh, Vallas semble confondre *Bayreuther Blätter* et *Bayreuther Festblätter*; cette impression est renforcée par la date précise du « 17 juin 1884 », qui provient en réalité de la deuxième édition du volume des *Bayreuther Festblätter* [11]. En outre, si les *Bayreuther Blätter* n'imprimaient en effet que des articles en allemand, le volume des *Bayreuther Festblätter in Wort und Bild* réunit des contributions en plusieurs langues, comme l'indique d'ailleurs son sous-titre : *Contributions réunies d'écrivains et d'artistes allemands, français, belges, suisses, espagnols, anglais, américains et italiens.* L'entretien de Fourcaud avec Wagner y a donc bel et bien été publié en français, et non en allemand comme le prétend Vallas.

Ces erreurs sont certes plutôt mineures; elles ne constituent cependant pas l'aspect le plus problématique des pages que consacre Vallas à l'entretien de Fourcaud avec Wagner. Ces références bibliographiques très utiles, bien qu'un peu approximatives, sont en effet précédées par un long compte rendu du contenu de l'entretien, où l'on peut lire par exemple ceci :

> Devant l'assurance rayonnante du maître allemand, Louis de Fourcaud [...] n'avait guère hésité à lui poser des questions précises : « Que feriez-vous si vous étiez compositeur français, comment agiriez-vous? de quels éléments de réforme feriez-vous usage? » Alors des lèvres de Wagner était tombé cet oracle : « [Le] premier souci [du musicien de théâtre]? Se procurer un poème simple, humain, expressif, conforme avant tout au génie de votre nation. De préférence, un sujet légendaire : récits français, poèmes du Moyen Âge, chansons de gestes, romans de chevalerie. [...] Comme personnages, des types nationaux : les Roland, les Arthus, les chevaliers de la Table Ronde, les paladins des anciens auteurs populaires; ces héros, incarnations admirables du droit, de la justice, de la loyauté, de la charité, ils ont éminemment la taille épique et lyrique [...] ».
> Wagner avait conclu : « Sur un poème vraiment français, si vous ne vous inspirez que de la vérité des mœurs, vous ferez de la musique vraiment française. [...] Ayez des drames simples et substantiels [...]; animez-les d'une musique que vous tirerez, non de votre mémoire, mais de votre intelligence des situations, de l'âme de vos héros, des événements de votre fable, et vous ferez pour la France ce que j'ai fait » [12].

Ce passage est sans doute conforme, dans l'esprit sinon dans la lettre, au contenu de l'entretien de Fourcaud avec Wagner cité plus haut; mais malgré ce que pourrait laisser croire l'usage des guillemets, il ne s'agit en aucun cas d'une citation exacte. En réalité,

10. Vallas, *Vincent d'Indy*, vol. 1, p. 294.

11. Dans cette deuxième édition, par ailleurs extrêmement semblable à la première, l'article de Louis de Fourcaud porte une signature manuscrite et la date du « 17 juin 1884 » (toutes deux absentes de l'édition de 1884). Voir Louis de Fourcaud, « Richard Wagner et l'opéra français », dans *Bayreuther Festblätter in Wort und Bild : Gesammelte Beiträge deutscher, französischer, belgischer, schweizerischer, spanischer, englischer, amerikanischer und italienischer Schriftsteller und Künstler mit Facsimiles aus den Original-Partituren Richard Wagners, zweite Titel-Auflage*, München, Verlag der Autotype-Company, 1886, p. 42-43.

12. Vallas, *Vincent d'Indy*, vol. 1, p. 293-294.

Vallas a très librement paraphrasé quelques-unes des différentes versions du texte de Fourcaud.

Généalogie d'un entretien

En effet, il se trouve que les différentes publications mentionnées par Vallas ne sont pas identiques les unes aux autres. Ce détail, qui semble avoir échappé jusqu'à présent à l'attention des chercheurs, prend une importance capitale une fois replacé dans son contexte.

Reprenons donc les références bibliographiques indiquées par Vallas. Il y en a trois : un texte paru dans *Le Gaulois* du 5 janvier 1880 [13], l'entretien des *Bayreuther Festblätter* de 1884 (réédité en 1886) [14], et enfin un nouvel article du *Gaulois* publié le 13 janvier 1886 [15]. D'après ce qu'affirme Vallas, il s'agirait de trois versions semblables d'un seul et même texte ; mais la réalité est un peu plus complexe.

La version de base de l'entretien (du moins en ce qui concerne les conseils de Wagner aux compositeurs français) est celle publiée en 1884 (puis en 1886) dans le volume des *Bayreuther Festblätter in Wort und Bild*. C'est cette publication que Samazeuilh a rééditée en 1943 dans le volume *Richard Wagner : vues sur la France* ; elle est aussi à l'origine de l'article de 1886, intitulé « La revanche de Wagner ». Ce dernier a été rédigé par Fourcaud dans le contexte de la vive controverse entourant une représentation de *Lohengrin* annoncée à l'Opéra-Comique pour l'année 1886 (représentation qui, finalement, ne devrait jamais avoir lieu) ; dans le but de défendre Wagner contre les accusations revanchardes dont il est l'objet, Fourcaud reprend dans cet article des extraits de l'entretien de 1884, afin de montrer à quel point le maître de Bayreuth était, en réalité, favorable à l'art français. Dans cet article, Fourcaud énonce donc ouvertement le programme politique qui, sans le moindre doute, était déjà le sien lors de la première parution de son entretien avec Wagner dans les *Bayreuther Festblätter* : son objectif est de réconcilier les Français avec Wagner en montrant que wagnérisme et nationalisme gaulois peuvent parfaitement aller de pair, et que le maître de Bayreuth n'était pas un ennemi de la France, contrairement à ce que pourrait croire un peuple profondément blessé par la pièce satirique de 1873 *Eine Kapitulation* (*Une capitulation*), parue en traduction française dès 1876, et dans laquelle Wagner avait tourné en dérision les souffrances des Parisiens assiégés pendant la guerre franco-prussienne de 1870-1871.

De 1884 à 1886, il y a donc continuité de propos et d'intentions de la part de Fourcaud, et si la formulation est différente, le contenu reste le même. On ne peut pas en dire autant du premier article, celui du 5 janvier 1880. En effet, ce texte, le seul des trois mentionnés par Vallas à avoir été publié du vivant de Wagner, ne contient pas un mot des conseils que le compositeur aurait prodigués aux compositeurs d'opéra français.

De quoi est-il donc question dans cette première version de l'entretien ? Fourcaud commence par y raconter les circonstances de son voyage à Bayreuth, cherchant

13. Louis de Fourcaud, « Richard Wagner », *Le Gaulois*, 5 janvier 1880.
14. Fourcaud, « Richard Wagner et l'opéra français », 1884 et 1886.
15. Louis de Fourcaud, « La revanche de Wagner », *Le Gaulois*, 13 janvier 1886.

manifestement à justifier aux yeux de ses compatriotes le fait qu'il rende visite à l'ignominieux auteur de *Eine Kapitulation* (une préoccupation que l'on retrouve très souvent dans les écrits de Fourcaud sur Wagner des années 1870 et 1880). Suit une description détaillée et emphatique de la maison de Wahnfried, puis de la personne de Wagner, accompagnée d'une brève biographie du compositeur, dans laquelle une attention particulière est accordée aux années passées à Paris. Tout cela occupe deux des trois colonnes de l'article ; la dernière colonne rend compte de ce dont Wagner aurait parlé pendant cet entretien. Fourcaud évoque d'abord *Parsifal*, que Wagner est en train de terminer et dont il prépare la représentation au Théâtre de Bayreuth ; il termine ensuite son article en rapportant longuement les propos de son hôte : « D'ailleurs, on ne me jouera jamais communément chez vous. Ma musique est trop allemande. [...] Que n'existe-il à Paris une scène internationale où l'on interprète dans leur langue les grandes œuvres célèbres à l'étranger ? » [16].

Et bien entendu, Fourcaud ne manque pas de conclure en évoquant, toujours à travers les paroles de Wagner, le scandale causé par les représentations de *Tannhäuser* à Paris en 1861 : « On me suppose des rancunes ? Des rancunes ! Et pourquoi ? Parce qu'on a sifflé le *Tannhäuser* ? [...] Que voulez-vous ? le moment n'était pas venu de la musique sincère. [...] Vous le voyez, je ne suis pas aussi mécontent qu'on l'affirme » [17].

De tout l'article, ces deux passages sont ceux où Wagner évoque le plus directement la musique française, ou du moins la musique en France. On est ici très loin des entretiens publiés en 1884 et en 1886, et des conseils aux compositeurs français que Wagner aurait confiés à Fourcaud. Paru au tout début de l'année 1880, à peine plus de deux mois après la rencontre de Fourcaud avec Wagner, alors que Fourcaud pouvait encore se rappeler distinctement les mots de son hôte et que Wagner était en mesure de relire l'article (pour la bonne raison qu'il était encore vivant), cet article présente toutes les apparences de la fiabilité. Bien sûr, ces arguments ne suffisent pas pour avancer que le texte de 1880 représenterait la seule version authentique de l'entretien de Fourcaud avec Wagner, mais ils n'en incitent pas moins à questionner le contenu des entretiens de 1884 et 1886, et ce, d'autant plus que plusieurs autres indices pointent dans la même direction.

Le compte rendu que donne Fourcaud de son entretien avec Wagner dans ce premier article de 1880 est en effet confirmé point par point par le *Journal* de Cosima Wagner. L'épouse de Wagner, dans le journal intime où elle consignait scrupuleusement tous les événements, petits et grands, de la vie de son mari, note ainsi en date du 29 octobre 1879 [18] :

> Le soir, visite de M. de Fourcaud, rédacteur en chef du *Gaulois* [...]. – R. s'efforce de lui expliquer 1° qu'il ne garde aucune *rancune* à l'égard des Français à cause de *Tannhäuser*,

16. Fourcaud, « Richard Wagner », 5 janvier 1880.

17. *Ibid.*

18. Si l'on en croit le journal de Cosima Wagner, la visite de Fourcaud à Bayreuth aurait en effet eu lieu les 29 et 30 octobre 1879, et non les 26 et 27 octobre de la même année, comme l'affirme Fourcaud (« Richard Wagner et l'opéra français », p. 42) et, à sa suite, Léon Vallas (*Vincent d'Indy*, vol. 1, p. 292) et Samuel Rocheblave (Samuel Rocheblave, *Louis de Fourcaud et le mouvement artistique en France de 1875 à 1914*, Gap, Publications de la faculté des lettres de Strasbourg, 1925, p. 276).

2° pourquoi ses œuvres ne peuvent être exécutées en France : pour les connaître, les Français doivent venir en Allemagne. R. joue le prélude de *Parsifal*[19].

L'ensemble des trois éléments abordés dans la dernière colonne de l'article de 1880 de Fourcaud se retrouvent donc ici : *Parsifal*, la musique de Wagner en France et le scandale de *Tannhäuser*. Bien sûr, on ne peut pas exclure la possibilité que Cosima ait, pour une raison ou une autre, raté une partie de l'entretien entre Fourcaud et Wagner ; cependant, une correspondance aussi parfaite entre deux comptes rendus rédigés indépendamment l'un de l'autre implique une forte probabilité qu'ils soient tous les deux exacts.

Le *Journal* de Cosima fournit par ailleurs quelques informations supplémentaires sur la rencontre de Fourcaud avec Wagner. Il confirme tout d'abord qu'il n'y a pas eu un seul, mais bien deux entretiens : Fourcaud est en effet revenu à Wahnfried le lendemain de la conversation sur *Parsifal* et la musique de Wagner en France. Cosima note ainsi, en date du 30 octobre 1879 : « Notre "Gaulois" vient prendre congé, mais il rate son train, reste à déjeuner et nous surprend par ses questions comme : "Maître, aimez-vous Raphaël ?" »[20]. Puis, le lendemain, elle se souvient encore : « Hier, le "Français questionneur" a demandé à R. à quelle œuvre il tenait le plus et R. a répondu qu'il ne savait plus, qu'il oubliait très vite, mais qu'il désignerait peut-être *Parsifal*, parce que c'est l'œuvre qu'il a écrite dans les conditions les plus agréables »[21].

Toutes ces informations prouvent certes que Fourcaud a abondamment interrogé Wagner, mais pas que l'une ou l'autre de ses questions a pu porter sur l'avenir de l'opéra français – en fait, il s'agit là d'une préoccupation récurrente de Fourcaud, qui a très bien pu être ajoutée dans l'entretien publié en 1884 (et réédité en 1886) dans les *Bayreuther Festblätter*.

L'Œuvre de Wagner, la part du wagnérien

Cette date de publication tardive constitue, en elle-même, un facteur permettant de remettre en cause l'authenticité de l'entretien publié dans les *Bayreuther Festblätter in Wort und Bild*. En 1884, Wagner est mort depuis plus d'un an ; il ne peut plus relire l'entretien, ni avant, ni après sa publication. En outre, la rencontre de Fourcaud avec Wagner remonte maintenant à près de cinq ans ; comme Fourcaud l'admet lui-même[22], il consigne l'entretien de mémoire, ce qui implique un risque important de déformation de l'information, volontairement ou non. Et enfin, dans cette nouvelle version de l'entretien, nulle trace ne subsiste des paroles notées en 1880 : Fourcaud a complètement réécrit le discours qu'il attribue à Wagner. De là à penser qu'il a mis des mots dans la bouche du maître de Bayreuth, il n'y a qu'un pas qu'une mise en contexte plus globale peut nous inciter à franchir.

19. Cosima Wagner, *Journal*, vol. *III : 1878-1880*, texte établi, préfacé et commenté par Martin Gregor-Dellin et Dietrich Mack, traduit de l'allemand par Michel-François Demet, Paris, Gallimard, 1979, p. 461. C'est Cosima Wagner qui souligne.

20. *Ibid.*, p. 462.

21. *Ibid.*

22. Fourcaud écrit ainsi : « Ses discours, ingénieux jusque-là, prirent soudain un tour si frappant que chaque phrase s'en grava dans mon souvenir. » Fourcaud, « Richard Wagner et l'opéra français », p. 42.

En effet, les propos attribués par Fourcaud à Wagner rappellent fortement ceux que Catulle Mendès (1841-1909), autre éminent wagnérien de la première heure, fait tenir au vieux wagnériste de son célèbre dialogue fictif « Le jeune Prix de Rome et le vieux wagnériste ». Ici également, la question centrale est celle de l'avenir de l'opéra français :

> LE PRIX DE ROME. — Il faut que le drame musical soit fondé en France !
> LE WAGNÉRISTE. — Certes, il le faut. Mais par quel moyen ?
> LE PRIX DE ROME. — Étudions l'homme nouveau ! Approprions-nous son génie, sa manière...
> LE WAGNÉRISTE. — Arrêtez ! Si vous ouvrez dans cette pensée une seule partition de Richard Wagner [...], vous êtes perdu pour la musique française. Dans le domaine de l'art, on n'égale qu'à la condition de différer, et, en outre, de tous les modèles que vous pourriez vous proposer, Richard Wagner est précisément le plus dangereux.
> LE PRIX DE ROME. — C'est vous qui dites cela ?
> LE WAGNÉRISTE. — Moi-même. Il est l'Allemand par excellence ! [...] Mais vous, créateur, n'empruntez rien à une personnalité qui n'est pas, qui ne peut pas être la vôtre. [...] Admirez, n'imitez pas [23].

Pour parvenir à réaliser, en France et dans l'esprit français, un équivalent du drame lyrique de Wagner, il faut, d'après le vieux wagnériste de Mendès, avoir recours à des sources d'inspiration très proches de celles mises de l'avant par Fourcaud dans son entretien avec Wagner :

> LE WAGNÉRISTE. — Les chansons de geste, avec leurs héroïques aventures d'amour et de bataille, vous offrent par centaines d'admirables sujets. Lisez nos romans de chevalerie, qui vivent encore dans l'esprit populaire [...]. En agissant de la sorte, vous ferez œuvre véritablement nationale, et le public vous comprendra, car il retrouvera dans votre drame, issu du cœur même de la nation, la vie, l'enthousiasme, la gaîté, tout ce qui constitue la personnalité de la race française [24].

En somme, pour reprendre l'idéal de Mendès tel que le résume le jeune Prix de Rome, « le drame musical en France serait une œuvre où l'inspiration française, profondément française, se développerait selon les lois empruntées au système wagnérien » [25].

Plusieurs auteurs ont déjà noté la remarquable similitude de vues entre le Fourcaud de l'entretien avec Wagner et le Mendès du dialogue fictif que nous venons de citer. Ainsi, Vallas, dans le premier volume de son *Vincent d'Indy*, souligne cette concordance, et tente de l'expliquer en supposant que Mendès, avant de rédiger « Le jeune Prix de Rome et le vieux wagnériste », aurait pris connaissance de l'entretien de Fourcaud avec Wagner : dans le dialogue de Mendès, on trouverait donc « transposées, développées, les idées même du maître allemand » [26].

Ce raisonnement est certes absolument convaincant si l'on prend pour point de départ la version la plus connue du dialogue fictif de Mendès, publiée dans la *Revue wagnérienne* du 8 juin 1885, c'est-à-dire un an après la parution de l'entretien de Fourcaud avec Wagner dans le volume des *Bayreuther Festblätter in Wort und Bild.*

23. Catulle Mendès, « Le jeune Prix de Rome et le vieux wagnériste », *Revue wagnérienne*, vol. 1, n° 5, 8 juin 1885, p. 131-136, ici p. 132.
24. *Ibid.*, p. 133.
25. *Ibid.*, p. 135.
26. Vallas, *Vincent d'Indy*, vol. 1, p. 295.

L'argument de Vallas néglige cependant un détail important : cette publication dans la *Revue wagnérienne* n'est en fait que la réédition la plus largement diffusée d'un article qui, selon toute vraisemblance, était déjà connu de Fourcaud depuis près de dix ans.

En effet, comme l'a fait remarquer François Lesure[27], Mendès a d'abord publié son dialogue fictif le 28 août 1876 dans les pages du *Gaulois*[28]. Or, à ce moment, Fourcaud avait déjà rejoint l'équipe rédactionnelle du quotidien auquel il devait collaborer jusqu'à sa mort[29] : de mars à juin 1876, il y avait signé une quinzaine d'articles sous divers pseudonymes[30], et à partir de juin 1876, il est l'« une des plumes attitrées du journal »[31]. Il n'est certes pas possible de prouver que Fourcaud a lu et remarqué la première parution du dialogue de Mendès; cependant, il est peu vraisemblable que cet ardent wagnérien puisse avoir laissé échapper un article sur le wagnérisme publié précisément dans les pages du quotidien où il cherchait à se tailler une place – et ce, d'autant plus que « Le jeune Prix de Rome et le vieux wagnériste (dialogue familier) » constitue la conclusion d'une série de quatorze articles consacrés par Mendès à l'œuvre de Wagner, publiés dans *Le Gaulois* à l'occasion de la première édition du festival de Bayreuth[32].

En d'autres termes, Fourcaud, au moment de rencontrer Wagner à Bayreuth en octobre 1879, connaissait probablement déjà depuis plus de trois ans le « vieux wagnériste » de Mendès; dans ce contexte, toute influence de l'entretien de Fourcaud sur Mendès est absolument exclue. L'inverse, en revanche, est tout à fait possible : il n'est pas impensable que Fourcaud, en rédigeant son entretien avec Wagner en 1884, se soit inspiré, consciemment ou non, des idées formulées par Mendès sur ce que devrait être l'opéra wagnérien en France.

Ces idées, en outre, Fourcaud les a professées des années durant avec une constance remarquable. Dès le début de l'année 1878, il écrivait, saisissant le prétexte d'une représentation de *Lohengrin* au Théâtre royal de la Monnaie de Bruxelles :

> Nous ne souhaitons aucunement qu'on imite le titan de Bayreuth, mais qu'on le suive. Il est Allemand, il écrit pour des Allemands des choses allemandes; soyons Français, écrivons pour les Français; mais approprions-nous la féconde théorie qu'il a mise en pratique. [...] Il ne vient à l'esprit de personne – en France du moins – d'imiter sa manière. La tendance de l'école [wagnérienne française] est plus élevée et plus légitime : elle cherche à profiter des enseignements de son art et à fonder, en dehors de toute exagération, le véritable drame lyrique français[33].

27. François Lesure, « Le "Jeune Prix de Rome" de Catulle Mendès », *Cahiers Debussy*, nouvelle série, n° 6, 1982, p. 36-40.

28. Catulle Mendès, « Le jeune Prix de Rome et le vieux wagnériste (dialogue familier) », *Le Gaulois*, 28 août 1876.

29. Voir Henri de Curzon, *Bibliographie générale de l'œuvre de Louis de Fourcaud*, Paris, Les Belles Lettres, 1926, p. 5 et *passim*.

30. *Ibid.*, p. 8-10.

31. Rocheblave, *Louis de Fourcaud*, p. 36.

32. Cette série s'étale sur un peu plus d'un mois, du 27 juillet au 28 août 1876 : « Richard Wagner et l'*Anneau de Niebelung* [*sic*] », 27 juillet 1876; « L'œuvre de Richard Wagner », 4, 6, 8, 10 et 14 août 1876; « Les fêtes de Wagner », 15 et 16 août 1876; « Le festival de Bayreuth », 17-18 août 1876; « Le festival de Bayreuth : l'*Anneau du Niebelung* [*sic*] », 19 août 1876; « Le festival de Bayreuth », 21 août 1876; « Le festival de Bayreuth : l'*Anneau du Niebelung* [*sic*] », 23 et 24 août 1876. Mendès réutilisera une partie du matériel présenté dans ces articles pour sa monographie de 1886, *Richard Wagner* (Paris, Bibliothèque-Charpentier).

33. Georges [Louis de Fourcaud], « *Lohengrin* à Bruxelles et le wagnérisme », *Le Gaulois*, 2 mars 1878.

Ce passage reprend en substance le propos du dialogue fictif de Mendès, tout en annonçant clairement les conseils aux compositeurs français auxquels Fourcaud fait la part belle dans l'entretien avec Wagner paru dans les *Bayreuther Festblätter* en 1884 et 1886. Écrit avant même la rencontre de Fourcaud avec Wagner, qui ne devait avoir lieu que dix-huit mois plus tard, il exprime manifestement les vues de Fourcaud lui-même, qui ne songe ici nullement à les faire endosser par le maître de Bayreuth.

L'article nécrologique signé par Fourcaud dans *Le Gaulois* au moment du décès de Wagner, en février 1883, donne un indice supplémentaire sur la paternité des idées présentées dans l'entretien de 1884. Dans ce véritable hommage funèbre, Fourcaud, visiblement ému, évoque le souvenir de ses conversations de 1879 avec Wagner ; le compte rendu qu'il en donne concorde exactement, jusqu'au détail de la formulation, avec l'article « Richard Wagner » paru dans *Le Gaulois* de janvier 1880. Ce n'est qu'en conclusion de l'article, et à titre strictement personnel, que Fourcaud s'adresse aux compositeurs français :

> Vous avez mieux à faire qu'à pasticher Wagner; vous avez à l'admirer et à vous inspirer sincèrement, non de ses pratiques, mais de ses idées. Nous voulons des faits et du mouvement; nous n'accepterons le symbole qu'inhérent à la réalité. Soyez véridiques et réalistes en musique autant qu'il sera en vous. [...] Le meilleur moyen que vous avez de vous conformer aux leçons du maître, c'est de faire pour notre nation ce qu'il a fait pour la sienne[34].

Ce n'est donc pas avant 1884 que Fourcaud opère la fusion entre ses conversations de 1879 avec Wagner et ses propres idées sur l'opéra français, qu'il partage avec Mendès et nombre d'autres wagnériens français, produisant ainsi la version la plus citée – mais certainement pas la plus exacte – d'un entretien qui ne serait peut-être pas devenu aussi célèbre sans cette opération de transfert du discours. Par la suite, et jusqu'à la fin de sa vie, Fourcaud reprendra régulièrement les mêmes idées, parfois en les attribuant à Wagner, mais le plus souvent en parlant pour lui-même.

Conclusion

Cette omniprésence, dans les écrits de Fourcaud, de la volonté de concilier nationalisme français et wagnérisme[35], confirme une fois de plus qu'il s'agit là d'une préoccupation centrale chez un critique musical à la fois ardent patriote et wagnérien convaincu. Cette idée s'exprime dans les écrits de Fourcaud dès 1878, avant même que l'auteur ne se rende à Bayreuth pour y rencontrer Wagner – mais, par ailleurs, près de deux ans après la première parution du célèbre dialogue fictif de Mendès, « Le jeune Prix de Rome et le vieux wagnériste », lequel met en scène des idées très semblables à

34. Louis de Fourcaud, « Richard Wagner », *Le Gaulois*, 15 février 1883.

35. Cette idée se retrouve jusque dans la monographie sur Wagner à laquelle Fourcaud travaillait au moment de sa mort, complétée et publiée de façon posthume par Henri de Curzon. Voir Louis de Fourcaud, *Richard Wagner : les étapes de sa vie, de sa pensée et de son art (1813-1883)*, Paris, Librairie Hachette, 1923, notamment p. 12 et p. 470-471.

celles que Fourcaud attribue à Wagner dans son entretien des *Bayreuther Festblätter* en 1884 et 1886. Devant une telle chronologie, il est tentant de conclure que cet entretien doit davantage à Fourcaud lui-même, possiblement inspiré par Mendès, qu'au maître de Bayreuth.

Cette hypothèse est soutenue par le fait que la première publication de l'entretien, réalisée par Fourcaud du vivant de Wagner, en 1880, ne contient aucune trace des conseils aux compositeurs français – pas plus que le *Journal* de Cosima Wagner, dont le contenu coïncide parfaitement avec celui de ce premier article rédigé par Fourcaud suite à sa rencontre avec Wagner. Aucun de ces indices, pris isolément, ne serait concluant ; conjugués, ils constituent cependant une preuve circonstancielle difficile à ignorer. En tout état de cause, il est plus que probable que l'entretien de Fourcaud avec Wagner paru en 1884 dans le volume des *Bayreuther Festblätter in Wort und Bild*, et si souvent cité depuis, soit apocryphe. Il semble bien que Fourcaud ait fait de Wagner l'ambassadeur de ses propres idées, profitant ainsi de la stature de son interlocuteur pour assurer la diffusion d'un point de vue qui, autrement, n'aurait peut-être pas eu un aussi grand retentissement.

Bien sûr, tout cela ne change rien au fait que l'entretien de Fourcaud avec Wagner constitue une source essentielle sur le wagnérisme français : après tout, rien ne permet de croire que les lecteurs de la fin du XIXe siècle ont pu douter de l'authenticité des propos qui y sont attribués à Wagner, et si la source en elle-même est problématique, sa réception ne l'est pas le moins du monde. L'exemple que je viens d'explorer démontre cependant que le genre de l'entretien exige une grande circonspection méthodologique, afin de bien délimiter quelles idées, parmi celles qui y sont rapportées, peuvent vraiment être attribuées à la personne interrogée. Dans le cas qui nous occupe, il semble bien que l'entretien de Fourcaud avec Wagner nous en apprenne davantage sur Fourcaud – et, à travers lui, sur le mouvement wagnérien en France – que sur Wagner et ses réflexions sur l'opéra français.

VINCENT D'INDY AU PARLOIR : USAGES ET FIABILITÉ DE LA TRANSCRIPTION D'ENTRETIEN AU DÉBUT DU XXe SIÈCLE

GILLES SAINT-ARROMAN

Vincent d'Indy est une des figures musicales les plus en vue du Paris de la IIIe République. Compositeur reconnu depuis la création de sa légende dramatique *Le Chant de la Cloche* sous la direction de Charles Lamoureux en 1886, et celle de son action musicale *Fervaal* au Théâtre de la Monnaie de Bruxelles en 1897, il joue, par ses responsabilités au sein de la Société nationale de musique (SNM) et ses activités de chef d'orchestre, un rôle essentiel dans la vie musicale française.

Ses entretiens, qui se réduisent, dans l'état actuel de la recherche, à un peu plus d'une vingtaine, s'échelonnent entre 1895 et 1928[1]. Ils datent, pour la plupart, de la seconde partie de son existence, alors qu'il a dépassé la cinquantaine et assume désormais les fonctions de directeur de la Schola Cantorum, école de musique fondée à Paris en 1896 par Charles Bordes, Alexandre Guilmant et Vincent d'Indy lui-même. Un dépouillement systématique de la presse française et étrangère permettrait probablement d'en retrouver d'autres. Néanmoins, leur nombre réel n'est sans doute pas comparable aux 350 entretiens recensés d'Émile Zola[2], ni même aux 140 interviews de Joris-Karl Huysmans récemment réunies[3]. Si l'on compare d'Indy avec ceux qui lui sont comparables, c'est-à-dire avec les compositeurs qui lui sont contemporains, ce corpus de vingt-deux entretiens n'est en revanche pas éloigné des vingt-quatre recensés par François Lesure pour Claude Debussy[4] ou des trente-sept répertoriés par Arbie Orenstein pour Maurice Ravel[5].

1. Voir l'annexe 1 : Liste des entretiens avec Vincent d'Indy publiés dans la presse ou en recueils entre 1895 et 1928.

2. Dorothy E. Speirs et Dolorès A. Signori, *Entretiens avec Zola*, Ottawa, Presses de l'Université d'Ottawa, 1990.

3. Joris-Karl Huysmans, *Interviews*, textes réunis, présentés et annotés par Jean-Marie Seillan, Paris, Honoré Champion, 2002.

4. Claude Debussy, *Monsieur Croche et autres écrits*, introduction et notes de François Lesure, Paris, Gallimard, 1971 ; édition revue et augmentée, Paris, Gallimard, 1987.

5. Maurice Ravel, *Lettres, écrits, entretiens*, présentés et annotés par Arbie Orenstein, Paris, Flammarion, 1989.

Il importe de souligner d'emblée que d'Indy se distingue, d'un point de vue esthétique, de la plupart des artistes dont les entretiens ont été présentés lors du colloque de Bruxelles. À l'opposé d'un plasticien comme Marcel Broodthaers, d'un musicien comme Igor Stravinski ou d'un cinéaste comme Pier Paolo Pasolini, il se montre, de manière générale, hostile aux avant-gardes. Si sa réputation est sulfureuse, il la doit moins à son activité de créateur qu'à ses prises de position antisémites – dont on ne trouve presque aucune trace dans ses entretiens – et à son intransigeance à l'égard de ces mêmes avant-gardes, notamment dans les années 1920. Les enjeux de ses déclarations publiques sont donc davantage liés à ses fonctions, notamment de chef d'école, qu'à sa singularité de créateur. Nous nous attacherons d'abord à définir les principales modalités auxquelles obéissent ses entretiens avant de nous interroger sur la fiabilité de ce type de sources, en confrontant les transcriptions de déclarations orales aux autres écrits de d'Indy.

Usages de la transcription d'entretien

Il semble que le genre de l'interview ait été importé des États-Unis en France dans le dernier quart du XIXe siècle. En tant que produit journalistique, son succès est lié à l'essor sans précédent, en cette fin de siècle, d'une presse qui forge ses propres genres : l'interview, l'enquête, le reportage. Ceux-ci souvent s'interpénètrent, voire se confondent[6], d'où un certain nombre de cas limites et de textes hybrides, difficiles à classer d'un point de vue générique. Ont ainsi été exclus du corpus trois textes brefs appartenant au genre de l'enquête, bien que leur *méthode* relève de l'entretien. Par leur forme, ces transcriptions de propos tenus oralement ne diffèrent pas essentiellement de ce que serait une lettre adressée au journal – cas le plus fréquent des réponses à enquête chez d'Indy. En revanche, les grandes enquêtes publiées sous forme d'entretien méritent d'être incluses parmi les interviews, dans la mesure où elles recourent aux procédés caractéristiques que sont la mise en scène littéraire de la rencontre, le dialogue ou discours en style direct avec emploi de guillemets et de tirets, et les commentaires introductifs, conclusifs ou interstitiels. L'usage de ces mêmes procédés justifie que soient retenus les quelques reportages relatant un bref échange verbal entre journaliste et compositeur. Mise en forme et finalité restent toutefois extrêmement variables : chaque entretien est un cas particulier à analyser en fonction des motivations du reporter[7].

D'Indy semble n'être devenu qu'assez tard la proie des interviewers. Loin de solliciter ses services, il n'a jamais tenu en haute estime la gent journalistique. Le principe de l'interview ne saurait lui plaire : il ironise en 1899 à propos des

> virtuoses ou compositeurs modernes qui ne donneraient point un concert et ne feraient pas exécuter une valse sans communiquer au préalable aux grands journaux du matin

6. Voir Philippe Lejeune, *Je est un autre : l'autobiographie de la littérature aux médias*, Paris, Seuil, 1980, p. 104-107.

7. Jean-Marie Seillan propose néanmoins un déroulement-type d'entretien (Huysmans, *Interviews*, p. 41).

> d'intéressants échos sur le vernis de leurs bottines ou la complication de leurs états d'âme[8] !

Or, c'est bien là une des grandes fonctions de l'interview – ce qui fait son succès : donner à un personnage célèbre l'occasion de se raconter au grand public, et donner à ce même public l'illusion de pénétrer dans son intimité.

Ces préventions n'ont pas empêché d'Indy de se prêter à l'exercice. Par ailleurs, il n'hésite pas à parler de lui dans ses écrits destinés à la publication, même si c'est généralement dans le but d'étayer une affirmation ou d'illustrer une démonstration par son expérience personnelle. Exceptons deux ou trois articles consistant en souvenirs de jeunesse[9], et surtout certaines réponses à enquête dans lesquelles il énumère, conformément à la tradition, ses projets pour la saison, ou ses devoirs de vacances[10]. Il semble bien toutefois que ce soit dans le cadre de ses entretiens que d'Indy se dévoile le plus, comme le veut le genre, même si, à l'instar de ses écrits, il s'agit surtout pour lui d'exprimer ses idées. Les entretiens dans lesquels il revient le plus longuement sur son existence et sa carrière, probablement ou explicitement à l'invitation du journaliste, sont celui de Paul Acker, sur lequel nous reviendrons (*L'Écho de Paris*, 1903), « M. Vincent d'Indy nous parle de César Franck » (*La Revue française hebdomadaire*, 1922), « Les grands hommes quand ils étaient petits… » (*L'Écho de Paris*, 1924) et le dernier qui nous soit actuellement connu, « Un entretien avec… Vincent d'Indy » (*Le Guide du concert*, 1928). Dans les autres textes, le journaliste se contente, le cas échéant, de brefs rappels sur la carrière ou la notoriété de son interlocuteur.

Le cadre de la rencontre n'est pas toujours précisé par le reporter. Dans certains cas, on sait qu'elle a lieu au domicile parisien de d'Indy (7, avenue de Villars), à Anvers, à Bruxelles, ou, le plus souvent, à la Schola. Dans ce dernier cas, le journaliste n'omet pas de décrire et de commenter les lieux, souvent en introduction, y associant celui qu'il vient y trouver et contribuant ainsi à entretenir l'image d'un d'Indy maître d'école, à l'identifier à la Schola Cantorum et à identifier l'école à la silhouette de son directeur. De plus, la transcription d'entretien est fréquemment accompagnée d'un dessin, croqué sur le vif ou non, d'une photo, ou de la reproduction d'un portrait du musicien. Ce complément visuel à la verbalisation de l'entrevue lui confère un aspect plus vivant, mais de telles illustrations agrémentent également certains de ses articles.

Les premiers entretiens de d'Indy identifiés à ce jour datent de 1895 ; il s'agit de deux interviews jumelles publiées le même jour dans deux journaux francophones anversois : *Le Matin* et *La Réforme*[11]. D'Indy se trouve alors en visite en Belgique, invité à diriger

8. Vincent d'Indy, « De Bach à Beethoven », *La Tribune de Saint-Gervais*, août 1899, p. 193-198, ici p. 197.

9. Vincent d'Indy, « Franz Liszt en 1873 », *S. I. M. Revue musicale mensuelle*, 15 novembre 1911, p. 5-10 ; Vincent d'Indy, « Impressions musicales d'enfance et de jeunesse », *Les Annales*, 1er et 15 mai 1930, p. 425-428 et p. 471-474.

10. Vincent d'Indy, « [Réponse à l'enquête] Qu'allez-vous faire la saison prochaine ? », *L'Intransigeant*, 17 août 1907, p. 3 ; Vincent d'Indy, « [Réponse à l'enquête] Les travaux d'été des compositeurs », *Le Monde musical*, septembre 1920, p. 271 ; Vincent d'Indy, « [Réponse à l'enquête] Les projets des maîtres de la musique », *Revue Pleyel*, septembre 1926, p. 18.

11. « Vincent d'Indy et *Ferval* [*sic*] », *La Réforme*, 2 décembre 1895 ; « Les concerts populaires », entretien avec Josmore, *Le Matin*, 2 décembre 1895. Ces deux entretiens, ainsi qu'un troisième autre publié dans un

aux Concerts populaires d'Anvers sa trilogie symphonique *Wallenstein*. Ces interviews présentent quelques déclarations d'intention sur son opéra *Fervaal*, dont la création est alors prévue pour février 1896 à la Monnaie de Bruxelles – elle n'aura lieu en réalité qu'en mars 1897.

Les deux suivants datent de 1903 ; ce sont aussi les premiers à être publiés dans la presse française. L'un s'intègre à un reportage sur la répétition générale précédant la création de son second opéra, *L'Étranger*, à Bruxelles en janvier 1903, tandis que l'autre, par Acker, précède de peu la reprise de la même œuvre à Paris, au Palais-Garnier, en décembre 1903. À l'époque, d'Indy a déserté son domicile et s'est installé pour quelques temps dans les environs de la capitale, non seulement parce que son appartement est en réparation, mais aussi pour « éviter les reporters et autres gens embêtants »[12] qui ne manquent pas de l'assaillir au moment où, pour la première fois, un de ses opéras est en répétition à l'Académie nationale de musique. Bien que le cadre ne soit pas précisé, on peut supposer qu'Acker est venu trouver le maître à la Schola.

Sa visite n'est pourtant pas motivée uniquement par la première de *L'Étranger*. Jeune provincial monté à Paris pour ses études, Acker avait eu très tôt l'idée – et l'aplomb – de rendre visite, à titre personnel, à quelques célébrités. Ayant su intéresser Henry et Paul Simond, directeurs du quotidien *L'Écho de Paris*, à la publication de comptes rendus de ses visites, il réalisa ensuite, pour le compte du journal, de nombreux entretiens avec des personnalités littéraires et musicales – entretiens édités peu après en volumes sous le titre *Petites Confessions*, avec pour sous-titre significatif *visites et portraits*[13]. Il s'agit bien en effet, et avant tout, de récits de visite, dans lesquels description et mise en scène jouent un rôle primordial. Ce parti pris est particulièrement sensible dans le texte consacré à Théodore Dubois, où le journaliste s'étend longuement sur le trajet jusqu'à la maison du musicien et l'ameublement de son salon. Ces textes s'apparentent à la fois à la « visite au grand homme »[14], au reportage et à l'entretien, le propos étant moins informatif que littéraire. Le but est d'abord d'écrire, de *décrire* une entrevue, et, secondairement, de recueillir une opinion ou des idées. Dans l'introduction au premier volume de ses *Petites Confessions*, Acker indique clairement sa démarche :

> Quelle joie pour un écrivain curieux et épris de réalité, que de saisir chez lui, dans le cadre familier qu'il s'est composé, dans ses attitudes, ses gestes, ses tics même, un homme sur lequel pour quelques jours l'attention se fixe ! L'intérêt de ses paroles ne consiste pas tant dans les paroles elles-mêmes que dans la manière dont elles sont prononcées. L'un est solennel, l'autre gai, un troisième prime-sautier. L'un pose devant le visiteur, l'autre s'abandonne, un troisième se défend… Le portrait, tel qu'on le conçoit et qu'on le publie à l'ordinaire, est froid, abstrait, et, pour ainsi m'exprimer, mort. […] L'interview,

journal non identifié en janvier 1903, sont des coupures de presse conservées dans les archives d'Indy (Boffres, Ardèche).

12. Lettre de Vincent d'Indy à Octave Maus, 13 octobre 1903, dans Vincent d'Indy, *Ma vie : journal de jeunesse, correspondance familiale et intime (1851-1931)*, édité par Marie d'Indy, Paris, Séguier, 2001, p. 647-648, ici p. 648.

13. Paul Acker, *Petites confessions (visites et portraits)*, 2 vol., Paris, A. Fontemoing, 1905. Au moins deux autres entretiens de d'Indy ont fait l'objet d'une publication en volume : celui de Charles de Saint-Cyr, en 1917, qui ne semble pas avoir transité par la presse, et celui de Jaboune (Jean Nohain) en 1925.

14. Lejeune, *Je est un autre*, p. 104.

> au contraire, devait représenter l'interviewé vivant, le peindre avec cent détails, toujours caractéristiques, ne lui accorder grâce d'aucun de ces gestes, d'aucun de ces mots, qui éclairent soudain un tempérament, détails que l'observation choisit et accumule, mais qui se groupent, s'unifient, constituent un homme que nous voyons marcher, parler, agir, une nature dont nous comprenons toutes les manifestations et qui devient à l'instant différente à jamais de toutes les autres [15].

L'interview de d'Indy par Acker est, dans sa démarche, presque unique en son genre. La plupart des entretiens accordés par le musicien au cours de sa carrière sont circonstanciels, suscités par l'actualité. Dans ceux qui s'intègrent à un reportage, les propos rapportés sont plutôt insignifiants. Ceux qui relèvent du type enquête sont parmi les plus riches de contenu, mais aussi les moins descriptifs et les moins littéraires (Paul Landormy, 1904; Louis Vuillemin, 1910; Pierre Maudru, 1928). Ces derniers s'inspirent de l'exemple donné naguère par Jules Huret avec sa célèbre *Enquête sur l'évolution littéraire*, dont les résultats furent publiés dans *L'Écho de Paris* en 1891 avant d'être réunis en un volume [16].

Rappelons également que, comme notabilité musicale, d'Indy a reçu d'innombrables visites non tant de journalistes que de jeunes musiciens, français ou étrangers, venus solliciter appui, leçons ou conseils [17]. Ces visites peuvent, elles aussi, devenir objets littéraires dans la mesure où les visiteurs en font une relation écrite. Récemment révélé, le récit que le jeune Henri Rabaud fait de sa visite à d'Indy en juin 1898, dans une lettre à son ami Max d'Ollone, est d'un intérêt tout particulier [18]. Ce récit a en effet tout de l'interview, à la différence que Rabaud n'a aucune prétention littéraire; il rédige un rapport le plus fidèle possible, sans digression ni description superflue. Alors que les reporters, pour « faire vrai », emploient volontiers le style direct, Rabaud privilégie, résumant l'entrevue, le discours indirect – ce qui rend sa fidélité moins suspecte que celle de certains journalistes professionnels [19].

---

15. Acker, « En manière de préface », *Petites confessions*, 1re série, p. I-IV, ici p. IV.

16. Jules Huret, « Enquête sur l'*évolution littéraire* », *L'Écho de Paris*, 3 mars-5 juillet 1891; édition en volume, Paris, Charpentier, 1891; Vanves, Thot, 1982; Paris, José Corti, 1999.

17. Bien avant de rédiger des « souvenirs de jeunesse », le jeune d'Indy a lui aussi rendu compte, dans son journal intime ou sa correspondance, de ses visites à l'éditeur de musique Georges Hartmann, au chef d'orchestre Jules Pasdeloup, mais aussi à César Franck, Cosima Wagner et Franz Liszt.

18. Lettre de Henri Rabaud à Max d'Ollone, jeudi soir [23 ou 30 juin 1898], dans Henri Rabaud, *Correspondance avec Daniel Halévy et Max d'Ollone et écrits de jeunesse (1889-1907)*, présentés et annotés par Michel Rabaud, préface de Benoît Duteurtre, Lyon, Symétrie / Venise, Palazzetto Bru Zane, 2008, p. 243-244.

19. Citons l'exemple d'un entretien signé G. B. de Ferrari, publié dans le *Corriere d'Italia* du 11 novembre 1907 sous le titre « Musica antica e musica moderna : un' intervista con Vincent d'Indy », au sujet duquel l'intéressé écrit de Ravenne à son ami Paul Poujaud le 18 novembre : « Je vous envoie une interview qui vous amusera, d'autant que le Mr ne m'a même *pas vu* !! Voilà comment les journalistes italiens procèdent... mais malgré ça, il ne s'en est pas mal tiré ». Coupure de presse et lettre autographe conservées dans les archives d'Indy. Souligné par l'auteur.

Fiabilité des entretiens

Ces considérations conduisent à aborder le problème – crucial et difficile à élucider – de la fiabilité de telles sources. En 1912, « Une intervioue de M. Claude Debussy », parodie d'entretien due à Paul-Jean Toulet, rend compte, sur le mode humoristique, des difficultés qui se présentent au transcripteur d'une conversation. Toulet y fait la caricature de l'interviewer type sous les traits de M. Fatiche, journaliste incompétent. Celui-ci rend visite à un musicien comme il rendrait visite à un aviateur et, à partir de la moindre bribe de phrase, brode des paragraphes entiers, en venant à faire dire des non-sens à son interlocuteur[20].

Dans la réalité, l'altération, plus ou moins profonde, de la pensée de l'interviewé peut conduire ce dernier à contester les propos qu'on lui a fait tenir. Debussy a lui-même procédé à de telles remises en cause à la suite de la publication d'opinions qui lui avaient été prêtées dans la *Revue politique et littéraire* (*Revue bleue*) et *Comœdia*[21]. D'Indy, qui répond aux deux mêmes enquêtes[22], ne semble pas pour sa part avoir réagi à la publication des propos qui lui sont attribués, pas plus qu'à celle de l'entretien qu'il accorde à Maudru en 1928, et qui débute par cette déclaration : « Schoenberg est un fou »[23]. Certes, les journalistes ont tout intérêt à mettre en valeur des propos détonants afin de créer la polémique et ainsi fidéliser leur lectorat. D'Indy, toutefois, n'a pas rectifié alors qu'il en avait l'occasion, puisqu'il répond quelques jours plus tard par lettre ouverte à l'interview du jeune Arthur Honegger publiée dans la même série.

Son apparente indifférence à la publication de ses entretiens n'est pas pour autant une preuve suffisante pour affirmer que ceux-ci restitueraient à coup sûr sa pensée dans son intégrité. Pour tâcher d'en établir l'exactitude, la meilleure solution reste de chercher dans les écrits qu'il a signés lui-même des propos similaires ou identiques à ceux que des journalistes lui ont prêtés. Il est par exemple aisé de constater que, malgré l'énormité des propos rapportés par Maudru en 1928 (« Schoenberg n'enseigne rien, sinon qu'il faut écrire tout ce qui passe par la cervelle »[24]), ceux-ci présentent un résumé fidèle de ce que d'Indy écrivait dans un article en 1922 :

> Il paraît que, dans un ouvrage d'esthétique dont je n'ai pas connaissance, Schoenberg soutient que le rôle de compositeur consiste seulement à noter, à l'aide de sonorités, les diverses pensées qui traversent sa cervelle, sans se préoccuper aucunement de savoir si ces pensées sont dignes d'être exprimées et surtout aptes à édifier une œuvre d'art[25].

20. Paul-Jean Toulet, « Une intervioue de M. Claude Debussy », *Les Marges*, octobre 1912, p. 156-161.

21. Lettre de Debussy à Louis Laloy, 3 avril 1904, suite à l'enquête de Paul Landormy sur « L'état actuel de la musique française » (*La Revue politique et littéraire* (*Revue bleue*), 1904) ; lettre ouverte de Debussy suite à l'enquête de Louis Borgex sur la musique moderne italienne (*Comœdia*, 1910). Voir Debussy, *Monsieur Croche*, p. 302 et 347.

22. Nous n'avons pas retenu sa réponse à Louis Borgex parmi les entretiens, dans la mesure où elle se présente sous la forme d'une réponse à enquête.

23. Vincent d'Indy, « Où en est la musique française ? », entretien avec Pierre Maudru publié dans *Comœdia*, 21 février 1928, p. 1-2. Plus précisément, à la question « Que pensez-vous d'Arnold Schoenberg ? », il aurait répondu : « C'est un fou. » (p. 1).

24. *Ibid.*

25. Vincent d'Indy, « Trois musiciens modernes : impressions d'Amérique », *Le Courrier musical*, 15 mars 1922, p. 93-95, ici p. 93.

Quantité de comparaisons pourraient ainsi être faites, montrant que les propos censément tenus par d'Indy dans ses entretiens ne diffèrent pas essentiellement de ce qu'il a pu écrire lui-même publiquement. Il aurait ainsi déclaré à Landormy au cours de leur entretien de 1904 :

> M. Debussy est un peu notre Monteverde; il abandonne la mélodie pour la musique « récitative », pour le style « représentatif », comme on disait dans les premières années du XVIIe siècle; il renonce aux ressources de la polyphonie, il s'abstient même de moduler[26].

Or, ces observations sont en substance identiques à celles qu'il formulait en 1902 dans son article « À propos de *Pelléas et Mélisande* » :

> La musique, *en soi*, n'y joue, la plupart du temps, qu'un rôle secondaire, celui que jouent l'enluminure dans les manuscrits du moyen âge ou la polychromie dans la sculpture de la même époque [...]. Il y a, en effet, sans probablement que l'auteur y ait songé, une étroite parenté entre sa façon de noter les paroles du texte et le « *stile rappresentativo* » des Caccini, des Gagliano, des Monteverde; je dirai même, et ce n'est point, dans ma pensée, un mince éloge, que c'est avec l'admirable chantre d'*Orfeo*, d'*Ariana* et de l'*Incoronazione di Poppea* que le compositeur de *Pelléas* me semble avoir le plus de rapport. [...] Debussy est, peut-être, celui de nos compositeurs français modernes qui *module* le moins[27].

Des similitudes s'observent jusque dans la terminologie employée par d'Indy dans ses articles et par ses interviewers dans leurs comptes rendus, comme dans le recours à l'étymologie, si caractéristique du musicien :

> Cette musique, à proprement parler, n'est pas faite et ne peut que développer le mauvais goût du public. Les Italiens ignorent l'art de composer. J'entends ici le mot dans son sens étymologique : *componere*. Rien chez eux n'est équilibré, ni ordonné. Tout est livré au hasard de l'improvisation[28].
>
> Et, pour parler des choses de mon métier : je défie n'importe quel *compositeur* de musique n'ayant pas étudié le latin, de me donner une définition exacte des mots : *composer*, *composition*. On me répondra que cela veut dire faire des morceaux de musique ou des opéras... C'est possible, c'est un fragment de définition. Mais le latin donne au terme *componere* un autre sens, bien plus fin, bien plus près de l'Art, et c'est cette signification-là qui, seule, peut dévoiler le curieux mystère de la composition[29].

Une comparaison systématique des entretiens avec les écrits amène à penser que la plupart des propos que l'on prête à d'Indy sont, sinon certainement véridiques, du moins très souvent vraisemblables. Deux éléments peuvent être avancés pour expliquer ce phénomène.

D'abord, d'Indy ne tient probablement pas un discours fondamentalement différent par écrit, dans ses allocutions publiques et dans le cadre de conversations à bâtons

26. Vincent d'Indy, « L'état actuel de la musique française », entretien avec Paul Landormy publié dans la *Revue politique et littéraire* (*Revue bleue*), 26 mars 1904, p. 394-397, ici p. 395.

27. Vincent d'Indy, « À propos de *Pelléas et Mélisande* : essai de psychologie du critique d'art », *L'Occident*, juin 1902, p. 374-381, ici p. 378 et 380. Souligné par l'auteur.

28. Vincent d'Indy, « Pour la musique française : la réponse des musiciens (suite) », entretien avec Louis Vuillemin publié dans *Comœdia*, 13 novembre 1910, p. 4 (au sujet des compositeurs véristes italiens).

29. Vincent d'Indy, « [Réponse à] Enquête sur la question du latin », *Les Marges*, mai 1911, p. 149-175, ici p. 166.

rompus. Certains journalistes soulignent son apparence timide et réservée, d'autres notent la clarté et la fermeté de son élocution, ou au contraire ses hésitations[30], et l'on peut croire que son assurance dépend aussi des sujets sur lesquels il est interrogé. Toutefois, en règle générale, il use par écrit comme par oral – les textes de ses conférences et discours en font foi – d'un langage net et sans détours. Même si ses propos sont empreints d'idéalisme et souvent grandiloquents, ils ne jouent pas sur l'ambiguïté, et il est difficile de comprendre de travers ses déclarations. À l'opposé, l'esprit caustique et les sous-entendus des écrits de Debussy, qui les rendent si séduisants, les rendent aussi insaisissables ; ses déclarations orales, de même, sont probablement plus difficiles à transcrire fidèlement.

De plus, les journalistes qui ont interrogé d'Indy ne sont pas nécessairement incompétents en matière musicale. Landormy, par exemple, était musicographe, et Vuillemin critique musical et compositeur[31]. Mais surtout, les idées de d'Indy bénéficièrent jusqu'à sa mort d'une large diffusion ; nombre de ses textes ont été publiés dans la presse (articles, conférences, discours, lettres ouvertes, réponses à enquête), puis reproduits ou cités dans d'autres revues – sans parler de ses livres et de son *Cours de composition musicale*[32]. Il était facile pour les journalistes sérieux de s'informer de ses idées avant même de venir l'interroger, voire de s'aider pour la rédaction de l'entretien des écrits déjà connus du compositeur.

Cette hypothèse se trouve confirmée par trois textes qui manifestent les liens unissant les écrits de d'Indy et ses entretiens. Le premier est l'interview de d'Indy par Henry Malherbe en 1911[33], dans laquelle le journaliste cite un passage de son discours d'inauguration des nouveaux locaux de la Schola Cantorum en 1900, « Une École de musique répondant aux besoins modernes ». Cette citation prouve que ce texte, relativement ancien mais maintes fois reproduit, reste une référence dix ans plus tard. Le second est celle du *Temps* en 1912[34], qui a pour origine la publication d'une lettre de d'Indy à *L'Écho de Paris* concernant son refus de candidater à l'Institut[35] – lettre longuement citée en préambule à l'entretien. Le troisième n'appartient pas au corpus des entretiens tel que nous l'avons établi. Issu de l'ouvrage commémoratif *Cinquante ans de musique française* (1925), il s'agit d'un texte hybride, intitulé « Souvenirs de M. Vincent d'Indy », que son auteur, André Schaeffner, accompagne de la note suivante :

> M. Vincent-d'Indy, n'ayant eu le temps de rédiger lui-même ses souvenirs, nous a accordé quelques instants d'entretien dont nous nous sommes efforcé ici de reproduire le cours

30. Voir l'annexe 2 : Quelques descriptions de Vincent d'Indy par ses interviewers.

31. Christian Goubault, *La critique musicale dans la presse française de 1870 à 1914*, Genève, Slatkine, 1984, p. 81 et p. 39.

32. D'Indy est l'auteur de *César Franck* (Paris, F. Alcan, 1906), *Beethoven, biographie critique* (Paris, H. Laurens, 1911) et *Richard Wagner et son influence sur l'art musical français* (Paris, Delagrave, 1930). Son *Cours de composition musicale* comprend trois livres répartis en quatre volumes (Paris, Durand, 1903, 1909, 1933 et 1950).

33. Vincent d'Indy, « *Fervaal* à l'Opéra », entretien avec Henry Malherbe publié dans *Excelsior*, 16 juin 1911, p. 9.

34. Vincent d'Indy, « M. Vincent d'Indy et l'Institut », entretien avec J. L. publié dans *Le Temps*, 24 octobre 1912, p. 3.

35. Lettre de Vincent d'Indy à *L'Écho de Paris* publiée le 11 octobre 1912, p. 1.

exact. Nous avons, d'autre part, largement emprunté à un article de M. Vincent d'Indy, paru en nov. 1911 dans *S. I. M.* et intitulé : *Franz Liszt en 1873*[36].

À l'origine de ces « Souvenirs », on trouve donc à égalité, de l'aveu-même du rédacteur, l'écrit – les souvenirs de d'Indy en 1911 – et l'oral – ce qu'il déclare à Schaeffner au début des années 1920.

Ces différents indices semblent plaider en faveur de la crédibilité des entretiens de d'Indy, et justifier qu'on les utilise comme source complémentaire – non sans porter sur eux un indispensable et toujours vigilant regard critique. Ils témoignent en même temps de l'importante audience que connaissent les écrits du musicien de son vivant, et du rôle que joue ce type de média dans la propagation des idées d'un artiste au début du XXe siècle.

36. André Schaeffner, « Souvenirs de musiciens », dans L[adislas] Rohozinski (dir.), *Cinquante ans de musique française*, t. 2, Paris, Les Éditions musicales de la Librairie de France, 1925, chapitre XII, p. 359-420, ici p. 385.

ANNEXE 1 : LISTE DES ENTRETIENS AVEC VINCENT D'INDY PUBLIÉS DANS LA PRESSE OU EN RECUEILS ENTRE 1895 ET 1928

Titre	**Interviewer**	**Support, date**	**Occasion**
« Vincent d'Indy et *Ferval* [*sic*] »	n. s.	*La Réforme* (Anvers), 1895	Concert à Anvers
« Les concerts populaires »	Josmore	*Le Matin* (Anvers), 1895	Id.
« *L'Étranger* à la Monnaie »	n. s.	Journal non identifié, 1903	Générale de *L'Étranger*
« M. Vincent d'Indy »	Paul Acker	*L'Écho de Paris*, 1903 *Petites Confessions*, 2e série, 1905	Première de *L'Étranger* à l'Opéra
« La musique religieuse : un débat sur la musique d'église et la musique sacrée »	n. s.	*L'Éclair*, 1904	Polémique suscitée par le *Motu Proprio* de Pie X
« L'état actuel de la musique française »	Paul Landormy	*La Revue politique et littéraire* (*Revue bleue*), 1904	Enquête
« Variations pour Orchestre »	n. s.	*Comœdia*, 1907	Changement de direction à l'Opéra
« Vincent d'Indy à Bruxelles »	n. s.	*Le Matin* (Anvers), 1908	Séjour et concerts à Bruxelles
« M. Vincent d'Indy nous parle de la S. M. I. »	Charles Tenroc	*Comœdia*, 1910	Fondation de la SMI, concurrente de la SNM
« Pour la musique française. La réponse des musiciens (suite) »	Louis Vuillemin	*Comœdia*, 1910	Enquête sur le vérisme italien
« *Fervaal* à l'Opéra »	Henry Malherbe	*Excelsior*, 1911	Première de *Fervaal* à l'Opéra
« M. Vincent d'Indy et l'Institut »	J. L.	*Le Temps*, 1912	Non-candidature à l'Institut
« *Le Chant de la Cloche* au Théâtre de la Monnaie de Bruxelles »	Saint-Vallon	*Comœdia*, 1912	Première scénique du *Chant de la Cloche*
« Chapitre IV / La Musique / M. Vincent d'Indy »	Charles de Saint-Cyr	*Ce qu'il faudra que soit la France de la Victoire*, Paris, 1917	Enquête auprès des intellectuels français
« Deux minutes d'entretien avec M. d'Indy »	Georges Le Fèvre	*Bonsoir*, 1921	Réaction à des propos de Jacques Rouché, directeur de l'Opéra

« Impressions de M. Vincent d'Indy sur l'Amérique musicale »	Georges Joanny	*Le Courrier musical*, 1922	Retour d'une tournée en Amérique du Nord
« M. Vincent d'Indy nous parle de César Franck »	J. Desvallières	*La Revue française hebdomadaire*, 1922	Centenaire de César Franck
« Les grands hommes quand ils étaient petits… »	Jaboune	*L'Écho de Paris*, 1924 *Les grands hommes quand ils étaient petits*, Paris, 1925	Série d'entretiens
« Une conversation avec M. Vincent d'Indy »	Pierre Maudru	*Comœdia*, 1925	
« Trop d'étrangers donnent à Paris des concerts »	Louis Hamre	*La Liberté*, 1926	
« Où en est la musique française ? »	Pierre Maudru	*Comœdia*, 1928	Enquête / série d'entretiens
« Un entretien avec… Vincent d'Indy »	M. Rousseau	*Le Guide du concert*, 1928	Série d'entretiens

Annexe 2 : Quelques descriptions de Vincent d'Indy par ses interviewers

M. Vincent d'Indy parlait avec calme, sans geste, tout le corps immobile, les mains toujours jointes, les yeux seuls vifs et brillants. À retracer ainsi ses premières années, il ne goûtait nulle vanité, et ces petites phrases, hésitantes, qui s'échappaient sans un ordre très rigoureux de ses lèvres, témoignaient d'une pudeur alarmée.

[...] Il se leva et remit son manteau, et je retrouvai chez lui, au moment de le quitter, la même timidité avec laquelle il m'avait accueilli et que la conversation avait un peu dissipée. La timidité est rare chez les artistes : elle n'en gagne que plus de charme, quand on la découvre. (Paul Acker, 1903)

M. Vincent d'Indy [...] s'est mis à ma disposition avec un empressement, une simplicité et une modestie dont j'étais confus et répondait à mes questions avec la plus haute conscience et tous les scrupules d'une sincérité qui se défie d'elle-même [...]. (Paul Landormy, 1904)

Tout cela nous fut dit simplement, bonnement, sans éloquence, avec des hésitations et des répétitions. Mais le ton de sincérité de ce fruste discours ajoutait encore à la force et à la noblesse des idées qu'il exprimait. (J. L., 1912)

La voix de M. d'Indy, tandis qu'il parle ainsi du maître qu'il vénère avec tant d'intelligence, est grave et simple, ferme et d'une douceur contagieuse; on y sent la foi et l'amour, et aussi l'équilibre du génie. La bonté rayonne sur son beau et fier visage. Vraiment, on a du plaisir à trouver M. d'Indy dans un tel quartier [les Invalides]. Avec lui, les mânes des gens illustres, que rappellent ces avenues, doivent se sentir en bonne compagnie. Œil clair, à peine un sourire, une distinction bienveillante et qui n'impose point par la hauteur, mais par la signification qu'elle a d'une grande élévation de cœur et de pensée.

[...] M. Vincent d'Indy ne s'emporte pas; il a toujours la même parole précise et pleine de mansuétude [...]. (J. Desvallières, 1922)

M. Vincent d'Indy redresse sa haute taille que l'âge n'a pu courber. Une flamme brille dans ses yeux d'artiste fier et de chef. Sa voix calme et précise laisse tomber ces mots :

– Un véritable artiste ne se préoccupe jamais des questions matérielles. S'il porte en lui-même une œuvre viable, cette œuvre naîtra. Il la concevra, il l'écrira quels que soient les obstacles, dût-elle n'être jouée, éditée que dans cinquante ans. (Pierre Maudru, 1928).

LES INTERVIEWS D'IGOR STRAVINSKI : LEITMOTIVS, STRATÉGIES, ÉVITEMENTS

Valérie Dufour

La présence d'Igor Stravinski au premier plan de la vie musicale de l'entre-deux-guerres est bien entendu liée à la rénovation du langage musical qu'il incarne, mais elle est aussi due au fait que le compositeur s'est inscrit pleinement dans les mutations socioculturelles de la première moitié du XXe siècle : l'individualisation des projets artistiques, l'exil et l'alliance des cultures, le développement des industries culturelles et les avancées de la médiatisation. La présente contribution à l'étude des entretiens d'artistes portera sur quelques aspects de ce lien tissé par le compositeur avec les médias de l'entre-deux-guerres et s'appuiera sur le corpus des interviews qu'il a données dans la presse, ou qui ont été radiodiffusées, entre 1912 et 1939. Ces sources ont été réunies dans le cadre de l'édition des écrits et entretiens de Stravinski (1912-1939)[1] dont le cadre chronologique réfère à la carrière européenne du compositeur, des premiers succès des Ballets russes à Paris avant 1914 jusqu'à son arrivée aux États-Unis en 1939. En plus des interviews parues dans la presse française, et de quelques conduites d'entretiens radiophoniques, le corpus comprend aussi les interviews du compositeur réalisées au cours de ses tournées en Russie, en Pologne, en Belgique, en Espagne, en Italie, en Angleterre, et aux États-Unis. L'édition en question repose sur un choix d'une soixantaine d'interviews, équilibré sur les plans chronologique et géographique, et représentatif des thèmes abordés par le compositeur et des types d'entretiens. Quelques-unes serviront ici de support à l'identification des usages du compositeur et de ses interlocuteurs dans l'espace médiatique de l'entre-deux-guerres.

Le « dialogue » comme support de la pensée chez Stravinski

Une fois ces sources exhumées et mises en forme, ce corpus vient s'adosser à tout un pan établi de l'expression stravinskienne. En effet, on se réfère généralement aux écrits

1. Igor Stravinski, *Confidences sur la musique* : *propos recueillis (1912-1939)*, textes et entretiens choisis, édités et annotés par Valérie Dufour, Arles, Actes Sud, 2013. Les entretiens mentionnés ci-après sont tous reproduits intégralement dans ce recueil.

de Stravinski en recourant à son autobiographie, *Chroniques de ma vie* (1935-36)[2], à sa *Poétique musicale* (1942)[3] et, pour l'après-guerre, à ses ouvrages écrits en collaboration avec son assistant Robert Craft, avec lequel, entretemps, l'entretien est devenu un mode assumé d'expression[4]. Car nous savons que toute la production écrite de Stravinski avant 1940 est aussi le fruit d'un travail avec des « coauteurs » (Walter Nouvel pour les *Chroniques*, et Roland-Manuel et Pierre Souvtchinski pour la *Poétique*), certains ont parlé de *ghostwriters*, dont le rôle avait été dissimulé. Il apparaît donc que Stravinski s'est toujours appuyé sur autrui pour livrer sa pensée. À côté de l'infirmité qu'il ressentait dans son rapport à la langue française – et peut-être aussi dans son rapport à l'intellectualité : il se disait « artisan » plus qu'« artiste » – le secours du dialogue semble avoir joué un rôle fondamental dans la formation de sa pensée et dans la formulation de ses idées. Cette maïeutique, cette « fabrique des idées », les sources nous offrent parfois des indices pour en établir la genèse. À ce titre, il n'est pas inutile de signaler par exemple que Stravinski conservait les coupures de presse de ses interviews entre autres comme réservoir d'idées, pour lui-même ou pour ses collaborateurs[5]. Il y a un réel intérêt à explorer ce pan jusqu'ici négligé de l'expression stravinskienne.

En outre, indépendamment de la personnalité de Stravinski, ce corpus d'entretiens nous donne aussi la possibilité de contribuer, modestement, à une approche de l'interview d'artiste dans l'entre-deux-guerres et d'en dégager quelques traits caractéristiques et quelques modalités.

Contribution à l'étude de l'entretien journalistique entre 1912 et 1940

Mode de transcription de l'entretien journalistique

Sur le plan purement formel, on observe d'abord des modes divers de transcription de l'échange entre le journaliste et le compositeur. Trois modes se distinguent; on les retrouve de manière assez homogène sur les deux continents et les trois décennies explorés. Le premier reproduit l'alternance classique des questions et réponses avec des interventions clairement distinctes[6]. Il arrive que le journaliste ajoute à l'alternance de questions-réponses de longues insertions, reprenant à cet endroit sa fonction de

2. Igor Stravinski [avec Walter Nouvel], *Chroniques de ma vie*, Paris, Denoël, 1935-36; rééd. établie, présentée et annotée par Myriam Soumagnac, Paris, Denoël, 2000.

3. Igor Stravinski [avec Roland-Manuel et Pierre Souvtchinski], *Poétique musicale*, Cambridge, Harvard University Press, 1942; rééd. établie, présentée et annotée par Myriam Soumagnac, Paris, Flammarion, 2000.

4. Stravinski a signé avec Craft six volumes de conversation : *Conversations with Igor Stravinsky* (London, Faber and Faber, 1959); *Memories and Commentaries* (London, Faber and Faber, 1960); *Expositions and Developments* (New York, Doubleday, 1962 et London, Faber and Faber, 1962); *Dialogues and a Diary* (New York, Doubleday, 1963); *Themes and Episodes* (New York, Knopf, 1966); *Retrospectives and Conclusions* (New York, Knopf, 1969). Un seul a été édité en français : *Souvenirs et commentaires*, Paris, Gallimard, 1963.

5. On en trouve un exemple dans le plan de la *Poétique musicale* rédigé par Stravinski, où il préconise de se référer au contenu d'une interview avec Serge Moreux. Voir Valérie Dufour, *Stravinski et ses exégètes*, Bruxelles, Éditions de l'Université de Bruxelles, 2006, p. 225.

6. Par exemple Teatral [pseud.], « U kompozitora I. F. Stravinskogo », *Peterburskaia gazeta* [*La Gazette pétersbourgeoise*], n° 266, 27 septembre 1912, p. 15.

critique musical[7]. Un deuxième mode, peut-être le plus fréquent, est la transcription sous forme de texte continu par le journaliste : l'auteur rapporte ainsi les propos du compositeur à la troisième personne, en style indirect, et en recourant ponctuellement à des citations de propos, en ne privilégiant donc pas l'alternance questions-réponses[8]. Enfin, la transcription sous forme de texte continu par un journaliste rapportant les propos du compositeur à la première personne, comme s'il s'agissait du compositeur lui-même comme auteur d'un article. Dans certains cas, il est clairement spécifié qu'il s'agit d'une interview[9]. Dans d'autres, toute trace de l'interlocuteur-transcripteur est effacée, et le texte est signé intégralement par le compositeur[10]. L'observation de cette pratique nous a ainsi conduite à une prise de conscience pour l'édition : certains textes de Stravinski, considérés jusqu'ici comme des articles du compositeur, sont en réalité des interviews dont l'origine n'avait pas été clairement précisée dans la publication. Dans le volet des textes du compositeur parus dans la presse, le retour aux sources ou la recherche d'archives est donc parfois nécessaire pour établir clairement l'origine, la nature et l'autorité de l'écrit[11].

De l'« audio-visuel » dans l'interview écrite

Sur le plan du contenu, une pratique très fréquente dans l'entre-deux-guerres – on la retrouve dans la très large majorité des interviews de tous les pays – consiste à faire précéder la transcription de l'entretien d'une description de la physionomie et de l'attitude générale du compositeur :

> Stravinski parle en donnant une valeur à chaque mot qu'il choisit avec une précision inquiète et qu'il prononce avec insistance. Son nez pointe, son menton pointe, son crâne pointe ; derrière le cristal de ses larges lunettes ses deux yeux semblent être les deux pointes de clous d'acier qui soudain paraissent avancer, prêtes à percer le verre. Et pour ajouter à l'impression, ses doigts réunis bout à bout pointent aussi la main dirigée vers moi tandis qu'il m'explique ; et la voix, la main, les yeux, le menton, le crâne, le nez semblent encore m'enfoncer chaque pointe, chaque mot un à un dans l'entendement[12].

Aux informations données sur le visuel, s'ajoutent des indications sur le « son » de l'entretien, lesquelles évoquent la manière de parler du compositeur, la qualité de sa prononciation en français, voire l'environnement sonore de l'entretien. Souvent, ce bref récit permet au journaliste de (re)construire ou de déconstruire l'image du compositeur, de faire – ou de défaire – un lien avec les attentes que le public pourrait avoir vis-à-vis

---

7. Par exemple Henry Postel du Mas, « Un entretien avec M. Strawinsky », *Gil Blas*, 4 juin 1913.

8. Par exemple [Anonyme], « Igor Stravinsky Not a Modernist. "My Music Only the Music of Today" Says Famous Russian Composer. Modernist Ruined Word. Guest Conductor of the Philharmonic Declares He Studies Bach in His Own Manuscripts », *New York Times*, 6 janvier 1925, p. 23.

9. Interview de M. Dvinski, « U Igorya Stravinskogo », *Birzhevïye vedomosti* [*Les Nouvelles de la bourse*], Saint Pétersbourg, 25 septembre 1912, p. 5

10. Igor Stravinski, « O mych ostatnich utworach / Quelques mots [au sujet] de mes dernières œuvres », *Muzyka / La Musique*, Varsovie, vol. 1, n° 1, novembre 1924, p. 12-17.

11. Voir Igor Stravinski [avec Ricciotto Canudo], « Ce que j'ai voulu exprimer dans le *Sacre du printemps* », *Montjoie ! : organe de l'impérialisme artistique français*, vol. 1, n° 8, 29 mai 1913, p. 1-2.

12. Michel Georges-Michel, « Les deux *Sacre du printemps* », *Comœdia*, 11 décembre 1920.

de l'artiste et de la représentation qu'il se fait de sa place dans la vie artistique : un compositeur révolutionnaire qui ne révèlerait au fond rien d'excentrique.

Cette captation de la voix et de l'image participe du souci du journaliste de rendre palpable l'instant, le vivant du compositeur, descendu un instant d'une tour d'ivoire imaginaire. Cela préfigure le développement des entretiens radiophoniques, filmiques, télévisuels de la seconde moitié du XXe siècle. À l'évidence, ce type d'information est l'apanage de ces textes destinés au « grand public », car on ne trouve jamais ce type de considération dans les biographies ou les études sur le compositeur qui se multiplient à partir de 1925. La médiatisation s'empare donc du corps, là où l'exégèse s'en tient à l'esprit.

Les archives des entretiens et ce qu'elles révèlent des pratiques

Dans les archives du compositeur se trouvent quelques documents utiles à la compréhension de la genèse des entretiens. Certaines sources permettent d'établir l'avant-texte de l'entretien et donc, de mieux comprendre les conditions du passage de l'oral à l'écrit, voire de l'écrit à l'oral dans le cas spécifique d'interviews plus ou moins fictives.

L'oralité revue et corrigée

Les sources d'une interview menée par Claude Robert en décembre 1928 nous révèlent des révisions abondantes du compositeur avant publication. En effet, dans le cas présent, le journaliste envoie, après l'échange, sa transcription au compositeur. Celui-ci la corrige et la complète abondamment (lettre du 17 décembre 1928), comme on peut l'observer dans la reproduction jointe faisant apparaître en grisé les précisions ou ajouts manuscrits du compositeur ainsi que les suppressions (passage biffé) sur la transcription dactylographiée [13]. Stravinski ajoute notamment à la fin de l'interview un important paragraphe concernant ses récents enregistrements discographiques (voir le document reproduit dans l'encadré ci-après) [14]. Dans ses entretiens, de manière générale, la promotion de ses disques est un thème auquel il accorde beaucoup d'importance. Le compositeur vante la traduction fidèle en langue phonographique de ses œuvres alors qu'on est au tout début du développement de ce support.

---

13. Bâle, Fondation Paul Sacher, Collection Stravinski, copie dactylographiée de l'interview retranscrite par Claude Robert [pseud. de René Duhamel] avec intégration des corrections demandées par Stravinski.

14. Tous les mots ou extraits surlignés en gris sont des ajouts autographes du compositeur à l'échange oral retranscrit dans un premier temps par le critique.

À tort ou à raison, d'aucuns prétendent que la reproduction phonographique brouille les couleurs de la palette orchestrale et donne une traduction altérée des œuvres symphoniques. Tout en réajustant soigneusement les branches de ses lunettes, M. *Igor Stravinski nous exposa posément son opinion.*

Il est exagéré de prétendre que le phonographe estropie les timbres des instruments, mais je dois avouer qu'à mon point de vue, il ne les reproduit pas encore dans leur vérité absolue.

Établissons, si vous le voulez, une comparaison : Mais ce n'est pas cela qui doit avoir de l'importance. Je m'explique : même dans une photographie idéale en couleurs, l'image reproduite ne sera jamais « le double » de la nature, et malgré une certaine infidélité des teintes, les volumes, les lumières, les ombres et ce que les peintres appellent en général les valeurs (ce qui est le plus précieux) peuvent y être parfaitement rendues sans la moindre altération. Pareillement dans la musique enregistrée et reproduite au moyen de disques (malgré l'impossibilité de reproduction fidèle de certains timbres) toutes les valeurs sont entièrement restituées. ~~D'autres, au contraire, estiment que par les disques, certaines œuvres sont comme clarifiées, la discrimination des timbres étant complète et les plans sonores prenant leur valeur exacte. Nous serait-il possible de connaître votre opinion à ce sujet ? – Oui, certes, pour la majeure partie du public beaucoup d'œuvres dans les enregistrements phonographiques sont clairement mises en valeur. Ma conclusion d'ailleurs, à ce sujet est que [le microphone qu'on utilise…~~

Le microphone qu'on utilise aujourd'hui pour la reproduction de la musique en disques est un juge terriblement intègre : il vous déshabille une œuvre et, par conséquent, son auteur. Je m'explique : en effet que resterait-il dans le phono des œuvres qui sont principalement basées sur le jeu des timbres ? Pas Grand-chose. Car dans la masse des timbres il se trouvera toujours une bonne partie qui n'est pas phonogénique.

Pensez-vous que le « micro » soit plus sensible que l'oreille humaine ?

L'oreille humaine a des passions, le microphone n'en a pas. C'est sa force. Si nous ne sommes pas toujours indifférents à ce que nous ouïssons, le microphone l'est toujours et à l'extrême.

Les enregistrements sur disques de Petrouchka *et de* L'Oiseau de feu *que vous venez de diriger personnellement donnent-ils, selon vous une traduction fidèle de vos œuvres telles que vous les aviez conçues ?*

Oui, ces disques me donnent une entière satisfaction : c'est en effet une sorte de traduction fidèle en langue phonographique de mes œuvres. Le public qui les écoutera pourra avoir avec ces disques vraiment une idée assez juste de la musique de ces deux pièces. En insistant sur le mot traduction, je veux faire comprendre que le but du disque n'est nullement de se substituer à l'exécution d'une pièce (ce qui formerait pour ainsi dire une sorte de « double ») mais bien de la reproduire aussi fidèlement que les moyens de la technique de notre temps nous le permettent. Par contre, une exécution qui se dédoublerait par le moyen des disques serait plutôt de nature à vous effrayer que de nous donner une image juste d'une pièce.

Sur ces mots prit fin notre entretien.

Claude Robert

L'interview radiophonique comme écrit oralisé

Les sources de conduites d'interviews radiophoniques témoignent d'une longue préparation d'un texte destiné à être lu à l'antenne, donc d'un écrit destiné à une diffusion orale. L'interview du compositeur avec Paul Landormy pour Radio Paris en janvier 1936 comprend par exemple trois états du texte (passant de cinq à dix pages). L'indication autographe du compositeur à droite du tapuscrit de la seconde version « (Les réponses ont été composées par moi. IStr) » laisse en outre imaginer que cela n'aurait pas toujours été le cas [15]. En effet, certaines sources montrent que le compositeur a pu déléguer la rédaction des réponses. C'est le cas de l'entretien avec l'écrivain Charles-Albert Cingria de mars 1936 dont on peut montrer que les réponses du compositeur ont été établies par l'écrivain à partir de divers écrits et conférences antérieurs. Il est par ailleurs amusant de noter que Stravinski s'approprie en définitive vraiment le texte au moment où il y apporte des indications phonétiques et de diction (phrasés, liaisons, et crescendos) que l'on peut voir dans la version qu'il a lue à l'antenne.

Récupération de la forme de l'entretien

L'un des échanges les plus longs et les plus élaborés de Stravinski est un inédit, datant de 1928, conservé dans les archives du compositeur à l'état de tapuscrit sous le titre énigmatique « D'un profane de New York à Stravinski ». Il s'agit en fait d'un questionnaire monté par la firme newyorkaise Aeolian qui commercialisait des rouleaux de musique perforés pour l'instrument appelé pianola (version américaine du pleyela). Cette interview, basée sur un questionnaire écrit, était destinée à accompagner, et à faciliter, la vente des enregistrements d'œuvres de Stravinski par la compagnie en recourant à l'ajout, sur les rouleaux directement, d'une forme d'« explication ». Le questionnaire conservé avait plus précisément pour but d'accompagner l'enregistrement du *Concerto pour piano et orchestre d'harmonie* dans la nouvelle collection « Audiographic » de rouleaux au dos desquels pouvaient figurer d'abondantes notes de programmes et illustrations. En effet, dans une lettre de novembre 1928, le directeur de la compagnie écrit à son représentant parisien :

> Ainsi que vous le savez l'impression du public de New York actuellement sur Stravinsky est très spéciale et non entièrement favorable. Nous voudrions changer cette attitude en mettant devant le public, par les moyens Audiographic une idée plus claire des propres principes de Stravinsky exprimés par lui-même [16].

15. Bâle, Fondation Paul Sacher, Collection Stravinski, copies dactylographiées d'une interview radiophonique de Stravinski avec Landormy, trois versions. Voir Stravinski, *Confidences sur la musique*, p. 291-298 et p. 374-375.

16. Lettre de la compagnie Aeolian à H. Dubois, représentant de la compagnie à Paris, novembre 1928, Bâle, Fondation Paul Sacher, Collection Stravinski. Voir aussi Stravinski, *Confidences sur la musique*, p. 366-368 et Mark McFarland, « D'un profane de New York à Stravinsky », *Studi Musicali*, nuova serie, vol. 1, n° 2, 2010, p. 517-531.

En introduction au questionnaire qu'il envoie à Stravinski, le représentant de la compagnie justifie ainsi la démarche :

> En février 1925, nous avons entendu une de vos expressions, le *Concerto pour piano et orchestre d'harmonie*. Nous étions agités par une force, mais nous n'en comprenions pas le sens. Nous sentions qu'il y avait là de la beauté, mais nous ne pouvions pas l'apercevoir clairement [...]. Nous nous sommes tournés vers les critiques pour quêter un peu de lumière car eux, s'ils ne sont pas des artistes créateurs, sont néanmoins versés dans la perception de la beauté une fois qu'elle a été exprimée. Nous avons trouvé que les critiques avaient failli. Ils furent prompts à dire qu'une beauté ou un sens qu'ils n'ont pas pu percevoir n'existe pas. Nous ne les croyons pas. Et nous nous tournons maintenant vers la dernière source – le compositeur lui-même. En toute humilité, nous vous demandons de nous aider. *Voulez-vous prendre la place des critiques qui ont failli* [17] ? Ne voulez-vous pas nous donner en mots une indication pour la meilleure compréhension de ce que vous nous avez donné en musique ? Si vous voulez faire cet essai, voici quelques-unes des questions auxquelles vous seul pouvez répondre [18].

Stravinski a envoyé ses réponses à ses éditeurs, mais tout le projet a finalement avorté, en partie à cause de la crise de 1929. Seule une série de six rouleaux pour *L'Oiseau de feu* subsiste, mais sans le récit autobiographique annoncé. Ceci étant, la correspondance qui entoure la préparation de ce questionnaire a le mérite de cerner plus clairement la démarche du recours à l'entretien : certes, elle participe de l'esprit pédagogique d'accès à l'œuvre, mais elle se situe aussi, pour le compositeur et ses éditeurs, dans l'orbite d'un dépassement de la critique, ce qui est probablement un des bénéfices majeurs de Stravinski dans sa pratique de l'entretien, parmi quelques autres.

CONTENUS ET BÉNÉFICES DE L'ENTRETIEN : LEITMOTIVS, STRATÉGIES, ÉVITEMENTS

On l'a vu, l'entretien peut viser à modeler l'esprit du lecteur-auditeur et à lui rendre une certaine image du compositeur et de son œuvre. À ce titre, l'identification des idées récurrentes, des leitmotivs, ou des sujets évités permet d'évaluer les principaux bénéfices de l'entretien pour Stravinski et de prendre conscience tant des stratégies de communication mises en œuvre que de sa maîtrise des enjeux médiatiques.

Disqualifier la critique musicale

Dans la majorité des entretiens, Stravinski réserve toujours une allusion disqualifiante à la critique musicale. Cette stratégie a pour effet d'ancrer et de rendre nécessaire la présence de Stravinski dans les médias. Pour donner quelques exemples : à Varsovie en 1925, il déclare « Il ne faut pas croire les critiques », « La critique, comme d'habitude, se comporte en tout crétinisme comme elle en est capable. Mais qui aujourd'hui prend au

---

17. Nous soulignons.

18. Pour les pièces de ce dossier, voir Stravinski, *Confidences sur la musique*, p. 365-368, et Bâle, Fondation Paul Sacher, Collection Stravinski, document dactylographié intitulé « Réponse à la lettre d'un profane de New York à Stravinsky », avec corrections manuscrites de Stravinski.

sérieux la critique musicale? Dans la plupart des cas, elle est synonyme d'ignorance »[19]; dans *Comœdia* en 1928 : « Je suis l'ennemi juré de tous les mots d'ordre que lancent les critiques et les journalistes »[20]. Cette critique de la critique prend aussi une très large place dans l'interview de Genève de novembre 1928, titrée « Pourquoi l'on n'aime pas ma musique »[21] et dans laquelle il s'en prend à l'esprit routinier de la critique.

Ne pas parler de ses propres œuvres

Dans la même interview de Genève, Stravinski termine par une autre idée fixe typique de ses volte-face – ou de ses (désin-)volte-face – où le lecteur découvre que le compositeur n'est en fait pas disposé à parler de sa musique :

> Parler de ma musique propre m'est plus difficile que de l'écrire. Il y a tant de choses qu'on veut mettre dans son œuvre! Toute nouvelle œuvre incarne quelques intentions nouvelles, et chaque jour, chaque mois, chaque année, son histoire. Comment les rappeler toutes, et résumer ce qui exigea toute une époque pour être créé? Le compositeur écrit des choses qui se peuvent à peine expliquer. Il ne peut que les présenter. L'art est pour une très grande part une affaire d'intuition. [...] C'est pourquoi je laisserai mes œuvres parler pour elles-mêmes et quelque jour le monde les comprendra[22].

C'est ici que se situe le grand paradoxe des interviews de Stravinski : le rejet de la critique n'implique pas qu'il s'y substitue; il préconise l'abandon des explications et se réfugie derrière l'œuvre du temps pour la compréhension du public. La raison tient aussi au fait que toute tentative d'explication dans le cadre de la presse quotidienne serait rebutante pour le lecteur, ce qui encourage Stravinski à éviter soigneusement l'auto-exégèse qu'il pratique par ailleurs largement.

Asseoir « Le cortège des ancêtres »

Dans l'éventail des cartes à jouer de Stravinski dans l'espace médiatique, il y a un autre atout récurrent qui consiste à évoquer les compositeurs qui composent sa lignée, ce que l'on pourrait nommer le « Cortège des ancêtres de Stravinski ». Il se situe dans une tradition russe occidentalisante (Mikhaïl Glinka et Piotr Ilitch Tchaikovski), puis française (Georges Bizet, Charles Gounod – du moins dans la presse française), et rejette tout influence allemande, celle de Richard Wagner en premier lieu, faisant naturellement exception pour Johann Sebastian Bach et Wolfgang Amadeus Mozart.

---

19. St. [Anatole Stern], « Igor Strawinski o muzyce nowoczesnej... », *Almanach Nowej Sztuki* [*Almanach de l'art nouveau*], Varsovie, n° 1, janvier 1925, p. 43-44; repris dans Stravinsky, *Confidences sur la musique*, p. 171-175, ici p. 173.

20. « Où va la musique moderne? M. Stravinsky juge Wagner un musicien sans importance », *Comœdia*, 25 mars 1928; repris dans Stravinsky, *Confidences sur la musique*, p. 198-201, ici p. 199.

21. « Pourquoi l'on n'aime pas ma musique : un interview d'Igor Stravinsky », *Journal de Genève*, 14 novembre 1928, p. 2; repris dans Stravinsky, *Confidences sur la musique*, p. 212-218, plus précisément p. 214-216.

22. *Ibid.*; repris dans Stravinsky, *Confidences sur la musique*, p. 217-218.

Oublier le « modernisme »

Un autre leitmotiv des interviews de Stravinski est son refus, dès les années vingt, de tout usage à son propos des termes « moderne » ou « révolutionnaire ». Bien sûr cette posture tient à l'idéologie néoclassique, au « rappel à l'ordre » ; peut-être y a-t-il aussi chez lui un écho traumatique de la révolution de 1917. À New York en 1925, il déclare : « C'est un mot compromis, "modernisme". Les modernistes voulaient choquer la bourgeoisie, et ils n'ont réussi qu'à faire plaisir aux bolcheviks. Ma musique n'est ni "futuriste", ni "passéiste". Ce n'est que la musique d'aujourd'hui »[23]. Au-delà de ce constat, il y une volonté de se situer dans une continuité, d'éviter de creuser la rupture avec le public et de positiver sa démarche.

> Oh, quelle horreur ! Voyez-vous, tous ces mots, « moderne », « avant-gardiste », tout ce qui veut limiter les choses de l'art à une mode, tout cela est répugnant ; l'époque des « ismes », des programmes et des manifestes est terminée. C'est une chose d'il y a maintenant quinze, vingt ans ; on ne fait plus ces choses qu'en province[24].

Conclusions

Homme du XXe siècle, Stravinski doit beaucoup aux médias, à l'image de la personne publique, aux implications commerciales de l'art, et surtout à sa conscience de l'importance de la parole et du regard maîtrisés. L'analyse du corpus des entretiens de Stravinski dans l'entre-deux-guerres révèle aussi trois points généraux relatifs aux bénéfices de l'interview :

Le bénéfice dialectique (ou l'interview comme substitut de l'écrit)

Comme Stravinski écrit peu (et rarement seul), le dialogue avec autrui permet d'amorcer ou de libérer sa pensée. L'entretien journalistique, plus spécifiquement, a été pour lui un moyen de se définir, de construire sa place et son identité dans la vie musicale. Le bénéfice promotionnel de cette présence dans les médias est aussi évident. L'objectif est davantage tourné vers un désir d'être reconnu que d'être compris.

Le bénéfice médiatique (ou l'interview comme dépassement de la critique)

L'entretien, pour Stravinski, est une sortie de la critique musicale, celle-ci étant nécessairement partiale, malveillante et néfaste à ses yeux. Ce mode d'expression permet une visibilité dans la presse sans la présence d'un tiers : le dépassement de la critique musicale permet au compositeur de rester au centre du processus. Cet investissement médiatique vient en outre à un moment où Stravinski fait des choix de carrière très orientés vers un rendement financier plus important puisqu'en 1924 : il décide

---

23. Stravinski dans [Anonyme], « Igor Stravinsky Not a Modernist », entretien publié dans le *New New York Times*, 6 janvier 1925, p. 23 ; repris dans Stravinsky, *Confidences sur la musique*, p. 176-180, ici p. 177.

24. Josep Farran i Mayoral, « Conversant amb Strawinsky », *La veu de Catalunya* [*La voix de Catalogne*], 25 mars 1928, p. 5 ; repris dans Stravinsky, *Confidences sur la musique*, p. 202-211, ici p. 208.

de devenir l'interprète principal de ses œuvres tant comme pianiste que comme chef d'orchestre. Cette situation, qui fait écho au *star-system* naissant, rend Stravinski très présent publiquement, tant sur scène qu'à la tribune des médias.

Le bénéfice économique (ou l'interview du musicien comme jalon nécessaire de l'industrie de la musique)

Les interviews de Stravinski sont aussi liées au développement de l'industrie discographique. L'usage du questionnaire imaginé par l'industrie de l'enregistrement comme moyen pédagogique pour accéder à l'œuvre, puis le recours à la presse comme lieu de promotion de la musique enregistrée par la voix du compositeur lui-même sont les premières manifestations de pratiques qui sous-tendent aujourd'hui tout notre complexe musico-industriel.

POURQUOI TRANSCRIRE ? LES ENJEUX LIÉS À LA (RE)TRANSCRIPTION D'UN ENTRETIEN ENREGISTRÉ

Sophie Stévance

Les entretiens que Georges Charbonnier enregistra pour France Culture avec des peintres, des compositeurs ou des écrivains, restent des références du genre de l'entretien, en particulier grâce au professionnalisme du critique d'art, par ailleurs Docteur en Lettres et enseignant à la Sorbonne, et à la profondeur de ses analyses qui introduisent de façon convaincante à la pensée de l'artiste interviewé. Certains de ses entretiens ont ceci de caractéristique d'avoir été transcrits et publiés sous deux formats : un livre accompagné d'un support phonographique. C'est le cas de ceux que Charbonnier a menés avec Edgar Varèse, André Masson, Alberto Giacometti[1] et Marcel Duchamp. Ces derniers retiennent toute notre attention pour la présente étude.

Les entretiens Duchamp et Charbonnier ont été édités en 1994 aux Éditions André Dimanche dans la collection « Documents sonores », sous la forme d'un livre et de deux disques compact. Il s'agit de quatre séances enregistrées par la Radiodiffusion-télévision française qui ont fait l'objet d'un découpage avant leur transmission sur les ondes de France Culture en six émissions : les 6, 21 et 27 décembre 1960 ; le 2 janvier 1961 ; puis six autres émissions les 9, 16, 23 et 30 décembre 1960, et enfin deux dernières les 6 et 13 janvier 1961. Pourquoi André Dimanche, l'éditeur, les publie-t-il sous deux formats ? Quel est le but de cette double édition ? La question se pose si l'on tient compte de la pertinence de l'annexe du disque des entretiens de Charbonnier avec Varèse à l'édition écrite : cet enregistrement rapporte, en effet, la création mondiale de *Déserts* en date du 2 décembre 1954. Mais qu'en est-il du disque des entretiens avec Duchamp, lui qui n'a pas d'œuvre sonore à faire entendre de manière *effective*[2] ? Hormis le fait d'incarner le

1. Georges Charbonnier, *Entretiens avec Edgard Varèse*, 8 entretiens enregistrés en décembre 1954 et janvier 1955 et diffusés entre le 5 mars et le 30 avril 1955 par le Radiodiffusion nationale, livre et disque, Paris, Belfond, 1970 ; édition en disque compact et livret, Paris, INA, 2007 ; Georges Charbonnier, *Entretiens avec André Masson* [1958], disque compact et livret, Marseille, André Dimanche, 1995 ; Georges Charbonnier, *Alberto Giacometti : entretiens* [1951], disque compact et livret, Marseille, André Dimanche, 2007.

2. Dans Sophie Stévance, *Duchamp, compositeur* (Paris, L'Harmattan, 2009), nous analysons les partitions musicales de l'artiste sous l'angle de la « musique conceptuelle » à travers laquelle la musique n'a pas à être entendue, mais conçue. Duchamp valorise l'idée sur l'exécution de la musique, dont le médium n'est plus

document original, qu'apporte la parution du disque aux côtés de l'édition écrite ? Et réciproquement : quel est l'objet de la transcription de ces entretiens ?

Texte en main, l'auditeur-lecteur des entretiens de Duchamp et Charbonnier constate que l'édition transcrite n'est pas conforme à l'édition phonographique originale. Dans une rapide note de bas de page, l'éditeur explique que « pour faciliter la compréhension, quelques formulations verbales ont été légèrement retouchées » [3]. L'objet de cet article ne sera pas de procéder à un inventaire aride des reformulations apportées par le transcripteur ; les lecteurs pourront relever par eux-mêmes les nombreuses différences entre le texte et sa source. Cependant, l'écriture de la parole de Duchamp (et celle de Charbonnier) impose un questionnement de ce qui semble être, en réalité, la réécriture d'un dialogue oral. Cette réécriture soustrait à la voix des protagonistes toutes leurs qualités prosodiques et leurs propriétés phoniques – et par conséquent, dans le cas de Duchamp, toute sa proximité et son amabilité.

Si le disque, seul, permet de rendre compte de ces qualités, nous devons alors interroger la pertinence de la transcription littérale et faire ressortir la difficulté reliée à la transposition de l'entretien oral en texte écrit. Mais au-delà de la problématique relative à ce déplacement, quelles étaient les motivations de l'éditeur en publiant ces objets sous deux formats ? Pour les découvrir, la méthode adoptée dans le cadre de cette étude a tout d'abord mené à des rencontres avec l'« éditeur » desdits entretiens. L'éditeur en question n'est autre qu'André Gervais, peut-être le plus important spécialiste francophone de Duchamp.

Relevons d'emblée le sens double de la fonction d'éditeur dans ce contexte. Ce double sens apparaît dès les premières pages du livre des entretiens que Charbonnier mena avec Duchamp. La « note de l'éditeur » est signée non pas par André Dimanche, qui a publié le coffret, mais par André Gervais, le transcripteur des entretiens. C'est un paradoxe de la fonction d'éditeur qui transparaît dès les définitions des encyclopédies : tantôt l'éditeur est la personne « qui édite des œuvres sous forme d'objet imprimé » [4] (dans notre contexte, il s'agit alors d'André Dimanche), tantôt il est celui « qui prépare une œuvre ou un recueil d'œuvres en vue de les publier » [5] (il est alors ici question d'André Gervais). Pour éviter la confusion, le rôle que Gervais a assumé sera ici distingué avec la mention « transcripteur ». Nous aurons toutefois l'occasion de constater que son rôle a été bien au-delà de la simple transcription : il a initié le projet, jusqu'à le

---

le son. Encore que les œuvres musicales de Duchamp aient fait l'objet de nombreuses interprétations, ainsi qu'en témoigne la sélection discographique suivante : *Duchamp : The Entire Musical Work*, 1987, CD, Rene Block Edition, par le S. E. M. Ensemble, dirigé par Petr Kotik, B003WR9RM0 ; *Erratum musical de/pour/sur Marcel Duchamp*, 1972, CD, Label : BMG Classics / RCA Red Seal, *Vokale Kammermusik : Sprachkomposition. Musik in Deutschland 1950-2000 : Konzertmusik*, enregistré à la WDR Rundfunkchor Koln, dirigé par Manfred Schreier, 21-677, 2001 ; Stephane Ginsburgh, *Marcel Duchamp : Erratum Musical, 7 Variations On A Draw of 88 Notes (on Bosendorfer 200)*, 2000, CD, Label : Sub Rosa / Orkhestra, SR18 B00004WEM0 ; *Petr Kotik, The Music of Marcel Duchamp*, 1991, Edition Block and Paula Cooper Gallery, 978-1906310028 ; *Marcel Duchamp : The Creative Act*, 1994, CD, Label : Sub Rosa / Orkhestra SR57, B000026BZ.

3. Georges Charbonnier, *Entretiens avec Marcel Duchamp*, Marseille, Éditions André Dimanche, 1994, p. 10, n. 1.

4. Centre National de Ressources Textuelles et Lexicales (CNRTL), entrée « éditeur », http://www.cnrtl.fr/definition/%E9diteur, consulté le 14 août 2012.

5. *Ibid.*

porter entièrement. C'est ce qui se dégage de nos entretiens avec Gervais[6], que nous avons questionné sur ses intentions en tant que *transcripteur*, tant du point de vue des problèmes rencontrés au cours de ce travail éditorial – tels les choix qu'il a dû effectuer en raison d'une prosodie à fort coefficient d'oralité – que du point de vue des origines et des motifs qui justifiaient la publication de ce travail éditorial sous deux formats. Le contenu de nos propres entretiens avec Gervais fait ainsi ressortir trois enjeux majeurs posés par un tel ouvrage : ils sont d'ordre pratique, théorique et artistique. Ainsi qu'il fallait nous y attendre, les deux premiers enjeux sont inhérents à des contraintes de transcription générées par le passage de l'oral à l'écrit, tandis que le troisième correspond à un « coup artistique » – pour ne pas dire « médiatique » selon l'expression d'André Dimanche lui-même[7].

LES ENJEUX DE LA (RE)TRANSCRIPTION

Pourquoi transcrire? Gervais, qui endosse plusieurs rôles dans cette double édition des entretiens entre Duchamp et Charbonnier (en tant qu'éditeur, au sens de transcripteur, et en tant qu'initiateur du projet), explique qu'il s'agissait avant tout d'offrir un outil plus malléable que le disque à la *communauté* des *chercheurs* en quête de savoir *artistique*. Quiconque aura expérimenté un tel travail de retranscription d'un entretien enregistré sait exactement de quoi il retourne. À l'aide d'un logiciel de traitement de texte et d'un lecteur de fichier audio, le transcripteur analyse l'objet et le décompose suivant une longue série de manipulations (lecture, arrêt, pause, précédent, avance rapide, etc.), notamment lorsque l'analyse nécessite de réécouter une partie précise de la bande sonore. Ce travail est pour le moins contraignant, malgré l'évolution des lecteurs de disques compacts. Pour des raisons pratiques essentiellement, la transcription de la bande sonore a préséance sur les enregistrements (lorsqu'elle existe). C'est donc cette réalité du travail du chercheur qui a motivé le transcripteur des entretiens entre Charbonnier et Duchamp.

Surviennent cependant d'autres problèmes, car toutes les opérations requises par la transcription d'un document sonore amènent, finalement, à la formation de deux objets distincts : un enregistrement sonore qui *appelle* sa *traduction* sous la forme d'un texte; « la respiration et les césures défient la traduction, mais l'appellent et la provoquent du même coup », écrit Jacques Derrida[8]. Cependant, nonobstant leurs nombreux points communs, ces deux objets demeurent radicalement différents. Dans *Qu'est-ce qu'une traduction relevante?*[9], Derrida a montré qu'un message traduit ne peut être réellement livré dans une autre langue sans provoquer un écart, une perte. Dans le cas de la double édition des entretiens entre Duchamp et Charbonnier, le transfert des enregistrements à l'écrit ferait ainsi perdre « l'unicité du moment » du discours entre les deux

6. Entretien d'André Gervais avec Sophie Stévance, 24 novembre 2010.

7. Document publicitaire publié à l'occasion du lancement du coffret en 1994, qu'André Gervais nous a généreusement communiqué.

8. Jacques Derrida, *Schibboleth : pour Paul Celan*, Paris, Galilée, 1986, p. 115.

9. Jacques Derrida, *Qu'est-ce qu'une traduction relevante?*, Paris, Éditions de L'Herne, 2005.

protagonistes. Dès lors, d'un point de vue théorique, les conséquences occasionnées par la traduction écrite d'une conversation orale imposent un questionnement : au-delà du constat que le discours oral ne peut qu'être entendu, comment représenter le plus fidèlement possible à l'écrit les qualités audibles d'une prosodie ? Comment traduire les nuances de la voix, les intonations des orateurs, les ambiguïtés du propos, les hésitations et reformulations ainsi que les pauses, rires, autrement que par des didascalies ? Les caprices de la conversation transcrite agitent d'ailleurs les sociologues depuis plusieurs décennies, et la transcription littérale de l'entretien connaît, de ce fait, une approche théorique mitigée [10].

> L'unicité du moment, c'est ce qu'on ne peut pas expliquer à un tiers, c'est ce qu'on ne peut pas mettre dans une enveloppe, ce qu'on ne peut pas envoyer très vite (et « expédier » en français cela veut dire aussi envoyer très vite). « Expédier » cela veut dire envoyer par la poste mais aussi bâcler, faire très vite, et dans un temps calculable. Tandis que ni le temps des larmes ni le temps du rire et du chant ne sont calculables et répétables. Et du même coup, évidemment, ils ne sont pas lisibles. Une larme n'est pas lisible, si par lisibilité on entend une intelligibilité qu'on peut transporter ailleurs, comme un livre devient lisible dans la mesure où on peut le lire plusieurs fois ailleurs [11].

L'édition papier des entretiens entre Duchamp et Charbonnier ne donne qu'une image rigide, froide et vague de la matière première que représente le disque : certaines des questions posées et des réponses ont dû être modifiées, parfois même réécrites. Quant à l'intonation, la voix des personnages, elles semblent littéralement s'éteindre sous la plume. En effet, la conversation orale fait apparaître un Charbonnier qui, avec sa voix de ténor plutôt sèche et assurée, irrite probablement Duchamp dès les premières minutes du premier entretien, mais l'artiste conserve une grande douceur dans la voix, ainsi qu'une certaine courtoisie, nonobstant des propos assez fermes et un ton tout à fait ironique – ce qui est typique de la personne de Duchamp. Or ces nuances ne transparaissent pas dans l'édition papier. Comment le pourraient-elles ? Jamais la structure du texte ne fait référence à quelques mentions que ce soient quant à la subtilité des comportements individuels présents lors de l'entretien. Ces références étaient pourtant possibles par l'ajout de didascalies – qui semblent d'ailleurs être le seul recours du transcripteur. Les didascalies auraient fourni de précieuses indications sur les échanges entre les individus au moment de la conversation, des informations sur les tonalités des différentes interventions, telles que : « avec ironie », « ton du constat », « la voix monte »,

10. Certains auteurs comme David Thunder (« Back to Basics : Twelve Rules for Writing a Publishable Article », *Political Science and Politics*, n° 37, 2004, p. 493-495) préconisent un style littéraire favorisant la rhétorique, une structure logique simple et agréable à lire, tandis que d'autres sociologues comme Howard S. Becker (*Écrire les sciences sociales* [1985], Paris, Economica, 2004), par exemple, rejettent cette idée au bénéfice d'une plus grande objectivité). Un discours lénifié facilitera la lecture mais entravera la réflexion sociologique. Ainsi, « socio*logie* n'est pas socio*graphie* » : voir Claude Grignon et Jean-Claude Passeron, *Le savant et le populaire : misérabilisme et populisme en sociologie et en littérature*, Paris, Seuil / Gallimard, 1989, et à sa suite Howard S. Becker, *Paroles et musique*, Paris, L'Harmattan, 2003 ou Howard S. Becker, « Sociologie, sociographie, Pérec, and Passeron », dans Jean-Louis Fabiani (dir.), *Le goût de l'enquête : pour Jean-Claude Passeron*, Paris, L'Harmattan, 2001, p. 63-76.

11. Jacques Derrida, *Points de suspension*, Paris, Galilée, 1992, p. 401.

« ton de la confidence », etc. Cependant, on comprend leur utilisation parcimonieuse, car pareils ajouts auraient sans nul doute surchargé le texte et alourdi la lecture.

Gervais a supprimé la plupart des éléments qui auraient pu informer le lecteur des conditions et de l'humeur des protagonistes au moment de chaque entretien. Disparaissent ainsi les tonalités des propos, les silences, les indications sur leur longueur, les exclamations ou les répétitions. Dans la mesure où ces éléments informent sur l'état d'esprit de Duchamp et de Charbonnier (les hésitations, l'étonnement de l'un ou de l'autre à la suite d'une question ou d'une réponse), ainsi que sur la nature de leur relation (les *a parte*, le ton de la confidence, les possibles irritations), ce travail de réécriture pourrait ne pas servir l'entretien oral en faisant d'une relation vivante entre deux personnages un simple échange de mots.

Par ailleurs, on observe que le transcripteur favorise une traduction littéraire au détriment d'une traduction littérale (qui aurait pourtant été plus proche de la réalité de l'entretien). Il n'est pas ici question de procéder à un inventaire aride des modifications qui ont été apportées, mais de présenter quelques exemples illustrant ce travail de réécriture:

Notons la suppression de certaines redondances : page 11, ligne 7 : « L'art comme une chose [*très très*] beaucoup plus générale », ainsi que la suppression de la conjonction de coordination « Et » reliant cette phrase au paragraphe suivant. Relevons une nouvelle suppression, cette fois d'un segment de phrase explicitant un implicite : page 14, à la dernière ligne (à 12'04 du disque) : « Mais ce qu'il y a d'ésotérique dans la production d'un art et, de façon générale, dans une élaboration de l'esprit quelconque, ne continue-t-il pas ». Initialement, donc à l'oral, la phrase était : « Mais ce qu'il y a d'ésotérique dans la production d'un art et, de façon générale, dans une élaboration de l'esprit quelconque, *ce qu'il y a d'ésotérique dans cette élaboration*[12] ne continue-t-il pas à échapper néanmoins au grand public ». De plus, certaines interjections sont ramenées à leur forme écrite (« Heuh... ben... » devient « Eh bien »).

Nous retiendrons également la restauration des négations : « Ça n'est pas » devenant « Ce n'est pas ». D'une manière générale, le transcripteur remplace un terme, une expression plus ou moins relâchée par un équivalent plus soutenu. De même, on observe que le transcripteur fait fi des acquiescements de Duchamp lorsque Charbonnier résume la position de l'artiste : par exemple, à la page 13, le « oui, c'est ça » répété à plusieurs reprises disparaît.

Ensuite, on note que plusieurs informations dans le corps du texte lui-même ont été supprimées. Cela concerne, d'une part, les nombreux silences qui ponctuent l'entretien oral, mais on imagine mal que ces silences (page 37, question de Charbonnier) aient pu être figurés dans le texte écrit par des lignes de points plus ou moins longues, avec des points de suspension interminables, tels : « .... ».

On entend même une sonnerie de téléphone (pensons-nous) retentir (à 10'03 du disque, et à la page 48 du livre). Aucune mention n'y est faite dans le texte – ce que l'on pourra aisément comprendre puisque ce bruit n'est rien d'autre qu'un bruit de fond intempestif et n'a aucun impact sur la discussion entre les deux protagonistes.

12. Nous soulignons.

Nous pouvons également rappeler la perte de l'intonation, qui traduit l'émotion comme l'intention, notamment de ce qui semble être, à l'écoute, un certain agacement de Duchamp, à la page 15, lorsque Charbonnier le questionne à propos de l'ésotérisme (à 13' sur le disque); ajoutons la perte des données qui ne sont transmises que par le son de la voix, comme l'irritation ou le ton ironique, l'engouement ainsi qu'en témoigne l'extrait de la page 39 (14'44 du disque), lorsque Charbonnier semble bruyamment saisir ses feuilles ou claquer son stylo, comme pour relancer la discussion… Par conséquent, l'écriture des données du disque élimine des éléments importants, constitutifs de la communication, tels le langage du corps, la présence physique des protagonistes, leurs gestes et tout autre élément visuel renseignant sur le discours de manière implicite et subtile. De ce point de vue, l'enregistrement audiovisuel serait le seul susceptible de pouvoir restituer l'ensemble de ces composantes que l'écrit et l'enregistrement semblent finalement opprimer.

Enfin, on écoutera et lira simultanément l'extrait suivant : le disque (disque 2, piste 3 de 11' à 13'40) fait entendre toute l'ironie des voix des deux personnages dans leurs propos, tandis que ces subtilités ne transparaissent pas à l'écrit (pages 61-63) :

> Donc, l'idée du choix m'a intéressé d'une façon métaphysique, à ce point-là. Et ça a été le début, et j'ai acheté ce jour-là un porte-bouteilles au Bazar de l'Hôtel de Ville, et je l'ai apporté chez moi. Et ça a été le premier ready-made.
> Ce qui m'a intéressé aussi, c'est de lui donner, dans ce choix, une sorte de drapeau ou une couleur qui n'était pas sortie d'un tube. Cette couleur, je l'ai obtenue en inscrivant sur le ready-made en question une phrase qui, elle aussi, devait être d'essence poétique et souvent sans sens normal, arrivant à jouer avec des mots, des choses comme ça. Je ne me rappelle même plus la phrase que j'avais inscrite dessus. Ce ready-made a été perdu et je ne l'avais notée nulle part. Donc, c'est fini. Mais la réplique existe et on peut acheter encore aujourd'hui un porte-bouteilles du même type au Bazar de l'Hôtel de Ville. Je l'ai fait, d'ailleurs… pas dernièrement… et j'ai une réplique de ce ready-made, mais qui me donne la même satisfaction.
> Ce n'est pas du tout l'idée, justement, de l'œuvre d'art, comprenez-vous ? C'est l'idée que ça a été choisi et que, pour ainsi dire, c'est sacré parce que choisi, Est-ce assez clair comme « définition » ?
> — *Je pense que l'idée du ready-made est excessivement important et que, dans l'intérieur moderne, le ready-made a pénétré.*
> — Oui.
> — *Mais alors, avec une déformation, parce qu'il est devenu œuvre d'art.*
> — Exactement. C'est là un point qui est aussi important.
> — *Pensez que, dans le Midi, il ne s'ouvre plus maintenant une boutique d'antiquaire ou une boutique de mode qui ne place devant sa porte un objet destiné à « faire le ready-made », et qui va être une charrue, un brancard de voiture, un objet que l'on a sorti de sa fonction et placé dans un endroit insolite. Ce qui fait que l'idée du ready-made se trouve trahie. C'est pourquoi je vous pose la question.*
> — C'est vrai.
> — *La source, c'est l'achat du porte-bouteilles par Marcel Duchamp.*
> — Oui, d'accord. La différence est que j'ai très vite vu aussi que le danger était de passer sa journée à avoir un nouveau ready-made, n'est-ce pas? Puisque, si l'on finit par aimer ça, alors, ça devient un autre système qui est aussi blâmable que celui que j'avais blâmé. Immédiatement, j'ai eu la chance de faire intervenir l'économie. C'est-à-dire :

« Doucement. Un ready-made de temps en temps, mais pas dix pas jour », Donc, la sobriété, là, a joué[13].

Ainsi, la version écrite ne rapporte pas la conversation telle qu'elle s'est déroulée, malgré l'usage de didascalies (« rire » apparaît en effet à quelques reprises). Celui qui écrit ne fait qu'énoncer une réalité écoutée, non observée, non vécue, Gervais n'ayant pas assisté aux entretiens entre Duchamp et Charbonnier. Face à ces pertes, quelles pouvaient dès lors être les intentions du transcripteur ?

Un « coup artistique »

Dans le cadre de cette double édition, Gervais souhaitait produire un livret accompagnant un disque compact ; on aurait ainsi lu le livre comme on lit un livret d'opéra ou comme on suit les paroles de chansons en écoutant un disque. Qui plus est, cette double édition aurait permis d'assurer aux Éditions André Dimanche « un regain d'intérêt de la part du public comme des médias »[14]. Faut-il s'étonner de cette dernière motivation ? Les éditeurs (au sens de « maisons d'édition »), lorsqu'ils décident de publier d'autres travaux relatifs à un auteur, un artiste, ne tiennent-ils pas compte de certaines contraintes économiques ?

En ce qui concerne la collection « Documents sonores » des Éditions André Dimanche, on ne peut pas dire que celle-ci se négocie sur le marché du livre spécialisé, tant s'en faut, au sens « *best-seller* » du terme, mais on comprend qu'avec cette publication, il en va du prestige de l'éditeur, du prestige de l'auteur et, d'une certaine manière, du prestige de la culture française, notamment avec un sujet comme celui de Duchamp. L'artiste bénéficiait alors, notamment depuis 1977 lors de l'inauguration du Centre Georges-Pompidou avec la grande rétrospective sur son œuvre, d'un début de reconnaissance dans son pays d'origine. Les hommages se sont, depuis, enchaînés, ainsi qu'en témoigne l'événement de 2004 survenu autour du ready-made *Fontaine*, alors reconnu par le gotha du monde de l'art contemporain comme l'« œuvre d'art la plus influente du XXe siècle »[15]. Et depuis les années 1980, la bibliographie consacrée à Duchamp s'est considérablement étoffée.

13. Transcription de l'entretien de Marcel Duchamp avec Georges Charbonnier, dans Charbonnier, *Entretiens avec Marcel Duchamp*, p. 61-63.

14. André Dimanche, « Vivement Dimanche ! » entretien avec Pierre-Alain Four publié dans *Le Journal des Arts*, n° 20, décembre 1995 (accessible en ligne : http://www.lejournaldesarts.fr/jda/archives/docs_article/73266/vivement-dimanche-.php, consulté le 6 septembre 2012).

15. [Anonyme], « Fountain' most influential piece of modern art », *The Independent*, 2 décembre 2004 ; [Anonyme], « Shocking' urinal better than Picasso because they say so », *The Daily Telegraph*, 2 décembre 2004 ; [Anonyme], « Work of art that inspired a movement... a urinal », *The Guardian*, 2 décembre 2004 ; Stéphane Baillargeon et Bernard Lamarche, « L'œuvre d'art du siècle : devant Matisse et Picasso, 500 professionnels des arts ont choisi *Fontaine*, de Marcel Duchamp, comme emblème du XXe siècle », *Le Devoir*, 3 décembre 2004, ou encore la revue de presse du *Courrier International*, 2 décembre 2004 et « Goût de chiottes ? », *Le Monde*, 10 décembre 2004.

Ainsi, selon Gervais, il s'agissait, pour la maison d'édition, de chercher à produire « un coup artistique »[16], pour ne pas dire *médiatique*, par la production d'un livre accompagné de disques. « Selon André Dimanche, cette opération était la première du genre à l'époque : c'était la première fois, en effet, que l'Institut national de l'audiovisuel (INA), via un éditeur commercial, ajoutait des disques à un livre »[17]. Mais cela ne renseigne pas encore sur les motivations du transcripteur.

Si l'on tient compte du parcours scientifique de Gervais, il s'est très tôt passionné pour la figure de Duchamp. En 1985, constatant la dispersion des écrits et des œuvres de l'inventeur du ready-made – et même des objets concernant le célèbre artiste laissés à l'état d'abandon –, Gervais s'est donné comme mission de transcrire « tous les parlés » de Duchamp. Par « tous les parlés », Gervais entend : tous les parlés qui ont été conservés et qui sont actuellement connus. Il s'agit nécessairement de la liste la plus complète et des parlés accessibles (que l'on peut écouter, transcrire, ou qui ont déjà été transcrits et publiés). Bien des bibliographies sont, en effet, incomplètes, bien des fonds n'ont pas été constitués en fonds d'archives accessibles, et bien des pans de la vie de Duchamp sont encore mal documentés, falsifiés ou inconnus.

> Il allait de soi qu'un jour je transcrive l'un des « gros morceaux » enregistrés en français et non encore disponibles en version papier. Je dis « gros morceau » à cause de la longueur, à cause de l'importance de Charbonnier (qui a publié assez vite ses entretiens avec André Masson, Raymond Queneau, Michel Butor ou Claude Lévi-Strauss, mais a beaucoup attendu, voire bloqué, avant d'accepter de publier ou qu'on publie ses entretiens avec Varèse ou Duchamp, par exemple). Plusieurs des entretiens de Charbonnier avec X, Y et Z n'ont toujours pas été transcrits[18].

On décèle ici le sincère désir du transcripteur de rendre au public une œuvre la plus complète et authentique possible, nonobstant les quelques « précautions » prises dans son travail littéraire de transcription.

Conclusion : une transcription idéale ?

Cette problématique relative aux choix qui se posent à tout travail de transcription d'un enregistrement sonore a fait l'objet de questionnements, plus particulièrement dans le champ de la sociologie. La discussion proposée par les chercheurs concerne la réalisation d'une transcription idéale. De ce point de vue, l'expérience de Pierre Bourdieu est fort éloquente. Alors questionné sur ses méthodes d'enquête et ses motivations sur le terrain réalisé en vue de la publication de l'ouvrage *La misère du monde*[19] dont il a assuré la direction scientifique, le sociologue explique :

> On a eu beaucoup de mal à trouver l'équilibre entre l'entretien aussi fidèle que possible et une présentation qui ne soit ni terre à terre ni fiche technique du genre : père de trois

16. Entretien d'André Gervais avec Sophie Stévance, 24 novembre 2010.
17. *Ibid.*
18. Lettre d'André Gervais à Sophie Stévance, 9 janvier 2009.
19. Pierre Bourdieu (dir.), *La misère du monde*, Paris, Éditions du Seuil, 1993.

> enfants... Jamais je n'avais eu autant de mal. La moindre phrase faisait problème. Ça se jouait souvent sur un adjectif. Les sociologues sont réputés pour écrire mal. Ils ont tendance à jargonner (comme d'autres), pour « faire science ». Nous avons été obligés d'opérer une véritable conversion. Et pas seulement sur le terrain de l'écriture[20].

Ces propos permettent d'éclairer la problématique liée à tout acte de retranscription et les décisions qui s'imposent au traducteur rapportant *l'esprit* du discours, celui-ci étant situé entre la littéralité par rapport à la conversation originale (un idéal positiviste?) et la fluidité du texte soumis à la lecture par celui qui écrit. Toute la question repose donc sur l'intérêt de reproduire ou non certains éléments, sur ce que le traducteur doit faire figurer dans la retranscription, et comment – et pourquoi – il doit le faire.

Car pourquoi transcrire ? Avec comme objet d'étude l'édition sous deux formats des entretiens que Charbonnier a enregistrés avec Duchamp, et que Gervais a écrits, nous avons souhaité montrer les différents enjeux relatifs à une telle entreprise éditoriale. Nous en relevons trois.

Les deux premiers enjeux, pratique et théorique, sont liés à l'accessibilité du document mis à la disposition du chercheur et du public. La traduction écrite produit un livre plus praticable que l'enregistrement. Or, pour obtenir pareil objet, la lecture doit en être facilitée, agréable même, ce qui oblige le traducteur à apporter au support originel certaines modifications, à rendre compte à l'écrit d'éléments oraux, tandis que d'autres seront passés sous silence. Gervais fait le choix de supprimer les éléments qui informent sur le contexte de l'échange : les attitudes lors de l'entretien, les tonalités marquées de certains mots, les phrases ébauchées, la longueur des silences, les soupirs, les hésitations, les tics et habitudes de langage, les répétitions, le remplacement de certains mots par d'autres, enfin les digressions entre les interlocuteurs ou encore le rythme de la parole. Il occulte ainsi une part substantielle de l'information délivrée au cours de l'échange. Mais comment pourrait-il en être autrement si l'on tient compte du fait que tout ce qui se produit et tout ce qui est produit à l'oral ne s'écrit pas (ou avec difficulté) – et donc ne se lit pas (ou avec difficulté) ? C'est là toute la difficulté, puisqu'il s'agit de rendre accessible et aisée la lecture du document; ponctuation ou syntaxe sont donc prescrites pour y parvenir. De même en ce qui concerne le style littéraire adopté par celui qui écrit : ne tend-il pas à égaliser, à unifier la tonalité des propos (et les propos eux-mêmes), à en faire disparaître les aspérités en limitant les écarts dus aux spécificités des protagonistes et à leur manières respectives de parler, de s'exprimer ?

Ce passage de l'oral à l'écrit nécessite ainsi des transformations et, par voie de conséquence, produit deux documents dérivés et finalement dissemblables,

> ce qui ne les empêche pas d'être, inversement, immanentes mais non essentielles. Juste assez « *dehors* » pour ne pas affecter l'intégrité de la langue *elle-même*, dans sa pure et originelle identité à soi, dans sa propriété; juste assez « *dedans* » pour n'avoir droit à aucune indépendance pratique ou épistémologique. Et réciproquement[21].

---

20. Entretien de Pierre Bourdieu avec Robert Maggiori et Jean-Baptiste Marongiu, *Libération*, 11 février 1993, http://www.homme-moderne.org/societe/socio/bourdieu/misere/libe0293.html, consulté en juin 2011.

21. Jacques Derrida, *De la grammatologie*, Paris, Minuit, 1967, p. 79. Souligné par l'auteur.

L'objectif de ces stratégies reste ainsi la visée *grand public* à laquelle la retranscription des entretiens entre Duchamp et Charbonnier est destinée. On constate alors que les choix de retranscription sont clairement braqués vers la restitution d'un contenu plutôt que vers la façon d'exprimer ce contenu. C'est donc moins l'individu lui-même qui est décrit que l'histoire de l'art qui est expliquée à travers lui. Néanmoins, cette dimension n'est pas occultée – d'où la double édition et le soin apporté à la « mise en scène » de la parole de l'artiste. Dans le cas de Duchamp, l'objectif était de produire un livre pensé comme un livret d'opéra, que l'on suivrait en écoutant le disque... Ainsi, ce soin apporté au style pour faciliter la lecture de ces entretiens fait ici apparaître l'écrit comme primordial, malgré somme toute « l'imperfection de la représentation graphique » [22] qui ne dit pas tout de la conversation entre Duchamp et Charbonnier. Le mot écrit fait écran à la parole, et ce n'est que derrière l'écriture que peuvent apparaître les traits réels de l'entretien enregistré.

Cette double édition est donc intéressante sur plusieurs plans, qui ne sont pas que de contenu. Elle dévoile au moins quatre situations.

La volonté de l'éditeur de rendre au public une œuvre complète et authentique; il finit par aller de soi qu'un artiste qui a été, ou qui est devenu ou redevient important, soit l'objet des éditeurs. Dans le cas de Duchamp, ses *parlés* donnés ici et là sont les satellites, les annexes explicatives de ses œuvres officielles. Cette double édition se justifie alors pleinement. Il arrive donc un temps où ce qui est important, ce n'est pas, ce n'est plus tels brouillons relatifs à tel poème célèbre ou tel chapitre de roman célèbre, mais l'ensemble des avant-textes et des parlés de Duchamp qui ont été conservés, en français et en anglais, au travers desquels tel critique fraie le chemin de sa construction analytique.

Il s'agit de réaliser un « coup médiatique » de la part de l'éditeur André Dimanche ; l'édition des entretiens entre Duchamp et Charbonnier se situe dans une chronologie « productive », entre Lévi-Strauss (1959 à la radio, 1960 en livre) et Queneau (1962 à la radio et en livre). Il en va ainsi du prestige de la maison d'édition.

Ensuite, la transcription de ces parlés donne une meilleure référence textuelle au chercheur : le livre est un objet concret qui n'a pas besoin d'une machine pour être lu; l'édition écrite laisse ainsi une marque d'existence plus directe, palpable et durable. Les écrits restent, dit-on... Ce qui semble alors assurer plus efficacement la postérité de l'œuvre de l'artiste.

Enfin, l'écriture pose l'impossible gageure de la transcription de l'entretien oral. Comment en effet *entendre* à l'écrit l'ironie qui caractérise si bien la personnalité de Duchamp? André Dimanche lui-même convient de l'importance de cette dimension et expliquait, dans une interview, avoir trouvé « très émouvant d'entendre ce vieux monsieur distingué et ironique » [23].

Ainsi, au-delà du « scoop » espéré et nonobstant des remaniements malheureux (mais qui somme toute se justifient), cette double édition était nécessaire. Tout d'abord

---

22. *Ibid.*, p. 80.

23. André Dimanche, « Vivement Dimanche! » entretien avec Pierre-Alain Four publié dans *Le Journal des Arts.*

parce qu'elle contribue à la postérité de l'artiste : ces entretiens conservés donnent une assez bonne idée du discours qu'il a tenu (la façon dont il l'a formulé, les sortes de variantes qu'il y a apportées) pendant plus de cinquante ans, sur différents points de théorie, d'esthétique, de technique ou d'histoire de l'art. La traduction écrite ne fournit cependant qu'une image figée, approximative – et même discutable – à bien des égards de la source première et vivante qui constitue ces entretiens. C'est donc bien « de l'énoncé oral qu'il faut toujours partir pour comprendre la nature réelle du langage humain »[24].

Finalement, cette double publication engage à une réflexion plus approfondie sur une édition *urtext* du texte sonore. Celle-ci tiendrait compte, au-delà de la nature même des propos, des inflexions de la voix ou des manières de s'exprimer des protagonistes qui révèlent la pensée la plus profonde de l'artiste, à plus forte raison dans le cas de Duchamp où l'ironie est constante et même caractéristique de ses œuvres, depuis ses premiers ready-made jusqu'à son œuvre « posthume », *Étant Donnés : 1° la chute d'eau 2° le gaz d'éclairage*[25]. Une telle réflexion pourrait également dévoiler d'autres opérations. En effet, si Gervais est intervenu sur l'édition papier du disque, Charbonnier aurait, quant à lui, modifié certaines parties de ses entretiens enregistrés avant même leur diffusion radiophonique entre 1960 et 1961, réécrivant ses prologues introduisant chaque section, corrigeant certains de ses propos : « Charbonnier n'a-t-il pas ajouté à l'un des entretiens un commentaire dont on peut penser qu'il est "anormalement" long ? »[26]. Et c'est sans compter sur l'intervention d'André Dimanche lui-même, qui aurait, selon le témoignage de Gervais, volontairement coupé certaines parties explicatives, notamment l'introduction du transcripteur lui-même[27]. Il y a donc plusieurs « éditeurs » successifs des entretiens entre Duchamp et Charbonnier, ce qui nécessite un travail de recherche et de comparaison des sources disponibles sur l'édition sonore *urtext* et les éditions révisées.

---

24. André Martinet, « Le mot », *Diogène*, n° 51, 1965, p. 53 ; cité par Derrida, *De la grammatologie*, p. 48 et p. 80, note 3.

25. Marcel Duchamp, *Étant Donnés : 1° la Chute d'eau 2° le Gaz d'éclairage* (1946-1966), montage avec vieille porte en bois, briques, velours, bois, cuir tiré sur une trame en métal, branchages, aluminium, verre, plexiglas, linoléum, coton, lampe à gaz, moteur, 242.5x117.8x124.5 cm, Collection Louise et Walter Arensberg, Philadelphia Museum of Art.

26. Lettre d'André Gervais à Sophie Stévance, 30 août 2009.

27. Entretien d'André Gervais avec Sophie Stévance, 26 novembre 2009.

LES ENTRETIENS DE JACQUES VILLEGLÉ, DE LA PRODUCTION À LA MÉDIATION : PROBLÈMES MÉTHODOLOGIQUES, HISTORIQUES ET CRITIQUES

ANNE-LISE QUESNEL

Principalement connu pour sa production d'affiches lacérées à partir de 1949, puis pour la mise au point d'un alphabet sociopolitique en 1969, Jacques Villeglé a marqué l'histoire de l'art de la seconde moitié du XXe siècle notamment à travers sa participation à l'avant-garde Nouveau Réalisme au début de la décennie 1960 aux côtés d'Yves Klein, César, Arman ou encore Niki de Saint-Phalle. Durant toute sa carrière, il a mis un point d'honneur à expliciter son œuvre à travers de multiples publications prenant des formes plurielles, parmi lesquelles les écrits et les entretiens figurent en bonne place. La multiplicité de ces supports montrent d'emblée que sa parole représente une source de premier choix pour recueillir des informations pertinentes sur sa vie et son œuvre, mais également pour cerner sa personnalité ou encore évaluer la reconnaissance de sa carrière. Pour étudier les entretiens réalisés par Villeglé, il convient donc dans un premier temps de baliser un corpus reprenant l'ensemble des productions pouvant recouvrir cette qualité et de déterminer les critères permettant d'en donner une définition. Il sera ensuite question du recensement des problèmes méthodologiques, historiques et critiques liés aux spécificités de l'entretien d'artiste lorsque celui-ci est utilisé comme une source primaire par le chercheur. L'enjeu de cet article n'est donc pas d'expliquer la démarche de Villeglé en compilant la quantité de renseignements contenus dans ses entretiens, mais bien de comprendre comment, en partant d'un corpus cohérent, diversifié et complet, ses interventions peuvent nous renseigner sur l'entretien d'artiste en tant que genre.

Né en 1926, Villeglé fait incontestablement partie de la génération des artistes qui, à partir des années 1960, bénéficie d'une médiatisation de plus en plus importante reflétant l'incroyable développement des institutions culturelles consacrées à l'art vivant et avec la multiplication toujours croissante des galeries représentant la création contemporaine. Souvent sollicité pour s'entretenir avec différents interlocuteurs – journalistes, critiques d'art, historiens et responsables culturels – nous dénombrons aujourd'hui plus d'une centaine de références bibliographiques composant notre corpus. La majorité d'entre elles, avec un total de 87, sont des entretiens écrits auxquels s'ajoutent cinq entretiens oraux, neuf entretiens filmés et quelques entretiens « remaniés »[1]. Plusieurs raisons expliquent cet intérêt pour la trajectoire du plasticien. Tout d'abord, la participation de Villeglé au Nouveau Réalisme, l'une des dernières grandes avant-gardes françaises, en fait une personnalité incontournable du paysage artistique de l'après-guerre. Ensuite, le rayonnement de son œuvre figurant dans les plus prestigieuses collections d'art contemporain – le Museum of Modern Art (MoMA) de New York ou la Tate Modern à Londres – atteste l'internationalisation de sa reconnaissance. Le soutien qu'il reçoit depuis plusieurs années de la galerie Guy Pieters en Belgique ainsi que de la galerie Georges-Philippe et Nathalie Vallois en France ou encore de la galerie Agnellini en Italie lui offre une forte visibilité sur le marché. Enfin, les multiples invitations dont son œuvre bénéficie dans le cadre d'expositions temporaires ou collectives ont pour conséquence une sollicitation presque permanente de l'affichiste pour qu'il s'exprime sur son œuvre à travers des échanges écrits, oraux ou encore filmés.

Avant d'expliquer ce que recouvrent ces différentes catégories, la définition du terme « entretien » s'impose afin de déterminer de façon précise notre sujet d'étude. Par la formulation « entretiens écrits », nous entendons les interviews auxquelles Villeglé a répondu et qui ont ensuite été publiées dans la presse généraliste, qu'elle soit nationale ou régionale (*L'Express, Ouest-France*, *Le Télégramme de Brest et de l'Ouest*, etc.), dans la presse spécialisée nationale et internationale (*Art Press*, *Beaux-Arts* et *Art International*, etc.), dans les monographies consacrées à l'artiste et les catalogues d'expositions individuelles et collectives. Les entretiens oraux concernent les participations de Villeglé à des émissions radiophoniques. À l'occasion de la rétrospective au Centre Georges Pompidou, Elisabeth Couturier invite Villeglé dans son émission À *Voix Nue* diffusée sur France Culture de 20 h 00 à 20 h 30 pendant chaque soirée du 20 octobre au 24 octobre 2008. Les entretiens filmés correspondent aux interviews que l'artiste donne dans le cadre d'un projet audiovisuel (reportage télévisé, documentaire, diffusion d'un support filmé pour une exposition, etc.). Enfin, la section entretiens « remaniés », assez délicate à baliser, à décrire et à manipuler, contient les échanges entre Villeglé et un interlocuteur chargé de retranscrire les paroles de l'artiste dans un style direct. Ainsi de 2005 à 2007, Odile Felgine fit un remarquable travail d'investigation directement auprès de l'artiste qui donna lieu à l'édition d'une monographie de 700 pages où les passages de Villeglé dans un style direct libre sont entrecoupés de commentaires de l'auteur retranscrivant le parcours de l'artiste. Nous avons aussi inclus dans cette catégorie les quelques entretiens publiés dans la version « propos recueilli par... ».

Malgré la diversité des sources, plusieurs points communs, en dehors de l'empathie généralisée des auteurs, ressortent de la lecture, du visionnement et de l'écoute des documents. Ces similarités ont pour effet principal de divulguer des contenus

1. Ces chiffres, établis au moment de la rédaction de l'article en 2011, évolueront très certainement dans le temps. En outre, même s'ils tendent vers l'exhaustivité, il faut préciser qu'un certain nombre d'entre eux ont pu malheureusement échapper à la rigueur de notre recensement. La très grande majorité de la documentation est disponible dans les archives de l'artiste. L'Institut national de l'audiovisuel (INA) conserve une partie des sources audiovisuelles. Enfin, certains entretiens sont actuellement en cours de réalisation ou de diffusion. C'est le cas d'une interview datée d'août 2008 menée par Anne-Lise Quesnel et qui fera l'objet en 2011 d'une diffusion partielle dans le cadre du documentaire *Trajectoire* pour la maison de production Artismagnicom.

relativement semblables dans l'ensemble des entretiens de Villeglé. En effet, la plupart d'entre eux retracent de façon chronologique le déroulement de la carrière de l'artiste, depuis sa découverte de la méthode de l'appropriation du réel avec Raymond Hains à Nantes en 1947, en passant par la pratique du décollage de l'affiche lacérée pendant plus de cinquante ans, la participation au Nouveau Réalisme, le travail sur les graphismes sociopolitiques sans oublier le contexte artistique de l'après-guerre, les différentes thématiques du catalogue raisonné (affiches politiques, abstraites, atelier d'Aquitaine, etc.), les fréquentations et les amitiés de l'artiste (le cercle des poètes lettristes, François Dufrêne, Jean Dubuffet, etc.) ou encore les temps forts de son parcours (la première exposition à la galerie Colette Allendy, l'exposition *Le Lacéré anonyme*, les rétrospectives et les grandes expositions, etc.).

Il semble que les meneurs d'entretiens sont plus ou moins contraints d'aborder des sujets *obligés* pour différentes raisons. D'une part, la très grande majorité des publications s'adresse au grand public qui s'attend à découvrir l'artiste en recevant des informations générales lui permettant de répondre à des interrogations de base (qui est-il et d'où vient-il ? comment s'inscrit-il dans le déroulement de l'histoire de l'art et quelle est son importance ? quel est le contenu de son œuvre et quelle est sa dernière actualité ?). D'autre part, la redondance des points abordés se justifie également, dans une certaine mesure, par l'indispensable travail de préparation effectué par l'interviewer en amont du jour de la rencontre. De formations inégales, le journaliste, le critique ou l'historien d'art doivent, au-delà de leurs connaissances personnelles, se constituer leur propre documentation sur le sujet pour préparer un questionnaire digne d'intérêt et aborder leur entrevue dans des circonstances professionnelles. Dans cette perspective, il est fortement probable que les thématiques habituellement choisies conditionnent à leur tour la sélection de questions pour l'entretien à venir.

En outre, s'il existe manifestement des ressemblances entre les différentes productions d'entretiens, nous nous rendons également compte que les interrogations permettent souvent à l'artiste d'énoncer ce qu'il a lui-même expliqué dans ses multiples écrits et souligné dans sa propre production littéraire. Par exemple, l'attention est très souvent portée sur la classification des affiches lacérées établie par l'artiste lui-même dans un catalogue raisonné dont les volumes ont régulièrement fait l'objet d'une édition depuis les années 1970 (*La Lettre lacérée* ; *Sans lettre, sans figure* ; *Mai 68* ; *Politique*, etc.) [2]. En revanche, la question des autres sujets iconographiques – les affiches érotiques du Minitel rose [3] ou les affiches de cinéma par exemple [4] – n'est presque jamais abordée en dépit de leur importance et de leur nombre.

2. Jacques Villeglé (dir.), *Catalogue thématique des affiches lacérées*, vol. I : *La peinture dans la non peinture*, Paris, Marval, 1988 ; Jacques Villeglé (dir.), *Catalogue thématique des affiches lacérées*, vol. IV : *La lettre lacérée* (1963-1989), Paris, Marval, 1990 ; Jacques Villeglé (dir.), *Catalogue thématique des affiches lacérées*, vol. XIX : *Placards de journaux, Mai 68*, Paris, Marval, 1996 ; Jacques Villeglé (dir.), *Catalogue thématique des affiches lacérées : sans lettre sans figure*, Neuchâtel, Ides et Calendes, 2004.

3. Pour la plupart d'entre elles, ces affiches lacérées figurent dans les thématiques « Images » et « Atelier d'Aquitaine ».

4. Le thème du cinéma est réparti dans plusieurs thématiques du catalogue raisonné.

Enfin, il faut noter que, même si en règle générale les entretiens consacrés à Villeglé reviennent régulièrement sur des problématiques identiques, un certain nombre d'entre eux se singularisent par leur capacité à dépasser ce schéma général. Ils forment en quelque sorte l'exception venant confirmer la règle. C'est le cas de l'entretien dirigé par Sophie Duplaix, conservatrice du Centre Georges Pompidou et commissaire de l'exposition *Jacques Villeglé : la comédie urbaine*, publié dans le catalogue d'exposition de cette importante manifestation[5]. Duplaix entame un dialogue avec l'artiste sur la relation entre son œuvre et la musique, question relativement peu exploitée jusqu'alors malgré sa pertinence eu égard aux collaborations d'envergure que Villeglé a entrepris durant toute sa carrière avec Pierre Schaeffer, Bernard Heidsieck ou encore Pierre Henry. Intitulé *Cinq questions sur le son*, cet entretien possède un contenu très pointu dû au contexte et au cadre dans lequel il voit le jour. Pour comprendre ses spécificités, il faut d'abord rappeler le très haut degré de spécialisation de Duplaix, qui avait alors la double casquette de conservatrice et de commissaire d'exposition au Musée national d'art moderne (MNAM), ensuite le caractère « scientifique » inhérent à la publication d'un catalogue d'exposition et enfin la très longue préparation allouée à un événement culturel ayant une ambition d'excellence internationale.

Si la fréquence à laquelle Villeglé est convié à des entretiens est relativement constante, nous nous apercevons que sa participation intervient le plus souvent dans une temporalité déterminée qui correspond généralement à son actualité. Ainsi les invitations concordent-elles avec un temps fort de son calendrier artistique, que se soit l'organisation d'une exposition dans une galerie (l'entretien avec Catherine Francblin pour le catalogue de l'exposition *Images* à la galerie Georges-Philippe et Nathalie Vallois) ou dans un musée (l'entretien réalisé par Felgine pour le catalogue d'exposition *Jacques Villeglé de la Transgression à la collection* : *itinéraire d'une œuvre 1947-2008* au Musée d'art ancien et contemporain d'Épinal).

L'exemple de la rétrospective au Centre Georges Pompidou en 2008 est certainement le plus frappant. Son influence à l'échelle nationale, voire internationale, ainsi que sa portée médiatique ont eu un impact extraordinaire sur le nombre de publications, de passages télévisés et radiophoniques consacrés à l'artiste. Ainsi, nous dénombrons une douzaine d'entretiens menés à cette occasion et dans tous les médias envisageables – de la radio à la vidéo, en passant par la presse – qui eurent recours à cette forme de support pour leur investigation journalistique. Le Centre Georges Pompidou organise une interview pour étayer la médiation de la rétrospective diffusée au centre de l'exposition et dont quelques passages sont encore visibles sur le site internet du musée, au sein du dossier pédagogique consacré à l'artiste. La mission didactique de l'entretien, clairement énoncée ici, permet d'associer visuellement l'œuvre à un discours théorique et justifie en partie son succès. En regard de la « dépersonnalisation » d'une critique artistique classique, l'interview, qu'elle soit retranscrite ou filmée, a pour particularité de créer une

5. Sophie Duplaix, « Cinq questions sur le son », dans *Sophie Duplaix* (dir.), *Jacques Villeglé : la comédie urbaine*, catalogue de l'exposition (Centre Georges Pompidou, 17 septembre 2008 au 5 janvier 2009), Paris, Centre Georges Pompidou, 2008, p. 81-85.

sorte de proximité entre le créateur et le spectateur qui peut alors avoir la sensation de rencontrer directement l'interlocuteur ou du moins de participer à l'échange.

L'industrie éditoriale a su profiter de l'engouement médiatique suscité par la manifestation au MNAM pour faire paraître des ouvrages monographiques comportant un ou plusieurs entretiens parmi lesquels un inédit signé Didier Dauphin dans la collection « Voix » disponibles aux éditions Archibooks (*Jacques Villeglé ou l'éclatement régénérant des signes*[6]). Dans sa monographie *Jacques Villeglé : œuvres, écrits, entretiens*[7], Gérard Durozoi consacre quant à lui un chapitre entier à cette forme en sélectionnant parmi les archives quelques morceaux choisis venant en complément d'un entretien exclusif réalisé par ses soins[8]. Les entretiens relatifs à Villeglé montrent que cette forme est devenue presque incontournable dans les publications actuelles consacrées aux artistes vivants. Loin d'être monolithiques, ils arborent de multiples aspects suivant la nature du support censé les accueillir, le public visé et le statut ou la *qualité* de la personne dirigeant la conversation.

La grande diversité des entretiens écrits – tant dans leur forme, que dans leur contenu, dans le ton employé, leur durée ou encore la précision des réponses – nous permet d'ailleurs d'envisager deux sous-catégories composées, d'un côté, des entretiens diffusés dans la presse généraliste et spécialisée et, d'un autre côté, des entretiens publiés dans les livres (catalogues d'exposition et monographies).

Les entretiens spécialement réalisés pour la presse sont généralement assez brefs : l'interviewer pose quelques questions courtes qui suscitent des réponses dont la longueur est proportionnelle. Le ton de l'échange est libre, il laisse souvent place à la spontanéité et à l'improvisation. Le langage est celui de l'oral retranscrit, les interlocuteurs emploient des phrases courtes, simples et un champ lexical relevant du langage courant. Le contenu purement informatif cible le très grand public, d'autant plus lorsque l'entretien est réalisé pour un quotidien généraliste. Il s'adresse *a priori* à un public de non-spécialistes qui découvrent les paroles de l'artiste invité à s'exprimer dans le cadre du calendrier culturel contemporain. Ces publications aux tirages habituellement très importants bénéficient d'un impact très fort et renforcent indiscutablement la popularité de l'artiste qui endosse le costume de la « personnalité du moment » dont l'action s'ancre pleinement dans l'actualité culturelle.

Les entretiens publiés dans les livres se caractérisent avant tout par un contenu plus pointu bénéficiant d'un espace éditorial relativement conséquent. Se construisant souvent sur le long terme, ce type de production s'inscrit donc dans une temporalité différente des entretiens journalistiques qui offrent à l'auteur seulement quelques jours pour rendre son papier. Ensuite, le degré de qualification du meneur d'entretiens,

6. Didier Dauphin, *Jacques Villeglé ou l'éclatement régénérant des signes*, Paris, Archibooks, 2008.

7. Gérard Durozoi, *Jacques Villeglé : œuvres, écrits, entretiens*, Paris, Hazan, 2008.

8. Gérard Durozoi (éd.), « Sur dada, les esthétiques successives et le chef-d'œuvre », extrait de l'entretien de Jacques Villeglé avec Bernard Lamarche-Vadel initialement paru dans *La présentation en jugement* (Paris, Marval, 1990) ; « Sur l'alphabet sociopolitique », extrait de l'entretien de Jacques Villeglé avec Michèle di Folco et Yves di Folco initialement publié dans le catalogue du Musée Sainte-Croix de Poitiers en 2003 ; « Entretien inédit, pour quelques précisions », entretien de Jacques Villeglé avec Gérard Durozoi, dans *Villeglé*, Paris, Hazan, 2008. Comme le titre l'indique, l'entretien mené par Durozoi a été réalisé spécifiquement pour la publication.

sélectionné spécialement pour effectuer cette tâche, conduit le débat sur des questions de fond ou des points de détail qui ne figurent généralement pas dans les interviews confiées à une rédaction. Le dépouillement des archives de Villeglé montre qu'il a souvent privilégié le travail à distance pour les interventions de la seconde catégorie, correspondant par courrier postal, par fax ou plus récemment par courriel avec ses interlocuteurs. Ce fut notamment le cas pour Dauphin, qui a débuté sa publication en évoquant les circonstances dans lesquelles il a envisagé son échange avec l'artiste :

> Ces entretiens ont été réalisés par échanges de courriers électroniques à partir de mars 2006 jusqu'en janvier 2008. Ce mode d'échange à l'avantage d'offrir aux deux protagonistes le temps de la rumination : conversation lente donc qui m'a laissé le temps de préparer mes questions et de méditer les réponses de l'artiste [9].

L'absence de vis-à-vis offre indéniablement l'avantage de laisser le temps de la réflexion aux intervenants dont les formulations seront plus détaillées. Cette situation d'éloignement a pour conséquence de produire des réponses très fouillées permettant à chacun d'étoffer sa participation et à l'artiste d'atteindre une certaine forme de précision théorique. L'entretien dirigé par Bernard Lamarche-Vadel dans le catalogue *La présentation en jugement* est à tout point de vue exemplaire. Les informations données par Villeglé sont d'une exactitude remarquable et étayées par une foule de détails millimétrés. Cette minutie peut même nous amener à nous poser la question du glissement du statut de la personne interrogée de témoin à auteur. Le public visé par ce genre d'entretiens étant assez restreint – majoritairement composé d'amateurs d'art, d'étudiants, de professionnels du champ culturel et de collectionneurs, etc. – l'impact de ces productions agit principalement sur la reconnaissance et la légitimation de l'œuvre.

Si les entretiens de Villeglé constituent une source primordiale tant par leur aspect quantitatif que qualitatif, force est de constater qu'ils ne représentent finalement qu'une mine d'informations parmi d'autres. L'artiste s'est d'ailleurs évertué durant toute sa carrière à expliciter son œuvre à travers divers textes, édités sur plusieurs supports qui ont souvent fait l'objet de nouvelles publications ultérieures. Citons un « prière d'insérer » – ou « justificatif » d'après la propre formule de l'artiste – imprimé pour accompagner *Hepérile éclaté*, son premier livre d'artiste paru en 1953 avec la collaboration du poète Camille Bryen et du plasticien Raymond Hains. Le lecteur y trouvait quelques informations sur les artistes, un bref explicatif sur le processus de création et sur les intentions du trio qui signa cet ouvrage dont la particularité était d'être écrit avec une police de caractère illisible.

En 1958, la galerie Colette Allendy offre l'opportunité à Villeglé de présenter pour la première fois ses affiches lacérées au public dans le cadre de l'exposition *Loi du 28 juillet 1881 ou le lyrisme à la sauvette*. L'événement trouve écho dans quelques articles dans la presse, dont une critique de Pierre Restany inscrivant le geste de l'artiste dans la lignée de l'esthétique cubiste. En total désaccord avec cette filiation, l'artiste publie l'année suivante dans la revue *GrâmmeS* « une mise au point » dans laquelle il théorise sa démarche autour de l'appropriation de l'affiche lacérée. Ce texte intitulé « Des réalités

9. Dauphin, *Jacques Villeglé ou l'éclatement régénérant des signes*, p. 51.

collectives »[10] n'est que le point de départ d'un travail d'écriture qui ponctue l'ensemble de sa carrière.

À cela s'ajoutent le classement de son œuvre dans un catalogue raisonné thématique entrepris dans les années 1970, la rédaction de son autobiographie intitulée *Cheminements*[11] et la publication d'une vingtaine de textes compilés dans le volume *Urbi&Orbi* réédité dans une version revue et corrigée sous le titre *La traversée Urbi&Orbi*[12]. Si l'ensemble de ces textes ajoutés aux nombreux entretiens limite la liberté des commentaires extérieurs ainsi que les interprétations, ils ont également tendance à orienter le regard du chercheur chargé d'étudier le parcours du créateur. En introduction à son entretien, Dauphin exprime d'ailleurs cette difficulté essayant en quelque sorte de justifier sa propre intervention :

> Jacques Villeglé, dont le travail artistique est soutenu par une culture livresque originale, n'a que peu de goût pour le magnétophone. Il a lui-même apporté par divers textes d'indispensables éclairages sur son travail et sur ce qui motive sa démarche. Notre entretien fait référence à ses écrits mais s'en écarte aussi : il a essayé de trouver sa place entre la supposée spontanéité d'une conversation et les énoncés « définitifs » d'un texte[13].

À travers les entretiens donnés par Villeglé, l'historien d'art possède indéniablement une matière de premier choix, mais se voit en contrepartie contraint de composer avec son discours.

À ce problème méthodologique se greffe ensuite un problème historiographique lié à la chronologie même des entretiens. Sans remettre en cause bien entendu la véracité des explications fournies par l'artiste, qui par ailleurs relèvent d'une extraordinaire constance dans le contenu, la subjectivité liée au travail de rétrospection s'amorce forcément. Le chercheur doit toujours avoir à l'esprit que les réponses fournies sont de l'ordre du souvenir ou du témoignage et que le regard que porte Villeglé sur les événements intervient *a posteriori*. Enfin, cette subjectivé en rapport à la temporalité se voit aussi amplifiée par les propres subjectivités de l'interviewer et du lecteur de l'interview.

Au-delà de la présentation des faits, l'entretien d'artiste retrace une expérience et dévoile un point de vue personnel. Ainsi, si les entretiens de Villeglé montrent une cohérence inébranlable dans le récit, ses propos peuvent néanmoins entrer en contradiction avec le ressenti de personnes qui ont vécu les mêmes événements. Pour appuyer cet argument, nous pouvons nous référer à l'histoire de *Pénélope*, film expérimental signé Villeglé et Hains au début des années 1950, dont le travail de réalisation donne lieu à deux versions des faits. À l'occasion de l'exposition *Après la fin de l'art (1945-2003)* présentée au Musée d'Art moderne de Saint-Etienne en 2004, Hains explique clairement à Jacques Donguy qu'il se rendait chez Villeglé pour faire ses films : « Voilà ce qui s'est passé : Jean-Michel Mension m'avait écrit une lettre quand j'étais à Dinar chez mon grand-père et que j'allais chez Villeglé à Saint-Servan pour

10. Jacques Villeglé, « Des réalités collectives », *GrâmmeS*, n° 2, 1958.
11. Jacques Villeglé, *Cheminements : 1943 -1959*, Saint-Julien-Molin-Molette, Jean-Pierre Huguet, 2005.
12. Jacques Villeglé, *La traversée Urbi&Orbi*, Paris, Luna-Park, 2005.
13. *Ibid.*, p. 51.

faire mes films »[14]. L'emploi du pronom personnel possessif à la première personne du singulier indique qu'il considère la réalisation de *Pénélope* comme une œuvre personnelle et relaye l'intervention de son ami à celui d'un hôte ayant accueilli son plateau de tournage. Dans le catalogue de l'exposition *Raymond Hains* organisée au Centre national d'art contemporain en 1976, Villeglé développe une opinion différente en insistant sur leur collaboration : « Jusqu'au mois d'août 1950, Hains travaillait seul. À ce moment là, il est venu chez moi à Saint-Servan en Bretagne pour faire le film que nous devions réaliser ensemble »[15]. Une photographie prise à l'époque montre les deux jeunes hommes afférés à la réalisation du film sur la terrasse de la maison familiale des Villeglé où ils ont installé leur hypnagogoscope, un dispositif spécifiquement conçu pour leur projet cinématographique. En outre, il existe beaucoup d'autres documents d'archives confirmant la véracité de la version de Villeglé[16]. La contradiction des deux récits indique que les informations divulguées dans le cadre d'entretiens doivent bien entendu être soumises à critique et que le recoupement des informations représente l'étape fondamentale de leur validation.

Cette étude spécifiquement centrée sur Villeglé démontre que l'entretien doit impérativement être manipulé avec prudence lorsqu'il est utilisé comme source. Elle dégage des généralités qui éclairent sa structure en tant que genre et nous renseigne sur son potentiel non seulement historique mais également critique. Le parcours de Villeglé est finalement représentatif de l'artiste qui n'a pu faire l'économie d'une communication autour de son œuvre tant par ses écrits que par ses entretiens qui s'avèrent être des outils particulièrement pertinents en matière de médiation. En multipliant les interventions, le plasticien montre la nécessité, les finalités et le bénéfice de ce canal de propagation des idées. La qualité de l'interviewer, le réseau ainsi que le support de diffusion représentent autant d'éléments qui auront une incidence directe sur l'impact de sa prestation. L'entretien recèle une forte valeur ajoutée agissant sur la popularité, la notoriété et la légitimité de l'œuvre. Dans un phénomène de réciprocité, c'est la renommée qui suscite les entretiens tandis que ceux-ci augmentent la visibilité de l'artiste.

14. Raymond Hains, « L'œil photographique », entretien avec Jacques Donguy publié dans Yan Ciret (dir.), *Figures de la négation : avant-gardes du dépassement de l'art*, Paris, Paris-Musées, 2003, p. 119-123, ici p. 119.

15. Daniel Abadie, « Jacques de la Villeglé », propos du 3 mars 1976 publié dans *Raymond Hains et la photographie*, Paris, Centre National d'Art Contemporain, 1976, p. 31-33, p. 31.

16. En plus de ce document, Villeglé conserve un dossier complet d'archives montrant leur collaboration (carnets de notes, dessins préparatoires, bobines de film). Le film, conservé dans les collections du MNAM, est référencé aux deux noms. La participation de l'artiste en tant que coauteur est indiscutable.

LES « ENTRETIENS D'ATELIER » DE THOMAS COUTURE : VERS UN NOUVEAU GENRE D'ÉCRITURE

RICHARD HOBBS

Les entretiens d'artiste, formule qui implique une origine et un caractère oraux, c'est-à-dire des textes transcrits au bénéfice du public, prennent parfois la forme de livres écrits par l'artiste, dans lesquels ce dernier se transforme en écrivain, créant un genre de discours particulier et individuel.

En 1919-1920, Piet Mondrian publia dans la revue *De Stijl* un entretien exceptionnel de ce genre. Sous le titre *Naturtlijke en abstracte realiteit*, il proposa un « trialogue » entre Y (un amateur de peinture), X (un peintre naturaliste) et Z (un peintre abstrait-réaliste). Le texte était composé de sept scènes présentées de manière théâtrale. Dans les six premières, Y, X et Z se promènent en fin de soirée à travers un paysage plat et vaste au clair de lune, sous un ciel stellaire, dans une plaine contenant des « formes capricieuses d'arbre », un moulin ayant des ailes en forme de croix, un jardin stylisé appartenant à une maison et une façade d'église « apparaissant comme une surface plate légèrement éclairée par les lueurs de la ville contre l'obscurité du ciel »[1]. Ce spectacle inspire aux trois interlocuteurs une discussion sur la réalité naturelle et sur sa représentation dans l'art. Leur promenade aboutit à l'atelier de Z, où leur trialogue évolue longuement pour former presque la moitié du texte : la scène VII. Le cadre de l'atelier de Z reflète ses idées, comme nous le fait remarquer Y :

> Y — Votre atelier ne me surprend que relativement. Tout ici respire vos idées. Les autres ateliers sont très différents.
> Z — La plupart des autres peintres sont très différents de moi. Ces choses vont de pair.

1. Piet Mondrian, *Réalité naturelle et réalité abstraite*, traduit du néerlandais par Michel Seuphor, Paris, Éditions du Centre Pompidou, 2010, p. 45.

Et Z se met à décrire la modernité de son atelier :

> L'atelier que voici exprime quelque peu l'idée de la Nouvelle Plastique. D'une certaine manière on y voit une équivalence de rapports par les seuls éléments de la couleur et de la ligne. La construction même de l'atelier n'était pas en opposition avec cela, car il y a une certaine division de l'espace qui fait que le rapport abstrait s'énonce déjà dans la forme même[2].

À la fin de la conversation, c'est évidemment Z, en quelque sorte le porte-parole de Mondrian, puisqu'il propose un art où l'interprétation abstraite l'emporte sur la réalité dite naturelle, qui a le dernier mot. Z affirme que l'évolution même de l'homme le conduit vers une nouvelle plasticité qui va au-delà de l'imitation du monde observé. Le trialogue devient donc un manifeste, un texte clef dans l'élaboration de l'art abstrait autour de 1920. Un manifeste, cependant, qui emploie la convention de l'entretien et qu'on pourrait même envisager comme une sorte de performance, puisque les voix de X, Y et Z correspondent à la totalité de l'œuvre. Le fait que les trois personnages soient ouvertement artificiels, par l'absence de noms et de personnalités développées, empêche cependant l'illusion d'assister à un entretien proprement dit.

Ce texte, traduit en français en 1950 sous le titre *Réalité naturelle et réalité abstraite* par Michel Seuphor, a été réédité lors de l'exposition *De Stijl* du Centre Pompidou en 2010, où figurait aussi une reconstruction d'un atelier de Mondrian, effectivement de style géométrique et abstrait. L'intérêt de cette réédition du texte de Mondrian réside surtout dans son apport pour l'histoire de l'art abstrait, mais il soulève également des questions sur la forme employée par Mondrian en tant qu'artiste-écrivain. Pourquoi le choix d'un trialogue plutôt qu'une forme plus directe ou didactique ? Pourquoi ces trois personnages anonymes, réduits à une fonction apparemment purement symbolique? Pourquoi l'absence explicite de Mondrian comme voix d'auteur dans un livre où il cherche à communiquer des théories et des points de vue qui sont les siens ?

Une comparaison entre *Réalité naturelle et réalité abstraite* et un autre texte d'entretiens d'artiste de l'époque peut éclaircir ce choix de forme d'écriture. En 1911, l'année même où Mondrian s'est installé à Paris, *L'Art*, ouvrage d'entretiens réunis par Paul Gsell a paru avec Auguste Rodin comme nom d'auteur[3]. *L'Art* de Rodin, à la différence de *Réalité naturelle et réalité abstraite* de Mondrian, a connu dès sa publication une renommée immense. C'est un des livres d'artiste les plus connus et les plus lus, traduit en anglais et en d'autres langues. Comme annoncé sur la couverture, le livre contient des conversations entre Rodin et Gsell au cours desquelles le sculpteur exprime ses pensées sur la création artistique. En les lisant, on a l'impression d'entendre la voix même de Rodin sous forme de transcription écrite. Des descriptions des lieux où ces conversations ont eu lieu, y compris les ateliers de Rodin, renforcent l'effet de réel, soutenu également par l'emploi de photographies comme illustrations. Lire ces conversations, ce serait presque y participer, et rejoindre Rodin dans les lieux de création que sont ses ateliers, ce qui peut être ressenti comme un privilège rêvé. À première vue, il semble qu'on soit loin du monde des X, Y et Z de Mondrian, et que nous sommes

2. *Ibid.*, p. 62-63.
3. Auguste Rodin, *L'Art*, entretiens réunis par Paul Gsell, Paris, Bernard Grasset, 1911.

en train de lire tout simplement des transcriptions des mots de Rodin, notés par Gsell. Et pourtant, la réussite de *L'Art* dépend de certains stratagèmes narratifs qui ne sont pas si éloignés de *Réalité naturelle et réalité abstraite*. Par exemple, Rodin est annoncé comme auteur de *L'Art*, mais les liens entre les différentes parties du récit, l'organisation d'ensemble du livre, les passages descriptifs, sont de Gsell, ce qui tendrait à faire de lui le véritable auteur du livre. La transparence apparente du récit, nous donnant l'impression d'assister directement aux conversations entre Rodin et Gsell, s'avère artificielle. La différence principale entre les deux textes réside simplement dans le fait que là où *L'Art* de Rodin nous invite à croire à l'authenticité des entretiens d'artiste, *Réalité naturelle et réalité abstraite* de Mondrian nous rend conscients de la duplicité narrative que ce genre d'écriture implique. On peut même considérer l'insolite dans le livre de Mondrian comme le revers de la médaille du ton naturel et réaliste adopté par Gsell et Rodin. Les livres de Mondrian et de Rodin appartiendraient donc à un même genre d'écriture et se conformeraient tous deux à ses conventions, mais chacun à sa manière.

Les ouvrages de ces deux artistes peuvent être situés dans une lignée très ancienne de dialogues philosophiques et platoniciens, remontant à l'Antiquité et utilisés au XVIIIe siècle en France par Denis Diderot et d'autres. Pourtant, le souci de faire entendre la voix et les pensées d'un artiste appartient à un passé plus récent : au XIXe siècle, époque où la figure même de l'artiste se modernise. L'artiste défini par et dans son atelier devient alors un élément familier de la fiction dès les années 1830, notamment dans *Le Chef-d'œuvre inconnu* (1837) de Honoré de Balzac. De manière moins fictive et plus documentaire, le Vicomte Henri Delaborde entreprend, à partir du Second Empire, le projet de capter la voix même de l'artiste dans des livres qui anticipent la formule « par lui-même », appelée à une grande popularité : *Lettres et pensées d'Hippolyte Flandrin* (1865), *Ingres : sa vie, ses travaux, sa doctrine, d'après les notes manuscrites et les lettres du maître* (1870), aboutissant plus tard à la notion de causeries d'artiste dans louvrage consacré à Charles Timbal, *Notes et causeries sur l'art et sur les artistes* (1881)[4]. Et pour ce qui est du phénomène de l'artiste qui devient auteur à travers la forme d'entretiens liés à son atelier, à la manière de Mondrian et de Rodin, le véritable initiateur de ce genre d'écriture en France est un peintre peu admiré de nos jours et dont les écrits ont été par conséquent négligés : il s'agit de Thomas Couture et de ses deux livres *Méthode et entretiens d'atelier* (1867) et *Paysage, entretiens d'atelier* (1869)[5].

La réputation de Couture (1815-1879), de son vivant et de nos jours, est surtout attachée à une œuvre en particulier : l'immense toile *Les Romains de la décadence*, qui fait partie des circuits touristiques de Paris depuis vingt-cinq ans grâce à son transfert du Louvre au Musée d'Orsay, où elle occupe une place centrale face aux chefs-d'œuvre réalistes de Gustave Courbet. Dès sa première exposition au Salon de 1847, la toile fit sensation à cause de sa forme – le peintre apparaît comme un genre de Véronèse

4. Henri Delaborde (éd.), *Lettres et pensées d'Hippolyte Flandrin, accompagnées de notes et précédées d'une notice biographique et d'un catalogue des œuvres du maître*, Paris, H. Plon, 1865; Henri Delaborde, *Ingres : sa vie, ses travaux, sa doctrine, d'après les notes manuscrites et les lettres du maître*, Paris, Plon, 1870; Charles Timbal, *Notes et causeries sur l'art et sur les artistes*, précédées d'une liste des principaux ouvrages du peintre et d'une notice de Henri Delaborde, Paris, E. Plon, 1881.

5. Thomas Couture, *Méthode et entretiens d'atelier*, Paris, [s. éd.], 1867; Thomas Couture, *Paysage : entretiens d'atelier*, Paris, [s. éd.], 1869.

moderne –, mais aussi, sans doute, pour des raisons politiques : la notion de décadence, chère aux Romantiques, semble annoncer de façon ponctuelle la chute d'une Monarchie de Juillet corrompue et impliquer l'avènement d'une révolution idéaliste, celle de février 1848. Cela n'a pas empêché l'État français d'acheter la toile en 1847 pour l'installer au Musée du Luxembourg, ce qui témoigne d'une réception enthousiaste de la part du régime de Louis-Philippe.

Né en décembre 1815, et donc âgé de 31 ans au moment du Salon de 1847, Couture était en effet considéré comme un grand espoir pour l'avenir de l'art français[6]. La suite de sa carrière a pourtant pris un tournant à première vue décevant. Ses rapports avec le Second Empire et avec la famille impériale ont été difficiles, comme l'a montré magistralement Pierre Vaisse dans des études sur Couture. Le conflit entre son désir personnel d'indépendance et les conditions hiérarchiques et autoritaires de la vie de l'artiste dans les années 1850 a fait de lui, pour emprunter un jugement et une expression de Vaisse, « un bourgeois malgré lui »[7]. Il n'a pas réussi à donner à sa carrière une suite digne des *Romains de la décadence*. Couture a tout de même connu un succès relatif dans l'enseignement de l'art grâce à son atelier indépendant des institutions officielles, attirant de nombreux élèves, souvent marginaux, y compris de nombreux étrangers. Parmi ses élèves les plus importants aux yeux de la postérité : Pierre Puvis de Chavannes et Édouard Manet.

En 1867, vingt ans après *Les Romains de la décadence*, la carrière artistique de Couture a connu un autre tournant important : il est devenu peintre-écrivain en publiant *Méthode et entretiens d'atelier*, qui a connu un succès immédiat, puis une reconnaissance plus grande vers la fin du siècle. Deux ans plus tard, en 1869, il publie *Paysage : entretiens d'atelier*, moins connu à l'époque et depuis lors[8]. Il projetait par la suite un troisième livre, inachevé à sa mort en 1879, et dont des extraits ont été publiés beaucoup plus tard, en 1932, par sa famille[9]. Le sous-titre de Couture – *entretiens d'atelier* – relie directement ces textes aux œuvres de Rodin et de Mondrian que nous venons d'évoquer et annonce une tentative de créer un nouveau type d'écriture.

Mais à lire les livres de Couture, on y découvre rapidement une forme littéraire qui résiste à une classification simple. Le titre double de *Méthode et entretiens d'atelier* correspond à un contenu hybride. En premier lieu, on se rend compte qu'il s'agit bel et bien d'une « Méthode » au sens pédagogique du terme. Le livre commence par des remarques sur la valeur du dessin comme base de l'enseignement de l'art et de la peinture, et par des recommandations sur les techniques de la pratique du dessin. Cependant, cet aspect cède bientôt la place à une autre mode d'écriture : des souvenirs personnels et des anecdotes autobiographiques. On peut donc noter la coexistence de deux genres de

6. Albert Boime, *Thomas Couture and the Eclectic Vision*, New Haven, Yale University Press, 1980 ; Richard Hobbs, « Thomas Couture : The Problematics of Identity », dans David Baguely (dir.), *Art and Literature of the Second Empire*, Durham, University of Durham, 2003, p. 39-53.

7. Pierre Vaisse, « Thomas Couture ou le bourgeois malgré lui », *Romantisme*, n° 17-18, 1977, p. 103-22.

8. Les deux livres de Couture sont publiés à Paris, 22 rue de Vintimille, sans nom d'éditeur explicite.

9. Thomas Couture [et Georges Bertrauts-Couture], *Thomas Couture (1815-1879) : sa vie, son œuvre, son caractère, ses idées, sa méthode, par lui-même et par son petit-fils*, préface de Camille Mauclair, Paris, Le Garrec, 1932.

discours : l'enseignement pratique du métier d'artiste et l'autobiographie subjective. Au milieu de l'ouvrage, un troisième genre de discours fait son apparition, quand Couture interrompt l'alternance entre la méthode objective et ses réflexions personnelles pour y insérer un intermède, un chapitre qui invite à réfléchir sur l'hybridité du texte : « *Aurea mediocratis* »[10]. Il s'agit d'un dialogue imaginaire et comique entre l'auteur et l'éditeur du livre, au cours duquel les deux hommes se disputent à propos de sa qualité et de ses ambitions.

Le dialogue commence ainsi :

> — .... 137, 138, 139. Vos pages sont grandes, l'écriture en est serrée, mais cependant nous aurons beaucoup de peine à atteindre avec cela 300 pages d'impression, il faudrait ajouter une cinquantaine de feuilles, pour donner au volume un aspect respectable.
> Voilà ce que me dit mon éditeur.
> — Mais, mon cher monsieur, vous me supposez des facultés que je n'ai pas, vous me croyez homme de lettres et capable d'écrire à tant la ligne ; je vous assure qu'il n'en est rien et qu'en dehors de ce que je connais, je ne puis rien dire[11].

Ce dialogue fait exception dans un livre qui relève plutôt d'un monologue, c'est-à-dire des causeries que des auditeurs – non spécifiés, probablement soit des élèves de Couture, soit un public intéressé – sont supposés écouter. Dans cet intermède, nous participons à une interrogation sur la forme même du livre, et donc à une réflexivité. Couture attire notre attention sur ses tentatives d'innovation dans le domaine de l'écriture. Et il défend cette écriture d'artiste contre les préjugés de l'éditeur qui vient du domaine hostile du littéraire. Quand Couture, artiste visuel, prend la parole dans cet ouvrage, ce n'est pas pour imiter la parole du littéraire ; au contraire, c'est pour créer un discours verbal qui serait celui du peintre :

> Et puis, ce que j'écris, ce n'est pas de la littérature, c'est une simple causerie ; je retrace mes pensées pour ceux qui m'ont connu et qui retrouveront dans ce singulier livre nos entretiens d'atelier[12].

Au début du second livre de Couture, *Paysage : entretiens d'atelier*, nous trouvons un développement étonnamment sérieux et ambitieux de ces réflexions sur la prise de la parole par l'artiste, un véritable manifeste du peintre-écrivain : « LE PEINTRE PEUT ET DOIT ÉCRIRE »[13]. La peinture constitue un langage universel, tandis que le langage verbal est plus restreint :

> L'homme s'instruit par les livres, par les inscriptions, par les signes, qui expriment des pensées ou des faits. Si le savant n'a pas la clef de certains caractères, ils restent inexpliqués par lui ; il n'en sera pas de même pour le peintre qui, familier avec un langage plus universel, ne sera jamais arrêté, il lui suffira de voir un fragment de sculpture ou les dessins d'une lettre pour rétablir les mœurs et les usages d'un peuple, et là où le signe est ténébreux pour le savant, l'artiste, lui, nage dans des flots de lumière[14].

10. Couture, *Méthode et entretiens d'atelier*, p. 159-171.
11. *Ibid.*, p. 159-160.
12. *Ibid.*, p. 79.
13. Couture, *Paysage : entretiens d'atelier*, p. 3-15.
14. *Ibid.*, p. 3.

Les meilleurs écrivains sont ceux qui se tournent vers la description visuelle :

> Les plus grands écrivains sont ceux qui décrivent ou peignent le mieux, et peut-être ne sont-ils que des peintres déclassés qui, avec un degré de plus dans l'intelligence humaine auraient pris le divin langage de peindre pour exprimer leurs pensées [15].

Le peintre-écrivain possède à sa manière une maîtrise de l'expression verbale :

> Quant à la mesure, l'euphonie, le geste si important chez l'orateur, et cette musique de la parole qui donne tant de charme à la pensée ; soyez certain que le véritable artiste sera toujours maître dans ces dernières qualités [16].

Le peintre serait donc mieux équipé que l'homme de lettres dans le domaine de la pensée et de la philosophie :

> Nous pouvons donc conclure que le véritable artiste est plus universellement instruit que le lettré universitaire, et que, par cette raison ce n'est pas chez lui une audace d'écrire, mais bien un devoir qui le met à son véritable rang [17].

À travers les différentes parties de ce second livre de Couture, nous trouvons, effectivement, une évolution frappante dans son expression écrite par rapport à *Méthode et entretiens d'atelier*, qui correspond à trois tendances génériques. En premier lieu, il y a ce ton de manifeste passionné qui caractérise la préface sur le devoir d'écrire. Plus proches de *Méthode et entretiens d'atelier* sont, ensuite, les courts chapitres de critique artistique, dans lesquels il défend les artistes du passé et du présent qu'il admire et condamne ceux qu'il déteste. On y trouve un mélange d'analyse objective et d'opinions ouvertement subjectives et émotives. En troisième lieu, il s'éloigne de *Méthode et entretiens d'atelier* en adoptant un ton d'un lyrisme presque littéraire. Il évoque des paysages dans lesquels il pratique la description dans un style qui est proche de celui de George Sand, pour qui il avait déjà signalé son admiration dans *Méthode* [18] :

> J'ai choisi ma retraite sur le haut d'une colline de laquelle je découvre une grande étendue ; mes années, comme ma montagne, me servent pour mieux voir, et je puis dire, que du point de vue où je suis, mon esprit, comme ma vue, perçoivent ce que j'ai traversé.
> Là-bas, à l'horizon, la grande cité se déroule dans toute son étendue, ses dômes dorés font jaillir des étincelles, les bruits de ses bouches d'airain viennent jusqu'à moi, ses joies, ses fanfares expirent à mes pieds, et les feux de ses fêtes publiques éclairent mon hermitage [19].

L'hybridité générique des entretiens d'atelier de Couture s'est donc renforcée.

Plus on dévoile cette hybridité dans la forme de *Méthode* et de *Paysage*, plus la tâche de définir le genre d'écrit employé par Couture se complique. On pourrait maintenir qu'il n'est pas question d'entretiens au sens propre du mot, puisque la voix narrative est le plus souvent limitée à celle de l'auteur. La variété de tons rencontrés implique peut-être une pluralité de discours plutôt que l'exploration d'un genre spécifique. Quelle

15. *Ibid.*, p. 5.
16. *Ibid.*, p. 10-11.
17. *Ibid.*, p. 11.
18. À la fin de son « Introduction au livre », datée du 15 novembre 1866 (Couture, *Méthode et entretiens d'atelier*, p. 3-18, ici p. 17).
19. Couture, *Paysage : entretiens d'atelier*, p. 17.

est donc la signification de ce sous-titre : *entretiens d'atelier* ? Jusqu'à maintenant, nous avons abordé la définition des entretiens d'atelier surtout à travers les formes variées de langage employées. Couture offre tout de même une définition de ces entretiens en les qualifiant « d'atelier », bien qu'on n'y trouve aucune description d'un atelier particulier : son absence comme lieu physique peut paraître paradoxale. Ce paradoxe rend encore plus complexe l'identité générique des écrits de Couture. Afin d'aboutir à une meilleure compréhension de leur unicité profonde, il nous faudra élargir le contexte des entretiens d'atelier du peintre en évoquant certaines tendances de l'époque dans les fonctions de l'atelier et de sa représentation plastique ou littéraire.

En 2006, Frédéric Gaussen a publié *Le peintre et son atelier : les refuges de la création, Paris, XVIIe-XXe siècles*, abondamment illustré et dans lequel il offrait un recueil de représentations de l'atelier parisien et une analyse de ses fonctions au fil du temps[20]. Gaussen décrit l'aspect matériel des ateliers en fonction de l'évolution des activités et du métier de l'artiste, ainsi que la manière dont leur représentation se prête à des significations non seulement documentaires, mais également symboliques et emblématiques, des métaphores de la condition de l'artiste et de sa créativité. C'est dans cette perspective qu'on peut, par exemple, interpréter les ateliers de Henri Fantin-Latour, contemporains des entretiens d'artiste de Couture. Son *Atelier des Batignolles*[21], achevé au début de 1870, mais entamé en 1868 et dont la conception remonte à 1865, ne semble avoir aucune similitude évidente avec l'œuvre de Couture. Le tableau de Fantin-Latour a des liens directs avec la peinture hollandaise du XVIIe siècle, très éloignée de l'univers de Couture, et il tend vers un certain réalisme alors que Couture reste fidèle à l'idéalisme. Un point commun unit cependant les deux artistes : l'idée d'un atelier comme lieu de travail, de créativité et de réflexions générales sur l'art. Le tableau de Fantin-Latour plaide en effet en faveur du réalisme de la fin du Second Empire en réunissant un groupe de peintres (y compris Claude Monet, Auguste Renoir et Frédéric Bazille) et Émile Zola autour de Édouard Manet, assis devant son chevalet. Cet atelier est à la fois celui de Manet et un espace symbolique et emblématique : le lieu où la créativité du peintre et l'esthétique du réalisme coexistent, se prêtant réciproquement une authenticité, une présence et une certaine autorité.

Une analyse plus détaillée des représentations de l'atelier à l'époque de Couture (mais où ce dernier ne figure pas) est fournie par Philippe Hamon dans « La fabrique de l'image : ateliers », essai repris dans *Imageries, littérature et image au XIXe siècle*[22]. Hamon y évoque certains aspects généraux, proches de la pratique de Couture. En premier lieu, il insiste sur la transition, à partir de l'époque du Romantisme, de l'atelier collectif vers l'atelier privé qui peut s'apparenter à la mansarde bohémienne. Or, Couture nous offre un exemple révélateur de cette transition. Comme nous l'avons vu, il a créé un atelier collectif où il avait comme élèves de nombreux jeunes artistes, comme Manet. Dans ses écrits, les parties où il est question de méthode et d'enseignement de

20. Frédéric Gaussen, *Le peintre et son atelier : les refuges de la création, Paris, XVIIe-XXe siècles*, Paris, Parigramme / Compagnie parisienne du livre, 2006.

21. Au Musée d'Orsay.

22. Philippe Hamon, « La fabrique de l'image : ateliers », *Imageries, littérature et image au XIXe siècle*, Paris, José Corti, 2001, p. 117-145.

l'art décrivent l'atelier comme espace collectif, mais dans les chapitres où il raconte son passé et ses pensées intimes, l'atelier collectif se transforme en espace privé, subjectif et même confessionnel. Hamon insiste aussi sur le fait que cet atelier personnel peut être perçu comme un lieu magique, puisqu'il trouve son énergie dans un désordre riche qui est celui de la créativité, et donc de l'imaginaire. L'esprit créateur et l'espace créatif de l'individu ne font qu'un. Cette dimension est souvent présente dans les romans des frères Goncourt [23], entre autres, mais c'est peut-être dans des textes mineurs qu'on en trouve les exemples les plus évidents. Un certain Jules Deschamps (1845-1888) publia en 1879 son seul livre, *Voyage à travers mon atelier*, hommage en quelque sorte au *Voyage autour de ma chambre* de Xavier de Maistre, où il fait l'éloge de l'atelier dans les termes suivants :

> L'atelier est à la fois salon, boudoir, cabinet de travail, tout ce qu'il vous plaira ; il remplace à lui seul les différents appartements d'une maison, et chaque personne qui y entre s'y trouve à l'aise. Vous pouvez y mettre n'importe quels objets, meubles, bahuts, dessins, livres, tableaux, statues, armures, faïences, tapisseries, etc., et c'est là précisément où se trouve un certain piquant, si la fantaisie vous fait entreprendre une excursion à travers ce dédale, mille fois plus compliqué qu'un vieux meuble Henri II à tiroirs secrets [24].

La métaphore finale de Deschamps nous éloigne, évidemment, de toute notion de l'atelier physique.

Un troisième aspect évoqué par Hamon peut nous aider à comprendre le contexte des entretiens d'atelier de Couture : celui du langage de l'atelier. L'expression verbale dans un atelier est surtout orale, usant même d'un argot particulier et souvent fragmentaire. Dans le domaine des écrits de peintres, l'exemple le plus extrême de cette tendance est sans doute fourni par les *Racontars de rapin* de Paul Gauguin, écrit en 1902. Les réflexions de Gauguin sur l'art et la culture y sont sérieuses, mais le langage qu'il emploie correspond parfaitement au titre de son livre : une expression orale, désordonnée et sans ambition littéraire, une écriture d'artiste sauvage, des causeries. Or, Couture, dans sa préface de novembre 1866 à *Méthode et entretiens d'atelier*, déclare également une hostilité envers le langage dit correct, méprisant même l'orthographie orthodoxe :

> Moi, naïvement, je mettais des virgules lorsque je voulais un temps d'arrêt de peu de durée, un point et une virgule lorsque la phrase devait trouver son complément dans la phrase suivante, et un point lorsque la phrase paraissait terminée. Enfin ; j'avais cru mes points et mes virgules convenablement placés, mais je vis à l'aspect de mes pages mouchetées par la science que je n'y connaissais rien [25].

Ces « pages mouchetées par la science » font allusion à ses manuscrits corrigés par un lecteur érudit, sans doute un éditeur, dont il cite les objections :

> Votre livre est incorrect et demande à être travaillé, vous vous servez d'expressions que l'on ne peut employer que dans la conversation, mais qui ne sont pas acceptables dans le style écrit. Vos qualifications sont souvent répétées et presque toujours les mêmes. Enfin, nous devons vous dire en toute sincérité, que ce que nous voyons dans ce manuscrit, nous

23. Surtout dans *Manette Salomon* (1867).
24. Jules Deschamps, *Voyage à travers mon atelier*, Paris, Librairie des Bibliophiles, 1879, p. 2.
25. Couture, *Méthode et entretiens d'atelier*, p. 10-11.

> représente des notes et non un livre, il faudrait du temps et une science que vous n'avez pas : gardez ceci en portefeuille; il vaut mieux se taire que de devenir sans raison un objet de risée[26].

Couture insiste, pour sa part, sur les différences de métier entre les différents pratiquants de la parole :

> Si vous êtes fermier, parlez des produits de la terre; si vous êtes industriel, parlez de l'état que vous connaissez; si vous êtes artiste, parlez de votre art. Ne craignez pas l'incorrection de votre langage il sera toujours excellent, et, quoi que vous disiez, vous qui connaissez la chose dont vous parlez, vous ne pourrez jamais vous exprimer plus niaisement que ceux qui font métier de parole[27].

Couture n'est ni un Bohémien comme Henri Murger, ni un révolté comme Gauguin, mais surtout un peintre qui revendique le droit de l'artiste à inventer un discours qui lui est propre et ne dépend pas de règles extérieures au métier de l'art.

L'atelier recouvre donc une dimension à la fois symbolique et métaphorique pour Couture, ce qui explique en quelque sorte l'absence de description physique de l'atelier dans ses livres. Mais, pour revenir au premier élément de la formule « entretiens d'atelier », est-ce qu'il en va de même pour la notion d'entretien ? Après tout, le dialogue humoristique entre l'auteur et son éditeur dans *Méthode* mis à part, les livres de Couture sont des monologues, au sens où l'auteur s'exprime devant des auditeurs silencieux et anonymes. Jusqu'à un certain point, il est permis de supposer qu'il s'agit de jeunes artistes désireux d'apprendre la pratique de l'art grâce à la pédagogie de Couture en suivant sa « méthode ». Mais le « vous » qui émaille les textes de Couture, signalant des lecteurs implicites, semble bien plus général qu'un lectorat spécifique, une ouverture vers un public intime mais illimité. Afin de mieux comprendre l'identité générique de ces entretiens, nous pouvons nous tourner à nouveau vers le contexte, celui des années 1860, en nous référant plus particulièrement aux *Entretiens sur l'architecture* d'Eugène Viollet-le-Duc.

En 1863, Viollet-le-Duc publia un livre de dix entretiens sur l'architecture suivi d'un second volume, également de dix entretiens, en 1872[28]. En 1863, il avait été nommé professeur d'histoire de l'art et d'esthétique à l'École des Beaux-Arts à Paris, poste dont il démissionna rapidement, ne pouvant concilier l'élitisme étatique d'une telle institution avec ses convictions foncièrement démocratiques au sujet de l'architecture. Il ajouta au premier tome des *Entretiens sur l'architecture* une préface sous forme de « Simples aveux aux lecteurs » dans laquelle il explique son échec à l'École des Beaux-Arts par son attachement aux principes de l'architecture et son intégrité en tant qu'artiste. Ceci donne le ton aux vingt entretiens dans lesquels Viollet-le-Duc développe ses idées sur les formes de l'architecture comme création et sur son importance comme activité sociale. Il évite de s'imposer de façon hiérarchique comme figure d'autorité, s'engageant avec son public dans un esprit d'égalité sociale et morale. Les vingt textes, qui auraient pu

26. *Ibid.*, p. 9-10.

27. *Ibid.*, p. 8.

28. Eugène Viollet-le-Duc, *Entretiens sur l'architecture* [1863-1872], nouvelle édition introduite par Geert Bekaert, Bruxelles, Mardaga, 1977; Liège, Mardaga, 1986.

être les chapitres d'un livre ou une suite de conférences, sont un lieu de rencontre libre avec un public, un lieu de dialogue potentiel, des entretiens.

Chez Couture, nous trouvons une aliénation semblable vis-à-vis du Second Empire. On l'a baptisé « artiste du juste milieu », produisant un art de compromis politique et esthétique, non sans raison d'ailleurs vu son rapport à la Monarchie de Juillet et ses *Romains de la Décadence*. Mais au cours du Second Empire, Couture s'éloigne progressivement des institutions de l'État, mais aussi de Paris. L'une des différences principales entre les deux ouvrages de Couture concerne la présence de Paris dans *Méthode* et son absence presque totale dans *Paysage*. *Paysage* finit par une espèce de louange à la liberté, tellement rare à Paris et tant désirée. Couture, comme Viollet-le-Duc, fait preuve de principes démocratiques et engage ses lecteurs à partager ses convictions. La forme des entretiens convient à ce genre de discours et affirme sa valeur. On peut bien sûr considérer que les parties pédagogiques des livres de Couture sont adressées à de jeunes artistes apprentis, mais il faut rester attentif aux significations multiples du terme « entretiens » sous la plume du peintre. Les *Entretiens d'atelier* de Couture, à les lire de près, trahissent une polysémie ancrée dans les conditions propres au Second Empire.

Revenons, pour terminer, à notre point de départ : *Réalité naturelle et réalité abstraite* de Mondrian et *L'Art* de Rodin. Quand on lit *L'Art*, après une analyse des livres de Couture, l'évocation des ateliers de Rodin et la présentation même des entretiens perdent de leur naturel : en effet, l'authenticité du livre et de la voix de l'artiste dépend d'un genre de récit développé bien avant, plutôt que d'un schéma simplement documentaire. Chez Mondrian, nous trouvons des éléments semblables, notamment l'importance primordiale de l'atelier de Z, mais dans un récit qui n'a aucune prétention documentaire et nous offre une forme presque parodique des entretiens d'atelier. En utilisant la forme des entretiens de cette façon ouvertement artificielle, Mondrian souligne les stratagèmes narratifs et les points de repère culturels qui caractérisent ce genre.

En abordant d'autres entretiens d'artistes plus récents, nous sommes d'autant plus conscients de la tradition dont ils font partie. La continuation de cette tradition d'entretiens d'atelier au XXe siècle et de nos jours est trop vaste pour être analysée ici dans le détail. Contentons-nous de citer quelques exemples parmi d'autres. Afin de signaler les dimensions internationales du phénomène, commençons par deux livres britanniques. En 1901, dix ans avant *L'Art* de Rodin, *Conversations of James Northcote R. A. with James Ward on Art and Artists*[29] a vu le jour, un volume qui a en fait trois auteurs dont le principal n'est ni James Northcote ni James Ward, mais un certain Ernest Fletcher qui a contrôlé le manuscrit à la manière de Gsell. Vingt plus tard, la voix d'un sculpteur s'est fait entendre dans *The Sculptor Speaks : Jacob Epstein to Arnold L. Haskell, a Series of Conversations on Art*, entretiens intimes dans lesquels la voix de Jacob Epstein nous parvient par l'intermédiaire d'Arnold Haskell[30]. Mais c'est là où l'intermédiaire perd son pouvoir que Couture nous vient surtout à l'esprit. En 2009, Hans Ulrich Obrist

29. James Northcote, *Conversations of James Northcote R. A. with James Ward on Art and Artists*, éditées et arrangées à partir des manuscrits et des cahiers de notes de James Ward par Ernest Fletcher, London, Methuen, 1901.

30. Jacob Epstein, *The Sculptor Speaks : Jacob Epstein to Arnold L. Haskell, a Series of Conversations on Art*, London, William Heinemann, 1931.

publia ses entretiens avec Christian Boltanski dans *Conversation Series*[31]. Le livre s'ouvre sur une déclaration concernant l'« *artistic intervention* » (« intervention artistique ») : « Il y a des éléments d'intervention artistique libre dans ce volume, là où Christian Boltanski raye à la main certains passages dans les réponses qu'il avait données aux questions posées par Hans Ulrich Obrist »[32].

Certains passages sont effectivement lisibles, mais rayés par l'intervention de Boltanski. La dénomination la plus adéquate des livres de Couture pourrait être « *free artistic intervention* » (« intervention artistique libre »). Dans *Méthode et entretiens d'atelier* et dans *Paysage : entretiens d'atelier*, Couture affirme non seulement le droit de l'artiste à la parole, mais aussi le pouvoir que cette parole peut avoir. Et pour ce faire, il exclut tout intermédiaire pour nous introduire dans l'espace symbolique de son atelier.

31. Hans Ulrich Obrist, *Christian Boltanski*, Köln, Walter König, 2009.

32. « *There are elements of free artistic intervention in this volume, with Christian Boltanski crossing out by hand passages of the replies he gave to Hans Ulrich Obrist's questions* ». *Ibid.*, p. 7. Notre traduction.

RELIRE L'ENTRETIEN « QUESTIONS TO STELLA AND JUDD » DE BRUCE GLASER (1964)

ANAËL LEJEUNE

À travers une étude de cas, nous nous proposons de revenir sur un moment majeur de l'histoire de l'art de la seconde moitié du XXe siècle, à savoir : l'un des plus anciens témoignages dont nous disposons concernant l'émergence de l'art minimal américain au milieu des années 1960. Il s'agit de l'entretien du peintre Frank Stella et du sculpteur Donald Judd par le critique Bruce Glaser, intitulé « Questions to Stella and Judd ». Celui-ci fut mené le 15 février 1964 et radiodiffusé le 24 mars suivant sur la radio new-yorkaise WBAI FM. Mais cet entretien tire surtout sa fortune critique de sa version papier, éditée par la critique d'art Lucy Lippard, qui parut pour la première fois dans la livraison de septembre 1966 du magazine *Art News*, pour être reprise ensuite dans la célèbre anthologie *Minimal Art : A Critical Anthology* éditée par Gregory Battcock en 1968, anthologie qui devait venir entériner définitivement la reconnaissance du minimalisme tant d'un point de vue artistique que théorique[1]. Or, comme l'ont déjà signalé les historiens de l'art américains Caroline Jones, puis James Meyer à sa suite, il s'avère qu'entre sa radiodiffusion et sa publication sous la forme qu'on lui connaît habituellement, cet entretien a subi de nombreuses et conséquentes modifications qui interdisent que l'on considère l'article « Questions to Stella and Judd » comme une simple retranscription littérale et neutre. Aussi souhaiterions-nous revenir sur le travail d'édition de cette interview qui a présidé à sa publication en la comparant avec la retranscription de la discussion d'origine modérée par Glaser – document intitulé *New Nihilism or New Art ?*, conservé aux Archives of American Art du Smithsonian Institution à Washington[2]. Nous souhaiterions en effet montrer comment le travail d'édition, à travers ses opérations de déplacement, de regroupement et de restructuration des propos

1. Lucy Lippard (éd.), « Questions to Stella and Judd », dans *Art News*, vol. 65, n° 5, September 1966, p. 55-61; repris dans Gregory Battcock (dir.), *Minimal Art : A Critical Anthology*, Berkeley, University of California Press, 1968, p. 148-164.

2. Dan Flavin, Donald Judd, and Frank Stella, *New Nihilism or New Art ?*, discussion modérée par Bruce Glaser, enregistrée le 15 février 1964 et diffusée le 24 mars 1964 sur WBAI, Los Angeles, Pacifica Radio Archive, BB3394. Le manuscrit de la retranscription de cette interview, réalisée et éditée par Lucy Lippard, est conservé dans les Lucy R. Lippard papers, 1940s-2006, bulk 1968-1990, Archives of American Art Smithsonian Institution, Washington DC.

tenus à l'origine, a induit une forme de cohérence dont cet entretien était relativement dépourvu à l'origine, laquelle cohérence – en raison de l'importance majeure de ce témoignage pour la compréhension historique du courant minimaliste – a pu modifier et orienter la réception du courant lui-même. En effet, en atténuant, en désamorçant, voire même en évacuant certaines divergences d'appréciation ou dissensions, l'édition de cet échange entre certains de ses principaux animateurs a notamment conféré à ce courant un caractère concerté et prémédité qu'il semble n'avoir jamais possédé, et en outre, contribué à l'assimilation du peintre Stella au courant minimaliste, assimilation hautement problématique en réalité. Pour ce faire, nous nous pencherons dans un premier temps sur les différences formelles majeures existant entre ces deux versions de l'interview. Ensuite, dans un deuxième temps, et après un bref rappel des circonstances ayant présidé à l'émergence de l'art minimal, nous retiendrons aux fins d'analyse deux points parmi ceux soulevés lors de la discussion, et qui nous apparaissent particulièrement révélateurs de l'opération d'oblitération de la réalité historique engagée par le travail d'édition. Ces deux enjeux concernent, d'une part, le positionnement respectif des trois artistes par rapport à la tradition artistique européenne et surtout la version de son histoire que narre la théorie moderniste, et, d'autre part, l'interprétation des « peintures à bandes » de Stella comme objets plutôt que comme peintures.

Avant d'en venir au développement proprement dit, notons enfin que depuis une dizaine d'années, l'art américain des années 1960 a fait l'objet de nombreux travaux cherchant à réévaluer la portée des événements qui émaillèrent son histoire. S'agissant du minimalisme, on peut notamment citer ceux de Meyer qui ont abondamment contribué à révéler toute la complexité, voire les contradictions qui ont traversé ce mouvement. L'étude du cas que nous allons aborder permet d'en prendre la mesure.

Comparaison

La première divergence entre les deux versions, pour le moins notoire, est que cet entretien comptait à l'origine une troisième voix en la personne de Dan Flavin, autre acteur majeur du courant minimaliste. Rappelons brièvement ici que l'art minimal se caractérisait principalement par une tendance à un dépouillement extrême, les œuvres se présentant le plus souvent comme d'imposants volumes géométriques ou structures élémentaires faits de matériaux industriels comme le contreplaqué, l'acier ou le plexiglas. L'importance historique recouverte alors par cette tendance artistique repose largement sur le fait que loin d'appauvrir l'expérience esthétique, cette essentielle réduction formelle (réduction simpliste et outrageante aux yeux de beaucoup) permit au contraire, d'une part, de révéler toute la complexité phénoménologique de la réception de l'œuvre par le spectateur, complexité épaississant et densifiant le sens revêtu par celle-là pour celui-ci – on peut songer ainsi aux fluctuations et aux surprises visuelles occasionnées par les alignements de « boîtes » aux surfaces mi-réfléchissantes mi-transparentes de Judd –, et, d'autre part, de mettre en évidence l'influence inéluctable que les facteurs physiques et institutionnels de l'environnement des œuvres avaient sur leur appréhension, mettant de la sorte en crise la prétendue autonomie de l'œuvre d'art louée depuis le début du XXe siècle. On peut alors songer aux sculptures lumineuses de Flavin faites de néons dont les lueurs altèrent tout l'espace d'exposition, lequel est rendu littéralement constitutif des œuvres[3].

En dépit de l'importance de son œuvre au sein du courant minimaliste, Flavin n'intervint qu'à de rares exceptions au cours de l'entretien mené par Glaser et demanda que ses propos n'apparaissent pas dans la version publiée; raison pour laquelle le débat a paru sous le titre « Questions to Stella and Judd ». À la lecture de la retranscription de l'enregistrement du 15 février 1964, il apparaît que c'est Stella qui nourrit de sa volubilité le propos. Judd apparaît plus en retrait. Enfin, la figure de Flavin apparaît plus discrète encore.

La deuxième divergence majeure réside dans le fait que l'entretien se compose d'une seconde session d'enregistrement individuelle menée plusieurs mois plus tard dans l'atelier de Judd par les critiques Lippard et Glaser. À quatre reprises, à la suite d'une intervention de Judd faite au cours de la discussion radiophonique d'origine, ont été intégrés des extraits de cette seconde interview[4], extraits dans lesquels le sculpteur vient préciser ses positions en étayant ses propos de références aux mouvements de l'histoire de l'art du XXe siècle (comme le constructivisme, le néoplasticisme, le Bauhaus ou des mouvements plus récents), ainsi qu'à des courants de pensée philosophiques sur lesquels il s'appuyait ou par rapport auxquels il réagissait. Cette manipulation eut deux incidences. La première est la dissipation de la position relativement secondaire tenue à l'origine par Judd par rapport à Stella : sur les quinze pages de texte que compte « Questions to Stella and Judd » dans l'anthologie de Battcock, quatre pages proviennent de cette seconde interview. La deuxième conséquence est que cette seconde session d'enregistrement permit à Judd de déployer plus largement sa propre pensée et de faire

3. À ce sujet, on se reportera en priorité à Hal Foster, *Le retour du réel : situation actuelle de l'avant-garde* [1996], traduit de l'anglais par Yves Cantaigne, Frank Pierobon et Daniel Vander Gucht, Bruxelles, La Lettre volée, 2005, p. 63-97 (chapitre 2, « L'enjeu du minimalisme »).

4. Les trois passages issus de ce second entretien tenu dans l'atelier de Judd sont, se référant à la version dans Battcock (dir.), *Minimal Art : A Critical Anthology* (p. 160-161, p. 150-154 et p. 155-156) et à la traduction française qu'en a donnée Claude Gintz sous le titre « Questions à Stella et Judd », publiée dans Claude Gintz (éd.), *Regards sur l'art américain des années soixante*, Le Vésinet, Territoires, 1979, p. 53-63, (ici p. 54-55, p. 55-57 et p. 60) : « [GLASER. —] Lesquelles ? [...] [JUDD. —] J'y réfléchis, je change si je peux. Je veux simplement que l'œuvre existe comme un tout. Ce n'est pas particulièrement inhabituel. Depuis longtemps la peinture est allée dans cette direction. Beaucoup de gens, Oldenburg, par exemple, obtiennent cet effet de "tout" dans leur œuvre. » (« [GLASER. —] *What Qualities?* [...] [JUDD. —] *I do think about it, I'll change it if I can. I just want to exist as a whole thing. And that's not especially unusual. Painting's been going toward that for a long time. A lot of people, like Oldenburg for instance, have a "whole" effect to their work.* »); « [GLASER. —] Vous êtes évidemment au courant de l'œuvre des Constructivistes, comme Gabo et Pevsner. [...] Plus une chose comporte des parties, plus l'ordre acquiert de l'importance. À la fin, l'ordre devient plus important que tout le reste. » (« [GLASER. —] *You obviously have an awareness of Constructivist work, like Gabo and Pevsner* [...] *The more parts a thing has, the more important order becomes, and finally order becomes more important than anything else.* »); « [GLASER. —] Don, serait-il juste de dire que votre approche est nihiliste [...]. [JUDD. —] C'est une vieille casquette parce qu'il implique toutes ces croyances auxquelles vous ne pouvez plus adhérer aujourd'hui. Vous ne voulez plus travailler avec. Ce n'est pas que toutes ces œuvres soient devenues mauvaises en elles-mêmes. Si je tombe sur un Pierro della Francesca, c'est bien. » (« [GLASER. —] *Don, would it be fair to say that your approach is a nihilistic one* [...] [JUDD. —] *It's old hat because it involves all those beliefs you really can't accept in life. You don't want to work with it any more. It's not that any of that work has suddenly become mad in itself. If I get hold of a Piero della Francesca, that's fine.* »).

valoir diverses références historiques et philosophiques sur lesquelles cette dernière s'appuyait. Cette dimension plus théorique, absente du premier débat, contribua en partie à l'ériger en figure de théoricien du mouvement. À titre d'exemple, on peut citer ce passage :

> JUDD. — [...] La composition de Vasarely produit un effet d'ordre et des qualités propres à la peinture européenne traditionnelle que, pour ma part, je conteste sérieusement... Je ne conteste pas le fait qu'il se passe trop de choses chez Vasarely, mais leur multiplicité produit une certaine structure dont je n'aime pas les qualités[5].

Vient le passage ajouté :

> GLASER. — Lesquelles ?
> JUDD. — Celles de l'art européen jusqu'à présent. Elles sont nombreuses et complexes, mais essentiellement, on peut dire qu'elles sont reliées à une philosophie : le rationalisme, la philosophie rationaliste.
> GLASER. — Descartes ?
> JUDD. — Oui.
> GLASER. — Et vous voulez dire que votre œuvre est loin du rationalisme ?
> JUDD. — Oui. Tout cet art est basé sur des systèmes établis à l'avance, des systèmes *a priori* ; il exprime une certaine forme de pensée et de logique qui est aujourd'hui complètement discréditée comme instrument de découverte du monde[6].

Enfin, une troisième différence concerne la structure ou la succession des thèmes. Lippard a en effet modifié l'ordre de succession des sections d'interview, prenant soin d'éviter les répétitions ou le retour à des sujets déjà abordés et repris plus tard au cours de la conversation. Ainsi, comme l'a noté l'historienne d'art américaine Jones, la structure initiale A, B, C, D, E, F, G, H, I, J, K, L, M fut remplacée par la structure suivante : B, extrait de Judd, J, extrait de Judd, C, H, extrait de Judd, suite de H, M, D, extrait de Judd, E, G, F, K, L, suite de K, suite de L, I[7]. Ainsi, la dernière page de « Questions to Stella and Judd » dans l'anthologie de Battcock est le résultat d'un réaménagement complet de la succession d'affirmations et de réponses empruntées à quatre pages différentes de la retranscription originale[8]. Cet effacement des effets spontanés, voire hésitants, de

5. « [JUDD. —] *Vasarely's composition has the effect of order and quality that traditional European painting had, which I find pretty objectionable... The objection is not that Vasarely's busy, but that in his multiplicity there's a certain structure that has qualities I don't like* ». Lippard (éd.), « Questions to Stella and Judd », dans Battcock (dir.), *Minimal Art : A Critical Anthology*, p. 150. Version française : « Questions à Stella et Judd », dans Claude Gintz (éd.), *Regards sur l'art américain des années soixante*, p. 54.

6. « [GLASER. —] *What Qualities?* [JUDD. —] *The qualities of European art so far. They're innumerable and complex, but the main way of saying it is they're linked up with a philosophy – rationalism, rationalistic philosophy.* [GLASER. —] *Descartes?* [JUDD. —] *Yes.* [GLASER. —] *And you mean to say that your work is apart from rationalism?* [JUDD. —] *Yes. All that art is based on systems built beforehand,* a priori *systems; they express a certain type of thinking and logic that is pretty much discredited now as a way of finding out what the world's like* ». Lippard (éd.), « Questions to Stella and Judd », dans Battcock (dir.), *Minimal Art : A Critical Anthology*, p. 150-151. Version française : « Questions à Stella et Judd », dans Claude Gintz (éd.), *Regards sur l'art américain des années soixante*, p. 54.

7. Caroline A. Jones, *Machine in the Studio : Constructing the Postwar American Artist*, Chicago, University of Chicago Press, 1996, p. 415, n. 152.

8. Lippard (éd.), « Questions to Stella and Judd », dans Battcock (dir.), *Minimal Art : A Critical Anthology*, p. 163-164 ; *New Nihilism or New Art? Moderated by Bruce Glaser*, p. 19-23.

la parole vive confère à la discussion un caractère beaucoup plus structuré et articulé. Aussi, la principale constatation à laquelle mène l'écoute ou la lecture de la version originelle, est l'effritement de la cohérence que la publication de cette causerie sous la forme de « Questions to Stella and Judd » avait pu lui conférer. La dissémination de segments de l'interview de Judd avec Glaser, ainsi que l'éviction des interventions de Flavin qui, aussi rares aient-elles été, divergeaient sensiblement de celles des deux autres interlocuteurs, ont pu donner à l'ensemble un caractère monolithique et éventuellement prémédité qu'il n'a *de fait* jamais eu. Car ce témoignage originel permet au contraire de prendre la mesure de la complexité et des divergences qui en réalité ont présidé à l'émergence du minimalisme.

Le moment minimaliste

Afin de saisir à présent l'impact de la version éditée, peut-être est-il bon de revenir un peu plus précisément sur la compréhension traditionnelle que l'on a longtemps eue de ce phénomène artistique radical, compréhension que le document historique « Question to Stella and Judd », dans sa forme éditée, semble accréditer.

Rappelons ainsi que le minimalisme repose fondamentalement sur une critique de la théorie moderniste élaborée par le critique d'art Clement Greenberg, qui dominait la création artistique dans la première moitié des années 1960. Greenberg croyait déceler dans le cours de l'histoire de l'art moderne une aspiration, progressivement témoignée dans chaque médium particulier, à une indépendance absolue par rapport aux autres formes d'art. Le moteur de cette évolution était un mouvement dialectique au cours duquel chaque peintre, par exemple, aurait successivement critiqué, transgressé et dépassé les solutions offertes par les peintres précédents aux enjeux et problèmes soulevés par le médium pictural[9]. À la faveur de ce mouvement autocritique, les problématiques qui n'apparaissaient pas spécifiques à la peinture allaient être progressivement évacuées (comme, par exemple, l'évocation de la tridimensionnalité qui relève quant à elle du domaine de la sculpture). Au terme de cette évolution serait alors dévoilée la nature essentielle du médium, à savoir, s'agissant de la peinture, la planéité ; la tâche des peintres étant désormais selon le critique d'art de vouer leur pratique à l'affirmation de cette planéité et de sa délimitation[10]. Greenberg alla même jusqu'à suggérer dans une tirade restée célèbre qu'une toile vierge était tout à fait recevable en tant que peinture, sans pour autant constituer nécessairement une œuvre réussie[11]. Cependant, Greenberg

9. « L'art moderniste se développe à partir du passé sans interruption ni rupture, et quelle que puisse être sa conclusion, il ne cessera pas d'être intelligible en termes de continuité de l'art ». Clement Greenberg, « Modernist Painting [1961] », dans Gregory Battcock (dir.), *The New Art : A Critical Anthology*, New York, Dutton, 1966, p. 100-110, ici p. 109. Notre traduction. Pour un autre exemple de cette conception de la dynamique dialectique du modernisme et son pouvoir de « critique radicale » et permanente, voir entre autres Michael Fried, « Trois peintres américains [1965] », *Revue d'esthétique*, n° 1, 1976, p. 253-258.

10. Greenberg, « Modernist Painting », p. 100-110.

11. Clement Greenberg, « After Abstract Expressionism », *Art International*, vol. 6, n° 8, octobre 1962, p. 24-32. Version française : « Après l'expressionnisme abstrait », dans Claud Gintz (éd.), *Regards sur l'art américain des années soixante*, p. 10-20, ici p. 18.

nuançait cette position en apparence très doctrinale en affirmant que cette planéité ne pouvait être pleinement « absolue », mais qu'elle « *devait* » autoriser une « illusion optique » ou une « troisième dimension strictement picturale, strictement optique », pour reprendre ses propres termes[12]. Les artistes minimalistes comme Dan Flavin, Donald Judd ou Robert Morris, retenant de la théorie de Greenberg (plus complexe en réalité) sa dimension réductionniste, auraient alors compris cette nuance comme une contradiction, reprochant à Greenberg de soutenir simultanément, et donc paradoxalement, l'importance des caractères littéraux du support (le quadrangle plan), d'une part, et l'avènement d'un nouvel illusionnisme optique ou tridimensionnel, d'autre part. Croyant, à l'invitation de Greenberg lui-même, le modernisme arrivé à une sorte de conclusion ou de seuil irréductible aux allures de toile vierge, et se faisant d'une certaine manière plus orthodoxes que le critique d'art lui-même, les minimalistes, par la voix de Judd dans un premier temps[13], en auraient déduit qu'il n'était plus possible désormais de traiter et d'explorer artistiquement les questions d'espace et des matériaux en peinture, mais bien uniquement dans le domaine de la troisième dimension. Cette nécessité, la série des *Black Paintings* de Stella la leur aurait confirmée. En effet, le principe de ces toiles reposait sur la couverture de toute leur surface par des bandes concentriques systématiquement appliquées en écho à la forme des bords de la toile, soulignant ainsi avec ostentation les caractéristiques physiques du support et sa nature d'objet. Ce qui valut au peintre de se retrouver aussitôt associé, à l'époque, au minimalisme.

Impact sur la réception du minimalisme

Or, l'enregistrement de la conversation entre Flavin, Judd et Stella semble devoir inquiéter à plusieurs égards la belle cohérence de cette narration. Nous en relèverons ici deux aspects parmi les différentes thématiques abordées à la faveur de cette discussion (l'expression de la sensibilité subjective de l'artiste, la problématique de la taxinomie

---

12. « La planéité vers laquelle la peinture moderniste s'oriente ne saurait être une planéité absolue [*utter flatness*]. La prise de conscience accrue du plan pictural ne peut plus autoriser l'illusion sculpturale, le trompe l'œil, mais elle peut et doit encore autoriser l'illusion optique. La première marque apposée sur la surface détruit sa planéité virtuelle, et les configurations d'un Mondrian suggèrent encore une sorte d'illusion quant à une sorte de troisième dimension. Ce n'est que maintenant qu'existe *une troisième dimension strictement picturale, strictement optique* ». Greenberg, « Modernist Painting », p. 107. Notre traduction. Nous soulignons.

13. Ainsi Judd écrit-il dans « Specific Objects » : « Les trois dimensions sont l'espace réel. Cela élimine le problème de l'illusionnisme et de l'espace littéral, l'espace dans les marques et les couleurs (et autour d'elles), ce qui est une élimination de l'un des vestiges les plus frappants et les plus contestables de l'art européen. Les nombreuses limitations de la peinture n'existent plus. [...] à l'évidence, tout objet en trois dimensions peut prendre n'importe quelle forme, régulière ou irrégulière, et peut avoir toutes sortes de relations avec le mur, le sol, le plafond, la pièce, les pièces ou l'extérieur ou n'en avoir pas. N'importe quel matériau peut être utilisé, tel quel ou peint ». Donald Judd, « Specific Objects », *Arts Yearbook*, vol. 8, 1965, p. 74-82. Version française : « Specific Objetcs », dans Dominique Bozo et Margit Rowell, (dir.), *Qu'est-ce que la sculpture moderne ?*, catalogue d'exposition (Paris, Centre Georges Pompidou, Musée national d'art moderne, 3 juillet au 13 octobre 1986), Paris, Éditions du Centre Pompidou, 1986, p. 384-390, ici p. 389. Sur cet épisode, voir Thierry de Duve, « Le monochrome et la toile vierge [1986] » ; repris dans *Résonances du Readymade : Duchamp entre avant-garde et tradition*, Nîmes, Jacqueline Chambon, 1989, p. 193-292.

des artistes et de leurs tendances, de l'austérité voire de l'éventuelle pauvreté de l'art minimal par rapport à l'art du passé, etc.).

Un premier aspect concerne le positionnement respectif de ces artistes par rapport à la tradition artistique européenne, abordée à partir de la problématique de la composition en peinture; positionnement qui constitua un point de divergences prononcées entre eux.

Les griefs formulés par Stella à l'encontre de la « tradition picturale européenne » – expression désignant grossièrement, compte tenu de la méconnaissance évidente de Stella et Judd de l'art du XXe siècle, la période de l'art moderne antérieure à la Seconde Guerre mondiale à laquelle s'oppose, depuis l'après-guerre, l'école américaine[14] –, visent ce que l'Américain nomme la « peinture relationnelle ». C'est-à-dire une peinture qui repose sur le principe d'équilibre progressif des parties par adjonction d'éléments plastiques[15]. À ce mode de composition de la surface picturale, Stella oppose un recours à la symétrie par répétition d'un identique motif sur toute la toile. Un principe de symétrie que Stella s'autorise à penser comme étant « non-relationnel », dans la mesure où il ne constitue pas une recherche d'équilibre symétrique comme une fin en soi mais apparaît comme la conséquence *a posteriori* et somme toute subsidiaire d'un processus additionnel couvrant tout le support[16]. Judd s'accorda lui aussi à affirmer que la symétrie constituait « la façon la plus évidente » de se « débarrasser de tout effet de composition »[17].

S'il ne convient pas pour notre propos de revenir en détail sur les termes et les origines de ce problème de composition que les deux artistes perçoivent comme un écueil de la « tradition picturale européenne », il est cependant intéressant d'interpréter les positions respectives que Judd et Stella adoptèrent vis-à-vis de cette dernière, dans la mesure où transparaissent des attitudes divergentes quant à l'histoire de l'art du XXe siècle et son héritage. Car, ce qui se joue dans ces divergences est la place que l'un et l'autre choisissent d'occuper par rapport à la théorie formaliste moderniste autour de

14. Voir à ce propos Serge Guilbaut, *Comment New York vola l'idée d'art moderne : expressionnisme abstrait, liberté et guerre froide* [1983], Nîmes, Jacqueline Chambon, 1988.

15. *New Nihilism or New Art? Moderated by Bruce Glaser*, p. 4-5.

16. *Ibid.*, p. 5. Lors de la conférence donnée au Pratt Institute en janvier ou février 1960, le peintre souligna la nécessité de dépasser une peinture relationnelle : « Il y avait deux problèmes qui nécessitaient d'être traités. L'un était spatial et l'autre méthodologique. Dans le premier cas, j'avais à résoudre le problème de la peinture relationnelle [...] c'est-à-dire d'un équilibre entre les diverses parties les unes avec et contre les autres. La réponse évidente était la symétrie. Faire pareil sur toute la surface. La question demeurait cependant, comment faire cela en profondeur. Une image ou une configuration symétrique placée sur un fond ouvert n'échappe pas au problème de son équilibre dans l'espace illusionniste. La solution à laquelle je suis parvenu – il y en a probablement quelques autres, bien que la seule que je connaisse soit la densité de la couleur – expulse continûment l'espace illusionniste de la peinture en utilisant un motif régulièrement répété ». Stella poursuivit : « Le problème subsistant était alors de trouver une méthode d'application de la peinture qui suivait et complétait la solution du motif. Ce qui fut fait en ayant recours aux techniques et outils des peintres en bâtiment ». Texte de la conférence de Frank Stella au Pratt Institute, 1960, reproduit dans Brenda Richardson, *Frank Stella : The Black Paintings*, Baltimore, Baltimore Museum of Art, 1976, p. 78. Version française de ce passage dans Claude Gintz (éd.), *Regards sur l'art américain des années soixante*, p. 63, n. 3.

17. « [JUDD. —] [...] *I wanted to get rid of any compositional effect and the obvious way to do it is to be symmetrical* ». *New Nihilism or New Art? Moderated by Bruce Glaser*, p. 7. Notre traduction.

laquelle s'articulent et se pensent toutes les pratiques artistiques à cette époque, et dans laquelle Stella cherche à s'inscrire et croit même tenir une place légitime.

Ainsi, si Judd n'a de cesse de signifier une volontaire rupture qui n'a d'égal que le désintérêt dont il témoigne à l'égard de l'art européen du XXe siècle, l'attitude de Stella se veut, quant à elle, plus nuancée. Ce dernier refuse en effet de balayer d'un revers de main cet héritage dont il a conscience d'être le légataire à quelque égard :

> STELLA. — [...] Les problèmes ne sont pas si différents. Je veux dire qu'en ce qui nous concerne, nous tous, fondamentalement... Eh bien, il faut toujours que je compose un tableau et si on fait un objet, il faut bien qu'on organise sa structure, et il me semble qu'en cela, on continue fondamentalement à... Je veux simplement dire par là que je ne pense pas que notre travail soit si radicalement différent, parce que je ne pense pas qu'entre nous trois, on puisse trouver d'éléments de composition ou de structure qui soient vraiment nouveaux [...].
> GLASER. — Donc Don, vos efforts pour prendre distance par rapport à la peinture européenne et ses effets traditionnels de composition restent limités dans la mesure où vous continuez à vous servir des mêmes dispositifs ou d'une partie des mêmes éléments de base utilisés par le passé ?
> JUDD. — Non, je ne pense pas.
> GLASER. — Vous ne pensez pas.
> JUDD. — Non, [je suis] totalement indifférent à la peinture européenne et je pense que c'en est fini.
> STELLA. — Oui, mais comment peux-tu dire que tu n'as recours à aucun des dispositifs traditionnels ?
> JUDD. — Tu peux utiliser une diagonale, mais aucun là-bas n'y a eu recours comme, disons, [Morris] Louis par exemple. [...] Il n'y a aucune diagonale dépouillée à ce point dans toute l'histoire de la peinture européenne [...].
> STELLA. — Mais néanmoins, l'idée de la diagonale n'est pas neuve [18].

Or, l'importance de cette divergence d'opinion a pu échapper au lecteur de la version éditée de l'interview. Car ce dialogue, qui advint à la toute fin, au moment où l'apparente cohérence des points de vue des trois artistes se délitait et rendait nécessaire pour chacun de repréciser ses opinions plus fondamentales, fut déplacé par Lippard et inséré dans les premières pages, entre deux extraits de l'interview individuelle de Judd.

---

18. « [STELLA. —] [...] *the problems aren't any different. I mean for us we have to still, basically all of us, well I still have to compose a picture and if you make an object you have to organize the structure, and it seems to me that you're still basically... I mean I don't think between us you don't find any really new compositional or structural element* [...]. [GLASER. —] *So Don, even your efforts to get away from European painting and its traditional compositional effects is somewhat limited because you're still going to be using the same sort or some of the same devices that they used?* [JUDD. —] *No I don't think so.* [GLASER. —] *You don't think so.* [JUDD. —] *[I'm] totally uninterested in European painting and I think it's over with.* [STELLA. —] *Yes, but how can you say you don't use any of the traditional devices?* [JUDD. —] *You can use a diagonal, but no one there used as direct diagonal as, say, [Morris] Louis did for example.* [...] *There's no such bare diagonal in all the history of European painting* [...] [STELLA. —] *But none the less, the idea of the diagonal's been around for a while* ». *New Nihilism or New Art? Moderated by Bruce Glaser*, p. 20-21. Notre traduction. À Glaser l'interrogeant sur la raison pour laquelle il voulait « éliminer tout effet de composition », Judd répondit que « ces effets véhiculent avec eux toutes les structures, les valeurs et les émotions de la tradition européenne. Cela me convient très bien si tout cela est dépassé. » *Ibid.*, p. 7 et Lippard (éd.), « Questions to Stella and Judd », dans Battcock (dir.), *Minimal Art : A Critical Anthology*, p. 150. Version française : « Questions à Stella et Judd », dans Claude Gintz (éd.), *Regards sur l'art américain des années soixante*, p. 54.

C'est que pour Stella, cette attitude négative, « nihiliste », que d'aucuns lui prêteraient, n'aurait de sens qu'à prendre place dans un travail de relève de la peinture moderne, et plus immédiatement de celle de l'expressionnisme abstrait, au sein de l'entreprise dialectique du modernisme théorisée par Greenberg. Aussi, lorsque Glaser demande quelque peu abruptement à Judd et Stella :

> GLASER. — Bien, autrement dit, vous suggérez que ce que vous êtes en train de faire, Don à tout le moins l'a laissé entendre, de même que Frank, mais pas Dan, est de rompre avec la peinture traditionnelle. Dan soutient qu'il essaie de faire une proposition et qu'il ne cherche pas à détruire la peinture. Mais il me semble que ce que vous, ce que Frank et Don font, est d'essayer de détruire la peinture ? Diriez-vous cela ?
> STELLA. — Eh bien, en fait, on ne peut revenir en arrière, il ne s'agit pas de détruire quoi que ce soit. Si quelque chose est usé, quelque chose est passé, que c'en est fini avec, quel est l'intérêt de s'y impliquer ? [19].

Il s'agit donc bien pour le peintre, non de « détruire » le médium pictural, celui-ci n'étant nullement obsolète de son point de vue, mais, prenant part au cheminement irréversible de la peinture moderniste, de dépasser ses prédécesseurs, par purges successives des qualités jugées superflues en peinture. Ainsi le peintre déclare-t-il avoir notamment voulu libérer la pratique picturale de l'emprise du dessin :

> STELLA. — [...] ils [Pollock, De Kooning, la New York School, l'Expressionnisme abstrait] ont débuté avec le dessin et en sont tous plus ou moins arrivés à la peinture ou le dessin au pinceau, et afin de s'en libérer, ils ont adopté la peinture du commerce et des pinceaux pour bâtiment, mais je pense qu'il s'agissait toujours d'une pratique du dessin au pinceau ou à la peinture, ce qui je crois a caractérisé presque toute la peinture du XXe siècle jusqu'à présent à tout le moins. Or c'est précisément dans cette voie que ma peinture allait s'engager, que c'était de moins en moins nécessaire, et donc la chose que je n'allais plus faire. Je n'allais plus dessiner au pinceau [20].

Cette rhétorique greenbergienne indique que les intentions de Stella sont bien en conformité avec la théorie moderniste; théorie dans laquelle il trouve, à défaut d'arguments pouvant avérer la valeur ou même la nécessité de sa pratique, sa « validité » à tout le moins. L'apparente contradiction d'un Stella, tantôt enclin à critiquer sévèrement

19. « [GLASER. —] *Well actually what you're implying is that you're really making, Don at least has implied this and Frank has, Dan hasn't, is that you're trying to make a break with traditional painting.* [...] *it seems to me what you, what Frank and Don are doing, is trying to destroy painting? Would you say this?* [STELLA. —] *Well it's just that you can't go back, it's not a question of destroying anything. If something's used up, something's done, something's over with, what's the point of you being involved with ?* » *New Nihilism or New Art? Moderated by Bruce Glaser*, p. 9-10 et Lippard (éd.), « Questions to Stella and Judd », dans Battcock (dir.), *Minimal Art : A Critical Anthology*, p. 157. Notre traduction.

20. « [STELLA. —] [...] *they [Pollock, De Kooning, then the New York School, Abstract Expressionism] were brought up on drawing and basically they all endend up painting or drawing with the brush, and they got away from the smaller brushes and to free themselves they got involved in commercial paint and housepainting brushes, but still it was basically the drawing with the brush or the drawing with the paint, which I think, has characterized almost all of the 20th century painting up to now anyway. And it just seemed to me the way my painting kept going, that that was less and less necessary, and in fact the one thing that I wasn't going to do. I wasn't going to really draw with the brush* ». *New Nihilism or New Art? Moderated by Bruce Glaser*, p. 8-9 et Lippard (éd.), « Questions to Stella and Judd », dans Battcock (dir.), *Minimal Art : A Critical Anthology*, p. 157. Notre traduction.

la « peinture européenne », tantôt semblant avouer s'inscrire à sa suite, ne fait sens qu'à prendre place dans le dessein formaliste moderniste. La conception que se fait Judd de cette tradition se situe quant à elle à un autre niveau déjà, pourrions-nous écrire; celui-ci renvoyant irrémédiablement la pourtant récente « peinture européenne » au rang de moment historique : « Je pense qu'elle [la peinture européenne] appartient à une autre période »[21].

Pour sa part, Flavin fit encore valoir une troisième opinion. Se rappelant que l'historien d'art Robert Rosenblum lui avait récemment dit qu'il avait « détruit la peinture », Flavin avoua que c'était seulement à la faveur de cette discussion radiophonique qu'il commençait à comprendre le sens de cette remarque. Jusqu'alors, affirma-t-il, il se considérait comme « peintre en un certain sens » dans la mesure où il réfléchissait en termes d'arrangements et de lumière[22]. Il avoua même avoir cherché à se débarrasser du problème de composition sans y parvenir[23]. Mais maintenant, il constatait combien il se distinguait de Stella en ce que lui-même ne possédait pas « de conscience de la manière dont la peinture fonctionne, et de ce qu'il ne convient pas de faire avec, à partir de ce qu'on a vu faire avec »[24].

Ainsi, c'est Judd qui se montre le plus vindicatif vis-à-vis de ce besoin de rupture par rapport à la tradition et au passé (notamment dans les trois passages de la seconde interview de Judd, dans lesquels il est précisément invité à revenir sur ce jugement) alors que Stella et Flavin se font beaucoup plus nuancés, voire ne s'opposent pas à cette continuité – notamment Stella qui s'inscrit dans la narration moderniste de Greenberg. Or, la surreprésentation de Judd et l'évacuation de la position de Flavin rendent la position générale toute différente.

Ceci n'aurait peut-être qu'une importance limitée s'il n'en procédait un second malentendu conséquent quant à l'interprétation qui fut faite par Judd et par Flavin du projet de Stella – interprétation dans laquelle nombre d'auteurs ont vu l'acte de naissance du minimalisme. Le point de divergence se situait dans la lecture qui était faite ou qui pouvait être faite des *stripe paintings* de Stella, cristallisant et résumant de manière presque schématique, voire caricaturale, ce à quoi la stricte observance de la théorie de Greenberg devait mener la peinture dite moderniste. À savoir l'interprétation des toiles de Stella comme des objets, et non plus comme de la peinture. Il est d'ailleurs intéressant de remarquer que c'est Flavin qui aborda ce sujet par deux fois au cours de la discussion.

---

21. « [Judd. —] *I think it [European painting] belongs to another period* ». *New Nihilism or New Art? Moderated by Bruce Glaser*, p. 21. Notre traduction.

22. « [Flavin. —] *I had considered myself a painter in a sense* ». *New Nihilism or New Art? Moderated by Bruce Glaser*, p. 20. Notre traduction. Pour Flavin, les néons fonctionnent à la fois indépendamment et à la fois par rapport au tout, donc il y a bien un rapport des parties entre elles qui importe. *Ibid.*, p. 6.

23. *Ibid.*, p. 20 et p. 22. La critique Rosalind Krauss prétendit que les œuvres de Flavin, de même que celles de Judd, ne témoignèrent jamais pleinement d'une littéralité mais conservèrent toujours un substrat pictural. Voir à ce sujet la discussion entre Rosalind Krauss, Denis Hollier, Annette Michelson, Hal Foster, Silvia Kolbowski, Martha Buskirk et Benjamin Buchloh, « The reception of the sixties », *October*, vol. 69, été, 1994, p. 3-21, ici p. 9.

24. « [Flavin. —] *consciousness of the way paint works and what you don't want to do with it, you know what you've seen done with it.* » *New Nihilism or New Art? Moderated by Bruce Glaser*, p. 20. Notre traduction.

La problématique est abordée comme suit dans la version éditée :

> Glaser. — Suggérez-vous qu'il n'y a plus de solutions à trouver, ou plus de problèmes à résoudre en peinture ?
> Stella. — Bien il me semble qu'il y a des problèmes. Quand Morris Louis exposa en 1958, tout le monde (*Art News*, Thomas Hess) critiqua son œuvre qu'on trouvait faible, purement décorative. Ils maintiennent encore cette attitude. Louis est un cas réellement intéressant. À tous les points de vue, il était d'instinct de l'Expressionnisme Abstrait et il se sentait terriblement concerné par tout cela, mais il sentait aussi qu'il lui fallait aller de l'avant. [*] J'ai toujours été en désaccord avec les gens qui veulent conserver les valeurs traditionnelles de la peinture : ces valeurs humanistes qu'ils découvrent toujours sur la toile. Si vous les poussez dans leurs retranchements, ils finissent tous par déclarer qu'il y a quelque chose, en dehors de la peinture, là sur la toile. Ma peinture est basée sur le fait que seul s'y trouve ce qui peut y être vu. C'est réellement un objet [*object*]. Toute peinture est un objet [*object*] et quiconque s'y implique assez, finit par être confronté à la nature d'objet [*objectness*] de ce qu'il fait, quoi qu'il fasse. Il fait une chose [*thing*]. Tout cela devrait aller de soi. Si la peinture était assez incisive, assez précise, assez exacte, il vous suffirait simplement de la regarder. La seule chose que je souhaite que l'on tire de mes peintures et que j'en tire pour ma part, est que l'on puisse voir le tout sans confusion… Tout ce qui est à voir est ce que vous voyez [*what you see is what you see*] [25].

Mais le dialogue original, à la suite de l'astérisque [*] insérée dans le paragraphe, s'entendait en réalité comme suit :

> Flavin. — Je veux déclarer deux choses qui sont peut-être en dehors du sujet. La première est que tout mon travail tend de plus en plus à devenir un objet industriel au sens où j'accepte la lumière fluorescente pour elle-même. C'est bien un objet industriel, il s'agit seulement de sa réinterprétation ou de son détournement. Je voulais seulement le préciser. Et l'autre chose dont il est important de parler je pense, Don y est sensible, est la peinture en tant qu'objet [*painting as object*], vous savez, en tant qu'objet physique [*as a physical object*]. Je pense que Frank en est le plus éloigné.
> Glaser. — Que voulez-vous dire par là ?
> Flavin. — Essayons de le découvrir.
> Stella. — Eh bien, ce n'est pas le cas. Toute peinture est un objet. Je veux dire, j'ai toujours été en désaccord avec les gens qui veulent conserver les valeurs traditionnelles de la peinture : ces valeurs humanistes qu'ils découvrent toujours sur la toile. Si vous les poussez dans leurs retranchements, ils finissent tous par déclarer qu'il y a quelque chose,

---

25. « [Glaser. —] *Are you suggesting that there are no more solutions to, or no more problems that exist in painting?* [Stella. —] *Well, it seems to me we have problems. When Morris Louis showed in 1958, everybody* (Art News, *Tom Hess) dismissed his work as thin, merely decorative. They still do. Louis is the really interesting case. In every sense his instincts were Abstract Expressionist, and he was terribly involved with all of that, but he felt he had to move, too. I always get into arguments with people who want to retain the old values in painting – the humanistic values that they always find on the canvas. If you pin them down, they always end up asserting that there is something there besides the paint on the canvas. My painting is based on the fact that only what can be seen there is there. It really is an object. Any painting is an object and anyone who gets involved enough in this finally has to face up to the objectness of whatever it is that he's doing. He is making a thing. All that should be taken for granted. If the painting were lean enough, accurate enough, or right enough, you would just be able to look at it. All I want anyone to get out of my paintings, and all I ever get out of them, is the fact that you can see the whole idea without any confusion… What you see is what you see* ». Lippard (éd.), « Questions to Stella and Judd », dans Battcock (dir.), *Minimal Art : A Critical Anthology*, p. 157-158. Version française : « Questions à Stella et Judd », dans Claude Gintz (éd.), *Regards sur l'art américain des années soixante*, p. 58.

> en dehors de la peinture, là sur la toile. [...] le public en général, ou toute autre opinion quelle qu'elle soit, suppose qu'il y a toujours quelque chose en plus de ce qui est réellement là, et certainement mes peintures sont basées sur le fait que seul s'y trouve ce qui peut y être vu. Et cela en fait un objet. C'est réellement un objet et je pense que quiconque s'y implique assez finit par être confronté à la nature d'objet de ce qu'il fait, quoi qu'il fasse.
> GLASER. — Essayez vous de dire que ce que vous faites, lorsque vous affirmez qu'une peinture est un objet ou que la construction mène à la réalisation d'un objet, est qu'elle doit être davantage ressentie comme un objet en trois dimensions plutôt que comme une composition [picturale].
> STELLA. — *C'est une chose que je ne veux pas*, je veux dire par là que tout ce qui devrait être compris, je pense en fait que cette discussion de la chose comme un objet est en un sens *ridicule*, après tout *une peinture est une peinture* [*I mean a painting is a painting*]. Ce que je souhaiterais est que si la chose est soit suffisamment fine, juste ou bonne, on la regarderait, tout simplement. Autrement dit, tout ce que je souhaite qu'il ressorte de ma peinture, est que l'on puisse la voir entièrement sans confusion. En ce sens, ce que vous voyez est ce que vous voyez[26].

Ce passage est très important tant du point de vue de la réception de l'œuvre de Stella que pour celle de tout le minimalisme qui en découle. Stella semble dans un premier temps réagir aux propos de Flavin, lequel se montre enclin à l'exclure de la tendance minimaliste ou en faveur de l'objet pour le reléguer à une pratique de la peinture plus traditionnelle. Aussi Stella lui emboîte-t-il le pas et concède à son tour la nature objectale de la peinture[27]. Mais aussitôt le peintre se ravise et conteste l'interprétation unilatérale de la peinture comme sculpture. En effet, la fermeture tautologique que l'on s'est empressé d'interpréter, et Judd le premier, dans la célèbre assertion selon laquelle « ce que vous voyez est ce que vous voyez », était dans le propos de Stella presque immédiatement précédée par un autre truisme devant impérativement venir ré-ouvrir

26. « [FLAVIN. —] *I want to say two things which is off the track in a sense, the thing is, first of all, my work becomes more and more an industrial object in the way I accept the fluorescent light for itself. It is an industrial object, it's just [a] reinterpretation of it or a disorientation of it, so I just wanted to put that in. And the other thing is the thing I think is important to talk about, I think Don has a sense of this, is the painting as object, you know, as a physical object. I think Frank is the farthest from that.* [GLASER. —] *What do you mean by that?* [FLAVIN. —] *Well then let's find out.* [STELLA. —] *Well it isn't. Any painting is an object. I mean the argument that I always had are that you always get into people who want to retain the old values in painting. Essentially they're all the humanistic values that they always find on the canvas. If you pin them down, there's always something there more then actually the paint on the canvas.* [...] *the general public or anykind of really felt opinion has it that there is always something there more than what's actually there, and certainly my paintings are sort of based on the fact that only what's there is there. And that makes it an object. I mean because it really is an object and I think that who actually does it or gets involved in it, finally has to face up to the objectness of whatever it is that's he's doing.* [GLASER. —] *Are you trying to say that what you're doing when you want to assert the painting as an object or the construction as an object but you want it to be felt as a three dimensional presence rather than a compositional...* [GLASER. —] *Well that's one thing I don't want, I mean, I think that all of that should be taken for granted, like I mean basically I think the discussion of the thing as object is in a sense ridiculous, I mean a painting is a painting. The thing I would like to see is sort of if the thing [the painting] is either lean enough, accurate enough or right enough, you would just be able to look at it. In other words, all I want anyone to get out of my paintings, or all I ever get out of them, is the fact that you can see it all without any confusion. In the sense what you see is what you see ». New Nihilism or New Art? Moderated by Bruce Glaser*, p. 10-11. Notre traduction. Nous soulignons.

27. Sur cette interprétation, voir Jones, *Machine in the Studio : Constructing the Postwar American Artist*, p. 169-170.

cette clôture littéraliste : « une peinture est une peinture ». C'est-à-dire : une peinture – un objet-peinture – est d'abord le lieu d'un jeu de formes et de couleurs interagissant les unes avec les autres, une structure picturale ; cette activité valant pour ce jeu visuel qu'elle fait naître plus que pour sa qualité d'objet physique dont l'insistance avec laquelle certains l'interprètent lui semble somme toute « ridicule ». Ainsi, Dan Flavin et Judd, surtout, ont déduit des *stripe paintings* l'obsolescence de la peinture auquel ne pouvait manquer selon eux de mener la logique de la théorie moderniste poussée au plus loin. Symptomatique à ce titre était selon eux l'anormale épaisseur des châssis sur lesquels était tendue la toile ; épaisseur mettant davantage encore en évidence la nature d'objet du support-peinture, fût-il vierge ou maculé. Or, du point de vue de Stella lui-même, cette singulière épaisseur dont il usa, par mégarde précise-t-il, avait pour fonction de maintenir la peinture suffisamment en retrait du mur de manière à insister sur leur caractère plan. Invité un peu plus tard par Flavin à préciser à nouveau sa position quant à cet enjeu, Stella déclara :

> STELLA. — Vous deux [Flavin et Judd] faites des objets, c'est simple, ce sont donc des objets sculpturaux ou quelque chose comme ça, mais la raison pour laquelle je fabrique des toiles plus épaisses [...] est que lorsque vous vous tenez directement en face de la peinture, cela donne juste assez d'épaisseur pour la maintenir au delà du mur ; on voit cette sorte d'ombre, juste suffisamment de profondeur que pour que cela renforce cette surface. Autrement dit, pour faire en sorte qu'elle apparaisse davantage comme une peinture, et moins comme un objet, pour faire simplement en sorte de renforcer la qualité de la surface.
> GLASER. — C'est vraiment curieux, j'ai entendu un grand nombre d'artistes faire référence à vos peintures en termes de formes sculpturales en raison de leur épaisseur. C'est très intéressant que vous disiez cela, qu'il s'agissait simplement d'un élément accidentel.
> JUDD. — J'interprétais les toiles aluminium de Frank comme des dalles[28].

CONCLUSION

Comme nous venons de le voir, à la différence de Judd qui tourna définitivement le dos à l'illusionnisme au profit de la troisième dimension, Stella s'efforça de maintenir son activité dans le domaine de la peinture. Cette résistance aurait donc dû empêcher l'assimilation du peintre au courant minimaliste – tant au niveau de l'enjeu pictural lui-même qu'au niveau du positionnement des artistes par rapport à la théorie moderniste – ce que la production ultérieure du peintre allait d'ailleurs venir confirmer. Mais les manipulations opérées sur le discours d'origine a contribué à masquer ces

28. « [STELLA. —] *Well you two make objects, it's that simple, so they are object sculpture[s] or something like that, but the reason I make the canvas deeper* [...] *is that when you stand directly in front of the painting, it gives it just enough depth to sort of hold it off the wall; you're conscious of this sort of shadow, just enough depth so that actually it emphasizes this surface. In other words, it makes it more like a painting and less like an object, so that it just simply emphasizes the surface part.* [GLASER. —] *It is very curious, I've heard several artists have referred to your paintings as sculptures in form because of that thickness. It's very interesting that you say this, that this was simply an accidental feature.* [JUDD. —] *I thought of the aluminium ones of Frank as slabs in a way ». New Nihilism or New Art? Moderated by Bruce Glaser*, p. 17. Notre traduction.

dissensions ou ces tensions traversant le moment d'émergence du minimalisme. La version éditée a paru au cours de l'année 1966, année qui, comme l'a bien montré l'historien d'art américain Meyer, marqua véritablement le moment d'émergence et de reconnaissance du minimalisme auprès du public, notamment grâce à l'exposition *Primary Structures : Younger American and Bristish Sculptors* au Jewish Museum de New York entre le 27 avril et le 12 juin 1966, dont l'importance et le retentissement allaient être colportés jusque dans les pages des magazines aussi populaires que *Newsweek* ou *Life*[29]. Cette publication venait donc renforcer la cohésion du courant minimaliste et assurer une filiation entre minimalisme et Stella, tout en projetant rétrospectivement ce caractère monolithique et cohérent de l'interview éditée en 1966 sur l'année 1964. Cette opération contribua de la sorte à donner au minimalisme l'image d'un courant en gestation concertée depuis plusieurs années. Ce qu'il ne fut de toute évidence pas.

29. James Meyer, *Minimalism Art and Polemics in the Sixties*, New Haven, Yale University Press, 2001, p. 13.

LES INTERVIEWS DU RÉALISATEUR MAURICE TOURNEUR DANS LA PRESSE PÉRIODIQUE AMÉRICAINE ET FRANÇAISE (1914-1926)

CHRISTIAN JANSSENS

Les interviews d'un artiste, publiées de manière partielle ou complète dans la presse, possèdent souvent la particularité de constituer des séries. Certes, cette particularité n'est pas absolue et l'interview isolée – publiée une seule fois sur un seul support – est également repérable. Toutefois, s'il est reconnu, l'artiste a l'occasion de prendre régulièrement la parole par voie de presse, que ce soit lors de la mise en circulation d'une nouvelle œuvre, de la polémique autour d'un sujet culturel ou de société, ou encore lors de la consécration par les instances culturelles ou politiques. Constituées en série, les interviews peuvent servir d'objets d'étude dans la perspective diachronique ou synchronique. Si elles sont considérées dans leur succession chronologique, une première question peut porter sur les variations, dans le temps, du discours de l'artiste. Si elles sont considérées dans leur étendue, une autre question peut concerner l'insertion du discours de l'artiste dans les discours des différents organes de presse qui, sur une même période, reprennent et présentent ses propos.

Les interviews d'artistes sont aussi des prises de position, lesquelles sont articulées avec la position des agents dans le champ[1]. Dans la perspective diachronique, la question devient celle du lien entre la succession des positions occupées par l'artiste et la variation de ses prises de position. Dans la perspective synchronique, après avoir replacé les organes de presse les uns vis-à-vis des autres, on peut s'interroger plus précisément sur la liaison entre leur position mutuelle et la manière dont ils insèrent le discours de l'auteur dans leur propre discours.

Pour illustrer le parti que l'on peut tirer de telles séries, on prendra ici le cas des interviews que le réalisateur de cinéma Maurice Tourneur a données, entre 1914 et 1926, à la presse américaine et française. À l'époque, Maurice Tourneur, Français expatrié aux États-Unis, jouit d'une reconnaissance appréciable. On relève une douzaine d'interviews

1. Sur la sociologie des champs culturels, voir Pierre Bourdieu, « Le marché des biens symboliques », *L'Année sociologique*, vol. 22, 1971, p. 49-126 ; Pierre Bourdieu, *Les règles de l'art : genèse et structure du champ littéraire*, Paris, Éditions du Seuil, 1992.

publiées dans la presse périodique des États-Unis, soit dans les revues générales (*New York Clipper*, *Harper's Weekly* et *Variety*), soit dans les revues spécialisées (*Photoplay*, *Moving Picture World* et *Motion Picture Magazine*). En 1918, *Photoplay* le classe comme quatrième plus grand metteur en scène mondial, après David Wark Griffith, Thomas Harper Ince et Cecil Blount DeMille[2]. Après être tombés quelque peu dans l'oubli, ses films des années 1910 et 1920 ont été redécouverts cinquante ans plus tard. Aujourd'hui, les adaptations qu'il a réalisées de Maurice Maeterlinck – *The Blue Bird* (1918) – ou de James Fenimore Cooper – *The Last of the Mohicans* (1920) – sont considérées comme des classiques du cinéma muet américain.

La trajectoire de Maurice Tourneur et les prises de position dans les interviews américaines

Né à Paris en 1876, dans une famille de la classe moyenne, Maurice Tourneur – pseudonyme de Maurice Thomas – suit les cours du Lycée Condorcet, mais ne prolonge pas sa formation par des études supérieures[3]. Autodidacte, il entame, dès la fin de sa scolarité, des activités professionnelles dans le domaine des arts plastiques, comme décorateur, dessinateur et illustrateur d'ouvrages de luxe. Il assiste aussi deux artistes de premier plan, Auguste Rodin et Pierre Puvis de Chavannes. Dans la suite, son parcours est celui de beaucoup d'autres agents culturels : on le voit se déplacer d'un champ à l'autre. Le travail de décorateur l'ayant mis en contact avec le monde de la scène, il délaisse les arts plastiques et, vers 1900, se consacre au théâtre. Acteur, régisseur, assistant de metteur en scène, il collabore au Théâtre Réjane, au Théâtre de l'Odéon d'André Antoine, puis au Théâtre de la Renaissance. Vers 1910, sur les conseils d'un collègue de la Renaissance, il entre à la Compagnie française des films Éclair et quitte le champ du théâtre pour celui du cinéma.

Vers l'âge de trente-cinq ans, le vieillissement artistique de Tourneur est caractérisé par la très faible progression en matière de notoriété et par le déplacement prononcé de la sphère de production restreinte – où les producteurs produisent pour les autres producteurs – vers la sphère de grande production – où les producteurs produisent pour le grand public. D'une part, il n'est reconnu ni comme illustrateur, ni comme acteur ou metteur en scène de théâtre. D'autre part, son parcours qui débute par la sphère de production restreinte et la fréquentation des agents de celle-ci (Rodin, Puvis de Chavannes ou Antoine) connaît une rupture au moment où il quitte l'Odéon pour la Renaissance, institution qui relève de la sphère de la grande production. Le passage

2. [Anonyme], « Maurice Tourneur », *1895*, n° 33 : *Dictionnaire du cinéma français des années vingt*, 2001, http://1895.revues.org/103#tocto1n5, consulté le 26 novembre 2010.

3. Maurice Tourneur (1876-1961), réalisateur, scénariste, producteur. Éric Le Roy, art. « Le grand Français du cinéma : Maurice Tourneur », dans Éric Le Roy et Laurent Billia (dir.), *Éclair : un siècle de cinéma à Épinay-sur-Seine*, Paris, Calmann-Lévy, 1995, p. 69-73 ; [Anonyme], art. « Tourneur, Maurice », dans John Wakeman (dir.), *World Film Directors*, vol. I : *1890-1945*, New York, H. W. Wilson, 1987, p. 1103-1107 ; Jean Mitry, art. « Maurice Tourneur », *Filmographie universelle*, t. 9, Paris, Institut des hautes études cinématographiques, 1968, p. 38-49.

de l'Odéon à la Renaissance signifie davantage qu'une simple péripétie professionnelle : il est l'indicateur d'un rabattement de la sphère valorisée à celle qui ne l'est pas. Et le mouvement se poursuit, lorsque Tourneur quitte le théâtre pour le cinéma, un champ culturel encore plus dévalorisé sur l'échelle des arts de l'époque.

Une autre caractéristique du vieillissement artistique de Tourneur mérite d'être autant soulignée : à travers les différentes étapes de son parcours, l'agent emporte avec lui les dispositions acquises dans la sphère de production restreinte et intériorise les prises de position des agents de ladite sphère. Ceux-ci revendiquent l'autonomie du champ artistique et recherchent les produits hautement valorisés au point de vue symbolique et reconnus par les pairs. En entrant dans le champ cinématographique, Tourneur quitte de manière définitive la sphère de production restreinte, mais il n'en conserve pas moins l'habitus de l'autonomie artistique et de la recherche de la qualité. Et cet habitus va lui permettre de se placer dans le nouveau champ artistique qu'il investit. En d'autres termes, la position qu'il va occuper dans le champ cinématographique est en adéquation avec les dispositions qu'il a incorporées lors de ses contacts dans la sphère valorisée des champs précédents.

Engagé comme acteur chez Éclair, Tourneur devient assistant auprès du principal metteur en scène de la maison, Victorin Jasset, puis accède lui-même au statut de réalisateur à part entière. En mai 1914, la compagnie l'envoie outre-Atlantique pour relancer la production de la filiale Eclair American. Tourneur y travaille quelques mois. Au moment où la firme arrête ses activités sur la côte Est, le Français décide de rester aux États-Unis et de réaliser pour le producteur / distributeur World Film. Fin 1915, il est placé à la tête de la Paragon Films, une maison de production dépendante de la World Film. Cette dernière compagnie entrant en crise, il décide de passer, fin 1916, à la Famous Players-Lasky / Paramount, d'Adolph Zukor[4]. Il dirige les stars de la Paramount, Mary Pickford, Marguerite Clark et Elsie Ferguson. En 1918, sa filmographie comprend quarante-trois films – dix-sept pour Éclair, quinze pour la World Film, onze pour la Paramount. Quelques mois plus tard, il quitte la Paramount et devient réalisateur / producteur en fondant sa propre maison de production, la Maurice Tourneur Productions.

Entre 1910 et 1918, la trajectoire de Tourneur évolue sensiblement dans le champ cinématographique français, puis américain. En matière de notoriété, l'homme progresse rapidement et bénéficie désormais d'une incontestable reconnaissance. En ce qui concerne les sphères de production, il se situe dans les zones valorisées de la grande production, tout en se tenant à distance du pôle strictement commercial. Le fait est attesté par sa participation aux départements de production hautement valorisés. Chez Éclair, il collabore à plusieurs films portant le label de l'Association Cinématographique des Auteurs Dramatiques (ACAD) réservé aux produits de valeur, aux adaptations des œuvres littéraires. Chez Paramount, sept de ses onze réalisations sont distribuées par

4. Adolph Zukor (1873-1976), producteur. En 1916, Zukor fusionne sa compagnie avec celle de Jesse Louis Lasky et prend le contrôle de la maison de distribution Paramount Pictures. Dans les années 1920, la Famous Players-Lasky / Paramount devient l'une des cinq *majors* américaines. Voir Douglas Gomery, *The Hollywood Studio System : A History*, London, British film Institute, 2005.

la filiale de prestige Artcraft Pictures. Finalement, la recherche de l'autonomie et de la qualité artistiques le conduit à quitter la position de collaborateur d'une grande maison de production / distribution pour occuper la position plus incertaine, mais plus symboliquement valorisée, de réalisateur / producteur indépendant. Par cette position, Tourneur tente de s'assurer la maîtrise des ressources économiques, et partant, d'étendre les possibilités en matière de choix thématiques et formels.

Dans les interviews que Tourneur donne à la presse américaine, on peut lire l'évolution de sa position dans le champ cinématographique. La première interview répertoriée paraît le 3 juillet 1915 dans le *New York Clipper*. Sa position est alors celle d'un agent émergent dont les prises de position sont prudentes. Il rend hommage à Griffith – dont *The Birth of a Nation* est sorti quatre mois plus tôt. Mais ses déclarations concernent déjà l'autonomie du cinéma et celle de l'*auteur* de cinéma :

> [Le cinéma] se retrouve seul aujourd'hui, comme industrie en plein développement, et si grandes que soient ses promesses, son avenir est imprévisible. Je ne suis pas favorable à l'association du cinéma avec le théâtre parlé, comme cela est expérimenté dans *The Alien*. Le cinéma est aussi différent du théâtre « légitime » que le patinage à glace l'est du patinage à roulettes. Ce dont nous avons besoin aujourd'hui pour le cinéma, ce sont des auteurs. Il y a peu de vrais auteurs pour l'écran. Reconnu ou non, presque tout ce qui est digne d'intérêt dans le cinéma est une adaptation d'un livre, d'une pièce, d'un poème. On doit développer une nouvelle sorte de créativité littéraire pour le film [5].

Au moment de la deuxième interview répertoriée, publiée dans *Motography* le 6 novembre 1915, il est devenu le réalisateur principal et le manager de la Paragon Films. Sa position s'étant consolidée, il adopte des prises de position plus explicites et plus affirmées. Dans cette interview, on peut reconnaître le discours d'un agent proche de la sphère de production restreinte, qui privilégie la qualité par rapport à la quantité et valorise les œuvres créées en petit nombre, selon le cycle long de production, en opposition aux produits standards et multiples, usinés rapidement, sans aucune préoccupation artistique. Ainsi déclare-t-il à propos des objectifs de la Paragon Films :

> Nous n'essayerons pas de produire un million de *feet* par semaine, ni même trente à quarante bobines, car on ne peut rien garantir de vraiment artistique à une telle production. Notre intention est de produire par an environ vingt-quatre longs métrages de cinq bobines et peut-être trois ou quatre films plus longs, ce qui signifie 10 000 à 15 000 *feet* de pellicule par mois. [...] Je déteste un studio plein de monde et de bruit et j'estime que ces deux éléments ont freiné le cinéma plus que n'importe quel autre facteur. [...] J'éliminerai la précipitation car le temps est plus important pour le créateur artistique dans n'importe quel de ses efforts. Avec l'absence du bruit et des problèmes causés par un

5. « *[The cinema] stands alone today as a growing industry, and so great is its promise, its future cannot be foretold. I do not favour the combination of the pictures with the spoken drama, as experimentally put forth in* The Alien. *The silent stage is a thing as much apart from the so-called "legitimate" stage as ice skating is from roller skating. What we need for the cinema today is authors. There are few real screen authors. Whether acknowledged or not, nearly everything worth while in the pictures is an adaptation of a book, a play, a poem. A new sort of creative literary brain must develop for filmdom* ». Maurice Tourneur, « Maurice Tourneur Voices a Few Opinions », interview publiée dans le *New York Clipper*, 3 juillet 1915, p. 19. Notre traduction.

> système imparfait, je pense pouvoir supprimer la nervosité qui fut si souvent fatale à la production de grande classe[6].

Mais la position de réalisateur relativement autonome au sein d'une grande compagnie est de courte durée. Après son entrée à la Paramount, Tourneur est davantage subordonné aux intérêts des stars et du producteur. Ses interviews sont plus rares, le ton devient moins incisif. Au contraire, en 1918, lorsqu'il fonde sa propre structure, il traduit sa position d'agent préoccupé par l'autonomie et la qualité artistiques dans les propos publiés, le 22 juin 1918, dans le *Moving Picture World* :

> Le star system d'aujourd'hui donne la preuve de ses erreurs. Considérez le problème du producteur avec une série de stars. Il doit fabriquer des films de manière régulière, en utilisant systématiquement ces stars, afin de réussir. Il est naturel que, entre les stars, soient répartis les rôles auxquels elles ont montré elles-mêmes qu'elles convenaient. [...] Ainsi les stars obtiennent des histoires stéréotypées, qui leur procurent essentiellement les mêmes personnages. C'est dangereux sous beaucoup d'angles. Sauf à de rares exemptions, les amateurs de films ont tendance à se désintéresser de stars qui continuent à jouer sur la même corde. Les clients des cinémas se familiarisent avec les histoires et ils savent exactement ce qui va sans doute arriver, de sorte que toute nouveauté est bannie. Tout cela signifie finalement la disparition de la star en question[7].

Cette virulente critique de Tourneur contre le *star system* révèle l'ampleur des tensions qu'il a connues au sein des grandes compagnies. À ses yeux, le *star system* abaisse la qualité de l'œuvre, la standardisation menace l'esprit d'innovation et de créativité, les scénarios sont choisis et remodelés en fonction de l'image de la star, non pas en fonction de leur intérêt artistique.

Dans la même interview, on ne s'étonne pas de retrouver une ode à la position de réalisateur / producteur indépendant, celle qu'il occupe lui-même :

> Le producteur indépendant, d'autre part, peut se permettre de choisir la star pour l'adapter à son film ou pour produire son film comme il estime qu'il devrait être produit. Il peut prendre le temps, consacrer son attention et soigner ses efforts à l'opposé des productions

6. « *We will not attempt to turn out a million feet a week, nor even from thirty to forty reels, as nothing really artistic can be assured to such an output. Our intention is to produce about twenty-four big five-reel features a year and perhaps three or four larger ones, which will mean from 10,000 to 15,000 feet of film a month. [...] I detest a crowded or a noisy studio and I feel that these two conditions have held back the motion picture more than any other factors. [...] I shall eliminate rush, as time is most important to the artistic creator in any form of endeavour. With the absence of noise and trouble, caused by imperfect system, I think I can do away with the nervousness which has so often proved fatal to the production of the high-class drama* ». Maurice Tourneur, « Tourneur Heads New Firm », interview publiée dans *Motography*, 6 novembre 1915, p. 948-949. Notre traduction.

7. « *The star system of today is fast proving its fallacy. Consider the problem of the producer with a chain of stars. He must manufacture films regularly, using these stars at systematic intervals, in order to succeed. It is natural that the stars are allotted certain roles to which they have shown themselves fitted. [...] Thus the stars come to get stereotyped stories, providing them with essentially the same characters. This is dangerous from many angles. Except in rare instances film fans tend to lose interest in stars who keep on playing upon the same string. Screen patrons come to be familiar with the stories and they know just what is likely to happen in their working out, so that all novelty is gone. All this spells the ultimate eclipse of the star in question* ». Maurice Tourneur, « Tourneur Pays Respect to Star System », interview publiée dans *Moving Picture World*, 22 juin 1918, p. 1689. Notre traduction.

> mécanisées du *star system*. [...] Le réalisateur est celui qui peint le spectacle. Donnez-lui une plus grande toile et de la reconnaissance et il fera de plus grandes choses; mais faites-le peindre en le limitant à un seul acteur et vous lui mettez un frein, vous retardez sa croissance et vous empêchez son développement. N'oublions pas que le réalisateur et le scénariste devront jouer le rôle principal dans l'avenir du cinéma [8].

Après 1918, Tourneur est confronté à la restructuration du champ cinématographique américain, laquelle se réalise au profit des cinq *majors*. Cette position fragilisée explique sans doute des prises de position contradictoires : tantôt il dit sa confiance dans le goût du public afin de faire obstacle à la production standardisée, tantôt il se désole du manque d'intérêt du même public pour les réalisateurs indépendants. Comme dans le cas d'autres agents placés dans la même position que lui – Griffith en premier lieu –, les années 1920 sont fatales à Tourneur. En 1926, il quitte les États-Unis et entame une autre carrière dans le cinéma français [9].

Maurice Tourneur et les revues françaises *Cinéa* et *Cinémagazine*

Considérée sous l'angle synchronique, la série d'interviews permet de comprendre le lien entre la position respective des organes de presse et la manière dont ils intègrent les idées émises par l'auteur dans leur propre discours. Prenons ici l'exemple de deux documents parus dans la presse française alors que Tourneur est encore aux États-Unis. Le premier est une longue interview parue le 3 mars 1922 dans la revue *Cinéa*. Il comprend trois pages de texte continu, une page de filmographie, ainsi que deux illustrations (une photographie du réalisateur avec l'actrice Seena Owen et un photogramme tiré de *The Last of the Mohicans*). Le second document n'est pas à proprement parler une interview, mais le portrait du réalisateur, publié le 8 septembre 1922, dans la revue *Cinémagazine*. Il comprend trois pages de texte aéré, cite les films de Tourneur dans le texte et non pas dans une filmographie séparée et présente quatre illustrations (deux portraits du réalisateur, une photographie du réalisateur et du journaliste et une photographie d'un tournage en cours) [10]. Les deux documents n'appartiennent pas à la même catégorie textuelle et, en particulier, le second n'est pas une interview à proprement parler puisqu'il ne comporte pas de discours rapporté. Mais l'intérêt de ce choix réside dans

8. « *The independent producer, on the other hand, can afford to select the star to fit his photodrama or to produce his film play as he feels it should be produced. He can put time, undivided attention and care into his efforts as against the machine-made productions of the star system. [...] The director is the man who paints the dramatic picture. Give him a bigger canvas and recognition and he will do bigger things; but make him paint around the limitations of a certain player and you curb him, stunt his growth and prevent his development. Let us not forget that the director and the scenario writer must be the big factors of the photoplay's future* ». *Ibid.* Notre traduction.

9. Sur la position de Maurice Tourneur lors de la restructuration du champ cinématographique américain, voir Jan-Christopher Horak, « Good Morning, Babylon : Maurice Tourneur's Battle against the Studio System », *Image*, vol. 31, n° 2, 1988, p. 1-12.

10. Robert Florey, « Ce que Maurice Tourneur a dit à *Cinéa* », *Cinéa*, vol. 2, n° 43, 3 mars 1922, p. 10-13; Robert Florey, « Un compositeur cinégraphique : Maurice Tourneur », *Cinémagazine*, vol. 2, n° 36, 8 septembre 1922, p. 283-285.

le fait que l'un et l'autre appartiennent au même segment temporel – la période entre mars et septembre 1922 – et qu'ils sont signés par le même journaliste, Robert Florey [11]. En 1922, ce dernier vient d'arriver aux États-Unis, comme correspondant principal de *Cinémagazine* et collaborateur occasionnel de *Cinéa*. C'est à ce titre qu'il rencontre sur place Tourneur. À cette période, Florey dispose de la même information, mais ne l'utilise pas de la même manière en fonction des revues concernées.

Avant de comparer les deux documents, il faut préciser la position des revues dans le champ de la critique française de l'époque. Pour ce faire, on tentera de les placer sur le *continuum* entre le pôle hétéronome et le pôle autonome [12]. Du côté du pôle hétéronome, la presse corporative – comme *La Cinématographie française* – s'adresse aux professionnels. Ce type de publication est soumis aux pressions des producteurs et du monde économique et son indépendance critique est très limitée. Du même côté, mais dotés de gros tirages, se trouvent les périodiques proches de la presse populaire, comme *Ciné-Miroir*, lié au groupe du quotidien *Le Matin* de Jean Sapène, lui-même producteur de films destinés au très large public. Ces publications spécialisées dans la novélisation visent non pas la critique mais la promotion commerciale. Entre les deux pôles se situe *Cinémagazine*, créé par deux indépendants, Adrien Maître et Jean Pascal. Le périodique, au tirage moyen, mélange promotion et critique. Du côté du pôle autonome se placent les revues au tirage plus restreint, qui développent une critique plus indépendante à destination du public cultivé. D'abord, on retrouve *Cinéa*, revue fondée et dirigée par Louis Delluc jusqu'en novembre 1922. Delluc [13] – faut-il le rappeler – est l'un des principaux animateurs et réalisateurs de l'avant-garde française mais, par sa publication, il entend comptabiliser une certaine audience. Enfin, tout à l'extrémité du *continuum*, se placent *Cinégraphie* et *La Revue du Cinéma*, deux périodiques plus confidentiels et de très haute qualité, paraissant à la fin des années 1920 [14].

Il faut souligner la relative contiguïté entre *Cinémagazine* et *Cinéa*, l'une et l'autre revues visant partiellement le même public. Ainsi traitent-elles souvent des mêmes sujets dans des rubriques similaires. Quant aux deux documents concernés, ils sont structurés autour de questions semblables. Mais l'importance accordée aux réponses et le traitement de ces dernières ne sont pas identiques. Dans chaque document s'installe une circularité entre le discours de la revue comme institution, les questions ou les commentaires du journaliste-intermédiaire et les réponses de l'interviewé, circularité qui renvoie à la position de la revue sur le *continuum* entre les pôles.

11. Robert Florey (1900-1979), journaliste, réalisateur, scénariste, producteur. Après avoir été le correspondant de revues françaises, Florey s'installe aux États-Unis et devient réalisateur de cinéma, puis de télévision. Voir Robert Florey, *La lanterne magique*, bio-biblio-filmographie établie par Francis Lacassin, Lausanne, Cinémathèque suisse, 1966.

12. Le pôle hétéronome rassemble les agents les plus soumis aux contraintes économiques, le pôle autonome, les agents qui tentent de s'en dégager et qui se réfèrent aux valeurs d'ordre symbolique.

13. Louis Delluc (1890-1924), réalisateur, scénariste, critique. Voir Pierre Lherminier, *Louis Delluc et le cinéma français*, Paris, Ramsay, 2008.

14. Christophe Gauthier, *Le cinéma passé en revues (1926-1927) : informer ou promouvoir?*, Paris, Bibliothèque du film (BiFi), 2002; Pascal Heu, *Le Temps du cinéma : Émile Vuillermoz, père de la critique cinématographique, 1910-1930*, préface de Pascal Ory, Paris, L'Harmattan, 2003.

La première question commune aux deux documents est celle de la légitimité du cinéma comme art. Certes, au début des années 1920, on n'en est plus à la disqualification totale du cinématographe des premiers temps. Le renouveau de la critique lancé par Émile Vuillermoz, Ricciotto Canudo, Henri Diamant-Berger ou Louis Delluc, avant et pendant la Première Guerre mondiale, a fait de la légitimation un thème central. Tous s'accordent sur le caractère artistique du nouveau média et sur ses potentialités à venir. Canudo appelle à l'essor esthétique du cinéma, tandis que Delluc en parle comme d'un « art balbutiant ». Aussi n'est-il pas étonnant que, dans l'interview pour *Cinéa*, Florey pose la question à Tourneur : « Considérez-vous le cinéma comme un art ? » La réponse de l'interviewé est la suivante :

> Non, c'est un moyen différent d'exprimer la pensée humaine d'une façon hiéroglyphique, avec des images au lieu de mots, et avec une brutalité qu'aucun autre mode d'expression ne possède. Certains flashes sont aussi violents qu'un coup de poing entre les deux yeux. Ça n'est pas plus un Art que la presse à imprimer ou l'alphabet, ou encore la palette de l'artiste peintre, c'est un instrument au moyen duquel on peut obtenir des résultats artistiques ou infâmes [15].

Malgré sa formulation abrupte, la réponse du réalisateur – du moins telle qu'elle est rapportée par le représentant de *Cinéa* – est proche de celle de la revue, dans la mesure où le cinéma est présenté comme un moyen d'expression aux multiples possibilités. Plus proche du pôle hétéronome, *Cinémagazine* ne rentre pas dans de telles subtilités. Le thème de l'art n'est qu'effleuré, lorsque Florey présente Tourneur comme « un remarquable metteur en scène, [une] nature profondément artiste, d'une sensibilité rare » ou lorsqu'il commente le film *The Last of the Mohicans* :

> Comment dans ces régions grandioses [des États-Unis], ne pas faire de beaux films ? Car, ici s'impose l'unique et formidable metteur en scène du monde… la nature inspiratrice des chefs-d'œuvre de l'humanité et dont les réalisations sont encore les plus parfaites [16].

La deuxième question commune aux deux revues concerne l'opposition « cinéma français *vs* cinéma américain ». Pendant la guerre et après celle-ci, le champ cinématographique international a connu une transformation majeure avec l'effacement de la production française au bénéfice de la production d'autres pays, singulièrement celle des États-Unis. Suite au bouleversement dans la hiérarchie culturelle, la presse française développe le thème de la défense du film français contre l'envahissement du film américain. Le débat est extrêmement vif, alimenté par des considérations non seulement culturelles, mais aussi économiques, politiques, voire psychologiques [17]. Proche du pôle autonome, *Cinéa* développe un discours plus nuancé que le discours dominant : Delluc admire le montage et l'utilisation de la lumière par les réalisateurs d'outre-Atlantique et il appelle à l'émergence d'un « film français » qui fasse de même. Une des couvertures

15. Maurice Tourneur ; cité dans Florey, « Ce que Maurice Tourneur a dit à *Cinéa* », p. 11.

16. Robert Florey, « Un compositeur cinégraphique : Maurice Tourneur », p. 284 et p. 285.

17. Sur la notion de « cinéma national », voir Christophe Gauthier, « Le cinéma des nations : invention des écoles nationales et patriotisme cinématographique (années 1910-1930) », *Revue d'Histoire Moderne et Contemporaine*, vol. 54, n° 4, 2004, p. 58-77, http://www.cairn.info/revue-d-histoire-moderne-et-contemporaine-2004-4-page-58.htm, consulté le 3 novembre 2010.

de *Cinéa* porte la maxime : « Ayez pitié des beaux films même étrangers. N'acclamez pas trop les mauvais films, même français » [18]. À la question « Que pensez-vous de la production américaine ? », la réponse de Tourneur adhère à la position de la revue [19]. Le réalisateur met en avant que le cinéma « ne souffre pas beaucoup de nuances [...]. Il doit se tracer une ligne directe, la suivre et accumuler ses effets » [20]. Faisant ensuite remarquer que la langue anglaise a cette caractéristique de communication rapide, il en tire comme conclusion :

> Ils [les Anglo-saxons, et en particulier les Américains] disent en un mot ce que nous disons en une phrase. Certaines de leurs expressions sont intraduisibles parce que, exprimées en français, elles se diluent et perdent toute leur force. [...] N'est-il pas possible de croire que cette qualité qui se remarque dans la langue est la même qui, appliquée au cinéma leur a donné cette supériorité qui n'est peut-être que momentanée et que les races latines, habituées par leur passé, leur éducation artistique, leurs conventions ataviques ne semblent pas pouvoir obtenir [21] ?

Par ses déclarations, Tourneur paraît réactiver le stéréotype du pragmatisme américain, mais il faut souligner que, pour lui, le cinéma est un jeu de formes que tous les réalisateurs peuvent se réapproprier dans le temps. Au contraire, plus proche du pôle hétéronome, *Cinémagazine* souscrit à l'opposition « cinéma français *vs* cinéma américain », comme le laisse entendre la réflexion placée en introduction du portrait du réalisateur :

> Ces gens-là [les réalisateurs américains] ne furent pas toujours des « visualisateurs » pour employer l'expression favorite de quelques cinéphiles; mais la volonté et la recherche sincère du beau provoque [*sic*] parfois de ces miracles. Au lieu de s'extasier sur « l'incomparable talent des animateurs étrangers », assurons-nous de l'incapacité de nos compatriotes à faire aussi bien, sinon mieux [22].

Si les documents offrent des points de comparaison, ils présentent aussi de notables différences. Ces différences renvoient également à la position des revues sur le *continuum*. L'une des différences est le discours à propos des stars. Dans *Cinéa*, le thème est développé, et Tourneur reprend les critiques précédentes :

> Mon maître et ami Antoine avait l'habitude de dire que « les étoiles étaient la mort des pièces ». Ce qui s'applique au théâtre convient au cinéma, aussitôt qu'une star obtient quelque succès elle exerce son influence sur la production [...] On doit également soumettre à l'approbation de la star, le metteur en scène. Elle a le contrôle du montage de la bande et elle a le droit de faire couper les scènes qui ne lui conviendraient pas. Les éclairages sont réglés pour elle sans qu'aucune attention soit donnée au décor ou aux autres interprètes. Comment serait-il possible dans ces conditions d'obtenir un résultat quelconque [23] ?

18. Couverture de la revue *Cinéa*, vol. 2, n° 36, 13 janvier 1922.

19. Sur la question, Tourneur est d'autant plus prudent que, réalisateur expatrié n'ayant pas combattu pendant la guerre, il est critiqué par la presse corporative française.

20. Maurice Tourneur; cité dans Florey, « Ce que Maurice Tourneur a dit à *Cinéa* », p. 11-12.

21. *Ibid.*, p. 12.

22. Florey, « Un compositeur cinégraphique : Maurice Tourneur », p. 283.

23. Maurice Tourneur; cité dans Florey, « Ce que Maurice Tourneur a dit à *Cinéa* », p. 10.

Dans *Cinémagazine*, le thème n'est pas traité. Cette absence est à relier au fait que la revue tournée vers un public plus large développe dans ses pages la promotion commerciale des acteurs et des actrices. Une autre différence concerne le travail institutionnel qu'opère chaque revue en reliant les agents culturels entre eux. *Cinéa* associe Tourneur à d'autres réalisateurs ou acteurs de qualité, qu'elle défend par ailleurs. La mise en série assure que l'interviewé est légitime, qu'il est dans la *ligne de la revue*, celle d'un cinéma exigeant. Ainsi en est-il du titre « Ce que Maurice Tourneur a dit à Cinéa », lequel renvoie aux titres d'autres interviews d'agents valorisés : « Cinéa chez Marcel L'Herbier », « Cinéa chez Charlie Chaplin », etc. Ainsi en est-il du choix de la photographie associant Maurice Tourneur à Seena Owen, une des actrices d'*Intolerance*, le grand film de Griffith, sorti en 1916. Par comparaison, dans *Cinémagazine*, Tourneur est placé dans le groupe des « cinégraphistes français [qui] ont travaillé ou travaillent actuellement aux États-Unis ». Le critère est celui de « Français expatrié », non pas d'artiste de qualité[24].

En conclusion, les interviews d'artistes constituent des sources primaires importantes pour la recherche en histoire et en sociologie du cinéma des années 1910 et 1920. Et ce, d'autant plus que d'autres sources, comme les archives de production, de réalisation ou de distribution, sont souvent rares ou limitées. Constituées en séries, selon une perspective diachronique ou synchronique, elles fournissent des informations sur les positions et les prises de position des agents. Associées à d'autres indicateurs de positions et de prises de position – comme, par exemple, l'insertion dans une filmographie, l'engagement dans une maison de production, ou le choix d'une esthétique particulière –, elles permettent non pas de reconstituer une *réalité* toujours fuyante, mais d'approcher le fonctionnement du champ, c'est-à-dire de l'ensemble des relations entre les agents culturels.

24. La différence est perceptible également dans la communication avec les lecteurs. Dans *Cinémagazine*, le ton est plus familier, l'adresse directe aux lecteurs est pratiquée, des formules telles que « cher lecteur », « ami lecteur », sont régulièrement utilisées. Dans *Cinéa*, ces dispositifs sont plus rares. L'interviewer n'interpelle pas le lecteur, il converse avec l'interviewé en entrecoupant le discours rapporté par ses propres réflexions.

À LA RECHERCHE D'UN CORPS PERDU. LA MÉTAPHORE DE L'ESPACE DANS L'ART ACOUSMATIQUE : LE CAS DES ENTREVUES AVEC FRANCIS DHOMONT ET BERNARD PARMEGIANI

Sylveline Bourion

Pour bonne part privée du support écrit de la partition qui soutient depuis des siècles la composition instrumentale, la musique acousmatique est bien souvent déroutante, structurellement et syntaxiquement insensible aux canons formels hérités de trois siècles de musique tonale, insaisissable avec les catégories analytiques traditionnelles. Comment accoster à ces terres de l'improbable, fruit d'un travail souvent hermétique au commun des mortels, *a fortiori* à l'analyste traditionnel et au musicologue ? C'est que cette musique possède aussi, pour celui qui l'approche, les avantages de ses inconvénients : car si sa relative nouveauté (elle a vu le jour en 1948, sous le regard et l'oreille ébahie de Pierre Schaeffer, devant un disque au sillon abîmé du studio de la Radiodiffusion-télévision française (RTF)) la revêt d'un caractère encore étranger, sorte de corps mystique qui s'attache à peu près toujours aux jeunes choses bousculant les anciennes habitudes, si elle est encore un peu incongrue à nos oreilles que soixante ans de persévérance ne suffisent pas à acclimater tout à fait, cette musique acousmatique possède l'immense et double avantage de présenter un corpus complet et remarquablement conservé, et d'être le fait d'hommes et de femmes venus en un temps où la parole du créateur est écoutée, vénérée, conservée. L'acousmatique est l'art par excellence où le discours du compositeur est précieux, autant pour comprendre les étapes de la fabrication artisanale de l'œuvre, que pour en saisir les catégories, les rouages structuraux et sémantiques. Conciliants à parler de leur art, les Pierre Schaeffer, François Bayle, Luc Ferrari, Bernard Parmegiani, Francis Dhomont, pour ne citer que les jeunes canons de cet art qui a su faire école, ont tous accordé de longues entrevues, riches en commentaires sur les œuvres, leur engendrement et leurs principes.

Or, l'examen de ces entretiens (dont beaucoup sont excellemment publiés dans la très riche série des *Portraits polychromes* [1]) révèle que ces compositeurs ne parlent de leur

1. *Portrait polychrome n° 1* : Luc Ferrari, Paris, INA, 2001 ; *Portrait polychrome n° 2 : Jean-Claude Risset*, Paris, INA, 2001 ; *Portrait polychrome n° 3 : Gilles Racot*, Paris, INA, 2002 ; *Portrait polychrome n° 4 : Bernard*

art pas tant *directement*, nommant la chose musicale comme telle, que par le biais de la métaphore. C'est bien pourtant de la musique que l'on discute, dans ces conversations, c'est bien de son émergence dans l'imaginaire du compositeur et de son façonnement dans son studio; mais cet imaginaire, ce façonnement semblent se faire approcher non pas frontalement, mais *par la bande*, par le truchement pudique et pratique de *l'image*.

Ainsi, si Marcel Proust remontait le fil du temps, par la connivence de deux espaces complices et pleins de correspondances, en posant le pied sur un pavé disjoint de l'Hôtel de Guermantes, et se retrouvait alors, quelque vingt ans auparavant, dans la pleine lumière de Venise, nous ferons ici l'hypothèse que l'art acousmatique, temporel et sonore, est quant à lui à la recherche d'un *corps perdu*, dont son abstraction, consubstantielle à son essence même, porte les stigmates de la plus profonde nostalgie. Nostalgie d'un espace soudain ressouvenu, soudain émergé pour l'auditeur soumis aux vastes landées des *Presque rien* de Ferrari ou au souvenir des attentes émues et pleines de promesses charriées par le sonal de l'aéroport de Roissy composé par Parmegiani. Mais cet espace acousmatique semble non seulement pertinent du point de vue de l'auditeur, c'est-à-dire du côté esthésique pour reprendre le terme et la catégorie propre à la sémiologie et en particulier à la tripartition molino-nattiezienne[2], mais également du point du vue du compositeur, du côté poïétique, ainsi qu'en témoignent les nombreuses entrevues des compositeurs, auxquelles nous ferons référence ici.

En effet, si le compositeur, interrogé sur son art et sa genèse, a sans cesse recours à la métaphore de l'espace, c'est que la convocation de cet espace entre dans le processus même de la création, et qu'il est une considération, peut-être une revendication première de l'artiste dont le médium d'expression le condamne au temps, au son.

Mais comment s'exerce cette métaphore? Quelles constantes, quels traits de langage typiques et propres à la créature électroacoustique peut-on relever dans le discours de l'artiste sur son œuvre? Y en a-t-il même, ou le recours à la métaphore spatiale s'exerce-t-il dans l'anarchie la plus totale? Quelles sont les catégories de l'œuvre impliquées par la spatialité? Enfin, comment prendre en compte, de la part de l'intervieweur, cette particularité du langage électroacoustique, comment développer un vocabulaire adéquat et un décodage efficace entre la verbalisation spontanément spatiale du compositeur et le matériau sonore auquel il réfère? Telles sont les quelques questions que nous soulèverons ici, tentant d'y répondre en prenant appui sur le matériau même des entretiens accordés par les compositeurs acousmatiques, et en particulier sur ceux de deux géants du genre : Bernard Parmegiani et Francis Dhomont.

Parmegiani, Paris, INA, 2002; *Portrait polychrome n° 5 : Ivo Malec*, Paris, INA, 2004; *Portrait polychrome n° 6 : François Bayle*, Paris, INA, 2004; *Portrait polychrome n° 7 : John Chowning*, Paris, INA, 2005; *Portrait polychrome n° 8 : Michel Chion*, Paris, INA, 2005; *Portrait polychrome n° 9 : Jacques Lejeune*, Paris, INA, 2006; *Portrait polychrome n° 10 : Francis Dhomont*, Paris, INA, 2006; *Portrait polychrome n° 11 et 12 : Max Mathews*, Paris, INA, 2007; *Portrait polychrome n° 13 et 14 : Pierre Schaeffer*, Paris, INA, 2008; *Portrait polychrome no 15 : Denis Smalley*, Paris, INA, 2010. Voir l'article d'Evelyne Gayou dans le présent volume.

2. À ce propos, voir Jean-Jacques Nattiez, *Musicologie générale et sémiologie*, Paris, Christian Bourgois, 1987, p. 24-64 (chapitre 1, « Une théorie sémiologique »).

Les entretiens divers dont nous avons fait l'examen, et plus spécifiquement ceux de Parmegiani et de Dhomont, abordent donc le produit musical par le champ du visuel, du tangible, du concret : de la matérialité des choses. Cette matérialité s'incarne différemment selon le matériau sonore dont il est question, mais elle s'incarne presque toujours en quelque corps dûment palpable. Ainsi tour à tour les compositeurs deviennent-ils sculpteurs, peintres, cinéastes et photographes, architectes, graphologues, géologues, astronomes, météorologues, chorégraphes, etc. D'entrée de jeu, les titres des pièces acousmatiques révèlent, pour beaucoup d'entre elles, une connivence peu commune entre le son, propre temporel de l'œuvre, et le spatial, le visuel, le matériel :

– Pierre Schaeffer : *Étude aux chemins de fer* (1948), *Étude aux tourniquets* (1948), *Études aux casseroles* (1948);

– Bernard Parmegiani : *Géologie sonore* (1975), *Étude élastique* (1975), *Pleins et Déliés* (1975), *Points contre champs* (1975), *Métamorphose du vide* (1984), *L'Instant mobile* (1966), *Plain-temps* (1991-1993), *Apparence/Transparence* (2002);

– Francis Dhomont : *Cité du dedans* (1972), *Cathédrales d'images* (1977), *Sous le regard d'un soleil noir* (1981), *Points de fuite* (1982), *Chroniques de la lumière* (1989), *Espace/Escape* (1989), *Métonymie ou Le Corps impossible* (1976), *Figures de la nuit* (1991), *Forêt profonde* (1994-1996), *Les Moirures du temps* (1999), *Vol d'arondes* (1999-2001);

– François Bayle : *Espaces inhabitables* (1967), *Camera oscura* (1976), *Son Vitesse-Lumière* (1983), *Les Couleurs de la nuit* (1982), *Feux d'eau* (1985), *La Main vide* (1995), *Morceaux de ciels* (1996), *La Forme du temps est un cercle* (2001), *La Forme de l'esprit est un papillon* (2004);

– Michel Chion : *Son sans lumière* (1971), *Suite volatile* (1984), *Nuit noire* (1985), *Crayonnés ferroviaires* (1991), *L'Isle sonante* (1998);

– Robert Normandeau : *La Vallée des fantômes* (1990), *La Chambre blanche* (1985-86), *Clair de Terre* (1999), *Palimpseste* (2005), *Pluies noires* (2008);

– Luc Ferrari : *Music Promenade* (1964-1969), *Presque rien n° 2.* « Ainsi continue la nuit dans ma tête multiple » (1977), *Photophonie* (1989), *Ouvert-Fermé* (1993);

– Martin Bédard : *Topographie de la noirceur* (2005), *Champ de fouille* (2008);

– Georges Forget : *Métal en bouche* (2008), *Orages d'acier* (2007).

Tout de suite, certaines thématiques émergent :

– Des lieux : chemins de fer, cathédrales, chambre, espaces habitables ou inhabitables, des cités, des champs de fouille, des forêts;

– Des topographies : géologie, Terre, vallée, ciels, soleil;

– Des textures et des matières : métal, bois, transparence, vide, moirures, acier, pluie;

– Des couleurs, essentiellement ténébreuses : noir, couleurs de la nuit, mais aussi lumière blanche ou feux, voire l'oxymore du soleil noir;

– Des formes et des objets : cercle, papillon, casseroles;

– Des esquisses de dessin ou d'écriture : crayonnés, points contre champs, pleins et déliés, points de fuite, palimpseste;

– Des sensations physiques et des activités : métal en bouche, promenade, main vide, corps impossible, vol.

Mais au-delà de cet inventaire technique, il semble que les propos métaphoriques de nos compositeurs qui en appellent au visuel pour aborder le son semblent entremêler de façon complexe et enchevêtrée trois réalités différentes :

– d'une part, la métaphore visuelle sert de support à *l'acte créateur* ;

– d'autre part, le substrat musical même semble faire l'exercice de l'espace : il est *en lui-même* métaphore d'un espace et d'un lieu ;

– enfin, et en dehors de tout caractère spatial propre à l'œuvre, l'acte de *retour perceptif* sur l'œuvre, propre à la forme d'herméneutique qu'est l'entrevue, semble favoriser le recours à la métaphore visuelle.

Ou, pour le dire autrement en invoquant les trois pôles de la tripartition molino-nattiezienne à laquelle nous avons déjà eu recours dans cette introduction, nous pourrions avancer que :

– La métaphore visuelle serait convoquée dans le domaine du *poïétique*, c'est-à-dire dans le champ des stratégies créatrices : plusieurs propos rencontrés dans les entretiens semblent confirmer que le travail du son demande la contribution de la vue, pour diverses raisons et sous différentes déclinaisons dont nous verrons le détail plus loin ;

– Au-delà de ce pôle poïétique, la dimension *immanente* de l'œuvre, son contenu sonore même, apparaît envahie par le visuel : faire de la musique pour les yeux semble bien souvent être une prérogative de cet art acousmatique où, paraît-il, il n'y a *rien* à voir[3] ;

– Enfin, l'acte de parler de l'œuvre – notamment et surtout dans le cadre d'un entretien – est peut-être avant tout l'exercice *esthésique* du regard du compositeur sur son œuvre propre, le compositeur étant lui-même aussi le premier auditeur de son travail – le premier, mais pas forcément le plus complaisant. Il convoque le visuel, support particulièrement pratique pour communiquer verbalement autour d'un objet aussi abstrait que le son, aussi fuyant et rebelle à l'analyse que le temps, ainsi que saint Augustin lui-même en avait fait l'expérience.

Nous allons à présent successivement aborder chacun de ces trois angles.

L'INSPIRATION VISUELLE, OU LE VISUEL COMME SOUTIEN AU POÏÉTIQUE

« Nous avons plus d'affinités avec le cinéaste, le sculpteur, le peintre, bref, l'artiste plastique, qu'avec le musicien traditionnel »[4]. Ces propos de Dhomont nous rappellent que lui-même autant que Parmegiani ont été, avant d'être les acousmaticiens que l'on connaît, des plasticiens confirmés.

3. Nous faisons ici référence à la série de concerts intitulés *Rien à voir*, débutée à Montréal en 1997 à l'initiative de la société de concerts Réseaux (Robert Normandeau, Gilles Gobeil et Jean-François Denis), dont le but est de promouvoir l'œuvre des compositeurs d'acousmatique à travers les diffusions sonores.

4. Entretien de Francis Dhomont avec Uli Aulmüller, dans *Mon cinéma pour l'oreille : la musique concrète de Francis Dhomont et Paul Lansky*, film documentaire réalisé par Uli Aulmüller, coproduction Inpetto Film Berlin, Centre d'art et de technologie médiatique de Karlsruhe, ARTE, 2000.

Parmegiani a commencé sa carrière, entre 1955 et 1959, comme mime. Cette discipline, « découpage de l'espace par le corps »[5], a été d'une aide précieuse, confie-t-il à Evelyne Gayou, dans son travail ultérieur sur la musique. Ainsi, les « métamorphoses gestuelles », comme il aime à les nommer, abondent-elles dans son œuvre. Cette « logique d'enchaînement gestuel », longuement maturée dans son expérience des planches, lui paraît similaire au montage sonore :

> La pratique du mime m'a donné la notion sensible de l'espace et de l'évolution du corps dans cet espace. [...] L'enchaînement des gestes (dans le mime) est comparable à ce que l'on peut faire avec le montage[6].

Pour Dhomont, c'est le travail concret du bois, qui a précédé et nourri le travail plus abstrait du son. Même recherche dans cette volonté de mettre au jour la beauté intrinsèque contenue dans la matière brute qu'il faut dégrossir, tailler, sertir. En témoigne cet extrait de conversation avec Gayou :

> — Est-ce qu'on ne peut pas rapprocher le travail manuel du bois de votre jeunesse du travail manuel de la matière sonore en composition analogique ?
> — Si, tout à fait. C'est peut-être pour cela que je suis resté longtemps attaché à l'analogique, beaucoup plus manuel que le numérique. [...] Cette façon de chercher dans le son la beauté qu'il contient pour l'organiser en structures me rappelle l'époque où, pour gagner ma vie, je sculptais le bois en m'inspirant de ses formes naturelles. Dans les deux cas j'ai tenté de réconcilier la volonté et le hasard, le perçu et le conçu, la nature et l'artifice[7].

Le travail sur le son devient le prolongement du gestuel, la sublimation métaphorisée du corporel. À tel point que Dhomont, lorsqu'il se résignera finalement à passer de l'analogique au numérique, regrettera toujours un peu le côté « sportif » et concret de l'époque antérieure à l'informatique, où il enfilait son bleu de travail et se mettait les mains dans le cambouis :

> — La parenté se situe aussi sur la question du faire, du toucher, manipuler l'objet.
> — Oui, et même encore maintenant où, comme tout le monde, je suis passé à l'informatique, je constate que la manipulation des objets me manque un peu. C'était plus physique, je bougeais davantage dans mon studio, j'étais debout, j'allais, je venais. Maintenant, je suis bêtement assis devant un écran, ce qui n'est pas fameux pour le dos, ni pour les yeux... Ça manque d'exercice[8].

« La musique concrète, c'est très abstrait »[9], confie-t-il devant la caméra d'Uli Aulmüller. Derrière cette boutade, on sent poindre un brin de nostalgie pour l'époque des pièces fabriquées au scotch et aux ciseaux, ou de ses premières manipulations du

5. Entretien de Bernard Parmegiani avec Evelyne Gayou, dans *Portrait polychrome n° 4 : Bernard Parmegiani*, p. 20.

6. *Ibid.*

7. Entretien de Francis Dhomont avec Evelyne Gayou, dans *Portrait polychrome n° 10 : Francis Dhomont*, p. 29.

8. *Ibid.*

9. Entretien de Francis Dhomont avec Uli Aulmüller, dans *Mon cinéma pour l'oreille : la musique concrète de Francis Dhomont et Paul Lansky.*

son, sur un dictaphone à fil de première génération : nostalgie de l'époque où l'on *voyait* ce que l'on faisait…

L'art acousmatique n'est pas à l'abri de cette matérialité originelle des sons, quoi qu'il se pratique, ainsi que le prétendent son étymologie, et Pythagore lui-même qui est à l'origine de ce mot, derrière une tenture pour parler à ses disciples sans les distraire par une présence. Gayou le remarque [10] : « Les sons sont toujours le résultat des mêmes gestes de base » : que ces gestes aient été eux-mêmes métaphorisés dans le maniement des outils modernes n'enlève rien, selon elle, à la « mémoire procédurale » et gestuelle inhérente à la manipulation de la matière sonore : ces gestes premiers, hérités de l'homme des cavernes, ont été transposés dans chaque nouvelle génération d'appareillage. Le fait que la lutherie électronique ait assez radicalement changé, quand on compare les premiers appareils électroniques primitifs et les écrans immaculés d'aujourd'hui, n'enlève rien à une philosophie gestuelle inchangée : expérimenter, à l'aide de divers gestes, à partir de sa propre écoute, et développer une empathie entre le geste physique et l'énergie sonore.

Du reste, le son acousmatique était, est et sera toujours un son fixé : Dhomont, grand apologiste de l'art des sons fixés, ne cesse de se réclamer de cette matérialité inspirante et nécessaire du support, première condition et condition première de l'acousmatique : « De la même façon que le cinéaste va travailler sur des images, nous travaillons sur des prises de son fixées sur un support » [11]. Sans la fixation du son sur un support qui permet de le conserver et de le transformer, le créateur est impuissant à créer. L'intervention sur la bande sonore, à l'aide de ciseaux en acier trempé ou des outils plus métaphoriques du logiciel ProTools, reste la même que celle du cinéaste sur sa bande à lui : couper des images, faire du montage, mixer. Et le fait que les outils de travail se soient en quelque sorte désubstantialisés est compensé, ainsi que le note Gayou, par l'apparition du profil du son à l'écran : cette vision du son perpétue en somme le tracé physique de l'acte de composer.

Cette analogie avec le travail du monteur au cinéma est relayée par Parmegiani. Pour lui aussi, la gestion du son ressemble étrangement au travail de l'image parce que les deux sont le travail de la forme, l'engendrement d'une cohésion, d'une cohérence formelle à partir d'un point de départ plus ou moins aléatoire :

> Avant de faire de la musique, j'ai fait des photomontages selon le procédé d'assemblage surréaliste. Je découpais dans des revues un bras, une tête, un marteau, une machine à laver, un bol d'eau d'où s'écoulait un liquide, etc. puis je les associais pour créer une image ayant une signification nouvelle, née de cette juxtaposition inattendue. C'est un procédé comparable au montage en musique électroacoustique, où le choix des sons donne un certain sens à cette juxtaposition de différentes formes [12].

10. « Les sons sont toujours le résultat des mêmes gestes effecteurs de base : frotter, taper, gratter, faire résonner ». Evelyne Gayou, « "Faire et entendre", ou Les procédures de composition d'hier et d'aujourd'hui au GRM », dans Olivier Baudouin (dir.), actes du colloque international Étude des musiques électroacoutiques (*EMS08*) (Paris, 3-7 juin 2008), 2009 (accessible en ligne : http://www.ems-network.org/ems08/papers/gayou.pdf).

11. Entretien de Francis Dhomont avec Uli Aulmüller, dans *Mon cinéma pour l'oreille : la musique concrète de Francis Dhomont et Paul Lansky*.

12. Entretien Bernard Parmegiani avec Evelyne Gayou, dans *Portrait polychrome n° 4 : Bernard Parmegiani*, p. 30.

L'œuvre n'est d'abord qu'un infini de possibilités : infinité des sons, multiformes, opulents, offerts. Tout l'art du créateur sera de les classer, de les dompter, de les assagir, de leur trouver un vis-à-vis.

La métaphore visuelle dans l'œuvre elle-même

Fixer le son, fixer l'espace. Peut-être est-ce dans la toute première étape de la composition que s'allient le mieux ces deux gestes et que s'engendre leur paradoxale union. Cette première étape est la prise de son, qui est capture d'un lieu, lieu qui porte souvent déjà en lui l'idée d'une œuvre. Dhomont, regardant un étang plissé par le vent : « Ces plis sur l'eau se traduiraient par une accumulation sonore »[13]. On croirait qu'il parle de son œuvre, *Les Moirures du temps*, née elle-même de cette volonté de faire passer les formes propres à un ordre, celui de l'espace, dans les formes propres à un autre ordre, le temps. La captation sonore est captation d'espace, avec toutes les difficultés que suppose le rabattement de l'espace réel, celui que nous habitons, à l'espace recréé sur la bande.

Par le truchement mystérieux du son, transposer un lieu dans un autre ; le chatoiement de la rivière en bouillon dans la noirceur de la salle de diffusion, ou encore l'image mentale du compositeur dans l'esprit de son auditeur : la démarche de l'acousmaticien semble parfois *a-musicale*, au point que Dhomont préfèrera franchement parler *d'art* acousmatique plutôt que de *musique* acousmatique. Les sources d'inspiration de Dhomont ou de Parmegiani le révèlent : les lectures bachelardiennes sur la matière, Vladimir Jankélévitch développant l'idée du mouvement circulaire du temps, les images surréalistes et le cinéma de Jean Cocteau ou Luis Buñuel, les dessins de Maurits Cornelis Escher ou de Saul Steinberg, l'expérience d'un espace, vécue dans le désert vers la Mer Morte : dans le silence pesant du désert, où l'on se sent « enfermé dans l'espace », tout à coup, un vol d'oiseau. Parmegiani lève la tête : rien. L'oiseau, comme un Rafale qui a passé le mur du son, est parti depuis longtemps[14]. L'éphémère et la capture du son deviennent alors pour lui l'essence de l'acousmatique. Quant à Dhomont, il révèle avoir abandonné la musique instrumentale au profit de la musique concrète précisément parce que celle-ci était enfin capable de transmettre ses images mentales et le « dessein extra-musical, très loin du formalisme d'un Eduard Hanslick ou d'un Igor Stravinski », qui couvent derrière toutes ses œuvres, ou presque : « J'ai compris que la musique instrumentale s'avérait impuissante à rendre compte des images mentales que je désirais transmettre. Seules me parurent répondre à cette ambition les immenses potentialités sonores de l'électroacoustique »[15]. Au point que la musique, le son, la composition, deviennent prétextes à parler d'autre chose, à voir plus loin. Dhomont en fait l'aveu, lors d'un entretien accordé à Alexandre Yterce : « J'ai parfois le sentiment de composer

13. Entretien de Francis Dhomont avec Uli Aulmüller, dans *Mon cinéma pour l'oreille : la musique concrète de Francis Dhomont et Paul Lansky*.

14. La citation et l'anecdote sont extraites de *Portrait polychrome n° 4 : Bernard Parmegiani*, p. 28.

15. Entretien de Francis Dhomont avec Alexandre Yterce, dans Florence Gonot et Alexandre Yterce, *Francis Dhomont*, livre et disque compact, Paris, Licences, p. 9.

une musique assez “impure”, dans la mesure où elle sert souvent de truchement à des représentations extérieures à sa nature intrinsèque et empiète sur d'autres domaines » [16].

Nulle part ailleurs que dans *Forêt profonde* cette translation de l'extra-musical dans le sonore n'est aussi profonde, précisément. Ce *mélodrame acousmatique*, comme le nomme son auteur, est l'évocation métaphorique d'un lieu, la forêt, de sa touffeur touffue, de sa densité opaque, de ses chemins impénétrables et dont on ne sort pas. Pourtant, ce lieu, évoqué par l'œuvre, est lui-même évocation d'un autre lieu, métaphore d'un espace virtuel : celui de notre inconscient, où l'on prend peur, dans les traces duquel on s'égare et où l'on est fait prisonnier. La matière sonore est métaphore d'un espace qui est lui-même métaphore d'une réalité psychanalytique, théorisée par Bruno Bettelheim : c'est dire si l'art acousmatique de Dhomont s'éloigne du jeu structural pur, de la forme musicale en mouvement chère à Hanslick.

Mais comment cet espace recréé et propre à l'œuvre s'incarne-t-il ? Comment, traitant du son, faire de la musique pour les yeux ? Plusieurs voies s'ouvrent devant le compositeur, dont la tentation de faire de la musique figurative n'est que la première.

La tentation figurative

La première et plus simple réponse consiste à convoquer dans la salle de concert des sons qui évoquent sans nul doute possible leur propre source. L'idée, à défaut d'être neuve, renouvelle dans l'acousmatique l'exercice de figuration dont la *Sonata representativa* de Heinrich Biber imitant des voix d'animaux et les effets évocateurs de tempête céleste des poèmes symphoniques présentent des balbutiements. Et si le son anecdotique de Ferrari, dans sa série des cinq *Presque Rien* par exemple, semble porter à son paroxysme la volonté de figuration et de rupture avec l'écoute réduite schaefferienne, il n'en reste pas moins que l'on rencontre assez souvent chez d'autres auteurs des sons « visuels » très identifiables, bruits de pas, coulures d'eau, voix, chuintements texturés.

Espace interne / espace externe : l'espace interne

Au-delà de ce premier volet, anecdotique, de la tentation de figuration, le son même est porteur de deux espaces, qui correspondent à deux préoccupations du compositeur, distinctes mais s'exerçant souvent conjointement : il y a, d'une part, ce que Michel Chion a appelé l'« espace interne » de l'œuvre, qui correspond au jeu spatial du son même de l'œuvre. D'autre part, il y a l'« espace externe », celui qui concerne la diffusion spatiale et dépend donc non plus seulement, comme c'est le cas de l'espace interne, du support, mais également du dispositif de diffusion (orchestre de haut-parleurs) et de l'interprète (le diffuseur à la console). Cet espace interne et cet espace externe sont deux lieux distincts, deux réalités distinctes de l'œuvre, où les préoccupations spatiales de l'acousmaticien peuvent s'exercer.

16. *Ibid.*, p. 38.

L'espace interne est peut-être le plus abstrait des deux. Pourtant, l'évolution des sons peut suggérer le mouvement, les oppositions de plans permettent de creuser l'espace, la dissociation des ordres, l'ordre du continu et l'ordre du discontinu, donne le sens de la masse, la qualité texturale du son suggère la texture de matières physiques qui sont imaginées comme telles par le compositeur, ainsi que le démontrent ces propos de Parmegiani, sur la pièce « Points contre champs », extraite de *De Natura Sonorum* :

> C'est un long combat entre des événements antagonistes, les uns ponctuels, les autres continus. C'est l'histoire de cet antagonisme, qui se résoudra par la victoire de l'un sur l'autre : les sons ponctuels sont phagocytés… C'est en même temps une étude sur l'espace (notion de perspective, de plans, de proximité et d'éloignement). […] Parmi les éléments ponctuels, il y en a de très délicats (ils font penser à des frottements d'élytres) mais aussi de très rugueux, presque grossiers : c'est comme une grosse râpe sur l'oreille [17].

Les notions de gommage, d'estompement, d'agrégat, de masse, de condensation ou de dissolution des matières sonores appartiennent donc à cet espace interne de l'œuvre.

Espace interne / espace externe : l'espace externe

Pour autant, l'espace externe n'est pas envisagé distinctement de l'espace interne. D'abord, parce qu'il est possible de prévoir, sur le support même de l'œuvre, une bonne partie de la diffusion : le déplacement géographique des sons entre la gauche et la droite est ainsi au cœur même de la composition des « Natures éphémères », sixième pièce des *De Natura Sonorum*, dans le même geste que leur évolution interne est envisagée [18].

Il en va de même pour Dhomont, qui reconnaît composer toujours *avec* l'espace, en fonction de l'espace et des limitations propres qu'il estime être celles de l'oreille humaine, moins raffinée en terme de perception spatiale que de perception des hauteurs et des rythmes (peut-être parce que moins culturellement entraînée à porter attention à ce paramètre un peu négligé par la musique savante occidentale) : « La dimension spatiale a toujours fait partie de mes préoccupations, cela me semble inhérent à l'œuvre. Donc quand je compose, je compose aussi avec l'espace, toujours » [19].

Un excellent exemple de cette préoccupation est son œuvre *Sous le regard d'un soleil noir*, qui porte sur la schizophrénie. La voix du narrateur « d'abord localisée au centre de l'espace stéréophonique, s'écarte lentement vers la droite et la gauche afin de créer l'illusion d'une même personne arrachée à son unicité, coupée en deux et s'opposant à elle-même » [20].

---

17. Jean-Christophe Thomas, Philippe Mion et Jean-Jacques Nattiez, *L'envers d'une œuvre* : De Natura Sonorum *de Bernard Parmegiani*, Paris, INA – Buchet / Chastel, 1982, p. 134-135.

18. *Ibid.*, p. 88-93.

19. Entretien de Francis Dhomont avec Evelyne Gayou, dans *Portrait polychrome n° 10 : Francis Dhomont*, p. 33.

20. Francis Dhomont, « Abstraction et figuration dans ma musique », conférence donnée à l'Université de Cologne, 1er juillet 2005. Nous remercions l'auteur de nous avoir fourni le texte de sa conférence.

Lois et traitements visuels

De la même façon que ce dernier exemple fait penser au triptyque final du *Napoléon* d'Abel Gance (1927), une autre façon de projeter l'espace de l'œuvre va être la récupération de procédés visuels au profit du propos électroacoustique. Ainsi Parmegiani n'hésite-t-il pas à emprunter divers traitements, comme celui de *l'arrêt sur image*, propres au cinéma, pour inspirer ses traitements sonores :

> Je fige le son en prolongeant artificiellement sa résonance. [...] C'est en quelque sorte une manière de geler le temps en prolongeant l'instant présent. Il existe une image cinématographique équivalente, qu'on appelle « arrêt sur image » : le mouvement d'un personnage est subitement stoppé dans son élan et demeure ainsi fixé pour l'éternité [21].

Le fondu enchaîné sert aussi de métaphore à la « métamorphose du timbre dans la continuité ». Deux pièces de *De Natura Sonorum*, « Géologie sonore » et « Matières induites », vont être engendrées par le même esprit de continuité et de transformation formelle : « Dans les deux cas c'est le même processus par fondu enchaîné » [22].

La propagation des ondes, troisième et dernier exemple, est la loi physique qui inspirera la correspondance baudelairienne à l'œuvre dans *Ondes croisées*, où « les vibrations audibles de pizz interfèrent avec les ondes que l'on devine visibles de gouttes d'eau sur une surface de même matière. [...] J'avais fait », explique Parmegiani, « ce rapprochement entre deux lois physiques de propagation » [23] : toute la pièce est construite sur l'analogie des cercles concentriques qui s'étendent sur l'eau lorsqu'un objet en heurte la surface et des propagations audibles d'une attaque de pizzicato. L'espace de l'œuvre rappelle l'espace, imaginaire, de l'image dont elle est partie.

Mais nous devons rester un instant encore sur ce dernier exemple. De la démarche d'*Ondes croisées*, Parmegiani dit encore : « J'ai pris une goutte d'eau, et pour les pizz, un élastique » [24]. À ce moment, il est en fait en train de parler du *son* engendré par cette goutte d'eau, du *son* généré par l'élastique. Pourtant, il dit : « Je prends une goutte d'eau et un élastique », confondant l'objet sonore et le corps qui l'engendre. Jean-Christophe Thomas, dans *L'envers d'une œuvre*, livre d'entretiens menés avec Parmegiani sur la genèse de *De Natura Sonorum*, a raison de remarquer que cette confusion est d'autant plus troublante que Parmegiani est censé être un chantre lyrique et engagé dans la pratique et la défense de l'écoute réduite. Mais qu'est-ce, au juste, que cette écoute réduite ?

La métaphore visuelle, soutien à l'exégèse esthésique

L'écoute réduite est la pratique, prônée par Schaeffer, qui consiste à envisager l'objet sonore pour lui-même, à le percevoir pour le son lui-même, indépendamment de sa

21. Entretien de Bernard Parmegiani avec Evelyne Gayou, dans *Portrait polychrome n° 4 : Bernard Parmegiani*, p. 34.
22. Thomas, Mion et Nattiez, *L'envers d'une œuvre :* De Natura Sonorum *de Bernard Parmegiani*, p. 108.
23. *Ibid.*, p. 116.
24. *Ibid.*

provenance, de son origine concrète et de sa signification. Elle consiste avant tout à décrire ce que l'objet sonore n'est pas :

- L'objet sonore n'est pas le corps sonore ;
- L'objet sonore n'est pas le signal physique ;
- L'objet sonore n'est pas le fragment d'enregistrement sur le support ;
- L'objet sonore n'est pas sa représentation graphique sur une partition ;
- L'objet sonore n'est pas relatif à l'état d'âme de l'auditeur.

L'objet sonore peut alors être écouté pour lui-même, et décrit selon des critères typologiques précis : sa « masse » (c'est-à-dire sa hauteur, fixe ou variable, simple ou complexe), sa « facture » (c'est-à-dire l'entretien énergétique de l'objet), sa « durée » et son « degré de variation », son « équilibre » et son « originalité » (prévisibilité / imprévisibilité de son évolution).

Or, Jean-Christophe Thomas le remarque tout au long de *L'Envers d'une œuvre*, le compositeur ne cesse de confondre, intentionnellement ou pas, le son lui-même avec son origine et la matière physique, concrète, avec son résultat sonore. Plutôt que de parler d'un objet sonore de masse *x* et de facture *y*, plutôt même que de parler du *son* d'une goutte d'eau, Parmegiani, totalement désinhibé par rapport à l'écoute réduite, va évoquer une étape de la composition d'*Ondes croisées* en disant : « Je prends une goutte d'eau ». L'objet sonore de la bande magnétique, dans la *réinterprétation esthésique* que son propre compositeur lui fait subir, devient *la goutte d'eau elle-même*. Cette confusion, ou plutôt cette identification entre le son et la matière est presque systématique chez Parmegiani, qu'il s'agisse de décrire le son lui-même ou les traitements qu'il a subis.

Lorsqu'il n'en réfère pas à la matérialité originelle du son (la goutte d'eau, l'élastique, etc.), le compositeur procède, pour nommer le son, par voie de métaphore : ce sont, par exemple, des « flammèches blanches » qui surgissent tout à coup. Cette jouissance de la matière n'apparaît peut-être nulle part mieux que dans le commentaire sur *Matières induites*, où un Parmegiani enfin submergé par la matière lâchée sans ambages plonge avec délectation dans sa libération :

> Par rapport à ce qui a précédé [*Natures éphémères*] [...], on a tout d'un coup une sorte de libération de la matière, qui se répand, qui se formule presque à l'état brut, n'étant plus retenue ni par le ciseau ni par aucune manipulation ! [...] C'est un des mouvements que j'aime beaucoup parce que j'y suis submergé par la matière. C'est la matière qui prend le pas sur moi et de ma part, il y a une sorte de laisser-aller. La matière est libérée[25].

Ainsi, lorsqu'il porte un regard sur son œuvre – ou sur celle des autres – le compositeur acousmatique semble aussi démuni que le commun des mortels, malgré les outils de l'écoute réduite ; et ce sont des images qui lui viennent spontanément lorsqu'il est invité à verbaliser son expérience esthétique. Au-delà des catégories rigoureuses de la typo-morphologie schaefferienne[26], de l'analyse fonctionnelle de Stéphane Roy[27], de

25. *Ibid.*, p. 111.

26. Pierre Schaeffer, *Le traité des objets musicaux*, Paris, Éditions du Seuil, 1966.

27. Stéphane Roy, *L'analyse des musiques électroacoustiques : modèles et propositions*, préface de Jean-Jacques Nattiez, Paris, L'Harmattan, 2003.

la spectromorphologie de Denis Smalley[28] ou de tout autre système analytique, c'est à la subjectivité de l'expérience de l'écoute qu'en appelle le compositeur. C'est la mémoire *physique* du geste de cette musique qui, comme le rappelle Dhomont, s'adresse autant au corps qu'à l'esprit, et qui engage des moyens physiques, concrets, pour transmettre ou évoquer des structures abstraites; au-delà des catégories analytiques rationalisées, c'est à l'impureté concrète du geste que la parole du compositeur réfère pour exprimer son œuvre ou celle des autres. Bayle s'en explique. Pour lui, l'exercice d'appropriation auditive passe par la description en images : « Le doigt commutateur », dit-il, « fait basculer la trace du son inscrit (préparé), sur l'espace vivant des images (celui de la perception) : s'inverse alors le travail de l'auteur, repris par l'audition créative »[29].

Comme une éponge sèche, la musique sur support aurait besoin de l'humectage vivifiant de l'image pour retrouver sa forme première, celle par laquelle elle a vu le jour dans l'esprit du compositeur. C'est ce qui explique, d'une part, la confusion chez le compositeur (et en particulier chez Parmegiani) entre l'objet sonore et son image ou son origine, et d'autre part, l'amalgame entre le poïétique, la matière sonore et le retour esthésique du créateur sur son œuvre : les trois coïncident, « tout se tient », dit Parmegiani[30]. Ce que j'ai voulu faire (le poïétique) se trouve maintenant contenu sur le support (l'immanent) et correspond aussi à la perception *a posteriori* que j'en ai (l'esthésique).

La métaphore, l'image comme passage obligé de la création et de la réception : comme si la musique n'était préhensible, compréhensible, que par le truchement d'autre chose qu'elle-même, que par l'intermédiaire d'un interprète, la métaphore, qui fasse usage d'autres fonctions que ses dispositions propres. Nombreux sont ceux qui ont ainsi noté cette difficulté de la musique à être saisie pour elle-même. Ainsi que le rapporte Michel Imberty[31], Sigmund Freud lui-même semble avoir été saisi d'une curieuse incapacité à approcher, par le biais de l'analyse, l'objet musical contondant. Il a d'ailleurs écrit sur cette difficulté :

> Les œuvres d'art font sur moi une impression forte, en particulier les œuvres littéraires et les œuvres plastiques, plus rarement les tableaux. J'ai été ainsi amené, dans des occasions favorables, à en contempler longuement pour les comprendre à ma manière, c'est-à-dire à saisir par où elles produisent de l'effet. Lorsque je ne puis pas faire ainsi, par exemple pour la musique, je suis presque incapable d'en jouir. Une disposition rationaliste ou peut-être analytique lutte en moi contre l'émotion quand je ne puis savoir pourquoi je suis ému ni ce qui m'étreint[32].

---

28. Denis Smalley, « Spectromorphology and Structuring Processes », dans Simon Emmerson (dir.), *The Language of Electroacoustic Music*, London, Macmillan, 1985, p. 61-93.

29. François Bayle; cité dans *Portrait polychrome n° 10 : Francis Dhomont*, p. 43.

30. « [Jean-Christophe Thomas :] — J'ai l'impression que depuis un moment tu files une métaphore : jongleur, rebond, bulle, balle… et maintenant des attaques rondes… C'est le langage qui parle, mais est-ce qu'il parle de la musique? [Bernard Parmegiani :] — Tout se tient. Le langage définit ce que je voulais faire au moment où j'ai composé, et aussi la perception que j'ai de cette musique maintenant qu'elle est faite ». Voir Thomas, Mion, Nattiez, *L'envers d'une œuvre* : De Natura Sonorum *de Bernard Parmegiani*, p. 129.

31. Michel Imberty, « La musique et l'inconscient » dans Jean-Jacques Nattiez (dir.), *Musiques : une encyclopédie pour le XXIe siècle*, vol. 2 : *Les savoirs musicaux*, Arles, Actes Sud / Paris, Cité de la musique, 2004, p. 390-418, ici p. 390-391.

32. Sigmund Freud, *Le* Moïse *de Michel-Ange* [1914], traduit de l'allemand par Mme Édouard Marty et Marie Bonaparte, Paris, Théraplix, 1970; cité dans Imberty, « La musique et l'inconscient », p. 390.

Roland Barthes éprouvait une difficulté un peu similaire [33] : par quel biais de langage puis-je approcher, non pas saisir, mais seulement *approcher* le son, sa conduite, son émotion ? Comme le temps chez saint Augustin, ce temps qui semble si évident lorsque nous en faisons, tous, l'expérience dans la contingence de notre propre existence, et qui pourtant recule et se dérobe quand je veux le nommer, le son se rebelle, se rétracte à l'analyse. La musique, ce serait ce qui se dérobe au langage et à l'analyse, ce qui s'impose, au-delà et en deçà de tout langage et de toute analyse. Cette difficulté à *nommer* la musique explique peut-être pour partie, au-delà du vocabulaire spécialisé qui s'est développé pour décrire les rouages du langage tonal et, plus largement, instrumental, le vide de langage pour parler du « timbre », du « son », de sa « matière » même. Et, par conséquent, l'emprunt d'une sémantique qui ne soit pas propre au temps, au sonore, à l'audition, mais qui recourt au champ du spatial.

Enfin, peut-être pouvons-nous faire l'hypothèse qu'en nous se joue une intime, une infime lutte de pouvoir entre le temporel et le spatial, entre le visuel et l'auditif. Cette petite querelle de chapelle appellerait un seul vainqueur : l'œil.

L'image, c'est du concret, du tangible, du « dur ». Le son quant à lui est évanescent, fantasmatique, incertain, indéterminé. Lorsque nous entendons derrière nous un bruit inquiétant, un craquement suspect ou l'arrivée inopinée d'un individu, notre premier réflexe est de faire face au danger, pour en confirmer ou en infirmer la présence *par la vue*, parce que nous avons du mal à concevoir un son dont l'origine ne soit pas physique. Nous convoquons aussitôt l'image en renfort du son qui a inquiété notre alerte. De même, Daniel Deshays le note à juste titre :

> Si le son est placé en retard ou en avance sur l'image, ce n'est jamais à l'image que l'on imputera la responsabilité du décalage temporel : l'image demeurant le référent du temps, elle ne sera jamais pensée comme en retard ou en avance sur le son. L'image est du tangible, le son, du fantasmatique [34].

Ainsi que le font certains films expérimentaux de Jean-Luc Godard, le son décalé par rapport à l'image semble toujours responsable, dans notre pensée manichéenne assoiffée de coupables, de cette désynchronisation.

Néanmoins, l'empreinte mentale du son demeure forte, même si les voies pour l'exprimer empruntent d'autres chemins. Notre tendance pour ainsi dire spontanée à rabattre la dimension fuyante, instable, inquiétante, infidèle même, du son, du temps, dans les vertus consolatrices tangibles, saisissables, de l'espace qui se peut toujours convoquer de nouveau, ne nous parle au fond que de notre crainte à vivre ainsi, perdus et seuls dans l'infini du temps sans fin et sans repos, dans cet infini dont Maurice Bachelard disait qu'on n'y est pas chez soi.

---

33. « Ces figures musicales, je ne parviens pas toujours à les nommer. [...] Cela s'agite en moi, mais je ne trouve pas la bonne métaphore [...]. Mon royaume pour un mot ! ah, si je savais écrire ! La musique, ce serait ce qui lutte avec l'écriture ». Roland Barthes, « Rasch », dans Julia Kristeva, Jean-Claude Milner et Nicolas Ruwet (dir.), *Langue, discours, société* : pour *Émile Benveniste*, Paris, Éditions du Seuil, 1975, p. 217-228, ici p. 224.

34. Daniel Deshays, *Pour une écriture du son*, Paris, Klincksieck, 2006, p. 27.

Heureusement, il reste le son, celui qui panse, celui qui guérit les plus intimes blessures ; il reste le son, sa présence réelle, en nous, sa présence concrète dans notre moi, siège ultime de l'art des sons fixés. La petite phrase de Vinteuil, que ceux qui l'ont entendue « conservent en eux de plain-pied avec les idées de l'intelligence », la petite phrase de Vinteuil, celle-là qui ressurgit en nous lorsque, dans l'obscurité de la salle de diffusion, nous nous laissons tout entier posséder par les *Géologie sonore*, *Forêt profonde*, *Champ de fouilles*, et autres hauts lieux où nous sommes invités à soumettre notre vie, la petite phrase de Vinteuil existe

> latente dans [notre] esprit au même titre que certaines autres notions sans équivalent, comme les notions de la lumière, du son, du relief, de la volupté physique, qui sont les riches possessions dont se diversifie et se pare notre domaine intérieur. [...] Peut-être est-ce le néant qui est le vrai, et tout notre rêve est-il inexistant, mais alors nous sentons qu'il faudra que ces phrases musicales, ces notions qui existent par rapport à lui, ne soient rien non plus. Nous périrons, mais nous avons pour orages ces captives divines qui suivront notre chance. Et la mort avec elles a quelque chose de moins amer, de moins inglorieux, peut-être de moins probable[35].

35. Marcel Proust, *À la recherche du temps perdu*, t. 1 : *Du côté de chez Swann*, vol. 2, Paris, Gallimard, 1919, p. 178.

ENTRETIENS (IN)SINCÈRES DE MARCEL BROODTHAERS

DENIS LAOUREUX

Marcel Broodthaers (1924-1976) a donné ses premiers entretiens peu après avoir reconfiguré dans le monde de l'art des activités qui, jusqu'alors, étaient essentiellement littéraires et journalistiques. Sa première exposition personnelle se tient en 1964, à Bruxelles, dans les locaux de la Galerie Saint-Laurent. Cet événement, qui fait suite au prix de la Jeune Sculpture qui lui fut attribué en 1963 [1], a suscité le premier entretien que l'artiste accorde en 1965, pour la revue *Degré zéro* [2]. À partir de ce moment, Broodthaers multipliera les conversations en lien avec ses expositions. Son expérience personnelle de la pratique de l'interview inhérente aux reportages journalistiques qu'il a menés jusqu'au début des années 1960 explique peut-être cette dynamique, bien que notre homme se soit défié de la trace laissée par une conversation enregistrée. Si certains entretiens ont été retranscrits et publiés du vivant de l'artiste et avec son assentiment, d'autres, en revanche, ont conservé leur forme audiovisuelle initiale. Certains entretiens sont réels, d'autres sont imaginaires... On ne peut exclure que certaines conversations aient été remaniées, recomposées, voire réécrites, pour les besoins de la publication [3].

Il est évident que la fonction didactique inhérente à la pratique de l'entretien est liée à l'hermétisme, au risque d'incompréhension produit par le caractère innovant des manifestations d'avant-garde. En effet, par l'entretien qu'il accorde, l'artiste explique les éléments nouveaux qui prennent corps dans une œuvre pouvant apparaître comme étant complexe, opaque, aux yeux du public. En cela, les entretiens constituent une source permettant de mieux saisir la nature des pièces mises en scène dans les salles d'exposition. Le premier entretien accordé par Broodthaers – en 1965, donc – répond clairement à cette fonction. Mais il est tout aussi évident que bien d'autres entretiens font apparaître un Broodthaers en brillant orateur enclin à jeter volontairement le trouble sur

1. Les premiers objets de Broodthaers ont été conçus en 1963. Ils ont été couronnés par le prix de la Jeune Sculpture décerné cette année. L'artiste expose ensuite, en 1964, à la Galerie Saint-Laurent ainsi que dans deux autres galeries : *Smith* et *Les Contemporains*.

2. Jean-Michel Vlaeminckx, « Entretien avec Marcel Broodthaers », *Degré Zéro*, n° 1, Bruxelles, Éditions Dialogue, 1965.

3. Louis Marin a décrit ce mécanisme de recomposition écrite du discours oral dans son essai *De l'entretien*, Paris, Les Éditions de Minuit, 1997.

ses œuvres et à s'inscrire ainsi dans une logique de positionnement au sein du champ artistique. Ceci laisse entendre que l'entretien revêt aussi une dimension stratégique. On voudrait postuler ici que la stratégie en jeu dans les entretiens de Broodthaers a trait à une figure alors essentielle dans le monde artistique belge, celle de René Magritte.

Pour rendre intelligible la position que, dans ses entretiens, Broodthaers va stratégiquement adopter face au maître du surréalisme, plusieurs précisions doivent être apportées. Le titre quelque peu sibyllin de la présente contribution est, en fait, une paraphrase faisant directement allusion à un événement précis : la première exposition personnelle présentée par Broodthaers, on l'a dit, en 1964. On se limitera à deux remarques concernant cette exposition. D'une part, avec le texte qu'il fait figurer sur le carton d'invitation au vernissage de l'exposition, l'artiste signale qu'il entend inventer « quelque chose d'insincère », comme s'il se montrait d'emblée conscient, par le recours à cette curieuse formule, des compromissions que le marché de l'art impose aux artistes[4]. D'autre part, lors du vernissage de cette exposition, Broodthaers fige dans un socle de plâtre les exemplaires de son quatrième et dernier recueil de poèmes, *Pense-Bête*[5], encore en sa possession. En posant cet acte, l'artiste confirme la nature du projet esthétique porté par son exposition : enterrer les moyens traditionnels dont dispose un homme de lettres pour prolonger la poésie par d'autres moyens.

Inscrits à l'intérieur d'un recueil transformé en objet, les textes deviennent forcément inaccessibles. On peut dire que cette métamorphose a plutôt bien fonctionné puisque peu de commentateurs ont ouvert un des rares exemplaires ayant échappé à leur transformation en œuvre d'art. *Pense-Bête* s'ouvre pourtant sur un texte essentiel. Celui-ci, intitulé « Art poétique », est une sorte de confession de poète où Broodthaers met en évidence un paradoxe de la langue française selon lequel l'excès de clarté dans les formes du discours opacifie le contenu du message[6]. L'exemple que donne Broodthaers, c'est le Code pénal : la précision conceptuelle de la rhétorique juridique confine, selon lui, à l'aveuglement. Ce paradoxe linguistique est un point majeur. Pour deux raisons : d'abord parce que l'œuvre plastique de Broodthaers va découler de ce constat qui lui donnera sa dimension poétique. Ensuite, et c'est là que se pose la pratique de l'entretien en tant qu'élément stratégique dans un positionnement au sein du champ artistique, il s'agit d'un paradigme proche de celui que Magritte explore dans sa célèbre série de peintures-mots (1927-1930) dont fait partie *La Trahison des images* sur laquelle Broodthaers est revenu à de nombreuses reprises.

Il n'est pas question de développer ici une exégèse approfondie de cette icône du surréalisme belge. On se contentera simplement de rappeler que la condition même de la démonstration de *La Trahison des images*, c'est précisément cette extrême clarté formelle dont Broodthaers fait le ressort de l'opacité sémantique dont il va charger les textes présents dans ses œuvres. Pour Magritte, l'image n'est pas l'objet qu'elle prétend être par la clarté de son apparence, évidemment, puisqu'elle est une représentation.

4. « Moi aussi je me suis demandé si je ne pouvais pas vendre quelque chose… », carton d'invitation, Bruxelles, Galerie Saint-Laurent, du 10 au 23 avril 1964.

5. Marcel Broodthaers, *Pense-Bête*, Bruxelles, H. Kumps, 1964.

6. Nous avons analysé cet aspect dans notre contribution « Broodthaers et le moule des mots », dans Denis Laoureux (dir.), *Écriture et art contemporain*, numéro spécial de *Textyles*, n° 40, 2011, p. 33-42.

Il convient de souligner que cette imposture de l'image est intrinsèquement liée au mimétisme photographique appliqué par Magritte dans sa pratique picturale. En somme, plus l'image de l'objet est claire, plus elle est une trahison. Inversement, plus la représentation picturale de l'objet s'écarte de l'apparence de cet objet, et plus il apparaît avec évidence que l'image est une représentation. Le degré de trahison de l'image est donc proportionnel au degré de vraisemblance de la représentation. Tel est le postulat de Magritte et tel est le constat que Broodthaers dresse face à la langue française. *La Trahison des images* donne à penser que, pour Magritte, la désignation des choses est un acte arbitraire ou, pour le dire autrement, que le signifiant est une coquille vide, à l'instar des mots dans la conception que Broodthaers se fait de l'énonciation poétique. Les panneaux de moules constituent l'expression plastique de cette critique de la langue. Le grand nombre d'objets, d'installations, de films et d'entretiens qui reviennent sur la démonstration de Magritte laissent entendre que, pour Broodthaers, se positionner par rapport au chef de file du surréalisme belge est une exigence stratégique.

Aucune interview ne fut accordée par Broodthaers poète, c'est-à-dire avant 1964. Par contre, on l'a dit, devenu plasticien en 1964, il accorde très vite un premier entretien, en 1965. Son dernier texte, publié à titre posthume, peu après sa mort survenue le jour de son anniversaire, le 28 janvier 1976, est, lui aussi, un entretien[7]. Entre ces deux extrêmes chronologiques, on trouve une vingtaine d'entretiens publiés du vivant de l'artiste. Il faut ajouter environ une quinzaine d'interviews demeurées sur des supports audiovisuels. C'est d'ailleurs dans un entretien que Broodthaers a fait observer à son interlocuteur qu'il voyait en Magritte un ogre dévorant ses enfants. Ces éléments disent combien était nécessaire, pour Broodthaers, le fait de se positionner face à *La Trahison des images* au-delà du propos inhérent aux œuvres et aux films ayant utilisé cette peinture célèbre. Ce positionnement est passé par la forme de l'entretien.

En effet, pour mesurer la postérité de l'œuvre de Magritte dans celle de Broodthaers, et pour déceler la part stratégique en jeu dans les conversations de ce dernier, il est difficile de faire l'économie d'un entretien accordé en 1974 à Irmeline Lebeer, et qui fut publié sous le titre de « Dix mille francs de récompense »[8]. Croiser le nom de Magritte avec celui de Broodthaers conduit inévitablement à cet entretien accordé en 1974 dans le cadre d'une exposition personnelle montée au Palais des Beaux-Arts. Intitulée *Catalogue/Catalogus*, cette exposition se présentait comme une rétrospective du travail de l'artiste. Ce contexte explique le caractère rétrospectif et théorique de cet entretien fameux que plusieurs témoignages décrivent par ailleurs davantage comme une conversation recomposée *a posteriori* par l'artiste que comme la transcription littérale d'une interview.

Broodthaers signale d'emblée avoir été « hanté par une certaine peinture de Magritte, celle-là où figurent des mots ». Il se situe donc par rapport au Magritte des

---

7. Stéphane Rona, « C'est l'angélus qui sonne : entretien avec Marcel Broodthaers [1975] », *+ - 0*, n° 12, 1976, p. 18-19.

8. Marcel Broodthaers, « Dix mille francs de récompense », entretien avec Irmeline Lebeer publié dans Marcel Broodthaers, *Catalogue/Catalogus*, catalogue de l'exposition (Bruxelles, Palais des Beaux-arts, 27 septembre au 3 novembre 1974), Bruxelles, Société des Expositions du Palais des Beaux-Arts, 1974, p. 64-68.

peintures-mots réalisées entre 1927 et 1930, qui n'est pas exactement le peintre que Broodthaers a connu et fréquenté dans le contexte du Surréalisme révolutionnaire dont sortira Cobra en 1948. L'artiste poursuit son entretien, et après avoir pris assez nettement ses distances avec André Breton et sa vision onirique du surréalisme, il fait remarquer que « Magritte avec *Ceci n'est pas une pipe* est moins aisé. Mais encore, était trop Magritte. C'est-à-dire qu'il n'était pas assez *Ceci n'est pas une pipe* ». Et de conclure : « C'est à partir de cette pipe que j'ai tenté l'aventure »[9].

La posture que Broodthaers adopte face au peintre de *La Trahison des images* est assez nette. D'une part, en déclarant que Magritte fut trop Magritte, et donc pas assez « ceci n'est pas une pipe », il considère que Magritte n'a pas tiré les conséquences du paradigme épistémologique en jeu dans *La Trahison des images* : si la peinture est une trahison, alors pourquoi maintenir une pratique picturale, pourquoi ne pas franchir la limite au-delà de laquelle une peinture cesse d'être une peinture? D'autre part, la dernière phrase, « c'est à partir de cette pipe que j'ai tenté l'aventure », apporte une nuance remarquable. À l'origine de son « aventure », Broodthaers place non pas la représentation d'une pipe quelconque dans *La Trahison des images*, mais bien, et c'est comme cela que nous comprenons cette phrase, la pipe que Magritte a représentée. Il se réfère à l'objet que constitue une pipe, non à la peinture de cette dernière.

Cette question du statut de l'objet dans la peinture de Magritte préoccupe fortement Broodthaers. Ce dernier ne s'en cache d'ailleurs pas dans son entretien de 1974 avec Lebeer. Et pour cause, dans les années 1960 et 1970, la question constitue un nœud esthétique essentiel, qui est celui de la limite de la peinture. Il est à cet égard pour le moins significatif que Broodthaers ait conçu, en 1973, une œuvre qui se présente comme une pile de seize toiles vierges. Recouvertes d'une couche de préparation blanche, ces toiles montées sur châssis sont empilées les unes sur les autres. Passée inaperçue dans la critique spécialisée de l'art contemporain, l'œuvre est pourtant significative en termes d'histoire de l'art. En effet, d'un point de vue international, cette *Pile de toiles* peut être mise en relation avec un faisceau de questions qui, depuis les *Black Stripe Paintings* exposées par Frank Stella au Museum of Modern Art (MoMA) de New York en 1959, et plus largement depuis les diverses tendances de l'art conceptuel issues du minimalisme né au milieu des années 1960, portent sur le statut de la peinture dans l'art contemporain. Aucun autre objet que la toile vierge n'incarne mieux cette limite au-delà de laquelle une peinture cesse d'être une peinture pour devenir un objet, que le minimalisme américain qualifiera de « spécifique »[10] et que Broodthaers, quant à lui, verra plutôt en termes de quotidienneté. Cette quotidienneté a ceci d'important qu'elle va permettre à Broodthaers de confronter la démonstration de Magritte à celle d'un

9. Marcel Broodthaers, « Dix mille francs de récompense [1974] »; repris dans *Marcel Broodthaers par lui-même*, introduction et choix des textes par Anna Hakens, Paris, Flammarion / Gand, Ludion, 1998, p. 111-120, ici p. 115.

10. Donald Judd, « Specific Objects », *Arts Yearbook*, vol. 8, 1965, p. 74-82. Version française : « De quelques objets spécifiques », dans Charles Harrison et Paul Wood (dir.), *Art en théorie, 1900-1990 : une anthologie*, traduit de l'anglais par Annick Baudoin, Christian Bounay, Jacques Donguy et coll., version française publiée sous la direction de Anne Bertrand et Anne Michel, Paris, Hazan, 1997, p. 891-896.

autre artiste, majeur, s'étant lui aussi interrogé sur les limites de la peinture : Marcel Duchamp.

Dans son entretien de 1974, Broodthaers fait donc allusion à un objet quotidien : la pipe utilisée par Magritte dans la confection de la *Trahison des images* qu'il dénonce en 1929. Cet objet quotidien serait à l'origine d'une « aventure » qui va connaître un temps particulièrement fort en 1972 : la *Section des figures* du *Musée d'Art Moderne, Département des Aigles*. Intitulée également *L'Aigle de l'oligocène à nos jours*, cette *Section des figures* est, en fait, une exposition que Broodthaers présente du 16 mai au 9 juillet 1972 au Palais des Beaux-Arts de la ville de Düsseldorf (Städtische Kunsthalle) de Düsseldorf[11].

Le projet est présenté dans un entretien de 1972, qui est intégré sous la forme d'un tract dans le catalogue de la Documenta de Kassel organisée la même année, mais de façon légèrement postérieure, du 30 juin au 8 octobre 1972, et où Broodthaers déclare la mise en faillite de son musée en présentant une nouvelle et dernière section, celle de la publicité. Voici comment débute cet entretien :

> Le *Musée d'Art moderne, Département des Aigles* est tout simplement un mensonge, une tromperie. Mais il survit depuis déjà quatre ans au sein de manifestations les plus diverses; dans des publications, des entretiens, des cartes postales, de véritables objets d'art, des tableaux, des sculptures et dans des *publicity objects*[12].

On voit que, pour Broodthaers, l'entretien n'est pas un commentaire sur l'œuvre, mais bien une partie du dispositif.

Le synopsis de cette exposition est simple : la représentation de l'aigle comme motif iconographique, sans distinction chronologique ou géographique. Le concept de l'exposition postule que l'aigle est une sorte d'allégorie du pouvoir autoritaire légitimé par une hiérarchie. Broodthaers a ainsi exposé 266 pièces comprenant des œuvres d'art, mais aussi des objets à l'effigie de l'aigle. L'exposition a impliqué la participation de nombreuses institutions sollicitées pour les prêts : plusieurs dizaines d'institutions publiques parmi lesquelles le Musée d'art décoratif de Berlin, le Musée Ingres, le Prado (qui a prêté un Pierre Paul Rubens), le Musée de l'histoire militaire de Vienne, etc. Le visiteur a pu y voir des reliques d'histoire naturelle, de l'iconographie religieuse, de la publicité, des labels de société. Ces pièces ont été exposées avec des peintures d'Arnold Böcklin, Pierre Paul Rubens, René Magritte, Antoine Wiertz, Jean Auguste Dominique Ingres, et même une œuvre de Gerhard Richter.

Il est crucial, pour le vrai directeur du faux *Musée d'Art Moderne, Département des Aigles*, que le visiteur comprenne que l'enjeu du propos n'est pas l'aigle en tant que motif. Ce n'est pas, en dépit des apparences et du réel intérêt iconographique de cette manifestation, une exposition sur l'évolution de la représentation du motif de l'aigle.

---

11. Pour une présentation générale de cet événement, voir Jürgen Harten, « *L'Aigle de l'Oligocène à nos jours*, Düsseldorf 1972. *Musée d'Art Moderne, Département des Aigles, Section des figures* », dans *L'Art de l'exposition : une documentation sur trente expositions exemplaires du* XX*e siècle*, Paris, Éditions du Regard, 1998, p. 383-400.

12. « [Le *Musée d'Art Moderne Département des Aigles, Section d'Art Moderne* est tout simplement un mensonge : entretien avec Johannes Cladders] », tract inséré dans le catalogue Documenta 5. Kassel, du 30 juin 1972 au 15 août 1972.

C'est là que l'entretien a joué un rôle décisif. En fait, il y a eu plusieurs entretiens audiovisuels, et un entretien repris dans le dossier de presse de l'exposition. Ces entretiens doivent être mis en relation avec le catalogue de l'exposition dans lequel Broodthaers a eu une idée pour le moins décapante en termes de positionnement stratégique dans le champ artistique national et international : croiser Duchamp et Magritte. Le catalogue de l'exposition s'ouvre, en effet, sur un montage associant *Fountain* et *La Trahison des images*. Un texte intitulé « Méthode » précise que la charge subversive du ready-made – *Fountain* date de 1917 – n'est plus que l'ombre d'elle-même puisque le principe de ready-made serait devenu la norme de l'avant-garde. Pour Broodthaers, le ready-made est devenu ce qu'il était censé subvertir : un académisme d'autant plus difficile à renverser qu'il est soutenu par le marché de l'art et par la critique spécialisée disposant, quant à elle, d'une marge de manœuvre plus étroite encore que celle des artistes.

L'entretien va constituer un élément-clé dans ce projet critique. Broodthaers fait remarquer à son interlocuteur qu'il a construit son exposition sur la rencontre de deux démonstrations. La première démonstration, celle de Duchamp, consiste à soutenir devant un objet quotidien que « ceci est un objet d'art ». La seconde démonstration reprend la formule que Magritte a placée sous la représentation d'une pipe et qui signale, comme chacun sait, que « ceci n'est pas une pipe ». Dans une contribution éclairante, Thierry de Duve a montré fort à propos que le conservateur de la *Section des Figures* a fait la somme de ces deux formules pour en obtenir une troisième, cinglante : « Ceci n'est pas un objet d'art » [13]. Autrement dit, « ceci est un objet d'art » additionné à « ceci n'est pas une pipe » donne « ceci n'est pas un objet d'art ». Ce postulat que Broodthaers obtient par addition des deux autres est le texte repris sur l'étiquetage. 266 cartels précisent ainsi que chaque pièce présentée lors de cette exposition, y compris les toiles d'Ingres et de Rubens, est dépouillée de valeur artistique. En somme, Broodthaers applique la démonstration de Magritte au ready-made de Duchamp. Le « ceci n'est pas une pipe » mais bien un objet représenté dans un cadre pictural devient, dans la *Section des figures* du *Musée d'Art Moderne, Département des Aigles*, « ceci n'est pas une œuvre d'art » mais bien un objet mis en scène dans un cadre expositionnel.

On pourrait longuement s'attarder sur ce regard critique que Broodthaers pose sur le principe de ready-made et sur la figure de Duchamp. Ce que les entretiens font apparaître, c'est que la charge subversive de la *Section des Figures* se tourne moins vers Duchamp qu'elle ne vise l'institution muséale qui accueille les objets en son sein. En somme, Broodthaers s'en prend à un syllogisme en jeu dans le fonctionnement institutionnel de n'importe quel musée d'art. Quel syllogisme ? Un musée d'art est institutionnellement habilité à présenter de l'art, et donc, par voie de conséquence tout objet présenté dans un musée prend automatiquement le statut d'une œuvre d'art. L'autorité du conservateur, le cadre architectural du musée, l'armature institutionnelle structurée en « départements » viennent accréditer ce processus de métamorphose d'un objet en objet d'art.

---

13. Thierry de Duve, « Ceci ne serait pas une pipe (Magritte et Broodthaers) », dans *Magritte en compagnie : du bon usage de l'irrévérence*, catalogue de l'exposition (Centre culturel de la Communauté française Le Botanique, Bruxelles, 23 mai-3 août 1997), Bruxelles, Labor, 1997, p. 31-39.

Le démontage de cette logique institutionnelle est d'autant plus fort que Broodthaers expose de véritables œuvres d'art – Ingres, Rubens, Magritte – parmi des objets sans valeur artistique. À vrai dire, c'est même là, selon nous, le point essentiel de la démonstration. La *Section des figures* fait apparaître le mécanisme selon lequel des objets non reconnus comme artistiques en dehors d'un cadre muséal, du fait même d'être présentés dans une exposition parmi de véritables œuvres d'art s'approprient la valeur de ces véritables œuvres d'art et deviennent, par la logique du pouvoir institutionnel, porteurs eux aussi d'un cartel virtuel précisant qu'ils sont de l'art. C'est bien pour briser ce postulat que Broodthaers place 266 cartels particulièrement visibles, précisant en trois langues, sur un mode magrittien, que telle pièce n'est pas une œuvre d'art.

Il est intéressant de relever que cette lecture sociologique de *La Trahison des images*, où la représentation est assimilée à la présentation d'un objet quotidien dans un dispositif artistique, trouve son origine dans une interview fictive de Magritte que Broodthaers a réalisée en 1967 [14]. Cette interview imaginaire de Magritte pose ainsi les bases conceptuelles de la *Section des figures* du *Musée d'Art Moderne, Département des Aigles* qui constitue la ligne de faîte de l'entreprise de déconstruction des mécanismes sociologiques et institutionnels qui érigent un objet en objet d'art.

Ces pages ont voulu saisir ce qui, pour un artiste belge tel que Broodthaers n'étant ni un peintre ni un sculpteur, s'est rapidement imposé avec la force d'une exigence : se positionner face à Magritte pour se sortir de toute assimilation à un surréalisme de « seconde génération ». L'entretien, on l'a vu, a pleinement contribué à cette logique de positionnement dans le champ artistique des années 1960. On aurait tort, toutefois, de limiter les prises de parole de Broodthaers à la nécessité de relire *La Trahison des images*. Les nombreux entretiens, dont nous avons par ailleurs cru utile de donner le détail bibliographique ci-après, témoignent du niveau de complexité et d'élaboration du propos de l'artiste. Ils font apparaître ce que tous les témoignages d'époque confirment : Broodthaers a lié la diffusion de son œuvre à une mise en scène de sa personne fondée sur ses propres performances orales. Excellent rhéteur, Broodthaers dispose d'un atout redoutable pour imposer ses projets : son sens du discours, ou mieux, son charisme oratoire. En cela, il conviendrait un jour de s'atteler à l'examen complet des entretiens publiés et des interviews conservées sur des supports audio-visuels.

14. Marcel Broodthaers, « Interview imaginaire de René Magritte », *Journal des arts plastiques*, n° 30, janvier 1967, p. 3-4.

ANNEXE 1 : MARCEL BROODTHAERS : ENTRETIENS PUBLIÉS

– « [Réponse à une interview] », *Le Savoir vivre*, Bruxelles, Le Miroir infidèle, 1946.

– Jean-Michel Vlaeminckx, « Entretien avec Marcel Broodthaers », *Degré Zéro*, n° 1, Bruxelles, Éditions Dialogue, 1965.

– « Mosselen : op en top pop », entretien avec Marcel Van Maele publié dans *Kunst van Nu*, Amsterdam, décembre 1965; repris dans *Marcel Broodthaers*, catalogue de l'exposition (Anvers, Galerie BBL, 10 janvier au 16 février 1985).

– « Interview imaginaire de René Magritte », *Journal des Arts plastiques*, n° 30, janvier 1967, p. 3-4.

– « Marcel Broodthaers et Pierre Restany parlent de peinture et de braconnage », *Les Beaux-Arts*, n° 1122, 17 mars 1966, p. 6.

– « Interview », entretien de Marcel Lecomte avec Marcel Broodthaers [novembre 1966] publié dans *Phantomas*, n° 68-72, mai 1967, p. 83-84.

– « Interview d'un collectionneur : Hubert Peeters par Marcel Broodthaers », *Journal des Arts Plastiques*, n° 32, 1967, s. p.

– « Interview de Marcel Broodthaers, notre invité au "Hoef" le 30 janvier », *Trépied*, n° 2, février 1968, s. p.

– « L'EXPRMNTL 4 », *Trépied*, n° 2, février 1968, p. 6-7.

– Entretien de Richard Lucas avec Marcel Broodthaers [1969] publié dans Alexandre Dumas, *Vingt ans après*, 2 vol., Paris, Gallimard – Libraire générale française, 1961.

– Ludo Bekkers, « Gesprek met Marcel Broodthaers », *Museumjournaal*, série 15, n° 2, avril 1970, p. 66-71.

– *Section Financière Département des Aigles Musée d'Art Moderne. 1970-1971. À vendre pour cause de faillite*, Köln, Kunstmarkt, Galerie Michael Werner, du 8 au 13 novembre 1971.

– Jürgen Harten et Katharina Schmidt, « Auszug aus einem Gespräch mit Marcel Broodthaers », dossier de presse de l'exposition *Section des Figures* (*Der Adler vom Oligozän bis heute*), Düsseldorf, Städtische Kunsthalle, du 16 mai au 9 juillet 1972.

– « [Le *Musée d'Art Moderne Département des Aigles, Section d'Art Moderne* est tout simplement un mensonge : entretien avec Johannes Cladders] », tract inséré dans le catalogue *Documenta 5*. Kassel, du 30 juin 1972 au 15 août 1972.

– Benjamin Buchloh et Michael Oppitz, *Interview with Marcel Broodthaers on his Film* Analysis of a painting *by B. H. D. Buchloh and Michael Oppitz*, interview distribuée lors de l'exposition *Peintures littéraires 1972-1973* (Köln, Galerie Rudolph Zwirner, 29 septembre 1973).

– Entretien fictif avec Jeremy Bentham dans le film *Figures of Wax*, 1974[15].

– Marcel Broodthaers, « Dix mille francs de récompense », entretien avec Irmeline Lebeer publié dans Marcel Broodthaers, *Catalogue / Catalogus*, catalogue de l'exposition (Bruxelles, Palais des Beaux-arts, 27 septembre au 3 novembre 1974), Bruxelles, Société des Expositions du Palais des Beaux-Arts, 1974, p. 64-68.

– Stéphane Rona, « C'est l'angélus qui sonne : entretien avec Marcel Broodthaers [1975] », *+ - 0*, n° 12, 1976, p. 18-19.

15. Voir à ce sujet *Marcel Broodthaers : Cinéma*, Barcelona, Fundació Antoni Tàpies, 1997, p. 271.

SECONDE PARTIE

PRATIQUES DE L'ENTRETIEN

L'INTERVIEW DE COMPOSITEUR : LES DÉBUTS D'UN GENRE BIOGRAPHIQUE (1880-1930)

RÉMY CAMPOS

Dans les années 1880, la presse anglo-saxonne introduit dans ses colonnes un nouveau type d'article : l'interview[1]. La nouveauté est très vite adoptée en France, le *Figaro* ou *L'Écho de Paris* expérimentant parmi les premiers la formule. Dans le monde musical, les compositeurs les plus en vue (Jules Massenet, Camille Saint-Saëns, Gabriel Fauré ou Claude Debussy) reçoivent régulièrement la visite des journalistes dès les années 1890. Le mouvement ne cessera de s'amplifier au XXe siècle jusqu'à la constitution d'un véritable genre musicographique : le livre d'entretiens où s'illustreront Antoine Goléa (avec Pierre Boulez en 1958 et Olivier Messiaen en 1961) ou Claude Rostand (avec Darius Milhaud en 1952 et Francis Poulenc en 1954).

Depuis que les journaux s'étaient multipliés sous la Restauration, les musiciens – essentiellement des compositeurs – avaient pris la plume de plus en plus fréquemment. Nombreux étaient ceux qui tiraient même une partie de leurs revenus de l'écriture de feuilletons, d'Hector Berlioz à Adolphe Adam, d'Ernest Reyer à Paul Dukas. Ces articles relevaient dans l'ensemble de la critique musicale, les créateurs y livrant leur jugement sur des représentations d'opéras, des concerts ou des publications. D'une part, l'interview introduisait une tout autre conception de la parole de l'artiste. La forme du dialogue ancrait le discours dans un mode plus familier qui tournait souvent le dos aux règles de la rhétorique ou aux formes littéraires jusqu'ici adoptées pour les comptes rendus. D'autre part, les journalistes entraînaient les musiciens sur des sujets qui n'étaient pas toujours strictement artistiques.

1. La première interview parue dans la presse américaine est celle de Rosina Townsend, qui avait découvert chez elle le corps d'une femme assassinée. Réalisée par Gordon Bennett, elle fut publiée le 16 avril 1836 dans le journal qu'il dirigeait : le *New York Herald* (James L. Crouthamel, *Bennett's « New York Herald » and the Rise of the Popular Press*, Syracuse, Syracuse University Press, 1989, p. 30).

Les interviews parues dans le siècle écoulé ont depuis longtemps été identifiées par les historiens de la musique comme une source pour l'écriture biographique. Les entretiens publiés dans la presse n'ont en revanche jamais été étudiés en séries, comme appartenant à un genre biographique spécifique[2]. Les chercheurs ont sans doute été découragés par la masse et par l'extrême dissémination des documents qui rendent leur repérage difficile. Nous ne disposons pas, en effet, de corpus conséquents de sources à l'exception des interviews de quelques rares musiciens dont les écrits ont été édités dans leur intégralité comme ceux de Claude Debussy ou de Maurice Ravel, mais pour lesquels on découvre encore régulièrement de nouveaux entretiens[3]. Notre objectif ici sera donc modeste : explorer les contours d'un genre biographique naissant (entre reportage, interview et enquête) en se limitant presque exclusivement à la presse française, l'une des premières à recourir à l'entretien.

La forme de l'interview

Avant que l'interview ne prenne la forme que nous lui connaissons, celle d'un entretien entre un journaliste et une personnalité plus ou moins célèbre, elle fut d'abord l'une des déclinaisons possibles d'un autre genre journalistique : le reportage. Cette nouvelle forme d'article s'était répandue à la faveur de la révolution des transports et de la recrudescence d'événements artistiques au retentissement européen. Dans un premier temps, le correspondant local envoyant sa chronique dans la capitale dont il dépendait avait été remplacé par un rédacteur de haute volée dépêché sur les lieux mêmes où se déroulaient fêtes et spectacles (inauguration de la statue de Ludwig van Beethoven à Bonn en 1845, première de *Tristan und Isolde* à Munich en 1865, funérailles de telle ou telle célébrité, concert de clôture d'une Exposition universelle, etc.) pour en ramener une relation dont la forme ne se distingua d'abord pas du traditionnel compte rendu.

Comme l'interview, le reportage est une invention anglo-saxonne adoptée en France dans le courant des années 1880-1890[4]. Sa généralisation coïncide avec l'apparition d'un nouveau métier : celui de reporter. Ce dernier n'est plus le critique musical que l'on envoyait rendre compte d'une création lyrique dans une capitale étrangère mais un journaliste n'ayant souvent pour spécialité que la production de reportages. Ce n'est donc plus une autorité du jugement qui prend la plume, mais un truchement qui permet au lecteur de voyager par procuration en approchant des événements notables ou des grands hommes.

2. Au-delà du monde musical, l'interview n'a pour le moment fait l'objet que de peu d'études; citons par exemple : Nils Gunnar Nilsson, « The Origin of the Interview », *Journalism Quarterly*, vol. 48, n° 4, 1971, p. 707-713; Matthew Rubery, « The Personal Interview : Wishing to be Interviewd by Henry James », *The Novelty of Newspapers : Victorian Fiction after the Invention of the News*, Oxford, Oxford University Press, 2009, p. 109-140.

3. Les *Cahiers Debussy*, par exemple, ont publié régulièrement des interviews retrouvées du compositeur (n° 2, 1975; n° 11, 1987; n° 16, 1992; n° 30, 2006) qui sont venues compléter celles déjà intégrées dans les éditions modernes de *Monsieur Croche*.

4. Michael B. Palmer, *Des petits journaux aux grandes agences : naissance du journalisme moderne, 1863-1914*, Paris, Aubier, 1983, p. 90-96.

Critique musical de l'ancienne école, Saint-Saëns, pour ne prendre qu'un exemple, ne disait mot dans ses comptes rendus de l'inauguration du *Festspielhaus* de Bayreuth en 1876, de son voyage en train, de sa propre expérience de la ville ou de son activité mondaine sur place. L'envoyé de l'*Estafette* développait en revanche une discussion esthétique sur Richard Wagner et les wagnériens, une description de la nouvelle salle et bien entendu un long compte rendu des quatre œuvres représentées [5]. À l'opposé, le reporter moderne n'hésite pas à mettre en scène son travail d'enquêteur. Ainsi, lorsque Émile Blavet publie une interview de Massenet réalisée pour le *Figaro* juste avant la première de *Manon* en 1884, il livre au lecteur ses difficultés à trouver un point de départ : son « sujet » a été tant de fois traité dans les colonnes de son journal qu'il est malaisé de se renouveler. Mais une phrase lâchée par le compositeur à Augusta Holmès (« *Manon*, voyez-vous, n'est pas ce qu'on s'imagine, c'est de la toute petite musique, de la musique de gamin de Paris ! ») libère l'imagination du journaliste :

> Ce mot, qu'on m'a raconté juste au moment où j'étais en quête d'une piste nouvelle, venait à point pour me l'ouvrir. En quelques minutes, j'esquissai le plan d'une interview et je rédigeai mon questionnaire : – 1° Quelle est votre opinion sur les maîtres du théâtre lyrique contemporain ? 2° D'après quelle esthétique particulière avez-vous composé *Manon* ? – Ce dernier point surtout me souriait : écrire sous la dictée du compositeur le feuilleton de son opéra ne me semblait point une chose banale.
> Restait à découvrir le « sujet ». J'eus la bonne chance de le trouver chez Hartmann, son éditeur, en train de corriger des épreuves. Avant qu'il eût le temps de se reconnaître, il était bouclé. Je le mis au fait en quelques mots, et le supplice de « la question » commença [6].

Suivront une série de questions / réponses et une anecdote humoristique finale qui fourniront le nombre de caractères requis par la maquette du journal. Dans ce bref article, Blavet n'aura épargné aucun détail à son lecteur en lui confiant les affres de la rédaction de l'interview elle-même. Sa fabrication prend d'ailleurs le tour d'une enquête policière (au suspense modéré) portant plus, une fois encore, sur les coulisses du journalisme (l'article se fera-t-il ?...) que sur l'objet de l'entretien. Le résultat est entièrement dominé par les nécessités de l'actualité : le questionnaire (stéréotypé quoiqu'en dise Blavet) est improvisé dans l'urgence, la proximité de la date de la première de *Manon* justifiant qu'on dérange Massenet alors qu'il est occupé à mettre la dernière main à l'édition de sa partition.

En France, interviews et reportages furent victimes de multiples attaques [7]. Les professionnels leur reprochaient leur inadaptation aux mœurs nationales. L'un des

5. Camille Saint-Saëns, « Richard Wagner : *L'Anneau du Nibelungen* et les représentations de Bayreuth », *L'Estafette*, 19, 20 et 21 août 1876; Camille Saint-Saëns, « *L'Anneau de Nibelungen* », *L'Estafette*, 24, 25, 26 et 28 août 1876 (repris dans Camille Saint-Saëns, « *L'Anneau du Nibelung* et les représentations de Bayreuth (août 1876) », *Harmonie et mélodie*, Paris, Calmann-Lévy, 1885, p. 37-98).

6. Parisis [Émile Blavet], « La vie parisienne. Jules Massenet (18 janvier 1884) », *Le Figaro*, 19 janvier 1884; repris dans Jean-Christophe Branger, Manon *de Jules Massenet ou le crépuscule de l'opéra-comique*, Metz, Éditions Serpenoise, 1999, p. 445-447, ici p. 445.

7. Notons d'ailleurs que la forme de ces nouveaux genres journalistiques tarda à se fixer : « Le reportage est une réalité encore mal définie, oscillant entre le modèle anglo-saxon de "l'information pure" et le sensationnalisme du fait divers, entre l'interview naissante et ce qu'Émile Zola préfère prudemment nommer [dans sa préface à *La Morasse* en 1888] "la chronique documentée", lorsque Pierre Giffard entreprend de la relever

premiers reporters français, Pierre Giffard se fait ainsi l'écho en 1887 des reproches lancés contre ses homologues américains, soi-disant dépourvus de « sens artistiques », simples « machines à noter » [8] alors que le lecteur français souhaiterait qu'on lui présente « le côté topique du personnage » [9].

Les tensions entre journalisme nouveau et ancien se focalisèrent souvent sur la question de l'américanisation de la presse [10]. L'engouement du public pour « l'information rapide, sèche, nette » dénoncée par Léo Claretie [11] remettait en effet en cause la légitimité des publicistes français qui avaient fondé leur magistère sur une double mission d'éducation du peuple et de promotion du débat d'idées. Or, le journalisme d'inspiration américaine ébranlait ce modèle démocratique basé sur la médiation d'une classe éclairée d'intellectuels au profit d'un accès massif et direct du peuple aux nouvelles, qu'elles fussent politiques ou artistiques.

Pascal Durand a montré que les critiques formulées contre l'américanisation forment un tout puisqu'elles visent à la fois

> un style (télégraphique), un contenu (les nouvelles), une forme du contenu (les dépêches), une fonction (l'information), les exigences d'un lectorat (le public élargi) imposant ses schémas d'intelligibilité – bref tout ce qui, dans la presse en restructuration, vient rompre une tradition si fermement établie qu'elle se confond non seulement avec l'esprit du journalisme français mais, en France, avec le journalisme dans sa définition la plus pure (l'exposé doctrinal, « l'exposition de principe ») [12].

La langue et la forme choisies pour mettre en forme les interviews et les reportages ne sont donc pas secondaires. Elles suscitent même une partie des conflits entre rédacteurs nouveaux venus et journalistes consacrés, sur fond d'émergence d'un nouveau lectorat. Dans les premiers temps de son acclimatation en France, le reporter subit les sarcasmes de l'intelligentsia des lettres. La définition très négative du *Grand dictionnaire universel* de Pierre Larousse en témoigne qui en 1875 l'accable de toutes les tares de la presse moderne [13]. L'écriture simplifiée des reporters rompait avec l'ancienne rhétorique

---

en le définissant non seulement comme technique d'investigation mais également comme texte ». Myriam Boucharenc, *L'écrivain-reporter : au cœur des années trente*, Villeneuve d'Ascq, Presses universitaires du Septentrion, 2004, p. 24.

8. Pierre Giffard, *Le Sieur de Va-Partout : souvenirs d'un reporter*, Paris, Dreyfous, 1880, p. 330.

9. *Ibid.*, p. 331.

10. Christian Delporte, « L'américanisation de la presse ? Éclairages sur un débat français et européen (1880-1930) », dans Jean-Yves Mollier, Jean-François Sirinelli et François Vallotton (dir.), *Culture de masse et culture médiatique en Europe et dans les Amériques, 1860-1940*, Paris, Presses universitaires de France, 2006, p. 209-222.

11. Léo Claretie, « La presse au dix-neuvième siècle », dans Louis Petit de Julleville (dir.), *Histoire de la langue et de la littérature française*, vol. VIII, Paris, Armand Colin, 1899, p. 537-596, ici p. 582.

12. Pascal Durand, « Crise de presse : le journalisme au péril du "reportage" (1870-1890) », *Quaderni*, vol. 24, 1994, p. 113-152, ici p. 131.

13. Le reporter (« Individu qui recueille des renseignements pour les communiquer aux journaux ») est un « raccoleur [*sic*] de nouvelles », un journaliste auquel « les jambes sont plus indispensables que le style ». Qualifiés d'« écrivains subalternes », les reporters furent, sous le Second Empire, « élevés à la hauteur d'une institution par les industriels du journalisme à scandale » (Pierre Larousse, art. « Reporter », dans *Grand dictionnaire universel du XIXe siècle*, t. XIII, Paris, Administration du Grand Dictionnaire universel, 1875, p. 993).

dont seule une élite goûtait les finesses. Or, les nouveaux moyens de communication déteignirent rapidement sur le style des journaux à grand tirage [14]. En quelques années, la dépêche télégraphique, et bientôt le coup de téléphone, imposèrent leur laconisme.

En 1905, le programme directorial de Fauré, qui vient d'être nommé à la tête du Conservatoire de Paris, tient en une demi-colonne du *Figaro*… Le journaliste qui a recueilli la parole de son collègue (Fauré écrit régulièrement des chroniques musicales dans le périodique) ne la remet pas en forme pour qu'elle ressemble à un discours académique aux périodes amples et aux arguments parfaitement enchaînés. Les propos assez décousus de Fauré donnent l'impression d'une transcription littérale :

> Mes projets ne sont pas encore très précis et j'aurais mauvaise grâce à présenter un programme tout prêt, quand ma nomination ne date que d'aujourd'hui, quand les pourparlers mêmes qui l'ont précédée sont si récents !… Ce que je puis vous dire, c'est qu'assurément j'ai souvent réfléchi à l'enseignement du Conservatoire ; mais il me faut le temps de mettre en ordre tout cela, de vérifier mes impressions et d'organiser mes idées. Faites-moi crédit. Du reste, je ne doit entrer en fonctions qu'au mois d'octobre. D'ici là, j'étudierai, je réfléchirai, je verrai [15].

Pris de cours, le compositeur se répète, tâtonne, s'excuse presque de son manque de préparation. L'interview s'essouffle. Après quelques lignes, le rédacteur remplit sa colonne avec quelques lieux communs sur l'art de Fauré et des vœux de réussite pour son ami.

Cette espèce de billet d'actualité bouleversait les convenances littéraires qui faisaient correspondre à la hiérarchie des sujets une hiérarchie des formes discursives : quelques lignes pour les nouvelles et les faits divers, deux ou trois colonnes pour les articles courants, plusieurs pieds de page consécutifs pour les feuilletons que caractérisait la qualité de leur composition rhétorique. Le relâchement stylistique de nombre de reportages, la langue familière de beaucoup d'interviews avaient de quoi choquer les publicistes de la vieille école. Du côté des nouveaux venus, deux grandes voies s'offraient : ou bien assumer l'incompétence stylistique (selon les anciens critères) en valorisant une manière d'écrire originale où l'efficacité l'emportait toujours sur l'effet littéraire ; ou bien répondre aux attaques en adoptant une conception stylistique soutenue du reportage [16].

Dans le cas de l'interview, un modèle légitime existait : celui de la visite au grand homme [17]. Les récits de visite aux musiciens célèbres se multiplient tout au long du XIXe siècle où l'on se presse aux domiciles de Ludwig van Beethoven, Gioachino Rossini ou Richard Wagner [18]. Jusqu'à l'entre-deux-guerres, beaucoup d'interviews seront encore

14. Durand, « Crise de presse : le journalisme au péril du "reportage" (1870-1890) », p. 134-135.

15. André Nède, « Le nouveau directeur du Conservatoire », *Le Figaro*, 14 juin 1905, p. 4.

16. « Ainsi le reportage a-t-il acquis sa légitimité, d'une part en se démarquant des deux modèles qui lui faisaient de l'ombre – le "petit" reportage et le reportage anglo-saxon –, d'autre part en se calquant sur la littérature, selon une logique d'annexion des genres établis par les genres naissants dont le cinéma, tributaire à ses débuts du modèle théâtral, offre également l'exemple ». Boucharenc, *L'écrivain-reporter : au cœur des années trente*, p. 27.

17. Olivier Nora, « La visite au grand écrivain », dans Pierre Nora (dir.), *Les lieux de mémoire*, vol. II : *La Nation* [1986], Paris, Gallimard Quarto, 1997, p. 2131-2155.

18. À titre d'exemple : Louis de Trémont [Jean Chantavoine (éd.)], « Une visite à Beethoven », *Le Mercure musical*, vol. 2, n° 9, 1er mai 1906, p. 393-398 ; Hippolyte Prévost, « Une visite à Rossini, en 1833 : souvenir

imprégnées par les ambitions littéraires de ces narrations [19] qui consolidaient le culte des génies, alors en plein développement en assimilant les traits du pèlerinage religieux. Le succès de cette nouvelle pratique fut tel que certains auteurs publiaient des rencontres imaginaires (celle de Wagner et de Rossini ou de Wagner et de Beethoven [20]), versions rénovées de l'antique dialogue des morts dont Lucien de Samosate, Fénelon ou Bernard Le Bouyer de Fontenelle avaient fourni les modèles dans les siècles précédents.

Figure de rhétorique fréquemment employée dans l'Antiquité [21], le dialogue était également un genre à part entière, qu'il mette en scène des défunts ou les échanges entre un philosophe et ses disciples [22]. Le dialogue était aussi fréquemment utilisé dans les ouvrages pédagogiques et en particulier dans les catéchismes dont la plupart procédaient par question et réponse jusqu'au début du XXe siècle. Enfin il existait, entre oralité et littérature, des discussions construites selon différents genres – Joseph de Maistre en avait théorisé trois dans ses *Soirées de Saint-Pétersbourg* (1821) : la conversation (désordonnée et au nombre illimité d'interlocuteurs), l'entretien (organisé et portant sur un sujet plutôt grave) et le dialogue (d'une nature exclusivement littéraire, « conversation qui n'a jamais existé » [23]).

Ces formes d'antique facture seront peu à peu contaminées par l'interview anglo-saxonne. L'un des cas les plus connus est le bref livre de Maurice Barrès : *Huit jours chez M. Renan* [24], fiction à prétention réaliste qui suscita du coup la colère de l'intéressé.

---

intime », *L'Art musical*, 24 décembre 1868; édition en volume, Paris, Imprimerie de Morris, 1869; Judith Gautier, *Le collier des jours : le troisième rang du collier*, Paris, F. Juven, [1909]; réédition, *Visites à Richard Wagner*, [Bègles], Le Castor astral, 1992.

19. Lorsque les journalistes viennent trouver Ravel chez lui, à Montfort-l'Amaury, ils se lancent assez systématiquement dans de vastes descriptions du paysage champêtre dans lequel vit le compositeur, tableaux qui ne seraient pas déplacés dans un récit romanesque (Georges Le Fèvre, « "Le Lynx" : Maurice Ravel aux champs », *Bonsoir*, 8 octobre 1920; [Anonyme], « [Une visite chez Maurice Ravel] », *De Telegraaf*, 31 mars 1931; José Bruyr, « Un entretien avec... Maurice Ravel », *Le Guide du concert*, 16 octobre 1931, p. 39-41; Gabriel Reuillard, « M. Maurice Ravel va écrire une *Jeanne d'Arc* : le compositeur nous dit ses projets et comment il conçoit l'héroïne nationale », *Excelsior*, 24 septembre 1933; repris dans Maurice Ravel, *Lettres, écrits, entretiens*, présentés et annotés par Arbie Orenstein, Paris, Flammarion, 1989).

20. Edmond Michotte, *La visite de R. Wagner à Rossini, Paris 1860 : détails inédits et commentaires, avec portraits*, Paris, Librairie Fischbacher, 1906; Richard Wagner, « Une visite à Beethoven : épisode de la vie d'un musicien allemand », *Revue et Gazette musicale de Paris*, 19, 22 et 29 novembre, 3 décembre 1840; repris en allemand sous le titre « Eine Pilgerfahrt zu Beethoven », dans *Gesammelte Schriften und Dichtungen*, vol. I, Lepzig, Fritzsch, 1871, p. 115-141.

21. Dans son célèbre manuel de rhétorique, Pierre Fontanier écrit que le « dialogisme » (figure comparable à l'interrogation, à l'exclamation, à l'apostrophe, etc.) consiste « à rapporter directement, et tels qu'ils sont censés sortir de la bouche, des discours que l'on prête à ses personnages, ou que l'on se prête à soi-même dans telle ou telle circonstance ». Pierre Fontanier, *Les figures du discours* [1830], Paris, Flammarion, 1968, p. 375.

22. « Le dialogue philosophique », *Revue Voltaire*, n° 5, 2005.

23. Joseph de Maistre, *Les soirées de Saint-Pétersbourg, ou Entretiens sur le gouvernement temporel de la Providence*, vol. II, Paris, Librairie ecclésiastique de Rusand, 1822, p. 101-152 (« Huitième entretien »), ici p. 105. Sur le sujet, voir Antoine Compagnon, « Notes sur le dialogue en littérature », dans Daniel Luzzati, Jean-Claude Beacco, Reza Mir-Samii, Michel Murat et Martial Vivet (dir.), *Le dialogique : colloque international sur les formes philosophiques, linguistiques, littéraires, et cognitives du dialogue*, Berne, Peter Lang, 1997, p. 231-244.

24. Maurice Barrès, *Dialogues parisiens*, vol. I : *Huit jours chez M. Renan*, Paris, A. Dupret, 1888.

Familier du monde de la presse (il collabora à une centaine de titres[25]), Barrès avait opéré une synthèse entre le genre littéraire de la visite au grand homme et l'interview de journaliste émergente. Peu de temps après, l'interview échappera à son contexte initial de production (la presse) pour constituer un genre autonome et un objet éditorial indépendant qui aura même les honneurs de la parodie[26].

À la fin du siècle, l'interview prendra aussi de plus en plus fréquemment la forme inédite d'une série de questions posées oralement ou par correspondance à un groupe de personnalités choisies. Cette espèce d'interview de groupe se multiplie surtout dans la sphère littéraire. Marie Carbonnel a recensé une dizaine d'enquêtes par an entre 1890 et 1900, une vingtaine vers 1912, davantage dans les années 1920[27]. La plus célèbre est celle conduite auprès de 64 écrivains par le journaliste Jules Huret sur « l'évolution littéraire », d'abord parue dans *L'Écho de Paris* (du 3 mars au 5 juillet 1891) avant d'être rassemblée en un volume[28]. Ces interviews s'inscrivent dans les stratégies innovantes de la presse contemporaine. Non sans un certain cynisme, Huret affiche clairement qu'il travaille sous la contrainte de l'actualité[29] et qu'il vise moins à expliquer qu'à donner le spectacle des dissensions d'une profession[30], ce qui revient à dire que le scandale l'intéresse plus que la théorie littéraire.

La liste ci-dessous présente un relevé non exhaustif d'enquêtes sur la musique parues dans la presse entre 1895 et 1932[31] :

– « L'Institut et le Prix de Rome », *Le Figaro*, 28 octobre 1895.
– « Les laissés-pour-compte de la musique », *Le Figaro*, 14 septembre 1895.
– « Librettistes et musiciens », *Paris*, 21 octobre 1895.
– « L'Institut jugé par ceux qui n'en sont pas », *Le Figaro*, 1er décembre 1895.

25. Marie-Odile Germain, « Barrès journaliste et l'écriture au quotidien », *Cahiers de l'Association internationale des études françaises*, n° 48, 1996, p. 91-107.

26. Octave Mirbeau, « Interview : farce en un acte, représentée pour la première fois sur le théâtre du Grand-Guignol le 1er février 1904 », *Farces et moralités*, Paris, Bibliothèque-Charpentier, 1904, p. 237-287 ; Octave Mirbeau, *Chez l'illustre écrivain*, Paris, Ernest Flammarion, 1919, six premiers chapitres. Pour la musique, voir les interviews pastichées de Gerald Cumberland (pseudonyme de Charles Frederick Kenyon) dans *Imaginary Interviews with Great Composers*, London, William Reeves, [1909].

27. Marie Carbonnel, « Les écrivains en leur miroir : jeu et enjeux de l'enquête au sein de la République des Lettres », *Mil neuf cent*, n° 22, 2004, p. 29-58, ici p. 30.

28. Jules Huret, *Enquête sur l'évolution littéraire*, Paris, Bibliothèque Charpentier, 1891.

29. Jules Huret parle à propos de ses interviews d'« informations recueillies au jour le jour, sous la pression et selon les hasards de l'actualité » (*ibid.*, p. VIII) et se peint lui-même comme un « reporter haletant en vain après l'actualité » (*ibid.*, p. X).

30. « Si mon enquête n'offre pas à l'histoire littéraire de théorisations suffisantes, elle révèle à l'histoire générale les passions foncières, les dessous d'esprit, les mœurs combatives d'un grand nombre d'artistes de ce temps. La besogne accomplie, de la sorte, malgré moi, si les esthéticiens la peuvent à bon droit dédaigner, sera, je n'en doute pas, précieuse aux psychologues autant qu'aux moralistes ». *Ibid.*, p. XIV.

31. Liste établie d'après les bibliographies de Léon Vallas, *Vincent d'Indy*, vol. 2 : *La maturité, la vieillesse (1886-1931)*, Paris, Albin Michel, 1950 ; Jean-Michel Nectoux, *Gabriel Fauré : les voix du clair-obscur*, Paris, Fayard, 2008 ; Albert Roussel, *Lettres et écrits*, textes réunis, présentés et annotés par Nicole Labelle, Paris, Flammarion, 1987 ; Claude Debussy, *Monsieur Croche et autres écrits*, introduction et notes de François Lesure, Paris, Gallimard, 1971 ; édition revue et augmentée, Paris, Gallimard, 1987 ; Simon-Pierre Perret et Marie-Laure Ragot, *Paul Dukas*, Paris, Fayard, 2007.

– « Le Théâtre lyrique », enquête municipale publiée dans *Le Guide musical*, 14 février 1897.

– « Les répétitions générales », *Revue d'Art dramatique*, janvier 1901.

– « L'orientation musicale », *Musica*, octobre 1902.

– « L'influence allemande », *Mercure de France*, janvier 1903.

– « L'éducation artistique du public contemporain », *La Plume*, printemps 1903.

– « En Italie. Le Centenaire de la Villa Médicis : faut-il envoyer les musiciens à Rome ? Notre enquête », enquête d'Albert Mangeot publiée dans *Le Monde musical*, 15 mai 1903, p. 136-137.

– « Les concours du Conservatoire », *L'Art moderne*, septembre 1903.

– « La réforme de la musique religieuse : opinions de MM. C. Saint-Saëns, Gabriel Fauré… », *Le Monde musical*, 15 février 1904, p. 35 ; version plus complète dans « Gabriel Fauré critique musical », *Le Monde musical*, novembre 1924, p. 369.

– « Confidences d'hommes arrivés », *La Revue*, 15 mars 1904.

– « L'état actuel de la musique française », *La Revue politique et littéraire* (*Revue bleue*), 16 mars et 2 avril 1904.

– « Sur la critique musicale », enquête de F. Duquesnel publiée dans *Le Gaulois*, 30 octobre 1904.

– « Carmen », *L'Art du théâtre*, n° 49, 1905.

– « Faut-il diriger par cœur ? », enquête de Franck Choisy publiée dans la *Revue musicale de Lyon*, 4 février 1906.

– « L'art du chant », *Musica*, août 1906.

– « Ce que boivent les savants… », *La Revue*, 1er janvier 1908.

– « La question religieuse », *Mercure de France*, 1908.

– « L'influence de Wagner sur la musique », *L'Éclair*, février 1908.

– « Les droits respectifs des compositeurs et des librettistes », *Musica*, octobre 1908, janvier, février et mars 1909.

– « La musique d'aujourd'hui et celle de demain », enquête de Louis Borgex publiée dans *Comœdia*, 4 novembre 1909.

– « Wagner et nos musiciens, opinion d'Albert Roussel », *La Grande Revue*, 10 avril 1909, p. 562-563.

– « La musique italienne moderne », enquête de Louis Borgex publiée dans *Comœdia*, 31 janvier 1910, p. 1.

– « La Musique italienne moderne », *Revue musicale de Lyon*, 6 février 1910.

– « Une renaissance de l'idéal classique ? », *Paris-Journal*, 20 mai 1910.

– « Le millième concert Colonne », enquête de Georges-Michel publiée dans *Excelsior*, 20 novembre 1910.

– « La musique étrangère et les compositeurs français », *Le Gaulois*, 10 janvier 1911, p. 4.

– « Pour la décentralisation musicale », enquête de G. Linor publiée dans *Comœdia*, 26 janvier 1911.

– « Sous la musique que faut-il mettre ? de beaux vers, de mauvais, des vers libres, de la prose », *Musica*, février et mars 1911, p. 38.

– « L'avenir de la musique française », *Excelsior*, octobre 1912.

– « Parsifal », *L'Olivier*, décembre 1912.
– « L'opéra de demain », enquête de Pierre Montamet publiée dans *Excelsior*, 13 et 15 septembre 1913, p. 2.
– « Verdi », *Musica*, octobre 1913.
– « Enquête sur la musique de danse à l'église », *S. I. M.*, 1 er mars 1914.
– « Activité musicale pendant la guerre », *La Musique pendant la guerre*, n° 1, 15 octobre 1915.
– « Wagner jugé par les musiciens français d'aujourd'hui », *Revue musicale*, 1 er octobre 1923.
– « Consultation sur la musique contemporaine : état présent, évolution », *Le Courrier musical et théâtral*, 1 er janvier 1924.
– « Les vues de quelques compositeurs sur la musique contemporaine », *Le Monde musical*, 30 juin 1926.
– « Quels sont vos maîtres et vos modèles ? Quelles sont vos directions ? », *Musique*, 15 octobre 1928.
– « Enquête sur l'évolution et les tendances de la musique de chambre », *Le Courrier musical et théâtral*, 15 mars 1929.
– « Comment permettre aux concerts symphoniques de vivre ? », *Le Courrier musical et théâtral*, 1 er octobre 1930.
– « Ce que les compositeurs et les chefs d'orchestre pensent de la musique mécanique », *Figaro illustré*, février 1932, p. 84.
– « Chopin et les musiciens d'aujourd'hui », *Bravo*, juin 1932.

Les thèmes abordés sont quasiment sans limites : débats esthétiques, nationalités musicales, vie des institutions et politique de la musique, technique de l'art, questions anecdotiques, modernité des maîtres anciens, etc. À chaque fois ou presque, l'actualité (création d'œuvre, scandale retentissant ou anniversaire) aura dicté le sujet de l'enquête. Ainsi en octobre 1908, le journal illustré *Musica* lance une « Enquête sur les droits respectifs des compositeurs et des librettistes ». Le prétexte en est le conflit ayant opposé Henry Février et Maurice Maeterlinck autour de la pièce *Monna Vanna* dont le poète entendait empêcher la représentation négociée par le musicien avec l'Opéra de Paris (Maeterlinck aurait aimé pouvoir redonner son œuvre à un autre compositeur). Le périodique appelle l'ensemble des professionnels de la musique (compositeurs, librettistes, chefs d'orchestre, directeurs de théâtres, chanteurs, « artistes de tout genre ») à donner leur avis sur le sujet, au-delà de l'affaire récente. L'ambition de la rédaction est étonnante : « Neutres dans le débat, nous ne voulons, par cette enquête, que composer un document judicieux et que les tribunaux futurs pourront utilement consulter » [32].

Trois questions sont publiées à la fin du premier article, dont il est précisé qu'elles n'en excluent pas d'autres : la première sur la pertinence d'une répartition égale des profits d'un opéra, « la somme de travail fournie par le musicien étant incontestablement plus considérable que celle apportée par le littérateur » ; la deuxième sur l'éventualité de déclarer le compositeur « chef absolu de la collaboration » si l'on tient compte du

32. [Rédaction de *Musica*], « Une enquête sur les droits respectifs des compositeurs et des librettistes », *Musica*, octobre 1908, p. 160.

fait que tant de librettistes ne connaissent rien à la musique quand ils ne lui sont pas tout simplement hostiles; enfin la troisième sur la nécessité ou non de « subordonner la littérature à la musique ou de leur accorder une égale autorité » quant aux choix artistiques au moment des répétitions.

En dépit de la neutralité revendiquée, le parti est outrageusement favorable aux compositeurs – rappelons que l'un d'entre eux (Xavier Leroux) tient les rênes du journal. Ce sont eux qui répondront majoritairement (dix contre trois librettistes, trois critiques, un ancien directeur de théâtre et un chanteur, enfin quatre lecteurs), de quelques lignes à de véritables petits articles. Les opinions se succèdent et divergent pendant trois livraisons du journal (janvier, février et mars 1909), les uns prenant position sur les mésaventures de Février avec son librettiste, d'autres répondant sur le fond. À une époque où les compositeurs avaient tendance à adopter le modèle wagnérien d'un auteur total écrivant à la fois le livret et la partition, les trois questions posées avaient-elle vraiment un sens ?

Que ce soit dans les enquêtes collectives ou dans les interviews individuelles, le résultat visé est donc moins un discours unifié sur une question sérieuse qu'une mise en scène de la variété des opinions sur un fait d'actualité. Signe de l'effondrement du paradigme rhétorique où la logique organisait l'agencement des arguments dans une perspective persuasive, la forme lâche de l'interview consacre le culte du moi, pour reprendre le titre du livre à succès de Barrès, au sein du reportage en train de s'inventer.

L'interview, une biographie à quatre mains

Lorsque Albert Laurent fait parler Albert Roussel de l'époque où Erik Satie était son élève de contrepoint à la Schola Cantorum, le compositeur répond sans ambages : « Souvent on le regardait comme un fumiste, ce qui est injuste »[33]. Loin de s'interdire le registre familier, la langue des interviews semble au contraire cultiver un certain négligé[34]. Quelques années après, écoutons le même Roussel dialoguant avec le journaliste H. Berger :

> — Quel est le sujet de votre opérette ?
> — Je ne veux point le divulguer. Le livret est de Jean de Veber, dit Nino, le spirituel auteur d'*Angélique*.
> — Son titre ?
> — J'hésite entre *Le Testament de la Tante Caroline* ou *Vite, un enfant !...* À moins qu'il procède des deux.
> — L'orchestration ?
> — Très réduite... Quelques bois, quelques cuivres, quinze musiciens au plus[35].

33. Albert Laurent, « Un entretien avec... Albert Roussel », *Le Guide du concert*, 12 octobre 1928, p. 23-25; repris dans Roussel, *Lettres et écrits*, p. 208.

34. On trouve un des exemples les plus saisissants de familiarité linguistique dans une interview de musicien dans un entretien avec Debussy réalisé par Louis Vuillemin pour *Comœdia* (« Une escale à Gare-Saïd : *M. Claude-Achille Debussy dit tout...* », *Comœdia*, 17 décembre 1910; repris dans Debussy, *Monsieur Croche et autres écrits*, p. 312-313).

35. « Interview de M. Albert Roussel qui vient d'achever une opérette dont le titre serait : "Vite, un enfant !" », [journal non identifié], 1933; repris dans Roussel, *Lettres et écrits*, p. 215.

Le style souvent télégraphique tente de restituer le ton d'une conversation à bâtons rompus. En se refusant à compléter ou à récrire les phrases de son interlocuteur, le reporter espère sans doute accroître l'effet de réel d'un article conçu comme un instantané photographique.

Nous avions déjà noté que les interviews de la première génération, en mêlant récit et dialogue, se présentaient souvent comme des scènes de genre, scènes intimes plus ou moins volées. Chez Huret, dont l'enquête littéraire de 1891 avait marqué les esprits, les réponses aux questions du journaliste étaient parfois entrecoupées de saynètes de la vie quotidienne. Au milieu de l'interview d'Anatole France, la jeune fille de l'écrivain avait interrompu à deux reprises la discussion pour rapporter un crayon à son père, puis pour discuter du déjeuner et d'une séance photographique à venir[36]. L'échange s'achevait sur un dialogue comico-domestique dont les répliques n'avaient rien à voir avec le thème traité (la question à laquelle Anatole France était en train de répondre était : « Le naturalisme pouvait-il être sauvé ? ») et n'éclairaient pas non plus la personnalité de l'écrivain. La visée moraliste ou édifiante étant plutôt absente du propos, on peut se demander si le seul but du passage n'était pas simplement de distraire le lecteur ou de l'attendrir en lui montrant le père de famille qu'était aussi, au quotidien, l'auteur de *Thaïs*.

Le cadre dans lequel a lieu l'interview contribue lui aussi à installer une forme de familiarité. L'artiste reçoit en général le journaliste (et à travers lui les lecteurs) d'une façon moins solennelle que lorsqu'il tient salon ou lorsqu'il organise une soirée artistique dans ses appartements. Lorsqu'un journaliste du *Musical Times* rend compte de son entrevue avec Alexander Mackenzie, *principal* de la Royal Academy of Music à Londres, il prend soin d'indiquer : « On peut dire que les questions ont été préparées à l'avance et lues au Dr Mackenzie après le dîner, et que ses réponses ont été délivrées dans un confortable fauteuil, sous l'influence apaisante du tabac »[37].

En France, le journal *Musica* utilisera la photographie pour entraîner son lectorat au plus près de la vie matérielle des musiciens – et des compositeurs en particulier. Massenet, dont les œuvres et la personne bénéficient dans le périodique d'une intense publicité, fait l'objet en 1906 d'un reportage très développé (« Massenet à Égreville ») illustré de sept photographies prises dans la propriété qu'il avait acquise en 1899. Le chapeau rédigé par Georges Pioch précise que *Musica* y est déjà venu plusieurs fois. En effet, dès son premier numéro (octobre 1902), le journal avait publié sur la première page après la couverture une photographie ainsi légendée : « M. Massenet dans sa

36. Huret, *Enquête sur l'évolution littéraire*, p. 5 et p. 9-10.

37. « *It may be stated that the questions were prepared beforehand and read to Dr. Mackenzie after dinner, and that his answers were delivered from a cosy arm-chair, under the soothing influence of tobacco.* » [Anonyme], « *Musical Times* Interviews. No. I : Dr. Mackenzie on Opera », *The Musical Times and Singing Class Circular*, 1er janvier 1894, p. 11. Notre traduction. Quant au reporter envoyé auprès d'Engelbert Humperdinck un an plus tard, il écrit : « Il était un peu hardi de briser ainsi une réunion de famille, mais nous avons rencontré un accueil chaleureux, et on nous a demandé de nous asseoir et de prendre la café avec la famille ; Frau Wete était là, entourée de ses enfants. » (« *It was somewhat bold thus to break in on a family gathering, but we met with a cordial reception, and were asked to sit down and join the family coffee-party; Frau Wete was there, surrounded by her children.* ») [Anonyme], « An Interview with Humperdinck at Cologne (By our Special Correspondent) », *The Musical Times and Singing Class Circular*, 1er juillet 1895, p. 440. Notre traduction.

propriété d'Égreville. L'auteur de *Manon* a passé tout l'été dans sa propriété d'Égreville, en Seine-et-Marne. Il a transformé son oratorio *Marie-Madeleine* en un drame lyrique qui sera représenté cet hiver à l'Opéra de Nice ». Le compositeur était assis sur un banc du parc. L'année suivante, dans une page consacrée aux compositeurs en villégiature, on retrouvait « M. Massenet dans sa propriété d'Égreville », cette fois appuyé sur le bord d'un puits[38].

Le numéro de novembre 1906 contenait un reportage complet rehaussé de bribes d'entretiens. Trois ans plus tard (octobre 1909), *Musica* utilise une nouvelle image du musicien pour illustrer un article intitulé : « La musique au grand air ». Au milieu d'un assemblage de clichés montrant des compositeurs en vacances, un portrait de l'auteur de *Hérodiade* avec ce commentaire : « Dans son domaine d'Égreville, Massenet n'a pas cessé de travailler. Il a achevé une nouvelle œuvre : *Don Quichotte*, qui sera jouée, l'hiver prochain, à Monte-Carlo ». Dans le même numéro, une « Enquête sur la décadence de l'opéra-comique français » est illustrée par des portraits de compositeurs. Seul Massenet bénéficie d'une photographie en pied : « Massenet, auteur de *Manon*, de *Werther*, etc. (Photographie faite dans la propriété du Maître, à Égreville) ».

Au fil des numéros, le lecteur de *Musica* était devenu un habitué de la résidence d'été du plus joué des musiciens lyriques vivants. Livraison après livraison, *Musica* aura saturé l'espace public de l'image du compositeur qu'elle soutient le plus ouvertement en menant une campagne publicitaire de longue haleine. Au-delà du cas Massenet, l'iconographie utilisée par le périodique pour illustrer ses reportages provoquait un élargissement du cadre biographique. Au portrait officiel (la photographie avait repris dans le courant du XIXe siècle la plupart des conventions de la peinture de chevalet[39]), étaient venus s'ajouter des clichés tout droit sortis d'albums de famille.

À la mort de Massenet en 1912, *Musica*, qui avait accumulé pendant dix ans de riches dossiers documentaires, déclencha une véritable avalanche de textes et d'images. Arrêtons-nous sur l'une des pages d'un article de Jules Claretie. Deux photos sont superposées. La première est intitulée : « Une causerie familière : dans le jardin de Massenet à Égreville, le maître reçoit l'envoyé de *Musica* » (voir l'illustration 6). Les deux jambes posées sur une chaise, le compositeur affiche un incontestable laisser-aller. Le chien qui se tient à ses pieds achève de conférer à la scène le caractère d'une tranche de vie privée. La différence est évidemment flagrante avec l'image publiée au-dessous : « À l'Académie des beaux-Arts, Massenet présidant la séance du 5 novembre 1910. »

Dans le même numéro, la légende de la photographie en pleine page intitulée une fois de plus « Massenet à Égreville » synthétise le traitement du produit éditorial qu'est devenu pour le journal l'auteur de *Werther* :

> C'est à Égreville que Massenet passait les meilleures journées de sa vie ; là il se sentait un peu le roi d'un petit royaume, l'admiration de tous l'entourait et le charmait : il était fier de l'amour que lui témoignaient tant de braves gens, paysans ou villageois, et peut-être,

---

38. Wotan, « Nos musiciens aux champs », *Musica*, septembre 1903, p. 189-190, ici p. 189.

39. Françoise Heilbrun, « L'art du portrait photographique chez Félix Nadar », dans *Nadar : les années créatrices, 1854-1860*, catalogue de l'exposition (Musée d'Orday, Paris, 7 juin au 11 septembre 1994 / The Metropolitan Museum of Art, New York, 3 avril au 9 juillet1995), Paris, Réunion des musées nationaux, 1994, p. 42-103.

> dans le fond de son cœur, préférait-il cette admiration naïve aux hommages fades des salons et à l'encens que tant de flatteurs lui brûlaient pour obtenir quelques éloges ou quelques recommandations. Et puis surtout il y pouvait travailler dans le calme absolu, à l'ombre d'un vieil arbre ou d'un pont de pierre... [40]

Le discours journalistique fait corps avec les images. À la page suivante, un montage de quatre clichés constitue un photo-reportage où l'on voit le « maître devant sa propriété », « le maître dans sa serre », « le maître devant sa maison » et « Massenet sur la place d'Égreville, près de l'église et du marché »[41]. La déambulation s'affirme alors comme la forme idéale de l'écriture biographique renouvelée. La promenade où le musicien fait les honneurs de son domicile à un journaliste va de pair avec une conversation libre qui répugne à la dissertation philosophique et privilégie plutôt le prosaïsme d'un échange ordinaire. L'interview trouve ici sa raison d'être : bande son de reportages abondamment illustrés.

Dès le « Massenet à Égreville » de 1906, *Musica* avait promis de révéler aux lecteurs « un Massenet tout simplement brave homme »[42]. Pioch assurait que le compositeur, qui adorait son village de villégiature, « s'y refai[sai]t chaque été la meilleure âme : celle d'un homme simple ». À la fin de l'article, le journaliste affirmait encore s'être borné « à montrer au lecteur un Massenet intime, un Massenet campagnard, uniquement satisfait de nature et de simplicité »[43]. Ce dont témoigne cette scène – digne d'une bergerie de l'ancien temps – habilement transcrite par le journaliste :

> Ah ! le château de Monsieur Massenet ! Dès Souppes, on nous l'a vanté... « Et Monsieur Massenet, si bon enfant avec tout le monde, si familier, si obligeant !... Et Madame Massenet ! si vous saviez !!... » Mais l'indiscrétion, même en journalisme, se doit borner... Des gens passent : « Bonjour, Monsieur Massenet ». – Il répond : « Bonjour mes amis ! ». Et ils savent que c'est là mieux que de la politesse[44].

Il est bien peu question de musique dans l'article de Pioch. Lorsque celui-ci tente de poser une question sur l'actualité musicale, Massenet évite soigneusement de répondre[45]. Le seul projet dont parle le compositeur est immobilier (l'aménagement d'une grange en salle de réception) ce qui pousse le journaliste à la capitulation : « Nous avons résigné tout désir d'obtenir de Massenet une publique confession musicale »[46]. Le monde domestique du compositeur est en revanche présent à toutes les lignes. Sa femme – « la plus admirable des épouses »[47] – est évoquée à plusieurs reprises, et la dernière partie de l'article lui est même consacrée.

40. [Rédaction de *Musica*], « Massenet à Égreville », *Musica*, septembre 1912, p. 191.

41. *Musica*, septembre 1912, p. 192.

42. Georges Pioch, « Massenet à Égreville », *Musica*, novembre 1906, p. 174-176, ici p. 174.

43. *Ibid.*, p. 176.

44. *Ibid.*, p. 175.

45. « "Avez-vous, mon cher Maître, entendu à l'Opéra-Comique..." Et Massenet de répondre : "Regardez donc, mon cher ami, l'extraordinaire éclat de ces roses..." Parler musique, théâtre, apprécier le talent de tel compositeur, les moyens de tel ténor, quand le ciel est tout fleuri de lumière, quand la terre est tout éclatante de fleurs ! Ah ! bien, oui. Massenet n'est plus, ne veut plus être qu'un campagnard !... ». *Ibid.*, p. 175.

46. *Ibid.*,

47. *Ibid.*, p. 176.

Sous la plume du reporter et sous les objectifs du photographe de *Musica*, Massenet est apparu tantôt en prince campagnard, tantôt en mari fidèle, tantôt en artiste installé dans un paysage bucolique. Le portrait est évidemment composé. Après avoir transformé les créateurs en grands hommes, la presse s'efforce d'en faire des vedettes en exploitant une dialectique faisant en permanence osciller le discours et l'image entre distance et proximité [48].

Les objets hybrides dont la presse du tournant du siècle raffole (ces articles mêlant reportage, interview et photographie) concoururent à bouleverser les limites de l'intimité qui s'était construite, comme l'écrit Jean-François Laé, sur l'intrication entre deux types de possession : la propriété privée et la propriété de soi [49]. Jusqu'à la fin du XIXe siècle, l'intimité, lieu d'émancipation conquis à l'initiative des Lumières contre l'État [50], avait été « une sphère où les paroles et les actes n'[avaie]nt pas de conséquences sociales » [51]. Le brouillage des frontières commença lorsque l'esthétique romantique se mit à valoriser le spectacle du « moi ». Le public admit rapidement que les sentiments les plus personnels pouvaient être la matière première de l'art. La notion d'intimité de l'artiste finit par en être profondément ébranlée. Existait-elle encore au tournant du siècle quand tant de compositeurs dévoilaient à longueur d'interview les secrets de la création ? Les entretiens avec des compositeurs réalisés par Arthur M. Abell entre 1890 et 1918 sont symptomatiques de ces bouleversements. Leur principal objectif est de mieux comprendre le phénomène de la création musicale :

> Je rassemble du matériel pour un livre concernant l'inspiration et vous êtes le premier compositeur que j'interroge à ce sujet. Pour moi, ce serait d'une valeur inestimable si vous vouliez m'éclairer sur les sentiments d'inspiration que vous éprouvez en composant. Composer est un processus qui n'est pas si facile à expliquer, répondit Strauss. Quand l'inspiration vient, c'est quelque chose de si pénétrant et de si subtil – tel un feu follet – qu'elle se dérobe presque à une description exacte. Lorsque je me trouve en état d'inspiration j'ai des visions qui s'imposent très nettes (*bestimmte Zwangvision* [*sic*]) je suis sous l'influence d'une Puissance Supérieure. Dans de tels moments j'ai conscience que je puise à la Source de la Force infinie et éternelle de laquelle provient toute chose, vous et moi compris. La religion la nomme Dieu. Actuellement, je m'intéresse beaucoup aux expériences personnelles du grand mystique suédois Swedenborg [52].

48. Pioch conclut son article de 1906 par cette phrase : « Nous ne pousserons pas plus avant l'indiscrétion, heureux si nous avons pu déceler un peu ce qui parfait chez Massenet un génie délicieux et vivace : sa complaisance à toute la vie, et sa bonté ». *Ibid.*

49. « Cette frontière a été construite sur un socle dès le XVIIIe siècle : un droit au secret d'une part de ses conduites, de ses paroles et de ses gestes. De sorte que la détention de secrets incarne ou est coextensive à la propriété privée et à la propriété de soi, dont le terme *privacy* délivre simultanément en anglais les deux sens : l'intimité et le secret. Il en va de même de l'usage très ancien du mot jouissance : en droit, il relève de la possession d'un lieu, d'une terre, et dans le sens commun, il indique une possession du corps, le plaisir ; comme si l'un supposait l'autre ». Jean-Francois Laé, « L'intimité : une histoire longue de la propriété de soi », *Sociologie et sociétés*, vol. 35, n° 2, 2003, p. 139-147, ici p. 140.

50. *Ibid.*, p. 141.

51. *Ibid.*

52. Arthur M. Abell, *Entretiens avec de grands compositeurs sur la nature de leur inspiration et de leur création* [1955], traduit de l'allemand et de l'anglais par Marthe Sung, Paris, Éditions du Dauphin, 1982, p. 103. Richard Strauss précisera vingt ans plus tard (à l'âge de 47 ans) ses déclarations de 1890, parlant cette fois d'une « Force cosmique » (*ibid.*, p. 125).

Tandis que le mécanisme intérieur de l'invention sonore devenait un sujet de discussion publique, la vie même des compositeurs se transformait en objet potentiel d'inspiration. Dans le cas de Richard Strauss, qui avait 26 ans au moment de son entretien avec Abell (1890), beaucoup d'œuvres de son catalogue s'inscriront dans des projets autobiographiques. *Une Vie de héros* (1898), la *Sinfonia domestica* (1903) ou l'opéra *Intermezzo* (1924) mettront ainsi en scène la vie privée de leur auteur d'une façon de moins en moins allégorique, pour ne pas dire de plus en plus triviale.

Dans cette exhibition du « moi » des créateurs, la bienveillance de la presse tourne souvent à la complaisance, une complaisance qui se nourrit de la complicité de l'artiste pour donner au public un tableau où ce dernier apparaît sous le profil le plus avantageux. Certains, comme le journaliste Léon Daudet, dénoncent une tendance chez les enquêtés ou interviewés à prendre la pose :

> Le monsieur qui explique son caractère au public [...] est toujours, dans ce moment-là, un peu comédien. Il se fait rapidement une tête, une attitude [...]. Il semble qu'ils [les participants] viennent d'entendre le traditionnel "ne bougeons plus". Ils sentent sur eux l'œil de la gloire en train de choisir ses élus[53].

Nous avions déjà cité l'article de Blavet sur Massenet en 1884. Dès les premières lignes, le journaliste avait confié son embarras :

> Il serait, je crois, plus facile de trouver la pierre philosophale ou la quadrature du cercle qu'un Massenet inédit, un Massenet non vu, non connu. Il a posé maintes fois, et dans toutes les attitudes, devant l'appareil photographique instantané du *Figaro*. Autant d'œuvres, autant de succès, autant d'épreuves diverses. L'objectif hésite découragé[54].

Vingt ans plus tard, les journalistes de *Musica* n'auront plus qu'à recueillir les fruits d'une longue expérience : Massenet sera devenu un habitué de l'interview et du reportage en général.

Le prétendu naturel du portrait journalistique est du coup faussé. Se pose alors la question de la véracité des informations contenues dans les entretiens. Les attaques sont régulières dès la fin du XIXe siècle contre les reporters qui déformeraient assez systématiquement les propos recueillis. Ainsi, dans le cadre d'une enquête sur l'état de la musique française en 1904[55], le musicographe Paul Landormy avait prêté au musicien de *Pelléas et Mélisande* la phrase suivante : « Massenet a compris le vrai rôle de l'art musical ». On connaît la réaction de Debussy grâce à une lettre à son ami Louis Laloy : « Avez-vous lu un article de Landormy dans la *Revue bleue* où il rapporte une conversation avec C. Debussy ? C'est extraordinaire comme ce soi-disant musicien entend mal... »[56]. Le même Debussy réagira fermement quelques années après aux propos qui lui avaient été

53. Léon Daudet, « Trop d'enquêtes ! », *Le Gaulois*, 22 août 1904, p. 1 ; cité dans Carbonnel, « Les écrivains en leur miroir : jeu et enjeux de l'enquête au sein de la République des Lettres », p. 36.

54. Parisis [Émile Blavet], « La vie parisienne. Jules Massenet (18 janvier 1884) », p. 445.

55. Claude Debussy, « L'état actuel de la musique française », entretien avec Paul Landormy publié dans *La Revue politique et littéraire* (*Revue bleue*), 2 avril 1904 ; repris dans Debussy, *Monsieur Croche et autres écrits*, p. 278-279.

56. Lettre de Claude Debussy à Louis Laloy, 3 avril 1904, dans Claude Debussy, *Correspondance, 1872-1918*, édition établie par François Lesure et Denis Herlin, Paris, Gallimard, 2005, p. 834.

prêtés dans une enquête de Louis Borgex pour *Comœdia*[57]. Dans une lettre ouverte au rédacteur en chef du journal, Debussy déplorera un « ton de querelle [...] discourtois » et une « ignorance coupable » du sujet[58].

Rares sont ceux à considérer positivement ces procédés. Dans l'un de ses panégyriques en faveur de l'interview[59], Barrès souligne à quel point elle permet de toucher à une vérité littéralement inexacte mais significativement juste :

> Ceux qu'on va interroger le plus souvent sont très dissimulés, ils essayent de s'en tirer par des blagues ; et pour donner la vérité au lecteur, c'est moins à leurs paroles qu'il se faut attacher qu'à l'expression de leur regard, de leur sourire.
> D'ailleurs, qu'est-ce que l'exactitude ? Lamartine, Michelet ont rendu la passion, c'est-à-dire la vérité essentielle des grandes journées de la Révolution, en froissant perpétuellement les notions précises, minutieuses que nous en ont transmises les témoins oculaires[60].

Le mensonge n'est donc qu'apparent. Barrès le ramène à un phénomène psychologique courant (la déformation que la mémoire fait subir chaque jour à tant de faits anodins). La suggestion vraisemblable devrait l'emporter sur la littéralité tatillonne. L'approximation n'était-elle pas de toute façon la règle chez des journalistes qui n'étaient que rarement des connaisseurs de la spécialité pratiquée par leur interlocuteur ? On a déjà évoqué les enquêtes auprès de groupes de compositeurs. Elles se situaient souvent hors du champ de la critique traditionnelle. Huret, le plus célèbre enquêteur de l'époque, se qualifiait lui-même de « journaliste » dans l'avant-propos de l'édition en recueil de ses entretiens avec des hommes de lettres. Les conséquences en étaient considérables : ce n'était pas un spécialiste du domaine artistique concerné qui posait les questions mais un professionnel de « l'actualité ». Les entretiens étaient donc des instantanés verbaux qui servaient à intéresser un « public moyen » (souvent distinct du lectorat d'amateurs des revues spécialisées[61]) en privilégiant le scandale ou le sensationnel au prix d'approximations plus ou moins grandes[62]. L'interview jouait donc moins sur la vérité que sur l'impression de réalité. Elle participait d'une entreprise publicitaire en apportant sa pierre à la célébrité plus ou moins épisodique du musicien. Elle était en ce

---

57. Claude Debussy, « Enquête sur la musique moderne italienne », entretien avec Louis Borgex publié dans *Comœdia*, 31 janvier 1910 ; repris dans Debussy, *Monsieur Croche et autres écrits*, p. 297.

58. Lettre de Claude Debussy à Gaston de Pawlowski, 31 janvier 1910, dans Debussy, *Correspondance*, p. 1242). Cette lettre fut publiée dans *Comœdia* le 1er février 1910 ; repris dans Debussy, *Monsieur Croche et autres écrits*, p. 302.

59. Outre l'article cité ici, voir Maurice Barrès, « Réflexions sur l'interview », *La Presse*, 16 novembre 1890 ; Maurice Barrès, « L'esthétique de l'interview », *Le Journal*, 2 décembre 1892.

60. Maurice Barrès, « Les beautés de l'interview », *Le Figaro*, 22 août 1890, p. 1. Barrès théorise même le droit à l'altération : « L'interviewer ne doit pas fatiguer sa mémoire à retenir mot pour mot la conversation ; mais qu'il se pénètre profondément de la passion ou du sentiment de son interlocuteur, et les mots pour restituer l'entrevue naîtront spontanément dans son cerveau, – inexacts peut-être, mais vrais d'une vérité supérieure ». *Ibid.*

61. « Le public sent bien le très vif intérêt, l'attrait quasi-scandaleux de l'interview ; il ne se lasse pas de lire les conversations des journalistes avec les moins connus d'entre nos hommes célèbres ». *Ibid.*

62. Sur les mécanismes de la presse musicale à grand tirage, voir Aki Yamamoto, *Promouvoir une culture musicale de masse. Le périodique* Musica *(1902-1914) des Publications Pierre Lafitte & Cie : un magazine musical pour un public familial ?*, thèse de doctorat, Conservatoire national supérieur de musique et de danse de Paris, 2009.

sens assimilable à un dispositif biographique construit à quatre mains par un journaliste à l'affût de coups d'éclat et un artiste convaincu que sa présence régulière dans l'actualité musicale était un gage de réussite professionnelle.

Dans les premières décennies du XIXe siècle, le statut du créateur s'était en partie construit sur le modèle de la religion de l'art et du culte des saints[63]. L'accès au corps des inventeurs de musique était alors devenu un enjeu essentiel. C'est dans cette perspective qu'il faut envisager la multiplication des textes biographiques durant la même période. Notices de dictionnaires, articles de presse, monographies, étaient autant de moyens d'individuation des auteurs. L'avènement de l'interview constitua une étape décisive qui modifia le mode d'écriture de la biographie. Au tournant du siècle, la multiplication d'entretiens présentant le compositeur en toute simplicité ou de discours où il parlait sans complexe à la première personne donna l'impression que l'interview pouvait contribuer à dévoiler une part du mystère de la création artistique. Dans les faits, la vérité n'y gagna guère. Les récits de la musicographie des premiers temps étaient souvent encombrés d'anecdotes plus ou moins vérifiées. En dépit de leur réalisme, les interviews dernier cri accordaient plus d'importance à la mise en scène qu'au fond. La vérité intérieure de l'interviewé était un prétexte permettant d'assurer sa présence dans la rumeur publique et de profiter du voyeurisme des lecteurs à des fins commerciales.

Les compositeurs furent souvent les premiers à reconnaître les défauts du nouveau genre journalistique. Debussy ironisait en 1908 sur une reporter américaine (Miss Emily Frances Bauer) venue le rencontrer au nom du *Harper's Weekly* et ne lui ayant posé que des questions d'un intérêt relatif puisqu'elle lui demandait conseil « sur la façon d'élever les petits Américains de génie »[64]. On peut du coup s'interroger sur les raisons qui l'avaient poussé à accepter... À une époque où la commande aristocratique ou princière était en voie de disparition, les compositeurs avaient compris que les arènes de l'âge démocratique devaient être méthodiquement occupées. Dans la deuxième moitié du XXe siècle, Boulez sera le *recordman* des interviewés. L'entretien sera alors devenu pour les compositeurs un outil d'intervention dans le débat public (que soit par le biais de la radio, de la télévision, de la presse ou du livre qui tous embrassèrent l'interview) et une forme d'écriture autobiographique (Messiaen, par exemple, remit à jour à trois reprises avec l'aide de Claude Samuel son grand récit autobiographique sous la forme d'un long dialogue à deux voix[65]).

---

63. Mark Everist, « Enshrining Mozart : *Don Giovanni* and the Viardot Circle », *19th-Century Music*, vol. 25, n° 2-3, 2001-2002, p. 165-189.

64. Lettre de Claude Debussy à Jacques Durand, 22 septembre 1908, dans Debussy, *Correspondance*, p. 1114. Les premières lignes de l'entretien finalement publié laissent percer l'agacement du compositeur : « Debussy avoue détester recevoir des étrangers, d'abord parce qu'il ne parle ni l'anglais ni l'allemand, et ensuite parce qu'il ne peut réprimer son agacement en entendant le français prononcé avec difficulté ». Claude Debussy, « Debussy parle de sa musique », entretien avec Emily Frances publié dans *Harper's weekly*, 29 août 1908 ; repris dans Debussy, *Monsieur Croche et autres écrits*, p. 282.

65. Claude Samuel (éd.), *Entretiens avec Olivier Messiaen*, Paris, Belfond, 1967 ; Claude Samuel (éd.), *Musique et couleur : nouveaux entretiens avec Claude Samuel*, Paris, Belfond, 1986 ; Claude Samuel (éd.), *Permanences d'Olivier Messiaen : dialogues et commentaires*, Arles, Actes Sud, 1999. À quoi il faudrait encore ajouter cet autre livre d'entretien : Antoine Goléa, *Rencontres avec Olivier Messiaen*, Paris et Genève, Slatkine, 1984.

En quelques décennies, l'interview redistribua les cartes. Le reportage déplaçait en effet l'intérêt des œuvres ou des choses de l'art vers la personne du créateur. Il renouvelait dès lors indirectement l'écriture de la biographie, l'historien disposant avec les entretiens de documents à la production desquels les compositeurs avaient été directement associés. Par ailleurs, l'interview donnait à lire une parole du créateur qui n'était plus seulement académique ou critique et échappait aux règles de la rhétorique et du beau style. Enfin, elle sonnait la fin de la spécialisation. Du côté des fabricants d'interviews, le journaliste ne devait plus posséder une compétence technique particulière ; du côté des lecteurs, nul besoin d'être amateur quand les sujets abordés étaient souvent ceux de la vie courante.

Parmi les résultats de ces transformations, la production par la presse d'une galerie de personnages plus ou moins typés qui incarnèrent la figure de l'auteur moderne. Mais aussi le rôle déterminant joué par l'actualité qui commanda de plus en plus la rédaction de textes biographiques, tendance qui s'accentua nettement à la fin du XIXe siècle lorsque vint l'heure des commémorations incessantes où chaque anniversaire de compositeur se mit à déclencher l'écriture d'une ou de plusieurs monographies. En dernier lieu, la conséquence la plus notable de la diffusion des interviews fut certainement la redéfinition des espaces publics et privés, donc de la question biographique elle-même.

ENTREVUES DE MUSICIENS DANS LA PRESSE MUSICALE FRANÇAISE : L'ÈRE DES « INTERVENTIONS MÉDIATIQUES » (1900-1939)

MICHEL DUCHESNEAU

C'est à partir d'un corpus d'un peu plus de 400 documents [1] de presse qui consiste en des entrevues et des réponses à des enquêtes ou des questions diverses que je propose une typologie provisoire de ce que j'appellerai les « interventions médiatiques » des musiciens dans la presse musicale spécialisée du début du XXe siècle [2]. Ces interventions médiatiques se distinguent des critiques ou des articles musicographiques par l'intervention directe du journaliste (ou de la rédaction du journal) qui sollicite la voix du compositeur dans un cadre lié essentiellement à l'actualité. Elles s'insèrent aussi dans une dynamique du développement du journalisme qui puise ses nouveaux usages dans des pratiques anglo-saxonnes favorisant l'information d'actualité la plus immédiate possible, et sous des formes adaptées à un lectorat très large. Les musiciens seront de plus en plus bavards en ce début de siècle et plus qu'on ne l'a cru si l'on se fie au foisonnement actuel des publications d'écrits de compositeurs ou de musiciens en général. Ils ont été nombreux à exercer le métier de critique [3], surtout en début de carrière et ils ont été très régulièrement sollicités pour écrire sur la musique. Mais la présence des compositeurs dans la presse ne se limite pas à la critique musicale. Leurs opinions font régulièrement l'objet de publications. Si leur rendu n'est pas toujours aussi fidèle qu'on l'espérerait, il n'en reste pas moins qu'il s'agit de témoignages parfois essentiels quant à leur pensée musicale. Cet aspect du métier de musicien, celui d'écrire et de « dire » à propos de la musique est connu et occupe de plus en plus les musicologues qui ont abondamment

1. Le chiffre exact est de 411 articles ou chroniques.

2. Je dois remercier ici Benoit Haug, auxiliaire de recherche pour l'Équipe de recherche sur la musique française du Laboratoire musique, histoire et société (LMHS) de l'Observatoire interdisciplinaire de création et recherche en musique (OICRM) qui, au cours de l'été 2010, a réuni l'intégralité de ces documents. Il a, de surcroit, classé les textes en fonction de leur nature et de leur contenu. Cette étude lui doit donc beaucoup.

3. Pensons à Claude Debussy, Camille Saint-Saëns, Alfred Bruneau, Reynaldo Hahn, Pierre de Bréville, Paul Dukas, Gabriel Fauré, Charles Koechlin, Florent Schmitt, Georges Auric et Paul Le Flem pour n'en citer que quelques-uns. Pour certains d'entre eux, nous renvoyons le lecteur à l'ouvrage remarquable de Christian Goubault, *La critique musicale dans la presse française de 1870 à 1914*, Genève, Slatkine, 1984 pour un portrait détaillé de l'activité de la critique musicale à l'époque.

utilisé ces documents écrits (articles, critiques et entrevues), sans pour autant s'interroger fondamentalement sur leur nature. En ce qui concerne les interventions médiatiques, les recueils d'écrits de musiciens en contiennent un certain nombre, certes, mais on pourrait se poser la question de la pertinence de les inclure dans les « écrits » en tant que tels. Car, à l'époque qui nous concerne, entre 1900 et 1939, ces entrevues ne sont pratiquement jamais retravaillées par les artistes comme ce sera le cas plus tard, lorsque ces entretiens feront l'objet de recueils publiés après avoir été préalablement rédigés et ensuite lus à la radio par exemple. Souvent, les propos de musiciens sont rapportés tels quels, ou bien alors reproduits sous la forme d'une narration [4]. Quoi qu'il en soit, ces interventions médiatiques nous rappellent que les musiciens se sont prononcés à maintes occasions sur divers sujets, mais l'édition en recueil de ces écrits nous a limité aux plus célèbres des musiciens et à de rares mises en contexte. Or, le phénomène de ces interventions médiatiques prend à l'époque des proportions que l'on soupçonne depuis longtemps, mais dont on n'a pas encore véritablement mesuré l'ampleur. Les outils informatiques nous donnent aujourd'hui les moyens d'explorer plus systématiquement les médias du XIXe et du début du XXe siècle qui sont essentiellement des journaux et des revues. La radio ne viendra occuper l'espace médiatique que progressivement à partir des années 1920. Cependant, la diversité des supports de l'écrit est telle, pour la période considérée ici, que l'on peut estimer qu'elle relève déjà de l'ère de l'information et des communications, largement amplifiée par la suite à travers le développement des technologies.

L'objectif de cet article est modeste. De ce corpus au premier abord important puisqu'il s'agit de 400 textes – mais qui, au regard de l'ensemble de la production, n'est qu'une goutte dans l'océan des prises de parole des musiciens –, il s'agit de dégager quelques informations propres à servir la musicologie qui emploie depuis longtemps ces documents sans qu'il y ait pour autant eu une réflexion sur les conditions de leur production et, par conséquent, sur leur nature intrinsèque.

Méthodologie

Dans le travail de dépouillement, seuls ont été retenus les textes « incluant des discours de musiciens dont la présentation porte à croire qu'ils ont été recueillis spécifiquement par la revue » [5] et qui supposent la médiation d'un journaliste. Cela nécessitait un élargissement des recherches qui ne pouvaient se limiter aux entrevues explicites « puisqu'une partie des entrevues et des enquêtes se présente sous une forme plus complexe de narrations romancées – incluant des citations disparates » [6].

4. Voir par exemple l'entrevue réalisée par José Bruyr avec Maurice Ravel publiée dans *Le Guide du concert* du 16 octobre 1931 ; reprise dans Maurice Ravel, *Lettres, écrits, entretiens*, réunis, présentés et annotés par Arbie Orenstein, traduit de l'anglais par Dennis Collins, Paris, Flammarion, 1998, p. 365-369.

5. Benoit Haug, « Travail de recherche sur les enquêtes et entrevues avec des musiciens dans la presse française de la première moitié du XXe siècle », document disponible auprès de l'OICRM, 2010, p. 2.

6. *Ibid.*

À titre d'exemple, l'entrevue de Florent Schmitt par Marcel Orban publiée en 1934 dans *Le Guide du concert* commence typiquement par un long préambule de mise en contexte :

> Sur le coteau de Saint-Cloud, une petite maison perchée dans un jardin en terrasse. De beaux arbres parés de tous les ors de l'automne. Un bruissant tapis de feuilles mortes. Au loin, Paris s'étire dans une brume que vaporise le soleil couchant. Le périlleux escalier de pierre franchi, j'aperçois Florent Schmitt par la porte-fenêtre du rez-de-chaussée. Absorbé dans la collection d'épreuves (j'apprendrai ensuite qu'il s'agit de la partition d'orchestre d'*Oriane-la-Sans-Égale)*, le maître ne s'est pas aperçu de mon approche. Je contemple à loisir l'intérieur, paisible où flambe un feu de bois, puis me décide à tambouriner au carreau. Florent Schmitt lève un œil méphistophélique, bientôt remplacé par un sourire accueillant. Les bras encombrés d'un fagot qu'il a happé au passage sous l'escalier, il m'introduit dans son cabinet de travail. « Je le scie moi-même », fait Florent Schmitt, en jetant le bois dans la cheminée. En vertu du principe « On n'est jamais si bien servi que par soi-même », le compositeur roule aussi ses cigarettes lui-même et les met curieusement à sécher, au fur et à mesure de leur confection, sur les chenets brûlants. Je viens, lui dis-je, recueillir vos impressions sur votre récent voyage en U. R. S. S. Mais Florent Schmitt parle de mille choses sauf de celle-là. Son feu, ses cigarettes l'occupent tellement... Il se décide enfin[7].

Citons aussi l'exemple d'enquêtes qui n'apparaissent pas comme telles dans leur intitulé ; c'est le cas de celle titrée « Pensées sur Liszt », parue dans *Le Courrier musical* du 1er juin 1911[8] et qui réunit l'avis de trois pianistes : Ricardo Viñes, Édouard Risler et Gottfried Galston[9] au sujet de Franz Liszt considéré comme un « génie boycotté » sans que rien ne vienne préciser la nature de l'intervention des musiciens.

À la diversité des modes de transmission de l'information obtenue lors d'enquêtes ou d'entrevues s'ajoute le paramètre de la méthode qui a été utilisée pour recueillir les propos des musiciens. Car, si plusieurs entrevues semblent avoir été menées de vive voix lors d'une rencontre avec le musicien, bien d'autres ont été menées à travers un échange de courrier. L'usage de la correspondance rapproche ces entrevues des enquêtes qui étaient organisées de deux manières : la première consistait à contacter une série d'artistes ; la seconde de faire un appel général à contribution dans les pages de la revue. Dans le cadre de cette étude, le mélange des genres entre enquête et entrevue et leur parenté méthodologique et stylistique nous ont amené à conserver l'ensemble des textes et à en faire une étude qui s'attarde essentiellement aux points communs.

Une fois ces choix effectués, il nous faut ici justifier celui des revues qui ont été dépouillées. Devant l'ampleur du corpus de la presse musicale de l'époque, il fallait évidemment nous limiter à un nombre restreint de revues. Nous en avons choisi trois pour le dépouillement : *La Revue musicale* de Henry Prunières, *Le Courrier musical* et *Le Guide du concert*. La principale raison qui a présidé à ce choix concerne la représentativité des revues sélectionnées au regard de ce qu'est la presse musicale de l'époque.

7. Marcel Orban, « L'U. R. S. S. vue par Florent Schmitt », *Le Guide du concert*, vol. 21, nº 6, 9 novembre 1934, p. 138-140, ici p. 139.

8. « Pensées sur Liszt », *Le Courrier musical*, vol. 14, nº 11, 1er juin 1911, p. 400-401.

9. Gottfried Galston (1879-1950), pianiste autrichien, était en tournée en France en 1911. Il émigre aux États-Unis en 1927 et est nommé professeur au St-Louis Institute of Music.

De plus, elles couvrent ensemble la totalité de la période 1900-1939 : *La Revue musicale* est une revue que l'on peut qualifier de « spécialisée » ; *Le Courrier musical* est une revue « généraliste » orientée vers le milieu du concert; *Le Guide du concert* est une revue d'information qui s'écarte des modèles des deux précédentes, notamment parce qu'elle se concentre sur l'annonce des concerts et la préparation de l'auditeur aux séances musicales.

Les revues

Le Courrier musical, né en 1898 sous le titre *Le Courrier musical artistique et littéraire*, est dirigé par Albert Diot jusqu'en 1910, date à laquelle le chef d'orchestre René Doire prend la relève. La revue est liée à divers milieux artistiques et offre une couverture de l'actualité musicale assez large, faisant néanmoins une place importante au milieu de la scène lyrique.

Créé en 1910, *Le Guide du concert* est dirigé par Gabriel Bender. Les principaux rédacteurs sont Michel-Dimitri Calvocoressi, Marc David et Gabriel Bender lui-même [10]. Il ne s'agit pas d'une revue d'opinion. Elle titre d'ailleurs : « *Le Guide du concert* s'interdit toute critique et tout compte-rendu ». Calvocoressi définira en ces termes le nouveau rôle du *Guide du concert* : « Informer exactement et à temps le lecteur des séances musicales en perspective, lui dire quelles œuvres il a l'occasion d'entendre et lui donner sur ces œuvres toutes les fois que ce sera nécessaire, les renseignements indispensables » [11]. Il précise encore sa pensée en citant le critique musical anglais William Henry (1859-1937) en ces termes :

> [Le critique musical] est simplement l'auditeur le plus éclairé. Il ne se dresse point armé d'un manuel d'impératifs catégoriques, mais se place parmi nous pour stimuler notre attention quand elle défaille, pour compléter nos connaissances là où elles s'avèrent insuffisantes [12].

La place accordée à la critique de jugement est donc inexistante. Les articles de fond sont limités à un texte par numéro, d'une longueur variable, mais rédigés par les musicographes et musicologues actifs au sein d'autres revues comme Michel Brenet (pseudonyme de Marie Bobillier), Paul Landormy, Jean Chantavoine, Romain Rolland et Lionel de la Laurencie. Il s'agit donc davantage d'une revue qui a pour objectif d'informer les mélomanes de l'activité musicale et de leur fournir une connaissance plus technique des œuvres par de véritables guides d'écoute sous la forme de notes de programme analytiques. L'essentiel de la revue est ainsi constitué des annonces de concerts et des textes de préparation à l'écoute des principaux concerts de la semaine auxquels viennent s'ajouter les entrevues et enquêtes.

10. Goubault, *La critique musicale dans la presse française de 1870 à 1914*, p. 84.

11. Michel-Dimitri Calvocoressi, « Quelques mots sur *Le Guide du concert* », *Le Guide du Concert*, spécimen gratuit, 30 avril 1910, p. 2.

12. *Ibid.*

Le Guide du concert sera donc pour nous une référence très souvent sollicitée, car il symbolise le changement de paradigme dans le travail du critique musical qui n'est plus là seulement pour exprimer des opinions et former le goût, mais aussi pour informer l'auditeur en lui apportant une connaissance « de l'intérieur » des œuvres, enrichie par la conception que les compositeurs et les interprètes ont de celles-ci. Adoptant la mode du reportage, le critique musical et le musicographe vont au-delà et s'immiscent dans l'intimité de l'artiste pour y chercher « à la source » l'information au sujet des œuvres et du processus créateur. Cela ira assez loin : si des revues comme *Musica* ont clairement misé sur le vedettariat, *Le Guide du concert* n'hésite pas à faire briller le *star system* et exploite cette veine tant avec les interprètes qu'avec les compositeurs au premier abord assez éloignés de la scène lyrique et des « stars » qui l'illuminent. *Le Guide du concert* créera, par exemple, une rubrique où les journalistes dévoilent aux lecteurs les secrets de vacances des compositeurs : bien qu'encore très éloignée de celles qui feront la gloire des tabloïds britanniques de la seconde moitié du XXe siècle, elle ne manque pas de nous faire sourire. Entre « Les vacances de nos virtuoses » et « Le labeur estival de nos compositeurs », il ne manque plus que la marque de leur maillot de bain en laine ! Très vite, cédant à l'attrait d'un voyeurisme rédhibitoire, les journalistes des revues musicales ne se contenteront plus d'écrire sur la musique. Ils aborderont des sujets bien différents tels que la vie quotidienne des artistes avec le lot de potins et d'histoires plus ou moins croustillantes qui pourront en surgir…

La Revue musicale, fondée par Prunières en 1920 paraît de façon ininterrompue jusqu'en 1940. Célèbre pour sa maquette, son riche contenu et la diversité des sujets qui y sont abordés, elle présente l'exemple type de la revue musicale spécialisée, à mi-chemin entre la revue de musicologie et la revue mensuelle grand public qui consacre quelques pages à des articles de fond. Cette revue se situe peut-être à l'opposé du *Guide du concert*. Ce qui nous permet de considérer qu'avec ces trois revues, nous avons un panorama typologique assez complet de la couverture médiatique de l'activité musicale de l'époque.

Les textes répertoriés sont répartis comme suit entre les trois revues : 19 textes issus de *La Revue musicale*, 159 du *Courrier musical* et 227 du *Guide du concert*, rendent parfaitement compte de la nature des revues et de leur rapport plus ou moins étroit avec l'univers de la presse d'actualité. Le fait que la pratique des « interventions médiatiques » dans *Le Guide du concert* soit de près de 50 % supérieure en nombre à celle du *Courrier musical* et qu'elle soit plus de dix fois supérieure à ce que l'on observe dans *La Revue musicale* témoigne du rapport étroit qu'entretiennent ces interventions avec l'environnement du journalisme d'actualité.

Liberté de forme

Le genre de l'entrevue à l'époque, tout comme celui de l'enquête, n'est pas forcément uniforme ni très clairement délimité par des pratiques établies ou codifiées. On peut néanmoins entrevoir que les difficultés inhérentes au genre sont déjà bien connues et que le résultat imprimé correspond rarement à une transcription à l'état pur des propos recueillis à moins qu'il s'agisse de réponses écrites à un questionnaire. Gabriel Bernard qui publie une entrevue avec Gustave Charpentier en 1912 dans *Le Courrier musical* en donne un témoignage :

> Il nous a semblé intéressant d'avoir une conversation avec Gustave Charpentier, non pas au lendemain même de son élection à l'Institut, mais quelques jours plus tard, alors que fut calmée la fièvre du moment. Le procédé d'information dénommé *interview* – lequel est, au reste, bien antérieur à l'intrusion de ce vocable anglais dans notre langue – est simplement oiseux lorsqu'il s'exerce sur des futilités ou sur des réalités exagérément temporaires ; il est vain ou néfaste lorsqu'on le met en œuvre à l'endroit de personnalités bien résolues à ne pas se livrer ; par contre, il vaut les meilleurs modes d'investigation intellectuelle lorsque le « sujet » est bon. Or, de toute évidence, Gustave Charpentier est un « sujet » excellent. Il parle sans apprêt de choses intéressantes, et les idées qu'il émet fleurent bon la spontanéité de conception et l'expression véridique. Pourtant, le compositeur n'a pas eu toujours à se louer des *interviewers*. Parfois, il nous le dit tout de suite en souriant, on lui a prêté, de la meilleure foi du monde, et avec l'intention de lui être agréable, des propos assez peu conformes à son sentiment, et il s'en est suivi, parfois, la méconnaissance de son caractère, ce qui n'a pas été sans l'attrister. Nous assurons notre interlocuteur de notre intention d'être aussi textuel que possible, non seulement quant à la lettre mais aussi et surtout quant à l'esprit [13].

Les formes que les journalistes adopteront pour transcrire les entrevues pourront être surprenantes. Voici le cas de celle de Pierre-Octave Ferroud réalisée par le poète, journaliste, librettiste et musicographe José Bruyr (1889-1980). Il s'agit peut-être d'un « sujet pas facile » comme dirait Bernard :

> Soyez bref. Vos instants sont aussi précieux que les miens. Pierre-Octave Ferroud, homme poli et pressé – mais encore plus poli que pressé – n'a rien affiché de semblable, en blanc sur bleu, dans son antichambre. Mais cela est comme sous-entendu dans son accueil [...] Ce Français au double prénom romain, cet esprit délié qui signe les chroniques de *Paris-Soir* et de *Latinité* se montre singulièrement taiseux et discret quand il s'agit de sa personne et de son œuvre, il ne serait pas loin, pour se dérober à une curiosité qu'il juge indiscrète, de vous tendre son acte de naissance, sa carte d'électeur, son livret militaire...
> — Et avec ça, Monsieur ? Un extrait de mon casier judiciaire ? Je crois qu'il doit être vierge...
> Mais après tout, pourquoi pas ? Au moins aurions-nous ce qui suit :
> Nom : Ferroud : Prénoms : Pierre-Octave.
> Lieu de naissance : Chasselay (Rhône), 6 janvier 1900.
> Taille : 1 m. 76. Titres universitaires : licencié ès sciences. Profession : Compositeur.
> Service militaire : Strasbourg, 1920-22.
> À Chasselay (Rhône), le père de Pierre-Octave est docteur en médecine, comme un héros de Balzac, et humaniste comme un honnête homme du XVIIIe. Sa mère est élève de Le Couppey et de Marmontel. Ainsi le jeune Pierre-Octave est-il nourri de Bach et de Plutarque : à dix ans, il lit *La Vie des hommes illustres* à livre ouvert et, à cahier fermé, joue le *Clavecin bien tempéré* [14].

13. Gabriel Bernard, « Une conversation avec Gustave Charpentier », *Le Courrier musical*, vol. 15, n° 22, 15 novembre 1912, p. 599-601, ici p. 599.

14. Josée Bruyr, « Un entretien avec... P. O. Ferroud », *Le Guide du concert*, vol. 19, n° 25, 24 mars 1933, p. 679-680, ici p. 679.

Bruyr développe un style d'entrevue dynamique et original et un vocabulaire particulièrement coloré. Toujours dans la même entrevue, qui est plutôt une sorte de collage du résultat de courtes rencontres ayant eu lieu sur un laps de temps de quelques mois, on peut lire :

> Novembre 1930
>
> — Me revoici.
> — *Fidèle comme les mauvais, jours. Qu'y a-t-il pour votre service?*
> — Quelques mots sur votre *Symphonie.*
> — *Bon. C'est une symphonie : donc rien à en dire. Une symphonie d'une longueur moyenne. Unité tonale : en* la. *Forme classique. En voulez-vous tâter?*
> — Comment donc!
>
> Je reprends le fauteuil, le même [dans lequel Bruyr s'était assis précédemment pour une autre audition privée]; j'ouvre mes esgourdes, et je me sens entraîné, comme plus haut, par la courroie de transmission lancée à pleine vitesse [15].

L'entrevue devient à l'évidence un exercice de style où le plaisir de la lecture est aussi important que l'information que peut en tirer le lecteur. La forme de l'entrevue est aussi tributaire de la nature de la plume de l'interviewer, car jusque dans les années 1930, l'activité de journaliste spécialisé en musique est une activité « à temps partiel » comme on dirait aujourd'hui et, par conséquent, la façon d'aborder l'entrevue diffère considérablement d'un journaliste à l'autre en fonction de son « métier » qu'il soit littéraire, compositeur, musicographe ou chroniqueur. Le phénomène est d'autant plus intéressant qu'il nous mène à considérer que la diversité des plumes renforce l'effet croissant du vedettariat des journalistes eux-mêmes qui se construisent une réputation à travers les artistes interviewés et l'éclat stylistique de leurs textes.

NATURE INTRINSÈQUE DU CORPUS

Notre étude est relativement empirique, notamment parce que les travaux sur le sujet sont rares, tout particulièrement en musique [16]. Dans le cas présent, l'étude du corpus permet de poser les balises du sujet et proposer une approche nouvelle.

Le corpus dont nous nous sommes servis est constitué de textes de différentes natures, mais qui ont tous un point commun : celui de la mise en question par un journaliste d'un ou de plus plusieurs artistes. En allant au plus simple, les termes utilisés nous permettent de faire une première classification qui exigera certainement d'être affinée à partir d'un corpus plus large. En ce qui nous concerne, le dépouillement des trois revues choisies nous donne le résultat suivant en ce qui a trait aux termes employés dans l'intitulé de l'article de presse :

---

15. *Ibid.*, p. 680.

16. Voir le texte de Rémy Campos, « L'interview de compositeur : les débuts d'un genre biographique (1880-1930) » dans le présent volume. L'étude se base sur un corpus un peu différent, car l'auteur rassemble exclusivement des entrevues et des entretiens publiés dans les volumes réunissant les écrits de musiciens et dans les journaux qu'il est possible de consulter sur Gallica ou encore sur le site de l'INHA pour la revue *Musica*. Nos corpus sont similaires puisque certains textes se trouvent publiés dans les recueils d'écrits de compositeurs, mais le recoupement est marginal.

Entrevues	
Entretien	118
Entrevue / Interview	40
Enquêtes	
Enquête	56
Appréciation	49
Opinion	5
Avis	1
Autres	
Confessions	
Hommage	
« En parlant de »	
« Quelques pensées sur… »	
« Idées sur… »	
« Les vacances de nos virtuoses »	
« Le labeur estival de nos compositeurs »	
Etc.	

Il arrive que le titre de l'article ne donne aucune indication sur la nature de son contenu. C'est le cas, de « Déluge… musical – pousses nouvelles » qui est en fait un résumé des activités des compositeurs qui ont répondu au *Courrier musical* qui leur demandait ce qu'ils avaient fait durant l'été 1924.

Certes les implications herméneutiques liées aux modalités d'une entrevue ou d'un entretien ne sont pas les mêmes que celles d'une réponse à une enquête ou un avis donné par écrit. Dans l'enquête, il n'y a pas d'échanges réels et par conséquent pas de spontanéité dans le discours du musicien. Si la pensée peut être précise, notamment parce qu'en répondant par écrit à une enquête, il est possible de réfléchir à sa réponse, le musicien ne pourra pas nuancer sa pensée en fonction des réactions de son interlocuteur. Les réponses aux enquêtes pourraient sembler plus instructives que les réponses aux entrevues qui sont parfois d'une banalité désarmante, mais ce n'est pas toujours le cas. Quoi qu'il en soit, il s'agit de répondre à une ou des questions. C'est pourquoi, dans cette étude, nous considérons entrevues et enquêtes au même titre quant à leur capacité de transmettre au lecteur les pensées d'un musicien sur tel ou tel sujet.

Il existe cependant une différence qu'il faut souligner. Si l'entrevue et l'enquête sont l'occasion de découvrir le musicien en fonction de ce que ce dernier souhaite divulguer de sa vie ou de son œuvre, les propos sont presque toujours de l'ordre du commentaire général. Mais dans le cas de l'entrevue, ce que le musicien a à dire n'est pas forcément la partie congrue du projet de médiation. La part journalistique peut être considérable – on peut se demander si cela ne tient pas à la méfiance des musiciens à s'exprimer, ce qui force le journaliste à « meubler » son texte. Prenons l'exemple de l'entrevue du 21 février 1930 [17] par Lucien Chevaillier de Henri Rabaud, alors directeur du Conservatoire. Elle est

17. Lucien Chevaillier, « Un entretien avec… Henri Rabaud », *Le Guide du concert*, vol. 16, n° 21, 21 février 1930, p. 567-570. L'entrevue commence ainsi : « D'aucuns me reprocheront une manie chronologique qu'ils

composée d'un long préambule, puis des réflexions musicographiques de l'interviewer avant que ce dernier ne laisse véritablement la parole au musicien.

Dans d'autres cas, l'interviewer est plutôt effacé, et le musicien n'est pas gêné pour s'exprimer librement. C'est le cas du compositeur Marcel Orban lorsqu'il interroge ses collègues Pierre Bretagne[18] ou Antoine Mariotte[19]. Il arrive enfin que l'entrevue soit fictive. Ce sera le cas avec Jean Huré qui réalisera en quelque sorte sa propre entrevue, le journal se contentant d'ajouter à la fin le catalogue du compositeur[20].

Si l'on sait que Maurice Ravel, très sollicité, réservait un accueil aimable aux journalistes, il se contentait la plupart du temps de répéter grosso modo les mêmes choses et il s'engageait rarement dans de longues explications ou des confessions révélatrices. Mais le rapport de Ravel avec la célébrité reste mystérieux, et la lecture de ses entrevues, de par leur homogénéité dans les propos rapportés nous force à penser que le compositeur contrôlait l'information le concernant. Pour la plupart des musiciens et tout spécialement pour les compositeurs qui ne possèdent alors que de rares tribunes pour s'exprimer, la situation est différente : l'entrevue devient un outil essentiel quoique redoutable – tout dépendant de l'interviewer. Pour ce dernier, il s'agit d'abord de satisfaire le lecteur – satisfaire son besoin de connaître, mais aussi sa curiosité; pour

---

qualifieront de mesquine. D'autres, peut-être, me sauront-ils gré de leur avoir épargné quelques efforts de mémoire. C'est précisément, si l'on juge intérieure cette branche indispensable des connaissances humaines, qu'il convient de s'appliquer à la raccourcir au moyen du sécateur de la mnémotechnie. J'avoue que le jour où j'ai pris conscience que Weber, Beethoven et Schubert étaient morts vers la même époque et que Mendelssohn, Schumann et Chopin s'étaient entendus pour grouper harmonieusement leurs naissances, je me suis senti délivré d'un grand poids. J'irai même plus loin. Je suis persuadé que les chiffres ont une véritable *vie.* Ils expriment ici du temps et le temps est encore plus que l'espace – le milieu spécifique dans lequel nous vivons. Il *importe* que telle chose ait duré plus ou moins longtemps, qu'elle se soit accomplie à tel point de la durée plutôt qu'à tel autre. Et il est loin d'être indifférent, par exemple, que Rameau ait fait paraître son *Traité d'Harmonie* en 1722 et jouer *Hippolyte et Aricie* en 1733; il est loin d'être indifférent que Haendel ait écrit pendant trente ans des opéras anglais et que Gluck ait composé ses chefs-d'œuvre à l'âge de soixante ans. Ce long préambule pour me défendre contre le sourire un tantinet ironique par lequel notre éminent Directeur accueille mon entrée en matière :

— Mon cher Maître, voici ce qui me frappe – et me ravit – dans votre présente carrière. C'est que vous avez eu votre Prix de Rome en 1894, que vous avez donné *La Fille de Roland* en 1904, *Marouf* en 1914 et *L'Appel de la Mer* en 1924. Et vous mettriez le comble à mon bonheur si vous vouliez bien nous réserver votre prochaine grande œuvre pour 1934.

— *Mais précisément, s'étonne M. Henri Rabaud, c'est que j'ai une grande œuvre sur le chantier! Et voici que je crains fort qu'elle ne soit produite en effet vers une époque conforme à vos prévisions!*

Eh bien! M. Henri Rabaud a tort de sourire et de craindre, car il y a là, à mon sens, non pas un simple hasard heureux pour les futurs étudiants en Histoire de la Musique, mais bien l'expression matérielle d'une destinée artistique caractérisée. Qu'à intervalles réguliers une pensée – qui s'élève sans cesse marque par des sortes de paliers les stades les plus importants de cette élévation, voici à coup sûr qui n'est pas sans intérêt. Remarquez l'écart qu'il y a entre *Daphné,* simple cantate de Prix de Rome; et *La Fille de Roland,* expression d'un tempérament musical "robuste et précis"; entre *La Fille de Roland,* triomphe de la raison, et *Marouf,* révélation d'une sensibilité, qui·s'est peu à peu dégagée et se développe d'abord sur le plan objectif d'un orientalisme moderne; enfin, entre *Marouf,* tout de charme pittoresque, et *L'Appel de la Mer,* où l'émotion est passée de l'extérieur à l'intérieur et, jaillie du fond du cœur, nous atteint dans nos fibres profondes » (p. 567).

18. Marcel Orban, « Un entretien avec... Pierre Bretagne », *Le Guide du concert*, vol. 20, n° 7, 17 novembre 1933, p. 167-168.

19. Marcel Orban, « Un entretien avec... Antoine Mariotte », *Le Guide du concert*, vol. 21, n° 19, 8 février 1935, p. 487-489.

20. Jean Huré, « Un entretien avec... lui-même », *Le Guide du concert*, vol. 15, n° 31, 3 mai 1929, p. 887-889.

l'interviewé, l'enjeu est différent. Se révéler au public, donner une image qui variera de celle d'un maître à celle d'un jeune « professionnel dynamique » et surtout, donner l'envie au lecteur d'entendre sa musique. La partie est loin d'être gagnée d'avance, car les mots sont souvent loin d'être suffisants pour exprimer ce à quoi ressemble une œuvre du point de vue sonore. Souvent, l'entrevue esquive la substance musicale au profit des aspects plus pragmatiques de la carrière. Donnons l'exemple d'une entrevue de Charles Koechlin dans laquelle le journaliste Marc Rousseau interroge le compositeur sur sa carrière, sur ce qu'il pense de l'académisme, des courants d'avant-garde et du public américain : il livre à peine quelques mots sur la musique du compositeur et quelques informations en note sur les œuvres disponibles[21]. Il arrive cependant que l'entrevue ouvre une fenêtre sur l'œuvre musicale. C'est d'ailleurs ce que *La Revue musicale* tente de faire lorsqu'elle reproduit en partie une entrevue d'Albert Roussel au sujet de ses dernières œuvres et dans laquelle ce dernier révèle qu'il « aime mieux ne pas entendre [*Les Évocations*] que de les entendre d'une façon incomplète, cette œuvre formant dans [s]a pensée une véritable symphonie qui ne prend sa signification que dans une exécution intégrale »[22].

Informer et promouvoir (un artiste, une œuvre... un produit)

Bien que la presse musicale française semble évoluer vers un modèle plus anglo-saxon au lendemain de la Première Guerre mondiale, proche de l'actualité et de l'information, le modèle journalistique français reste encore celui des intellectuels et plus particulièrement des littéraires qui prennent la plume dans les journaux, modèle hérité du XIXe siècle[23]. La réputation de l'artiste le suit dans son activité de journaliste qui, à son tour, procure une notoriété plus vaste encore que celle de l'œuvre, souvent seulement connue d'une minorité.

L'entrevue et l'enquête mettent en contact direct le lecteur et les musiciens. Pour le journal ou la revue, il s'agit d'informer et pour cela de documenter une vie, une œuvre,

21. Marc Rousseau, « Un entretien avec... M. Charles Koechlin », *Le Guide du concert*, vol. 15, n° 8, 23 novembre 1928, p. 215-217. Dans cet entretien, il est intéressant de noter que Rousseau semble avoir lu les articles de Koechlin parus durant les années précédentes. Il construit son entrevue un peu en fonction de leur contenu. Il cite d'ailleurs « Le temps et la musique » paru dans *La Revue musicale* en 1926. Il fait aussi référence indirectement à l'article « Le retour à Bach » publié lui aussi dans *La Revue musicale* en 1926. Si l'entrevue ne fait que peu de cas de la musique de Koechlin, elle conforte l'image du musicien plus théoricien que créateur : « Son nom n'est pas de ceux qui s'imposent immédiatement à l'esprit, quand on veut citer les représentants de l'art contemporain. On lui décerne volontiers, – accessit honorable – : le titre de "théoricien". On sait vaguement qu'il se livre quelque part dans Paris à des expériences curieuses de technique sonore. Quelques-uns mieux informés vantent sa méritoire ascension d'autodidacte (?) [*sic*], son habileté pédagogique. Rares sont ceux qui ont dit l'étendue de sa production et la qualité de son inspiration » (p. 215). Une telle entrevue jouera un rôle non négligeable dans l'opinion que le milieu musical de l'époque se fera du musicien et que l'on retrouvera comme une idée reçue fort longtemps dans les travaux sur la musique française du XXe siècle.

22. [André Coeuroy], « Les projets et les idées d'Albert Roussel », *La Revue musicale*, vol. 2, n° 5, mars 1921, p. 281.

23. Christophe Charle, *Le siècle de la presse (1830-1939)*, Paris, Éditions du Seuil, 2004, p. 275.

un événement de l'actualité, ou une problématique d'intérêt général par l'entremise de l'opinion de ces musiciens.

Mais à l'évidence, l'information joue un autre rôle lorsqu'il s'agit d'individus ou d'une œuvre que de simplement informer le lecteur à leur propos. L'effet est celui de promouvoir indirectement (lorsque ce n'est pas directement) l'artiste et son œuvre à qui on accorde quelques colonnes du journal. L'espace médiatique est vaste, mais loin d'être suffisant pour que tous y trouvent leur place. Faire l'objet d'une entrevue ou participer à une enquête informe le lecteur, mais lui rappelle surtout l'existence de l'artiste qui prend la parole, expose ses idées et explique ses œuvres ou ses activités d'interprète. Le pouvoir de « visibilité » revient à celui qui occupe cet espace médiatique. La relation qui s'établit avec le lecteur est une motivation de plus pour que ce dernier s'intéresse au musicien avec lequel il pourrait partager des opinions, des intérêts et même un mode de vie.

Donnons quelques exemples. La revue de presse de *La Revue musicale* utilise régulièrement des extraits d'entrevues pour faire la promotion d'artistes ou d'œuvres qui constituent, d'après Prunières et son entourage, les fondements de la musique française. Lors du décès de Gabriel Fauré en 1924, l'occasion est trop belle pour ne pas citer le chef d'orchestre hollandais Willem Mengelberg qui fait l'éloge du musicien français. S'agissant des paroles d'un musicien étranger qui fait une carrière internationale et tout particulièrement en Allemagne, même rapportées, elles ne peuvent qu'être essentielles pour démontrer l'attachement des musiciens étrangers à l'œuvre de Fauré. Dans l'optique cosmopolite de *La Revue musicale*, alors que la France occupe la Ruhr depuis un an et que les tensions entre les deux pays sont extrêmes, faire dire à Mengelberg qu'il est en communion avec le public français n'est pas anodin, car le musicien à une très solide réputation de défenseur de la musique symphonique germanique :

> Ce que je tiens à dire c'est surtout ma joie de m'être senti en communion aussi intime avec le public français. Malgré la légende, on est profondément musicien en France. Ce vaste public qui remplissait le Théâtre des Champs-Élysées écoutait avec une ferveur, un recueillement, un enthousiasme que je ne suis pas habitué à rencontrer ailleurs du moins au même degré. Ce ne sont pas les œuvres les plus superficielles qui ont plu le plus, mais au contraire les œuvres les plus profondes, les plus religieuses d'inspiration et notamment ce sublime *Requiem* du grand Fauré. C'est une œuvre que j'adore vraiment et qui me tient au cœur par mille fibres secrètes. Je pense parfois que c'est cette œuvre que je voudrais désigner pour être chantée par mes chœurs lorsque je mourrai… [24]

Dans d'autres cas, il s'agit pour les revues musicales de faire écho à ce qui se passe dans les grands quotidiens, avec l'évidente intention de participer aux sujets d'actualité. *Le Courrier musical* rapporte ainsi les propos de Charpentier au sujet de la querelle entre les compositeurs français et le directeur de l'Opéra, Albert Carré, au sujet des représentations étrangères, propos que le musicien tint dans *Excelsior*. Ce qui nous intéresse n'est pas tant le contenu de l'entrevue – dans le cas présent, il s'agit d'un fragment –, mais ce que la rédaction, parce que la revue de presse n'est évidemment pas signée, laisse entendre à la fin de l'extrait : « M. Charpentier est prudent et astucieux. Mais il

24. [Anonyme], « Mengelberg et Fauré », *La Revue musicale*, vol. 5, n° 9, juillet 1924, p. 92.

commence tout de même à refaire parler de lui. Cela sent le lancement d'une nouvelle œuvre… »[25].

En ce qui concerne les interprètes, l'approche est typiquement journalistique et s'inspire de la nouvelle vague du journalisme d'actualité qui donne au lecteur l'impression de partager un quotidien vivant et un peu *jet set* des artistes. Pour preuve cet exemple d'entrevue intitulée « Au milieu des valises avec José Iturbi » :

> Tche, Tche… Hou !
> — Vos billets, s'il vous plaît !
> — Trouvez-moi donc José Iturbi, brave homme, et je vous donne mon billet… que ma reconnaissance vous sera acquise…
> Car Dieu, qu'elle est ahurissante cette bonne gare Saint-Lazare à cette époque de l'année ! Les uns rentrent, les autres s'en vont et tout le monde se hâte par mouvements contraires dans un remous à faire regretter par nos côtes que la science n'ait pas encore offert le moyen de nous rendre immatériel *ad libitum* !
> Ah ! le voici, suivi d'un porteur suant une inondation tant il ploie sous le faix. Porterait-il… les lauriers moissonnés un peu partout sur notre grande boule par le pianiste fameux qui me tend une main cordiale autant que magistrale[26] ?

On est dans le feu de l'action, à la gare Saint-Lazare, pressé par le temps, bousculé par la foule, le virtuose débite une longue liste de récitals en Europe, en Amérique du Sud et en Amérique du Nord. Un mot sur une œuvre, le *Concerto Franco-américain* de Jean Wiéner – qui identifie le pianiste à une certaine modernité de bon aloi... et hop, le pianiste globe-trotter monte dans le train : « Le train s'ébranle déjà, la locomotive souffle comme un cyclope : une main se tend qui a réuni un portefeuille rouge, une pochette bleue et un numéro du *Courrier musical* »[27].

Toujours dans le même esprit, le téléphone fait son entrée dans le monde de l'entrevue. C'est du moins ce que laisse entendre la transcription de l'entrevue anonyme du pianiste Yves Margat qui commence ainsi :

> Allô. Oui... Lui-même... – Mais bien volontiers... Oui. Trois minutes. Pas une de plus... Je fais mon cours et bien que mes élèves soient ravis de cette petite récréation imprévue... – Une simple question ? psychologique ? Diable – Bon ! Si je comprends bien... allô !... en un mot vous voudriez savoir si à mon avis les circonstances que nous traversons créent un climat spécialement favorable à la culture des arts d'agrément et aux entreprises intellectuelles... si en ce qui me concerne, l'incertitude des lendemains ne refroidit pas, en ce début de saison, le zèle de mes catéchumènes[28] ?

L'entrevue et l'enquête auront d'autres fonctions que de promouvoir un artiste et son œuvre ou encore d'informer le lecteur sur des questions d'actualité concernant le milieu musical. Les « commerciaux » comme on dit aujourd'hui ont très vite compris

---

25. [Anonyme], « L'avis de Monsieur Gustave Charpentier », *Le Courrier musical*, vol. 14, n° 1, 1er janvier 1911, ici p. 32.

26. Omer Singelée, « Au milieu des valises avec José Iturbi », *Le Courrier musical*, vol. 31, n° 17, 15 octobre 1929, p. 567. Pianiste, compositeur et chef d'orchestre, l'espagnol José Iturbi (1895-1980) fut aussi acteur de cinéma à Hollywood.

27. *Ibid.*

28. X…, « Interview avec Yves Margat », *Le Guide du concert*, vol. 24, n° 4, 22 octobre 1937, p. 67.

qu'elles pouvaient avoir un pouvoir de persuasion considérable à travers une campagne dans la presse écrite. C'est ainsi que l'ochydactyl aura la cote au *Courrier musical* qui publiera pas moins de 52 textes à son sujet (voir l'illustration 7).

La machine, qui ressemble à un véritable engin de torture, était présentée comme un « assouplisseur » dans les pages de la revue[29]. La compagnie était un annonceur régulier à qui, bien sûr, il fallait rendre service, service qui ne coûtait pas cher : recueillir l'opinion des uns et des autres au sujet de l'engin afin d'en vanter les mérites et d'en faire ainsi monter les ventes. Le cas de l'ochydactyl est extrême et constitue peut-être l'une des limites du genre.

L'ENQUÊTE SE FAIT RECHERCHE SOCIOLOGIQUE

Si les artistes sont au centre des questionnements, le public fait son apparition comme un acteur potentiel. Des questions de répertoires ou de pratiques musicales seront régulièrement à l'affiche.

En 1924, *Le Courrier musical*, après avoir effectué une enquête sur les perspectives d'avenir de la musique contemporaine auprès des compositeurs, lance une deuxième enquête sur « L'évolution musicale » qui s'adresse aux interprètes et au public.

> Le succès obtenu par notre « consultation sur l'évolution de la musique » et sur « les destinées de l'École moderne » nous engage à poursuivre nos investigations. Les compositeurs nous ont fourni leurs opinions. Des contradictions mêmes est résulté l'aveu que l'art ne pouvant rester stationnaire, il importe que ses formes évoluent en s'adaptant au mouvement progressif des mœurs. Mais les compositeurs pensent et écrivent pour le public, arbitre définitif plutôt que récepteur sans réaction. Nous avons donc pensé que le *public* averti, amateur, capable de préciser ses tendances et son esthétique, que les *interprètes* chargés de l'instruire et de lui transmettre la pensée et la forme des œuvres créatrices, devaient être à leur tour consultés. Nous enregistrerons avec satisfaction leurs réponses à la consultation dont voici résumé le thème [...]
> A. Que pensez-vous de l'orientation musicale contemporaine ? Progrès ou crise ?
> B. Le mouvement évolutif auquel nous assistons, après celui du wagnérisme, du vérisme, du debussysme, impressionnisme et cubisme constituent-ils une impulsion salutaire ?
> C. Les efforts contemporains n'attestent-ils qu'une transition ? Quelles sont vos préférences : retour en arrière vers la simplicité et le respect des règles traditionnelles, ou course en avant vers la complexité et toutes les libertés d'expression amphitonales[30] ou autres ?
> D. Quelle serait, pour votre goût, l'idéal de la musique de demain ?

29. Un exemplaire se trouve exposé dans les salles d'exposition du Musée des instruments de Bruxelles parmi les autres instruments didactiques destinés à développer l'agilité des doigts.

30. Dans le *Dictionnaire pratique et historique de la musique* (Paris, Armand Colin, 1926, p. 15) de Michel Brenet, l'amphitonie est définie dans les termes suivants : « Nom proposé par Gandillot pour désigner la propriété qu'a un accord d'appartenir à plus d'une tonalité. Cette qualité est celle des accords appelés mixtes par certains auteurs et qui permettent la modulation par l'équivoque ».

> Envisagée ainsi aux deux pôles de départ et d'arrivée, la question sera susceptible de compléter une intéressante contribution à l'équilibre de la production future. Elle sera, en tout cas, sinon un conseil, du moins une indication pour les producteurs [31].

Le Courrier musical joue ici le rôle de médiateur entre musiciens et lecteurs. Ces derniers, on le suppose, sont aussi les auditeurs qui, par leur fréquentation des salles de concert, orientent l'offre musicale de la plupart des sociétés de concert. La presse musicale s'attribue ici un pouvoir de médiation qui n'est pas négligeable puisqu'il va jusqu'à contribuer à « l'équilibre de la production future », équilibre entre liberté des créateurs et attentes du public. C'est aussi dans cette optique que *Le Guide du concert* lance une enquête au sujet de « l'audition directe et indirecte », en d'autres mots, sur la musique de concert et sur disque (*Le Guide* exclut délibérément la TSF). L'objectif est défini en ces termes :

> Quant au but que nous poursuivons nous-mêmes en ouvrant cette enquête, il n'est point prémédité. Mais, inciter nos lecteurs à réfléchir sur leurs joies musicales pour en saisir la nature et la qualité, leur fournir l'occasion d'exercer leur esprit critique en déterminant la place qu'occupent le concert et le phonographe dans leurs préférences artistiques, n'est-ce point déjà une ambition suffisante ? L'utilité de cette enquête ne sera pas toutefois limitée à ces raisons internes, inhérentes au jeu des facultés sensibles et intellectuelles, elle résidera surtout, dans les conséquences artistiques et sociales qui découleront du résultat obtenu [32].

Si les revues musicales consacrent beaucoup d'espace aux questions fondamentales d'orientation esthétique de la musique contemporaine, des questions d'actualité, comme la place de la musique à l'école ou les difficultés financières et musicales du théâtre lyrique, font régulièrement l'objet d'enquêtes. En 1920, *Le Guide du concert* s'engage ainsi dans un processus de *lobbying* lorsqu'il lance son « Enquête sur l'enseignement musical obligatoire » :

> Au moment où nos hommes politiques ont proclamé la nécessité d'un enseignement obligatoire de la gymnastique, il nous paraît opportun de susciter un mouvement d'opinion en faveur de la culture du sentiment esthétique et, plus particulièrement, de l'enseignement de la musique dans les écoles, collèges et lycées [33].

En 1926, *Le Courrier musical* fait une enquête sur les droits d'auteur alors que *Le Guide du concert* prend fait et cause pour les compositeurs et entame une croisade pour le soutien aux musiciens lorsqu'il réalise une enquête intitulée « La condition du musicien » publiée dans une section intitulée « La musique et la vie sociale » :

> Émus de la situation actuelle des musiciens et plus particulièrement des compositeurs, nous ouvrons cette enquête. Elle a pour but, non seulement d'attirer l'attention du public sur les difficultés que rencontrent les représentants de la musique française mais surtout de trouver un remède à une crise qui ne pourrait continuer de sévir sans compromettre

31. [Rédaction du *Courrier musical*], « Consultation sur l'évolution de la musique contemporaine : Le public – les interprètes », *Le Courrier musical*, vol. 26, n° 5, 1er mars 1924, p. 129.

32. [Rédaction du *Guide du concert*], « Une enquête : audition directe et audition indirecte », *Le Guide du concert*, vol. 17, n° 1, 3 octobre 1930, p. 9-10.

33. [Rédaction du *Guide du concert*], « Enquête sur l'enseignement musical obligatoire », *Le Guide du concert*, vol. 7, n° 1, 1er octobre 1920, p. 5.

> les destinées de notre art. Ce remède, avons-nous demandé, estimez-vous que les compositeurs puissent le découvrir dans une action auprès du public, des interprètes ou du gouvernement; estimez-vous qu'il faille le chercher dans une action d'ordre corporatif; estimez-vous que le compositeur, que son art ne fait plus vivre, doive trouver d'autres débouchés, en pays étrangers par exemple; estimez-vous qu'il puisse, dans les circonstances présentes, mener de front la composition et des occupations « à côté »? Nous avons reçu de nombreuses et intéressantes réponses [34].

Symptomatique des préoccupations du milieu musical plus que de l'opinion publique, l'enquête reflètera surtout l'opinion des compositeurs puisqu'à l'évidence ce seront eux qui, essentiellement, répondront à l'enquête [35]. Cette dernière met en lumière l'évolution de la conception du métier de compositeur dans la société moderne. Le regard porté sur les occupations « à côté » fait surgir le questionnement du soutien de la société aux arts au-delà des schèmes construits sur les assises d'une aristocratie mécène, grand soutien de la musique jusqu'à la Première Guerre mondiale. Georges Migot écrira :

> À la base, les Beaux-arts sont pauvres. Ne pourrait-on encourager legs et donations afin de remettre des cordes à la lyre? Il faudrait aussi examiner et revoir les proportions établies dans le budget pour ses différents services [...] [La musique] est la parente pauvre, déshéritée. Il est admis que l'État et la Ville commandent des œuvres aux arts plastiques, des rapports et des études aux littérateurs; pourquoi pareilles commandes ne sont-elles pas faites aux musiciens [36]?

Ce soutien direct à la création musicale viendra avec le Front populaire, dix ans plus tard.

Fiction et humour

La fiction et l'humour sont aussi présents dans les revues musicales du début du XXe siècle. Cette présence sera sans grande conséquence sur la réception des œuvres, certes, mais elle est néanmoins emblématique de l'activité journalistique qui accorde de plus en plus de place à l'image – voire à la caricature. Rien d'étonnant à cette situation si l'on pense au succès que connaîtra le *Canard enchaîné* fondé en 1915. Dans cette veine, on inventera des personnages tels que Mademoiselle Euterpe du *Guide du concert* (Monsieur Croche a donc des descendants) [37]. On lira aussi les entrevues fictives que *Le Guide du concert* publie régulièrement et qu'il accompagne de caricatures faisant

34. [Rédaction du *Guide du concert*], enquête « La condition du musicien », *Le Guide du concert*, vol. 13, n° 3, 22 octobre 1926, p. 61.

35. Citons les compositeurs Antoine Mariotte, Pierre de Bréville, Swan Hennessy, Albert Bertelin, Paul Ladmirault, Marcel Delannoy, Georges Migot, Louis Dumas, Marcelle Soulage, Simone Blanchard, les chefs d'orchestre Rhené-Baton et Francis Casadeus, le directeur du conservatoire de Roubaix Francis Bousquet et le pianiste Joseph Morpain.

36. Réponse de Georges Migot à l'enquête « La condition du musicien », *Le Guide du concert*, vol. 13, n° 5, 5 novembre 1926, p. 125.

37. Voir *Le Guide du concert*, vol. 11, n° 1, 17 octobre 1924, p. 23 et vol. 11, n° 3, 31 octobre 1924, p. 77.

écho à l'actualité musicale. C'est le cas des « interviews par médiums, S. G. D. G. »[38] (voir l'illustration 8).

En 1912, *Le Guide* entame une série d'entrevues avec un mystérieux musicien, intitulées « Le futurisme musical » avec en sous-titre : « Interview d'un apôtre du futurisme musical », suivi par une entrée en matière fictive ou réelle – on ne sait – qui attire l'attention du lecteur puisqu'elle se présente comme si le journal avait reçu l'invitation suivante :

> *Le Guide du Concert* étant hospitalier à toutes les manifestations de la pensée artistique, nous croyons qu'il acceptera de devenir le porte-parole impartial de nos théories futuristes, tenues secrètes jusqu'à ce jour et qui, dévoilées, vont révolutionner le monde musical[39].

La revue répond à l'invité : « Nous avons interviewé l'apôtre du futurisme musical (dont il peut être préférable actuellement de taire le nom) et voici ce qu'il nous a dit ». Suit un texte avec diagramme à l'appui et une signature sans équivoque : « *Pour interview fidèle* G. Bender »[40]. C'est donc le fondateur du *Guide du concert*, Gabriel Bender qui signe la série d'entrevues. S'ensuivra une série de retours à ce premier texte, notamment pour signaler l'avalanche de courriers déclenchée par cet article qui annonce la musique en quart de ton ou microchromatique. Mais ce n'est qu'au final, que le pot aux roses est découvert. La série se termine par un texte intitulé : « Incendie des ateliers futuristes. Mort héroïque de l'apôtre de l'E. M. F. [École musicale futuriste] Épilogue » :

> Aussi de toutes ces ruines un vague espoir s'exhale. Certes, présentement, l'École Futuriste Musicale a vécu et son Chef vénéré n'est plus ; mais elle laisse au monde le souvenir de son existence. Elle échappe aux sarcasmes et aux colères, elle dédaigne les viles discussions, elle évite le contact humiliant avec la Réalité et elle devient Esprit pour mieux séduire notre « moi » et pour gagner notre sensibilité sans passer par nos sens imparfaits. Ainsi, les théories futuristes, sans luttes et sans heurts, s'introniseront dans la génération actuelle et bientôt, dans quelques milliers d'années par exemple, elles émaneront naturellement des âmes régénérées et brilleront d'un éclat victorieux... Amen[41].

Conclusion

À n'en pas douter, les musiciens parviendront rapidement à s'adapter aux nouvelles manières de communiquer avec le lectorat. Leurs interventions médiatiques deviendront un formidable outil de promotion tant pour eux-mêmes que pour la musique qu'ils défendent. Ils joueront aussi de nouveaux rôles tels que celui de promoteur, de régulateur des opinions et d'intervenant en matière sociale. À travers la pratique de l'entrevue ou de

38. S. G. D. G., abréviation de « sans garantie du gouvernement ». La formule est appliquée obligatoirement par les facteurs d'instruments lorsqu'ils mentionnent une de leurs inventions brevetées. Un brevet n'est qu'un acte administratif d'enregistrement et non une reconnaissance d'originalité.

39. Gabriel Bender, « Interview d'un apôtre du futurisme musical », *Le Guide du concert*, vol. 3, n° 20, 17 février 1912, p. 321-323, ici p. 321.

40. *Ibid.*, p. 323

41. Gabriel Bender, « Incendie des ateliers futuristes : mort héroïque de l'apôtre de l'E. M. F. Épilogue », *Le Guide du concert*, vol. 3, n° 33, 18 mai 1912, p. 501-502, ici p. 502.

l'enquête, l'artiste occupe un nouvel espace dans le champ musical, celui de l'« aviseur » – qui donne son avis sur sa musique, celle des autres, ses idées et celles des autres, sa vie et... celle des autres. Donnant son avis, le musicien oriente les opinions, les goûts et les modes. À moins que ce ne soit le journaliste qui s'immisce dans le processus au point de devenir responsable d'une part de ce qui est dit... jusqu'au moment où l'artiste prendra véritablement le contrôle de l'opération. Si l'on se réfère à la définition contemporaine de la « médiation culturelle » proposée par Michèle Gellereau selon laquelle celle-ci « désigne souvent les actions d'accompagnement et la construction de dispositifs d'interprétation des œuvres pour des publics, l'espace de production d'objets culturels et de langage qui produisent du sens et des liens »[42], le musicien de la première moitié du XXe siècle expérimente sans aucun doute la médiation musicale et contribue à forger un genre musicographique qui connaîtra son apogée à l'ère de la radiodiffusion.

En adoptant le genre de l'intervention médiatique, entrevues et enquêtes, la presse musicale convoque un nouvel interlocuteur : le public. Et ce public sera bien plus vaste que celui qui occupe les fauteuils de l'Opéra ou des concerts dominicaux. Il s'agit désormais d'un public qui accède à la musique autant par le concert que par la radio et le disque. Ce public se mêle de musique comme jamais auparavant, sollicité par la presse qui lui demande parfois très directement son avis afin de le fidéliser au journal ou à la revue. Si la presse tente d'abord et avant tout de diffuser de l'information musicale auprès du public, faisant œuvre de médiateur, elle devient rapidement sensible à l'opinion et aux goûts de son lectorat. La presse musicale deviendra progressivement la courroie de transmission du public vers les musiciens. Le public deviendra donc à son tour une force sur laquelle la presse musicale va devoir compter – une double force : celle qui lui assure sa viabilité économique et celle qui diffuse auprès des artistes une autre sorte d'information faite de ses orientations en matière de goût et de choix musical. La presse musicale aura sa part de pouvoir sur les citoyens mélomanes tout autant que sur les musiciens. Rappelons-nous les paroles emblématiques attribuées au célèbre directeur du *Matin*, Maurice Bunau-Varilla : « Mon fauteuil vaut trois trônes »[43].

Assurément, pour le musicologue d'aujourd'hui, ce que nous nommons les « interventions médiatiques », entrevues et enquêtes en tout genre, constituent un corpus dont le potentiel est considérable. Nous ne cessons de le découvrir : il se révèle infiniment vaste et complexe dans sa morphologie et, par conséquent, délicat à manipuler. Les enjeux que l'on a tendance à considérer comme très contemporains, notamment celui du pouvoir des médias, possèdent des racines profondes, parfois bien insoupçonnées, même dans le domaine musical, aussi éloigné soit-il des arcanes du pouvoir.

42. Michèle Gellereau, « Pratiques culturelles et médiation », dans Stéphane Olivesi (dir.), *Sciences de l'information et de la communication : objets, savoirs, discipline*, Grenoble, Presses de l'Université de Grenoble, 2006, p. 27-42, ici p. 28.

43. Dominique Pinsolle, *Le Matin*, Rennes, Presses universitaires de Rennes, 2012, p. 21.

INTERVIEWER DES MUSICIENNES ET DES MUSICIENS EN SOCIOLOGIE

HYACINTHE RAVET

La réalisation d'entretiens lors d'enquêtes de terrain est usuelle en sociologie. Entretiens d'individus dans le cadre de leur travail ou à propos de leur profession, concernant leurs loisirs ou leur vie familiale, récits de vie : les situations sont multiples et contribuent à une approche qualitative des pratiques et des représentations. Dans les recherches sur les arts et notamment la musique, cette technique de recueil des données est particulièrement mobilisée, à côté d'autres telles que l'observation, l'analyse de données documentaires ou l'analyse statistique de données quantitatives. L'entretien apparaît comme un moyen privilégié d'accès à la description de l'expérience du travail artistique, à la mise en lumière des conceptions de l'artiste et de ses partenaires au sein des « mondes de l'art » tels que les nomme Howard S. Becker, à l'explicitation de processus de création [1].

Pour les musiciens appartenant à des collectifs, comme les musiciens d'orchestre, ou pour les musiciens « ordinaires » (de bar ou de bal) que Becker appréhende - de manière assez provocatrice - comme des « travailleurs peu différents des autres » [2], le traitement de la parole recueillie peut s'avérer proche - avec des spécificités - de celui des propos d'autres acteurs sociaux. Mais la situation est beaucoup plus complexe pour les « personnalités artistiques », par exemple des chefs d'orchestre (femmes et hommes) connus. Quel statut acquiert dans ce cadre la parole échangée ? Un ensemble de questions découle de la précédente : que permettent de recueillir les entretiens? Comment analyser un matériau musico-sociologique, issu par exemple d'une description sonore d'un processus de création ? L'artiste se conçoit-il comme « auteur » lorsqu'il explicite sa création ou son interprétation ? Quelle est la place de l'enquêteur dans le dispositif?

---

1. Voir notamment Marie Buscatto (dir.), *L'art au travail*, numéro spécial de *Ethnologie française*, vol. 38, n° 1, 2008 et plus particulièrement l'article de Catherine Rudent, « Le premier album de Mademoiselle K. entre création individuelle et coopérations négociées », p. 69-78 et celui de Denis Laborde, « L'Opéra et son régisseur : notes sur la création d'une œuvre de Steve Reich », p. 119-128. Voir également Nicolas Donin et Jacques Theureau, « Voi(rex) de Philippe Leroux : éléments d'une genèse », *Dissonance*, n° 90, 2005, p. 4-13.

2. Howard S. Becker, *Les mondes de l'art* [1982], Paris, Flammarion, 1988, p. 21.

En quoi ces entretiens constituent-ils un matériau précieux, mais parfois difficile à exploiter ? Comment les publier ?

On se propose ici de réfléchir selon trois directions en envisageant successivement la parole comme « fait », puis la parole comme discours musical et enfin la parole comme prise de position artistique. La réflexion s'appuie sur des entretiens que j'ai menés auprès de musiciens d'orchestre, de chefs d'orchestre, de compositeurs et d'artistes comme David Krakauer ou Anne Sylvestre dans le cadre de plusieurs recherches.

La parole comme « fait »

Dans les enquêtes sociologiques, les artistes apparaissent souvent comme une population « réfractaire » à l'objectivation statistique. La réticence à se laisser saisir par l'anonymat statistique renvoie à la non-reconnaissance de la particularité et de l'exceptionnalité d'un parcours toujours singulier qu'une telle technique d'enquête ne permet guère d'appréhender[3]. En « régime de singularité », comme l'analyse Nathalie Heinich, le discours sur la « vocation » prévaut; il alimente la tension entre singulier et collectif par lequel passe la reconnaissance sociale comme artiste[4].

Technique aux visées souvent davantage qualitatives que quantitatives, l'entretien permet de cerner plus finement que le questionnaire la spécificité des parcours et les contours d'une identité artistique. Cette technique d'enquête se décline sous différentes méthodes aux modalités multiples, chacune donnant diversement accès à des faits objectifs tels qu'ils sont subjectivement vécus. « Donner la parole », décrire les méandres d'un parcours particulier, comparer différents itinéraires, interroger des pratiques singulières, mais aussi les représentations associées à une pratique, autant de manières de décliner le dispositif d'entretien.

Dans le cas de l'analyse de trajectoires artistiques, la technique du récit biographique peut nourrir utilement le dispositif d'interview[5]. À partir d'une question engageant

3. Pierre-Emmanuel Sorignet relate ainsi un « relatif échec » de la passation d'un questionnaire auprès de danseurs contemporains. Xavier Dupuis avait rencontré le même souci à propos d'un questionnaire destiné aux musiciens des orchestres permanents français pour lequel le taux de retour avait été faible (13 %). Ce questionnaire transitait par l'administration des orchestres dans un contexte de conflits latents entre celle-ci et les musiciens pour certains ensembles. Pour autant, un tel constat doit être nuancé. Le contexte joue bien un rôle primordial. J'ai mené une enquête auprès des musiciens de trois orchestres associant observation des répétitions et des concerts (à la faveur d'une présence au quotidien durant une série musicale auprès des musiciens) et des entretiens avec certains d'entre eux. Dans ce milieu d'interconnaissance où je connaissais plusieurs musiciens des orchestres, le dispositif multiple d'enquête et l'engagement de l'enquêtrice sur le terrain ont permis une mise en confiance des musiciens. Le taux de réponse au questionnaire s'est ainsi établi entre 75 et 81 % selon les orchestres, les différentes techniques mobilisées éclairant les données récoltées par l'une ou l'autre d'entre elles. Voir Pierre-Emmanuel Sorignet, « Être danseuse contemporaine : une carrière “corps et âme” », *Travail, genre et sociétés*, n° 12, 2004, p. 33-53, ici p. 35; Xavier Dupuis, *Les musiciens professionnels d'orchestre*, Ministère de la Culture et de la francophonie / DEP, Laboratoire d'économie sociale (Université Paris I Panthéon-Sorbonne), 1993, p. 10.

4. Nathalie Heinich, *L'élite artiste : excellence et singularité en régime démocratique*, Paris, Gallimard, 2005. Voir aussi Gisèle Sapiro (dir.), *Vocation artistique*, numéro spécial des *Actes de la recherche en sciences sociales*, n° 168, 2007.

5. Voir Daniel Bertaux, *Les récits de vie*, Paris, Nathan, 1997.

l'enquêté à raconter son parcours, j'ai analysé, par exemple, la manière dont on devient – ou non – musicien ou musicienne d'orchestre[6]. Cherchant à expliquer le « comment », à mettre en lumière les processus individuels, mais aussi collectifs, à l'œuvre dans l'accès des femmes aux orchestres professionnels, j'ai notamment interrogé des « pionnières », premières à être entrées dans ces institutions. L'une d'elles, une clarinettiste, me relate ainsi son entrée dans un orchestre militaire :

> Grâce au paravent (un rideau masquant les candidats), sa réussite au concours d'un orchestre militaire, auquel elle n'avait pas pensé se présenter, la surprend : « Par le plus grand des hasards, je suis rentrée. Parce que je ne voulais pas devenir militaire, ce n'était pas vraiment ma tasse de thé. [...] La veille j'ai failli dire : "Non je ne vais jamais y aller." [...] Et puis ça s'est bien passé. Je suis même arrivée première, je n'avais même pas le choix, il y avait deux places. J'ai vraiment eu beaucoup de bol. Ça s'est enchaîné comme ça, hein ! Je n'ai pas compris. Et c'est pour ça, je crois beaucoup au destin, en fait ».

Son bizutage musclé lors de son service militaire l'a « traumatisée » :

> J'étais la seule fille qui faisait son service. Il y avait 450 appelés qui faisaient leurs Classes. Et ç'a été horrible. Parce que les chefs de ma section – je l'ai su après – quand ils avaient su qu'une nana allait arriver dans leur section, ils s'étaient dit : « Y'a une nana qui arrive, faut la casser. » [...] Après, je suis arrivée dans l'orchestre et j'étais la seule fille ! Pareil. Sur 130 musiciens. Donc j'avais été un petit peu sevrée là... [...] J'ai vécu la première année un petit peu agressivement.

Elle caractérise ainsi son arrivée dans l'orchestre comme une « intégration aux forceps »[7].

Dans le cadre d'une autre étude, des compositeurs sont invités à retracer leur parcours[8]. Pour se définir et définir son activité professionnelle – partagée entre des activités de compositeur, d'ingénieur du son, de réalisateur sonore et d'enseignant – Jean-Yves Bernhard explique :

> C'est un peu un problème, un problème par rapport aux autres, un problème par rapport à moi, les deux. Moi, dans mon travail d'ingénieur du son, de musicien, de compositeur, c'est vraiment le son qui m'intéresse, le son dans sa globalité, le son instrumental, le son musical, mais le son dans la perception, le signifiant, d'où l'intérêt pour les musiques électroacoustiques.
>
> Dans ma tête, je me sens plus musicien. Mais économiquement, je suis toujours plus ingénieur du son.
>
> Je me considérerais comme compositeur si j'arrivais à trouver mon esthétique et si j'arrêtais de me poser la question de l'intérêt de ce que je fais[9].

De son côté, Jonathan Pontier, qui vit de la composition, se définit comme : « Musicien tout terrain et compositeur multitâches, multifonctions, parce que je

6. Pour davantage d'explicitation sur la manière de saisir et de retracer ces « histoires » de musiciennes, voir Hyacinthe Ravet, *Musiciennes : enquête sur les femmes et la musique*, Paris, Autrement, 2011, p. 298-301.

7. Portrait d'une pionnière, « Martine » (d'après un entretien mené par Hyacinthe Ravet en 1998), voir Ravet, *Musiciennes*, p. 101-102.

8. Voir Hyacinthe Ravet, « Les nouvelles frontières du métier de compositeur », dans Sophie Stévance (dir.), *Composer au XXIe siècle*, Paris, Vrin, 2010, p. 27-40.

9. Entretien de Jean-Yves Bernhard avec Hyacinthe Ravet, 9 février 2007.

revendique vraiment le fait d'être pluriel aujourd'hui, sans trahir une personnalité et sans choisir un camp ». Il explique : « Je m'appelle Pontier, je suis là pour jeter des passerelles. Je me caractérise comme ça. C'est-à-dire que j'ai trouvé mon langage en dehors de toute chapelle » [10].

Comme pour les musiciens d'orchestre, il s'agit de *raconter* un itinéraire. Mais les compositeurs cherchent également à se positionner, à donner une définition d'eux-mêmes et de leur pratique. Le matériau recueilli auprès de ces compositeurs diffère ainsi sensiblement de celui recueilli avec la clarinettiste dans le choix des termes, le langage employé ou la manière de se présenter. Par ailleurs, les compositeurs ont relu (et parfois légèrement modifié) leurs propos avant la publication. La manière de se situer comme artiste varie, en lien avec la situation occupée par chacun : anonymat d'un pupitre de tuttiste dans un orchestre militaire, pour la clarinettiste ; musicien qui souhaiterait se consacrer à la composition, pour le premier compositeur ; musicien qui commence alors à être reconnu, pour le second, reçoit le Prix Italia quelques mois après l'entretien. Des degrés différents de reconnaissance engendrent ainsi des types de récit variables.

On aura peut-être remarqué que le nom réel de la musicienne d'orchestre n'était pas communiqué, contrairement aux compositeurs interrogés. La recherche sur les musiciens et musiciennes d'orchestre interrogeait non seulement l'accès de ces dernières aux institutions orchestrales, mais aussi les représentations véhiculées sur les femmes et la musique, et encore la manière dont femmes et hommes en poste perçoivent leur métier. Dans ce cas, l'anonymat des propos échangés était nécessaire. Celui-ci délie souvent la parole et protège l'interviewé qui émet un avis critique ou raconte des pratiques difficilement avouables publiquement, telles que le travail non déclaré, mais aussi des rapports de pouvoir parfois violents entre direction et musiciens, ou entre musiciens entre eux. L'engagement à anonymiser la parole confiée est d'autant plus nécessaire lorsqu'une précédente enquête a rendu difficile l'accès à un terrain. Dans l'un des orchestres auprès duquel j'ai mené l'investigation, j'ai rencontré dans les premiers temps une forte résistance des musiciens à se confier. Quelques années auparavant, un étudiant avait recueilli par entretien le point de vue des musiciens les uns sur les autres. Il avait ensuite rapporté sans précaution des propos dans son mémoire en laissant le nom de tel ou telle. Il avait ensuite fait circuler le manuscrit dans l'orchestre, ce qui avait suscité des réactions parfois aiguës entre musiciens. Les uns et les autres conservaient – au moment où j'enquêtais – encore des blessures de cet épisode…

La déontologie du chercheur en sciences sociales impose, dans de telles situations, de protéger l'enquêté en ne donnant pas à connaître des informations ou points de vue qui pourraient lui rendre impossible l'exercice de la pratique pour laquelle on l'interroge. L'anonymat par l'usage de noms d'emprunt et la modification des noms de lieux notamment permet de garantir la confidentialité de la parole confiée lors de la publication. Cependant, dans des milieux au fort degré d'interconnaissance, cet anonymat est parfois difficile à établir complètement. Tel instrumentiste cité jouant de tel instrument rare dans l'un des orchestres parisiens, par exemple, devient facilement

10. Entretien de Jonathan Pontier avec Hyacinthe Ravet, 14 février 2007.

reconnaissable, même sous un nom d'emprunt. Ce « risque » fait parfois l'objet d'une critique adressée aux sociologues.

De manière générale, l'entretien s'avère un outil efficace pour mieux connaître à la fois une activité artistique et les représentations qui l'entourent, pour interroger des parcours et des identités d'artistes qui s'élaborent en partie par le dire. Dans cet usage de l'entretien, la parole apparaît bien comme un *fait*, participant de la construction d'une identité professionnelle et artistique.

LA PAROLE COMME DISCOURS MUSICAL

Pour certaines professions d'artiste (compositeurs/compositrices, auteurs-compositeurs-interprètes, interprètes reconnus, etc.), qu'il s'agisse de musique dite savante ou de musique dite populaire, c'est bien comme artistes exposant leur conception musicale et leur travail que ces derniers s'expriment.

Ainsi quand on lui demande de décrire le processus d'écriture ou de composition, mais aussi ce que représente pour elle une chanson, Sylvestre emploie l'expression « écrivain public ». Elle explicite cette expression à l'invite de l'enquêtrice :

> CÉCILE PRÉVOST-THOMAS. — Vous employez souvent l'expression d'« écrivain public » au sujet de votre plume ? À quoi correspond-elle ? Peut-on l'associer à celle de « porte-parole » ?
> ANNE SYLVESTRE. — Exactement. Dans les lettres qu'on m'envoie ou dans ce qu'on me dit, je recueille des témoignages du type : « Vous avez dit ce que je voulais » ou « Je voulais te raconter ma vie et tu me l'as chantée » ou encore « C'était justement ça que je voulais dire et je ne trouvais pas les mots ». Parce que je pense que je suis une éponge mais je peux faire une synthèse des choses et les offrir à l'autre. L'écriture pour moi c'est comme une bulle. La chanson à venir c'est comme une bulle de savon, tout y est, tout. Tout d'un coup elle est là. Dès qu'on y touche, elle explose, il faut aller rechercher tous les morceaux et ce n'est pas simple. Quelquefois dans un titre ou dans une phrase, je sais que j'ai toute la chanson. Oui, mais voilà : comment je le dis ? Par quel biais ? Quel éclairage ? Est-ce que ça va être au *je*, au *elle* ou au *il* ? Est-ce que ça va être une histoire, une personne ? Est-ce que ça va être, comme pour certaines chansons, rien que des infinitifs ou juste deux syllabes pour chaque mot comme dans *Mousse* ? Est-ce que c'est le hasard ? Je ne sais pas, il faut trouver. Alors c'est de plus en plus difficile, parce que j'en ai écrit beaucoup et je ne veux pas retomber dans ce que j'ai déjà fait [11].

Toujours lors de la description d'un processus de création, le propos est nourri parfois de sonore. Le discours est alors, concrètement, musical. Krakauer emploie ainsi un chant onomatopéique pour exprimer ce qui caractérise pour lui la musique klezmer, la manière dont elle « sonne » ou doit sonner, comment il faut la faire *groover*. Il explicite le geste sonore : « [Il faut] couper le son et le petit – en anglais, je ne sais pas – le *catch in the voice*. Quand on a beaucoup d'émotion, sss… le "ahhh… !" [*avec un soupir sensuel, sur le souffle*]… Il y a quelque chose qui… qui prend [à] la gorge » [12].

11. Cécile Prévost-Thomas et Hyacinthe Ravet, « Sorcière, comme les autres… Parcours d'Anne Sylvestre », entretien réalisé le 2 juin 2009 publié dans *Travail, Genre et Sociétés*, n° 23, 2010, p. 5-25.

12. Entretien de David Krakauer avec Hyacinthe Ravet, 20 novembre 2006.

S'appuyant sur l'expérience d'une *masterclass* à laquelle j'ai participé comme musicienne, faisant appel à certaines images sonores que je reprends à mon tour dans la transcription de l'entretien, l'artiste raconte en même temps de quelle manière il a travaillé ce son klezmer avec ses musiciens :

> Par exemple, j'ai travaillé très fort avec mes musiciens de dire : « Ok, c'est pas le *groove*!! C'est plutôt… Si on faisait, par exemple, une *bulgare* : [*il chante d'une voix dure, raide, sans nuance, une rythmique traditionnelle bulgare*] ta tatar tatata ta
> Mais… [*il chante d'une voix souple, avec beaucoup d'inflexions, la même rythmique mais telle que proposée à la batterie lors de la masterclass, avec des roulements doux de caisse claire, des nuances*] up! tatar tagatat' pata uf tap tap…
> On devrait trouver cette légèreté aussi… ce soufflé [*image culinaire utilisée lors de la* masterclass]… [13]

Il exprime parallèlement sa vision de la musique klezmer, en indiquant ce qui est constitutif de celle-ci et forge son identité sonore et culturelle, tout en comparant avec d'autres musiques qu'il pratique :

> Et dans le klezmer, il doit y avoir le chant de la synagogue, et la doina. [*Il chante*] boï boboboï boï bo boïïï… Et ce cri! Et s'il n'y a pas ça, c'est pas le klezmer! Et donc, pour moi, le jazz sans le blues, c'est pas le jazz. Et le klezmer sans le… les krechts et aussi ces inflexions et ce… comme on dit, le *richting*, cette plainte, cette plainte spécifique, le phrasé, le rubato… c'est très important [14].

La parole se donne à entendre comme un véritable discours musical, au sens propre, tout autant que comme développement de la conception artistique de l'auteur. Le matériau récolté n'est d'ailleurs pas toujours simple à mobiliser. Que faire de propos nourris d'implicites, d'images et de gestes ? Comment retranscrire les images sonores et le chant onomatopéique ? Une transcription musicale est-elle nécessaire ou l'adjonction de fichiers sonores dans le cadre d'une publication ? Une réponse unique ne semble pas s'imposer, tout dépendant des objectifs d'une telle publication [15], sachant qu'en sociologie on trouve encore peu d'écrits faisant une place à des exemples ou des extraits sonores [16].

13. *Ibid.*

14. *Ibid.*

15. Dans l'analyse des processus compositionnels de Philippe Leroux, par exemple, Nicolas Donin et Jacques Theureau ont mobilisé des matériaux mêlant notamment propos explicatifs, musicalisations et annotations en s'appuyant sur une capture d'images et de sons. Ils ont mis diversement en œuvre des extraits choisis selon l'angle problématique privilégié dans chacune de leur publication mais aussi le support. C'est aussi le cas de Maÿlis Dupont qui, après avoir observé la création d'une œuvre pour « quatuor augmenté », propose deux types de publication dont l'une en multimédia. Voir Maÿlis Dupont, « Interpréter ou l'intervention des instrumentistes sur un texte », publication multimédia conçue par Maÿlis Dupont et réalisée par Lucie Malecka et Samuel Goldszmidt (Ircam), disponible à l'adresse http://apm.ircam.fr/quatuor_plus/analysis/interpreter/.

16. Signalons cependant Howard S. Becker et Robert Faulkner, *Do You Know…? The Jazz Repertoire in Action*, Chicago, The University of Chicago Press, 2009 ; Morgan Jouvenet et Christiane Rolle (dir.), *Temps des arts et des artistes*, numéro de *Temporalités*, n° 14, 2001, disponible à l'adresse http://temporalites.revues.org.

La parole comme prise de position artistique

Dans les deux derniers cas évoqués, celui de Sylvestre et celui de Krakauer, comme avec les chefs d'orchestre que j'ai interviewés, dont Claudio Abbado, Laurence Equilbey et Claire Gibault, les artistes s'expriment indéniablement en tant que personnes publiques. L'enquêtrice rencontre ainsi de véritables « personnalités artistiques », dotées d'une image publique, dont les enquêtés se soucient plus ou moins. Dès lors, plusieurs ordres de questionnement surgissent. Quels propos veut-on bien délivrer à l'enquêteur ? Ne s'agira-t-il pas d'un discours fabriqué « sur mesure » ? Par ailleurs, l'anonymat peut-il avoir un sens pour des parcours exceptionnels, au sens propre ? Que laissera-t-on, enfin, publier ? Dans quels buts ?

Avec plusieurs des artistes que j'ai rencontrés, une relation privilégiée de longue durée s'est peu à peu construite. Celle-ci permet la confidence et l'exploration de domaines autres que ceux des interviews journalistiques ou leur traitement de manière plus approfondie. Il n'en reste pas moins que la parole et l'écriture prennent un poids particulier. Comme pour les compositeurs évoqués, citer des propos attribués nominativement nécessite un accord avant publication. Mais comment, dès lors, ne pas obtenir un « texte » trop expurgé, qui affadisse ou travestisse un parcours, s'il ne l'enjolive pas ? La confiance nouée avec l'artiste est ici primordiale, ainsi que la compréhension mutuelle des objectifs principaux de la requête à la source de l'entretien. Certains artistes laissent paraître des difficultés et des questionnements, comme Sylvestre, sans chercher à les masquer lors de la publication parce qu'ils donnent à comprendre une trajectoire au sein d'univers parfois peu amènes.

Dans d'autres cas, il sera préférable de citer sans nommer. En effet, il n'est pas toujours simple de demander l'accord de l'enquêté à propos du récit de situations difficiles, auxquelles on a pu par ailleurs assister (je pense à des manifestations d'autorité entre chefs et musiciens). Le refus de laisser relater la situation est bien existant. L'enquêteur a pu, par ailleurs, nouer progressivement une relation d'empathie avec l'enquêté qui enrichit sa connaissance, mais le place parfois devant un sentiment de « trahison ». Une solution peut être alors d'anonymiser le propos ou le récit de telle situation pour ne pas desservir l'artiste qui a accordé sa confiance et pour lequel les propos rapportés pourraient affecter l'image.

On retrouve ici les difficultés de l'engagement sur un terrain que connaissent les ethnographes et le questionnement réflexif qu'elles engendrent, en particulier lors de l'observation de personnes publiques ou qui ont du pouvoir [17]. Selon les entretiens, et pour une même personne, on peut être amené à adopter différentes stratégies dans la manière de citer les propos et de relater des faits observés : anonymiser certains propos ; en citer d'autres en nom propre après accord de l'enquêté.

17. Le couple de sociologues Pinçon-Charlot explique ainsi ses questionnements face à la publication de propos d'enquêtés qui lisent potentiellement ce qui s'écrit à leur sujet et ce, au sein de milieux de forte interconnaissance. Voir leur réflexion dans Michel Pinçon et Monique Pinçon-Charlot, *Voyage en grande bourgeoisie : journal d'enquête*, Paris, Presses universitaires de France, 1997.

Ces divers questionnements conduisent à s'interroger sur le statut de la parole que délivre l'artiste, pour elle ou lui, mais aussi pour l'enquêteur. Comment peut-on considérer cette parole ?

Pour la plupart des musiciens que j'ai interviewés, comme les interprètes d'orchestre, il s'agit de raconter son histoire en tant que professionnel ou en tant qu'artiste. Pour d'autres, au travers de leur propre histoire, il s'agit aussi de contribuer à écrire une histoire collective d'un genre musical, d'un mouvement artistique ou social. C'est le cas de femmes chefs d'orchestre ou de « pionnières » des orchestres, qui relatent l'accès difficile des femmes à l'orchestre, mais aussi leur présence bien réelle aujourd'hui au sein des institutions orchestrales, ou leur place encore ténue pour la direction.

Pour d'autres encore, l'entretien est aussi le moyen de se situer dans un « champ » artistique. Le discours peut se faire « prise de position », à la fois artistique et sociale[18]. Ainsi, par exemple, Krakauer critique-t-il un article paru à l'occasion d'une exposition sur la « Radical Jewish Culture » minorant – de son point de vue – son influence dans le renouveau de la musique klezmer. Durant l'un des entretiens que nous menons ensemble, il y affirme sa présence dès les débuts avec John Zorn et rétablit une « vérité » déformée et véhiculée par internet : il a été l'instigateur des brunchs klezmer du dimanche matin au *Tonic*, et non Zorn. Cette mise au point historique participe de la volonté de situer sa place dans ce « champ » et marquer son apport au mouvement musical considéré.

Dans les cas ici considérés, l'enquêteur est le plus souvent l'instigateur des entretiens qu'il mène dans le cadre de ses recherches. Mais les enquêtés peuvent aussi faire leur la situation d'entretien et retirer de l'entretien un effet de connaissance pour eux-mêmes. Nombre de musiciens rencontrés – qu'ils soient ou non des « personnalités artistiques » reconnues – ont ainsi apprécié de « faire le point » sur leur parcours, d'exprimer leur point de vue sur leur métier et d'échanger à propos de leurs passions et parfois de leurs déceptions. Davantage encore, le récit peut avoir un effet de « découverte » de l'artiste envers lui-même. Après plusieurs entretiens menés à intervalles depuis 2006, Krakauer explique combien l'un des derniers longs entretiens (plus de trois heures) que nous avons menés a été pour lui décisif : c'est la première fois qu'il exprime clairement ses souhaits de « faire autre chose » avec la musique klezmer qu'il a déjà menée « ailleurs », car – selon lui – il s'agit d'une musique « morte » si elle n'est pas toujours réinventée.

Lorsque l'enquêté prend le soin de se prêter au jeu de l'entretien, à plusieurs reprises et durant plusieurs heures, qu'il ou elle vous autorise par ailleurs à suivre ses activités, d'autres questions se posent encore : que faire de cette parole confiée par l'artiste ? Écrire un ouvrage, une biographie ? Et sous quelle forme ? Dans certains cas, la rencontre peut faire naître des attentes par rapport à l'intervieweur et à la situation d'échange. Les projets de l'artiste et celui de l'enquêteur peuvent diverger, ou se rencontrer et devenir un projet commun. Article scientifique ou ouvrage ? Biographie journalistique ou document de recherche ? Une forme reste alors à trouver permettant de conjuguer les buts du chercheur et ceux de l'artiste.

18. Pierre Bourdieu, *Les règles de l'art : genèse et structure du champ littéraire*, Paris, Éditions du Seuil, 1992.

Dans tous les cas, ces résultantes de l'entretien impliquent pour le chercheur d'être conscient du fait que l'entretien et sa publication participent d'une « reconnaissance » comme artiste pour l'interviewé (et aussi sans doute, dans une moindre mesure, d'une reconnaissance « scientifique » pour l'enquêteur).

Conclusion

La réalisation d'entretiens avec des musiciennes et des musiciens dans des situations variées engage une réflexion, non seulement d'ordre méthodologique, mais aussi épistémologique contribuant à définir la pratique sociologique dans les arts, réflexion qui mériterait d'être poursuivie et développée. Réputée être une science du collectif, la sociologie est-elle une discipline armée pour travailler sur une figure artistique spécifique ? Et donc sur la singularité dans ce qu'elle peut (vouloir) avoir de plus distinctif ? La question ne se pose sans doute pas avec la même acuité dans d'autres disciplines. La démarche de sociologie de la musique telle que je l'envisage, socio-musicologique ou musico-sociologique comme l'on voudra, fait pourtant le pari que l'étude du singulier et des cas particuliers fait sens pour saisir les dimensions sociales de l'activité artistique[19].

19. Comme précédents éclairants, je citerais, outre les travaux de Bourdieu (*Les règles de l'art*), ceux de Bernard Lahire sur les processus de création littéraire (*Franz Kafka : éléments pour une théorie de la création littéraire*, Paris, La Découverte, 2010).

LES ENTRETIENS DE COMPOSITEURS ÉDITÉS DANS LES *PORTRAITS POLYCHROMES* : UN TRAVAIL À DEUX VOIX ET QUATRE MAINS, ENTRE ORAL ET ÉCRIT

EVELYNE GAYOU

Les *Portraits polychromes* constituent une collection de livres monographiques relative à des compositeurs de musique électroacoustique, éditée par l'Institut national de l'audiovisuel (INA), dont le vingt-et-unième numéro est sorti à l'automne 2013. Cette collection est corrélée à des documents multimédias diffusés en ligne sur le site du Groupe de recherches musicales (GRM) [1]. Par ordre de parution, les ouvrages déjà parus ont été consacrés à Luc Ferrari, Jean-Claude Risset, Gilles Racot, Bernard Parmegiani, Ivo Malec, François Bayle, John Chowning, Michel Chion, Jacques Lejeune, Francis Dhomont, Max Mathews, Pierre Schaeffer et Denis Smalley [2]. Certains de ces livres existent aussi en version anglaise.

En tant que directrice de cette collection, j'avais eu à cœur, lors de son initiation en 2001, de consigner un pan assez méconnu de l'histoire de la musique du XXe siècle encore en plein développement : la musique concrète, expérimentale, électroacoustique, acousmatique, electro (le nom du genre lui-même n'étant pas encore fixé). Au départ, mon projet n'avait consisté qu'à demander un témoignage au compositeur, sous la forme d'un texte personnel inédit. Mais dès le premier numéro, consacré à Ferrari, celui-ci avait refusé d'écrire à la première personne, ne serait-ce qu'un petit billet. De là est né le premier entretien transcrit [3]. Ensuite, toute la collection a perpétué cette formule. Et comme les acteurs de cette avant-garde artistique, apparue dès les années 1950, sont encore de ce monde pour la plupart, nous sommes en mesure d'évoquer, à chaque nouveau numéro, non seulement le versant poïétique de la musique de chacun, celui de la production, du faire, mais aussi de prendre du recul sur l'ensemble du genre musical électroacoustique.

Finalement, avec l'expérience d'une quinzaine de livres, je m'aperçois qu'il arrive à l'entretien de compositeur, tel que je le pratique, le même cycle d'évolution qu'à la

1. http://www.inagrm.com/collections.

2. Voir également l'article de Sylveline Bourion dans le présent volume.

3. Evelyne Gayou, « Avec, de, sur… Entre », entretien avec Luc Ferrari dans *Portrait polychrome n° 1 : Luc Ferrari*, Paris, INA, 2001, p. 27-33.

musique concrète et aux autres arts de support (cinéma, photo, arts plastiques) : d'abord acte de mémoire, il devient progressivement acte de création.

Cependant, de nombreuses questions se posent, notamment pourquoi, lorsqu'un nouveau livre sort, les lecteurs se précipitent-ils en premier vers les pages consacrées à l'entretien avec le compositeur plutôt qu'aux articles de réflexion ? Quelles sont donc les qualités qui rendent un entretien intéressant ? Car certains le sont plus que d'autres.

Des entretiens miroirs de l'acte de composition musicale

Il va de soi que, pour nous, l'entretien dépasse le simple interrogatoire où la personne interrogée est invitée à donner des informations en réponse à des questions fermées – qui préserveraient le mythe romantique de l'auteur inspiré. Dans notre cas, l'entretien est un dialogue enregistré, puis transcrit, qui sous-entend une attitude constructive, une recherche d'accord entre les interlocuteurs afin de mettre au point un message – des messages – à transmettre aux autres, notamment aux mélomanes et aux compositeurs en herbe, mais également à tout public. Ce(s) message(s) ont pour objectif de lever le voile sur le rapport du compositeur à la matière sonore, en nous éclairant sur ses techniques de composition.

Passons ici sur toutes les recherches effectuées, ou en cours, depuis plus de cinquante ans sur le passage du sonore au musical, pour simplement rappeler qu'en France, la musique concrète a été inventée, et nommée, pour la première fois en 1948 par Schaeffer à la Radiodiffusion française. Dès le départ, Schaeffer est clairvoyant. Dans son texte de présentation du premier *Concert de bruits* à la radio Paris-Inter, le 5 octobre 1948, il déclare :

> Il y a un chemin inverse pour aboutir à la musique, qui est de partir de données sonores au lieu de partir d'une notation, et d'une composition ultérieure au lieu de la classique exécution. Si le terme ne risquait pas de paraître prétentieux, nous intitulerions nos essais : essais de Musique Concrète, pour bien marquer leur caractère général et qu'il ne s'agit plus exactement de bruits mais d'une méthode de composition musicale[4].

Dans un univers aussi proche des médias et utilisant les mêmes outils, de l'enregistrement du son jusqu'à sa diffusion, il paraît naturel de recourir à l'entretien enregistré pour comprendre la démarche artistique des compositeurs utilisant aussi ces technologies. Dans les *Portraits polychromes*, la matière des entretiens est travaillée de la même façon que la matière sonore par le compositeur. Dans les deux cas, on se place dans l'oral, sans partition interposée[5].

Rappelons que la musique électroacoustique est née au sein des studios, directement de l'art radiophonique à partir de premiers travaux sur les décors sonores pour les

4. Texte lu en direct à l'antenne. Le manuscrit, non coté, est conservé au GRM. Cette idée sera ensuite largement développée dans tous ses travaux de recherche. Voir son journal édité en 1952 aux Éditions du Seuil, sous le titre *À la recherche d'une musique concrète*.

5. Je dois préciser que je ne fais qu'appliquer aux entretiens, les techniques du montage radiophonique et de la composition électroacoustique que j'ai apprises dès le début de ma carrière professionnelle, au Groupe de recherches musicales de l'INA.

dramatiques radiodiffusées. Mais aujourd'hui encore, elle est souvent dévalorisée, au moins dans les académies que sont les conservatoires, notamment parce qu'elle ne fait pas appel à la partition écrite. Tout au plus s'est-elle trouvé des lettres de noblesse sous l'intitulé MAO — musique assistée par ordinateur — qui malheureusement ne rend compte que très partiellement, sous un aspect technique et non esthétique, de l'apport de ce nouveau genre à l'art musical du XXe siècle. Aujourd'hui encore, la recherche musicale en électroacoustique continue de progresser notamment dans l'élaboration d'un nouveau code d'écriture du musical. Grâce aux outils informatiques, on expérimente différentes formes de transcription graphique de critères musicaux beaucoup plus raffinés que les hauteurs de la gamme ou les durées mesurées de notre répertoire classique occidental. On s'intéresse à la couleur des sons, à leur dynamique, à leur forme, à leur déploiement dans l'espace. Toutes ces qualités peuvent être, de nos jours, mesurées et appréciées grâce à un fait essentiel, celui de pouvoir enregistrer le son, le fixer sur un support, et donc l'écouter et le réécouter à volonté.

La rupture technologique que constitue l'enregistrement[6] se situe ainsi au cœur de toute notre démonstration. Le genre musical électroacoustique s'est construit en symbiose avec l'évolution technologique des outils. Dans un premier temps, les techniques d'enregistrement ont été mises au service d'une recherche de mémoire fidèle à la source enregistrée. On voulait reconnaître la voix aimée de la cantatrice ou le son de l'orchestre entendu au concert, mais aussi le son vibrant d'une lame de cristal ou de tout autre objet résonnant. Rapidement, on a détourné l'usage des outils en les poussant dans leurs limites : on a accéléré le déroulement de la lecture, on a lu le document à l'envers, on a superposé plusieurs enregistrements à la fois, ou juxtaposé des séquences discontinues. De toutes ces manipulations, de base, du support de l'enregistrement sont ainsi nés l'art radiophonique, l'art acousmatique, et sur le même principe, l'art cinématographique et l'art photographique. Voilà raconté en raccourci comment on est passé d'un acte de mémoire à un acte de création dans les arts dits de support.

Si, dans la même logique, on considère à présent l'histoire de l'élaboration de l'écriture musicale occidentale qui lentement se développe à partir du VIIIe siècle (consignée sur le parchemin, le papier) pour aboutir à l'Ars nova vers le XIVe siècle en passant par les théories de Guido d'Arezzo au XIe siècle et la mise au point du temps mesuré vers le XIIIe siècle, on retrouve les mêmes étapes allant d'une recherche de mémoire (du chant à travers les premiers neumes), d'une sophistication des signes, de leur fixation dans un codage précis jusqu'à une dernière phase où la création devient possible directement à partir du code d'écriture admis et connu de tous. De l'oral à l'écrit, on passe ainsi du descriptif au prescriptif. Pour ma part, je fais partie de ceux qui font l'hypothèse que nos outils d'enregistrement électriques et numériques d'aujourd'hui sont en train de nous conduire sur un chemin similaire, en route vers l'élaboration de nouveaux codes d'écriture musicale plus sophistiqués que les anciens grâce à des outils plus perfectionnés.

---

6. Depuis 2008, on sait que l'invention de l'enregistrement revient au Français Édouard-Léon Scott de Martinville, avec le phonautographe, breveté en 1857. Néanmoins, le brevet du phonographe de Thomas Edison, en 1877, reste le plus connu (voir l'article du *New York Times* du 27 mars 2008); on peut aussi écouter sur internet (www.futura-sciences.com) un extrait de la chanson *Au clair de la lune* enregistrée par le phonautographe en 1860).

Revenons maintenant à nos entretiens de la collection des *Portraits polychromes*. Au départ, en 2001, il s'agissait de rendre compte du processus d'émergence de la musique électroacoustique (mémoire), sachant qu'il y a peu de lieux d'enseignement, peu d'occasions pour les artistes de transmettre leur savoir-faire et pourtant une très grande richesse d'œuvres, de documents liés au genre et de nombreux témoins de la première heure. Très rapidement, les entretiens sont devenus un lieu de recherche du mot juste, du récit circonstancié de l'aventure musicale des compositeurs interrogés, entre composition sur support comme dans une émission de radio, et transcription écrite pour l'édition papier; l'enjeu étant de s'approcher au plus près du processus de création de l'auteur, soit au plus près du vivant, du faire. On réalise alors l'entretien comme on compose la musique concrète, par approximations successives à partir d'une écoute attentive de l'autre. Pour moi, c'est une enquête sur les ressorts de la créativité en musique qui utilise les mêmes procédés rhétoriques que l'objet qu'elle analyse.

L'ENREGISTREMENT DE L'ENTRETIEN ET SON CONTENU

L'enregistrement de l'entretien se fait avec un magnétophone ou toute autre machine à enregistrer, comme s'il s'agissait de préparer une émission pour la radio, mais au lieu de faire le montage directement sur le support audio, on procède à une transcription écrite qui est ensuite retouchée. Dans les livres *Portraits polychromes*, l'entretien se présente comme un complément au catalogue commenté des œuvres de l'artiste (volet esthésique). Du point de vue du contenu des questions, l'accent est mis sur la description de l'activité poïetique du compositeur : comment il s'organise pour créer, comment il s'empare de la technique pour enregistrer et composer lui-même, comment il s'y prend pour transformer la matière sonore en musique.

L'enregistrement de l'entretien sur un support permet de garder une trace très fidèle de l'événement. Plus fidèle encore que la sténographie, car en plus des mots on fixe les hésitations, les intonations, les silences. Si l'enregistrement brut (le « plan séquence » de l'enregistrement, c'est-à-dire sans aucun montage, au sens cinématographique du terme) se tient, on peut envisager de le garder tel quel. Sinon, le travail effectué sur le matériau enregistré est semblable au travail sur les sons bruts enregistrés en vue de faire une composition musicale. On cherche sans arrêt à aller au plus près des sensations éprouvées par le compositeur composant. L'objectif est de comprendre la logique des gestes créatifs qui conduisent le compositeur en cours de création et par quoi il peut bien être guidé en l'absence de l'usage explicite d'un code établi.

Très souvent les commentaires tournent autour de l'aspect technique du travail. Or, pour ma part, j'ai mis longtemps à admettre qu'il s'agissait là d'un aspect essentiel. La place et l'usage des outils sont primordiaux. Une lecture des travaux du préhistorien et ethnologue André Leroi-Gourhan sur les peuples sans écriture pourra nous en convaincre. Lui-même a mis plus de vingt ans à s'en rendre compte, entre l'édition de deux de ses ouvrages majeurs, Évolution et technique : *l'homme et la matière* (1943) et *Le geste et la parole* (1964). Entre le premier ouvrage, où il fait l'inventaire de centaines d'outils de la vie quotidienne des hommes et de leur usage, et le second ouvrage, où il entrevoit que le geste est à l'origine de la parole, il s'aperçoit qu'en déplaçant les termes de l'équation (force + matière = outil) en (force + outil = matière), il peut soudain expliquer facilement que l'outil est un prolongement de la main[7], « l'externalisation d'un geste effectif »[8], et que l'histoire entière de l'évolution de l'homme est liée à ce rapport. L'outil n'est pas une fin en soi qui serait le résultat d'une force appliquée sur la matière, l'outil associé à la force est un moyen de transformer la matière.

Si l'on ajoute à cette idée les avancées du philosophe Gilbert Simondon sur le mode d'existence des objets techniques, on arrive à remonter dans la compréhension de l'acte de création musicale effectuée directement à partir des sons.

> L'apparition de l'objet ne se fait que par l'isolement et la fragmentation de la médiation entre l'homme et le monde; [...] la médiation entre l'homme et le monde s'objective en objet technique comme elle se subjective en médiateur religieux; mais cette objectivation et cette subjectivation opposées et complémentaires sont précédées par une première étape de la relation au monde, l'étape magique, dans laquelle la médiation n'est encore ni subjectivée ni objectivée, ni fragmentée ni universalisée, et n'est que la plus simple et la plus fondamentale des structurations du milieu d'un vivant : la naissance d'un réseau de points privilégiés d'échange entre l'être et le milieu[9].

En plus des procédés techniques, l'entretien évoque des événements biographiques, ou points privilégiés, de la vie de l'auteur, susceptibles d'éclairer ses motivations et sa démarche artistique. Enfin, nous cherchons toujours à donner des repères historiques pour situer la personne dans son contexte social, voire politique. Par exemple, il est important de comprendre la situation de l'immédiat après-guerre pour apprécier l'importance de l'avant-garde musicale après 1945, où tout semblait permis; de même pour la période de forte agitation sociale et culturelle autour de 1968 en Occident.

En tout cas, le fait de consigner l'entretien sur un support audio nous permet ensuite de le réécouter de nombreuses fois, pour en saisir les moindres nuances.

Décryptage, transcription, édition : de l'oral à l'écrit

Si l'enregistrement « brut » caractérise la mémoire de la rencontre, conservée sur un support externe à notre corps, l'étape suivante du décryptage, va commencer à nous éloigner du document original. L'interprétation, puis l'enrichissement, vont nous conduire vers un texte parfois assez différent des propos originaux. Mais ce sera d'un commun accord, en de nombreux allers-retours, entre l'interviewer et l'interviewé, en un travail à quatre mains. Ceci est d'autant plus vrai lorsque les compositeurs ne sont pas écrivains : il ne faut pas hésiter à leur proposer des formulations.

La phase du décryptage et de la transcription de l'entretien est essentielle, car elle doit restituer au plus juste la sensation éprouvée à l'oral. Au cours de cette opération, on est

7 André Leroi-Gourhan, *Évolution et technique : l'homme et la matière*, Paris, Albin Michel, 1943; André Leroi-Gourhan, *Le geste et la parole*, Paris, Albin Michel, 1964.

8. Leroi-Gourhan, *L'homme et la matière*, p. 38. Schaeffner avait déjà exprimé cette idée dès 1936 dans son livre *Origines des instruments de musique* (Paris, Payot, 1936).

9. Gilbert Simondon, *Du mode d'existence des objets techniques*, Paris, Aubier, 1958; 1989, p. 165.

amené à repasser par toutes les étapes de la constitution de l'écriture qui, de phonèmes, en signes, en lettres, a trouvé sa sophistication extrême dans le développement du code de la ponctuation. Une virgule n'a pas du tout le même sens qu'un point, un point d'exclamation ou d'interrogation.

Je me souviens d'un entretien avec le compositeur Racot[10], où chaque mot qu'il prononçait était pesé, réfléchi, dit avec beaucoup d'attention. Ensemble, nous avions choisi de transcrire ces longs silences de réflexion par des points de suspension. Visuellement, la transcription écrite de l'entretien présentait une multitude de ces petits points dispersés dans le corps du texte; mais en dernière relecture, une correctrice zélée les avait tous supprimés en un clic avec son logiciel de correction automatique, car, évidemment, ils n'entraient pas dans les règles typographiques de l'Imprimerie nationale. Après quelques explications, nous les avions tous réintégrés, mais à la main cette fois. Ils avaient pour fonction de rythmer la phrase écrite au même tempo que la phrase orale d'origine. Il s'agissait de retrouver dans l'écrit, le geste de l'oral (les hésitations) via un code établi, la ponctuation en l'occurrence.

C'est maintenant dans les travaux de la chercheuse Clarisse Herrenschmidt, spécialiste des langues, des religions et des civilisations de l'Iran avant l'Islam, et de la Grèce antique, que nous allons puiser un premier éclairage qui va d'emblée nous mener très loin, aux sources de l'écriture, entre parole, langue, chiffres, codes et mythe :

> L'écriture naquit au berceau de la comptabilité. Ce n'est pas aux poètes récitants de Mésopotamie que le vieil Orient le doit, mais aux gestionnaires. Elle permit l'émergence du groupe social des scribes, comptables certes, mais aussi connaisseurs des signes en eux-mêmes, lexicographes en charge des listes de caractères. Dans le déploiement de l'écriture, ils furent rejoints par les devins en charge de la lecture des signes du monde qui disent l'avenir et par les spécialistes du langage, de la parole ornée et historiée. L'écriture attira sans doute, en partie au moins, ceux que la passion de la langue, du récit, de la parole faisait vibrer, car elle créait, par la captation de l'invisible, un niveau neuf de signification[11].

Au-delà du chemin de l'histoire de l'écriture, dans nos entretiens, on s'engage plus précisément sur celui des cycles de l'écriture : écriture des mots, écriture des sons ou de la musique. À chaque changement de technique de fixation et de support, à chaque rupture technologique, on est amené à inventer de nouveaux codes. Si le passage de l'entretien oral à sa transcription écrite au XXIe siècle bénéficie des technologies de son temps : enregistrement audio, bureautique – y compris transcription automatique à l'aide de logiciels de reconnaissance de voix, mise en page sophistiquée grâce aux logiciels de PAO (Presse assistée par ordinateur) –, en revanche l'articulation entre langue et code se perpétue. C'est ce que j'appelle « cycle de l'écriture », car il s'agit de boucles successives comme pour la mémoire. Nous allons y revenir.

En attendant, la captation de l'invisible est bien le pivot de nos interrogations. Que fait le compositeur composant ? Que dit le compositeur parlant ? Seule l'écriture nous le révèle.

---

10. Evelyne Gayou, « Devant le son que prennent les choses », entretien avec Gilles Racot, dans *Portrait polychrome n° 3 : Gilles Racot*, Paris, INA, 2002, p. 17-45.

11. Clarisse Herrenschmidt, *Les trois écritures : langue, nombre, code*, Paris, Gallimard, 2007, p. 190.

Ce qui compte pour nous, c'est la « *parole donnée* » au cours de l'entretien. Même quand une idée a été émise maladroitement oralement, bien souvent elle constitue la racine d'un développement plus long, voire reconstruit plus tard à l'écrit. Chaque mot à l'oral est un germe pour l'écrit. Souvent on constate que celui qui l'a prononcé y tient, même lorsqu'un raisonnement ou des arguments plus importants s'imposent pour étayer l'idée. On retrouve ici les points privilégiés de Simondon, tous ces hauts lieux magiques rencontrés au cours de la composition musicale et auxquels il faut maintenant donner des noms.

Herrenschmidt nous propose un deuxième éclairage :

> Comme les mythes oraux, l'écriture inspirant l'émergence de l'humain se donne à voir à elle-même, se réfléchit dans ses signes ; comme la langue, les signes d'écriture confortent leur usage démiurgique. Le mythe est vrai puisqu'il est écrit ; l'écrit est vrai puisque la langue l'est, ainsi que le montrent les associations de mots ; la langue écrite est juste puisque sa graphie reproduit les règles qu'on lui connaît. Le champ magnétique au complexe circuit de forces instauré fait de l'Homme et de l'écriture un couple de jumeaux [12].

Voilà comment comprendre le long et patient travail de réécriture, suite à la transcription « littérale » de l'entretien enregistré. En accord avec le compositeur interrogé, on cherche des nuances, des synonymes, des périphrases, des figures de style adéquates pour finalement s'arrêter sur un objet fini qui corresponde à nos sensibilités conjuguées. Nos entretiens transcrits sont une mise en voir du verbe, via un code. Ils établissent une symétrie entre, d'une part, le faire et entendre du travail musical, d'autre part, et l'écrire et lire du travail de rédaction.

Un bon entretien

Pour moi, un bon entretien établit une résonance entre les deux couples « faire et entendre » et « écrire et lire », soit entre oral et écrit. Il trouve sa place entre musicologie, critique, journalisme et écriture littéraire. Il doit proposer à la fois une facette mémoire, ou enquête, une source d'information originale, et une ou plusieurs autres qualités : humour, poésie, lyrisme, etc. rendant la lecture fluide, plaisante ou à tout le moins intéressante, comme peut l'être l'écoute d'une œuvre. Le lecteur doit pouvoir se projeter dans le texte pour en éprouver les liens multiples avec le ressenti exprimé par le compositeur. Dans des phénomènes d'allers et retours perceptifs, il faut pouvoir sentir la sincérité du témoignage. La lecture doit comporter une forte composante de plaisir, car en nous faisant remonter vers les émotions, l'entretien nous rapproche du corps. En fait, plus l'empathie de l'interviewer est grande à l'égard du compositeur interrogé, plus il est aisé de transmettre les émotions véhiculées par les mots, au lecteur.

Dans ces conditions, l'entretien est utile pour la compréhension de l'esthétique de chaque compositeur, individuellement, mais aussi pour le genre musical dans son entier ; car les entretiens, vus comme un tout, acquièrent une valeur universelle, tant pour la définition des courants stylistiques que pour les méthodes de composition

12. *Ibid.*, p. 218.

et de diffusion liées aux progrès technologiques, à l'évolution sociale et culturelle d'aujourd'hui. Autrement dit, un entretien isolé doit nous permettre de percevoir la microévolution esthétique à l'œuvre chez un auteur, alors que les entretiens réunis, grâce au changement d'échelle, nous offrent à voir l'évolution générale de la musique sous une autre perspective, celle d'une « descendance avec modification », suivant les termes du paléoanthropologue Pascal Picq : « L'évolution, ce n'est pas une longue série de catastrophes, ce n'est pas la survie du plus apte, c'est encore moins la loi du plus fort : il s'agit tout simplement de la descendance avec modification » [13], dans un environnement qui ne crée rien, mais ne fait que sélectionner.

Les entretiens ont donc une vertu pédagogique, car ils permettent de se placer du point de vue de la poïétique, de la production, des œuvres, par les auteurs eux-mêmes décrivant leur travail, tout en se plaçant dans le panorama historique des genres musicaux.

Il est également important de comprendre la méthodologie employée pour réaliser les entretiens puis leur transcription, où la chronologie n'est pas toujours de mise et les *flash-back* souvent très révélateurs : un travail sur la mémoire rendu possible par l'usage des techniques d'enregistrement et de montage. Dans le même esprit, les entretiens croisés peuvent aussi être intéressants. Je pense ici à un entretien avec Ferrari, complété par un second entretien, avec son épouse, après le décès du compositeur. Ainsi, le second entretien enrichit le premier [14].

Enfin, le plus souvent, un bon entretien est un entretien bien préparé.

Comment se préparer à l'entretien ?

La préparation de l'interview conditionne la qualité finale de l'entretien édité. Préparer l'entretien, c'est comme répéter avant de jouer en *live* dans une joute musicale. Il est donc important de bien connaître la musique du compositeur que l'on va interroger, ainsi que le contexte général dans lequel il évolue : musicologiquement, artistiquement, socialement, culturellement. De son côté, le compositeur doit réunir ses idées à l'avance, se remémorer ses œuvres et les circonstances de leur composition. Parfois, une visite dans un album photo peut servir de stimulus. Celui qui pose les questions peut aussi préparer des enchaînements d'interrogations qui relanceront l'intérêt de la discussion, dans le genre « thème et variations ».

Par exemple, dans un entretien avec Parmegiani, autre grand compositeur de musique électroacoustique, réputé peu bavard, à une question sur son intérêt pour la

13. Pascal Picq, *Darwin et l'évolution expliquée à nos petits-enfants*, Paris, Éditions du Seuil, 2009, p. 10.

14. Evelyne Gayou, « Entretien avec Brunhild Meyer-Ferrari », dans *Portrait polychrome n° 1 : Luc Ferrari*, Paris, INA, 2001, p. 55-65. On peut aussi citer le cas de Madame Jacqueline Schaeffer qui nous a livré un beau témoignage sur son mari : Jacqueline Schaeffer, « Vivre avec un penseur infatigable », dans *Portrait polychrome n° 13 : Pierre Schaeffer*, Paris, INA, 2008, p. 77-82.

lecture de Gaston Bachelard, sur la notion d'instantanéité, il répond en racontant une anecdote sur la composition de sa pièce *Capture éphémère*[15] :

> Je suis allé une première fois en Israël en 1964, pour le tournage d'un film. Et, avant de rentrer à Paris, j'ai accepté l'invitation d'une amie, professeure à l'Université de Tel-Aviv, d'aller se balader jusqu'à Eilat en 2CV. Nous avons traversé le Néguev et dans le désert, quelques kilomètres avant la Mer Morte, nous nous sommes arrêtés pour nous délasser quelques instants. Je fus alors saisi par la qualité du silence. Ce silence pesant, très particulier dans le désert où l'on se sent enfermé dans l'espace. Puis tout d'un coup il y a eu un vol d'oiseau ; or, dans ce silence total, un battement d'aile devient un événement acoustiquement très important. J'ai levé la tête pour voir l'oiseau, mais je n'ai rien vu. L'oiseau était déjà loin, j'ai cherché en vain dans le ciel… C'était donc ça l'éphémère ! J'ai alors pris conscience que la capture d'un son, dont je ne pouvais pas voir l'origine (dans ce cas précis, l'origine était l'oiseau), c'était de l'acousmatique, et à mon tour, j'étais moi-même captivé par ce son. Quand je suis revenu à Paris, j'ai commencé à réfléchir à cette question. *Capture Éphémère* est une œuvre importante pour moi parce que je crois être parvenu à trouver une équivalence musicale assez précise à cette sensation vécue intérieurement[16].

Enfin, au risque de faire sourire certains, un entretien se prépare aussi en dormant ; je veux dire qu'il est préférable d'être reposé et en forme, car l'entretien demande beaucoup d'énergie pour se concentrer, s'écouter et rebondir sur les propos de chacun. Il s'agit d'une improvisation à deux, c'est un exercice physique autant qu'intellectuel.

Les limites de l'entretien

Avec l'entretien, on se trouve dans une transmission orale, où chaque artiste est potentiellement un maître. Mais une fois écrit, l'entretien fait foi. Étant donné que pour un auteur, il n'est pas facile de faire son autopromotion, l'entretien est parfois considéré comme un bon palliatif à la quasi-disparition des critiques. Bien souvent, le compositeur interrogé raconte l'histoire « à sa façon » allant de la simple erreur ou omission jusqu'à la falsification pure et simple de l'information. Dans ce cas, il faut veiller à ce que l'histoire avec un grand « H » trouve son compte, en relevant les erreurs ou incohérences dans les déclarations, voire les mensonges.

Peut-être peut-on justifier ces écarts de mémoire en se référant aux travaux du philosophe Gilles Deleuze sur la mémoire vue comme une boucle (qu'il nomme ritournelle), synonyme de mort, qu'il oppose à la création (le galop), synonyme de vie ; la mémoire générant et permettant de libérer les mouvements du devenir. Les neurosciences reprennent cette idée en précisant que lorsqu'on rappelle une mémoire, on génère un potentiel d'actions. Dès lors, je proposerais la définition suivante : l'entretien est un processus de mémoire qui cherche à remonter vers le vivant de la création (le galop) et que les écarts de mémoire ne sont que des bifurcations vers des

---

15. Bernard Parmegiani, *Capture éphémère*, 1967, dans *L'œuvre musicale*, 12 disques compacts, INA G 6000/11, 2008, CD 1, piste 6.

16. Gaston Bachelard, « Mots de l'immédiat », entretien avec Bernard Parmegiani, dans *Portrait polychrome n° 4 : Bernard Parmegiani*, Paris, INA, 2002, p. 27-28.

possibles voulus ou rêvés. Car les artistes assoiffés de reconnaissance savent tous que ceux qui restent dans les mémoires sont ceux qui ont forcé l'admiration. À charge pour celui qui pose les questions de tenter de débusquer et expliquer les incohérences, d'où l'importance de la préparation, puis de la relecture et des corrections.

L'entretien peut alors renforcer le mythe. C'est ainsi que Ferrari sème le trouble en s'inventant plusieurs biographies qu'il propose au gré des circonstances, en mêlant au récit de ses souvenirs, le doute, la fiction et le jeu. Il ment, notamment sur sa date de naissance ou certains événements de sa vie et prétend que ce n'est pas dans l'intention de valoriser son ego en s'attribuant des faits glorieux ; il ment, dit-il, dans un processus d'interrogation et de doute sur le réel, le contenu, par opposition au rêve et au possible.

En tout cas, les entretiens permettent aux musiciens de transmettre une grande partie de leurs connaissances et donc de s'assurer une descendance, surtout en l'absence de cours ou d'enseignements.

Conclusion

Nous avons considéré ici l'entretien de compositeur de musique électroacoustique comme miroir de son acte de composition, tant sur le plan esthétique que technique. Le XXe siècle avec son apport exceptionnel de nouvelles technologies, notamment les machines à enregistrer et à transformer le son en musique, nous a conduits à nous interroger sur le rapport de l'homme à l'outil. L'outil pris comme une extension du corps nous permet de comprendre comment le compositeur s'y prend (poïesis) pour transformer la matière sonore. Et nous utilisons les mêmes procédés pour la réalisation de l'entretien.

Un entretien s'apparente alors à une petite œuvre d'art en soi, où la personne interrogée accepte le jeu de l'échange avec l'interviewer, ce qui conduit souvent à une cosignature. C'est un objet composé au même titre qu'une œuvre musicale, sa lecture nous éclaire plus sur le versant poïetique de la production de l'artiste (le faire) que sur l'esthésique (l'entendre).

Cependant, le passage de l'entretien oral à sa version écrite nous oblige à réfléchir sur la notion d'écriture, de code et de mémoire. Le fait d'écrire la parole signifie qu'on la fixe par un code. Il en est de même pour la musique. Tous ces cycles d'écriture nous restituent les mythes oraux qui racontent les rapports de l'homme au monde. Voilà certainement pourquoi les entretiens nous fascinent. Les entretiens participent ainsi de l'évolution de la musique comme activité en perpétuelle recherche de changement, en perpétuelle création.

Cette littérature dialogique est évidemment influencée par la presse, la radio et les techniques de communication modernes. Aujourd'hui, les musiciens acceptent volontiers l'exercice de l'entretien, conscients qu'ils sont de l'importance de communiquer auprès du public le plus large pour faire connaître leurs œuvres et transmettre leur savoir-faire. Notons enfin l'influence de la psychanalyse qui depuis plus d'un siècle a donné l'habitude aux gens de pratiquer l'introspection, parler d'eux-mêmes, et surtout mettre des mots sur les choses.

L'ENTRETIEN ENTRE ARTISTES CHORÉGRAPHIQUES, LIEU D'UN SAVOIR SPÉCIFIQUE

Julie Perrin

La parole du danseur

Parmi tous les artistes, le danseur est peut-être celui dont la parole peine le plus à s'imposer. C'est encore un combat de rappeler que le danseur a voix au chapitre : c'est précisément ce que n'ont eu de cesse de faire, dans le champ français, l'historienne de la danse Laurence Louppe[1] ou Dominique Dupuy[2]. Ce dernier, en tant que danseur, pédagogue et chercheur a emprunté la voie singulière d'une recherche en danse soucieuse de mettre en évidence les savoirs spécifiques du danseur. Bien d'autres, en particulier au département danse de l'Université Paris VIII[3], leur ont emboîté le pas, revendiquant cette approche théorique des ressorts de la danse, appelant à un retour aux sources directes de l'histoire, à savoir le mouvement lui-même et les pratiques développées dans le studio de danse.

Parmi ces pratiques, il y a celle de la parole, bien sûr : parole de chorégraphe, de pédagogue, de danseur – paroles directement liées aux gestes et dont la transposition hors de leur contexte risque de mettre en péril le sens et la logique. C'est bien là que se situe le défi : comment faire entendre cette parole au plus juste ? Comment articuler l'analyse des pratiques discursives et gestuelles ? Comment la critique peut-elle se saisir de cette parole et comment le danseur doit-il, de son côté, travailler à l'élaborer au mieux, afin de la transmettre hors du studio ?

L'appel à considérer la parole du danseur est d'abord adressé aux artistes eux-mêmes : appel à prendre la parole, à formuler et à affirmer un savoir, alors même que la formation

1. Laurence Louppe (1938-2012), historienne de la danse et critique, a entre autres publié *Poétique de la danse contemporaine* (Bruxelles, Contredanse, 1997).

2. Né en 1930, Dominique Dupuy défend tout au long de sa carrière le statut du danseur en France. Il a récemment organisé, avec le concours de Claude Sorin et le partenariat de l'Institut national de l'audiovisuel (INA), une journée d'étude intitulée *La voix du danseur dans tous ses états*, le 13 février 2011 à Paris. Le livre *Une danse à l'œuvre* (Centre national de danse (CND), Pantin, 2001) qu'il cosigne avec Françoise Dupuy, témoigne de son histoire et de son militantisme pour la danse.

3. Voir le site internet du laboratoire d'analyse des discours et pratiques en danse : www.danse.univ-paris8.fr.

académique du danseur occidental l'a peu sollicité sur le plan du langage. Certains ont choisi de prendre la plume, comme en témoigne la production relativement abondante de textes théoriques ou récits autobiographiques[4]. L'appel s'adresse tout autant aux médias, aux critiques : appel à donner la parole, à la transmettre. Peu ou mal écoutée, peu diffusée, souvent tronquée ou mal relayée, la parole du danseur reste souvent tributaire de ses intercesseurs – journalistes, critiques, chercheurs en danse. Ceux-ci œuvrent, dans le meilleur des cas (c'est-à-dire lorsque cette parole n'est pas instrumentalisée au profit d'un projet éditorial commercial), à mettre en valeur la richesse d'une pensée. Ils portent alors cette parole au-devant de la scène esthétique, pédagogique, théorique, politique ou sociale : il s'agit de donner voix au danseur, de lui laisser place pour faire entendre son jugement sur une œuvre, sa réflexion sur la formation du danseur ou plus généralement de l'enfant, son analyse du champ théorique dans lequel il s'inscrit et du champ politique ou social dans lequel il pense opérer.

J'ai modestement contribué à cette entreprise dans certains de mes travaux, lorsque j'ai fait écho aux déclarations ou réflexions de danseurs en suscitant des entretiens sur leur démarche, ou quand j'ai entrepris, pour le livre *Projet de la matière, Odile Duboc : mémoire(s) d'une œuvre chorégraphique*[5], de tisser mon propre témoignage sur le travail de transmission et les enjeux esthétiques qu'il recelait avec ceux des différents acteurs de la pièce d'Odile Duboc. L'enjeu était alors de déplier l'identité d'une œuvre en révélant, par les témoignages croisés, les forces complémentaires et parfois contradictoires qui la sous-tendent. Faire s'entrechoquer les multiples voix des artistes chorégraphiques et collaborateurs revenait à souligner la complexité d'un objet qui ne peut être réduit au seul point de vue de son auteur chorégraphe.

Bien souvent, la danse (classique puis moderne) a semblé devoir se suffire à elle-même, alors que tout indiquait que la critique manquait de mots, justement, pour la commenter au plus près. La question de la voix du chorégraphe pourrait occuper à elle seule la réflexion. Quel rôle joue cette parole dès lors qu'elle est abondamment convoquée? Est-elle le (seul) guide de la critique, son point d'ancrage? Vient-elle cautionner l'analyse ou au contraire ouvrir un point de débat entre le spectateur, l'auteur, l'œuvre et le critique? Faut-il juger l'œuvre à l'aune du discours d'intention élaboré par le chorégraphe, comme certains critiques y invitent? Autant de questions méthodologiques, critiques, face auxquelles d'autres chercheurs en danse ont pris position (Janet Adshead-Lansdale, Susan Foster, Isabelle Ginot, etc.).

Dans le cadre de ce débat, je souhaite donner un tour particulier à la question de la voix de l'artiste chorégraphique, au regard d'un projet éditorial récent. L'ouvrage *Histoire(s) et lectures : Emmanuelle Huynh / Trisha Brown*[6] présente en sa première partie une série d'entretiens entre les deux chorégraphes. La voix du danseur y figure

4. Concernant les autobiographies, dès la première moitié du XIXe siècle, mais surtout à partir des années 1920.

5. Julie Perrin, *Projet de la matière, Odile Duboc : mémoire(s) d'une œuvre chorégraphique*, Dijon, Presses du réel / Paris, Centre national de la danse, 2007.

6. Emmanuelle Huynh et Julie Perrin (dir.), *Histoire(s) et lectures : Trisha Brown / Emmanuelle Huynh*, Dijon, Presses du réel / Paris, Centre national de la danse contemporaine, 2012.

seule (ou presque[7]), suivant une démarche qui n'appelait nul intercesseur ni cadre médiatique. C'est donc en marge des discours critiques traditionnels que la parole du danseur s'affirme ici – une marge qui invite à nous interroger sur cette défense de la voix du danseur.

Entre 1992 et 2006, la chorégraphe française Emmanuelle Huynh[8] sollicite plusieurs rencontres avec la chorégraphe américaine Trisha Brown[9]. Ces entretiens se dispensent d'intermédiaires et s'égrainent au fil des ans, sans enjeu éditorial évident. L'exemple n'est pas unique. S'il est difficile d'évaluer la nature comme la fréquence de ces échanges entre chorégraphes, il semble tout aussi difficile d'avancer que les chorégraphes communiquent avec danseurs, compositeurs, scénographes, agents, spectateurs, mais rarement entre eux, comme l'affirme Diana Theodores, qui publie en 2003 une série de conversations recomposées avec des chorégraphes irlandais[10]. Ces échanges deviennent rarement publics. Néanmoins, il n'a pas toujours fallu (bien que cela reste fréquent) la sollicitation par un journaliste, un chercheur ou un éditeur comme déclencheur et unique moyen de donner une publicité à ces dialogues. C'est de leur propre initiative qu'on voit paraître çà et là des conversations ou des entretiens entre artistes chorégraphiques. Il est intéressant d'interroger les enjeux de cette parole qui s'élabore entre pairs. Au-delà de l'attrait historique et documentaire que comportent ces entretiens, ils soulèvent en effet – c'est là mon hypothèse – une question cruciale : celle de l'auteur. Dans l'entretien entre artistes se met en place un discours spécialisé où l'artiste chorégraphique se définit comme auteur en délimitant les contours de son art – de ses interrogations, de son métier, de sa pratique. La voix de l'auteur, c'est celle de l'artiste, qu'il soit interprète ou chorégraphe, dès lors qu'elle interroge son acte dansé et l'institue comme auteur de son geste. Lorsque Brown, chorégraphe confirmée, est interviewée par Huynh, interprète qui a tout juste signé deux pièces à la date du premier entretien, surgit une réflexion inédite sur l'œuvre de la chorégraphe américaine, en même temps qu'une élaboration progressive de leurs pensées critiques respectives. L'entretien entre artistes est l'occasion de la constitution d'une réflexion commune où la voix de l'auteur chorégraphique s'affirme dans sa spécificité, au cœur du travail de la danse.

La publication d'entretiens entre artistes chorégraphiques ravive ainsi la question de la place de la voix du danseur et conduit à interroger son rôle dans le champ de la critique. On s'interrogera, d'une part, sur l'apport de ces entretiens entre artistes à la constitution de l'histoire et de la critique en danse et, d'autre part, sur le rôle qu'ils jouent dans le parcours personnel d'un artiste.

---

7. La retranscription de ces entretiens aura demandé un travail, réalisé par Denise Luccioni, de traduction, de recomposition minimale et des éclaircissements en notes de bas de page.

8. Née en 1963 à Châteauroux, interprète chez Hervé Robbe et Odile Duboc, Huynh chorégraphie à partir de 1986 et dirige le Centre national de danse contemporaine d'Angers de 2004 à 2012.

9. Née en 1936 à Aberdeen, Brown est une figure majeure de la danse américaine : danseuse et chorégraphe depuis le début des années 1960 au Judson Dance Theater à New York notamment, improvisatrice au Grand Union, elle fonde sa compagnie en 1970.

10. Diana Theodores, *Dancing in the Edge of Europe : Irish Choreographers in Conversation*, Cork, Institute for Choreography and Dance, 2003.

Artistes contre critiques ?

D'emblée l'apparition de ces entretiens réjouit dans la mesure où elle signe une forme d'accomplissement des vœux des chercheurs prenant la défense de la voix du danseur. Ces entretiens entre artistes, dont il faudra décliner, même de façon non exhaustive, les modalités d'existence, participent bien d'un courant plus général de réappropriation de la critique par les artistes.

Depuis le milieu des années 1990 surtout, on a en effet vu des chorégraphes occuper les espaces dédiés habituellement aux journalistes (ainsi les colonnes des revues *Art Press* et *Mouvement*, par exemple) ou jouer des formats discursifs de la critique, en les détournant, en les épuisant aussi, parfois. Par exemple, en 2005, à l'initiative de différents artistes de la danse, a été conçue la plateforme en ligne *Everybodys Toolbox*[11], destinée à développer de nouvelles façons de partager un savoir et de produire des discours spécifiques au sein des arts performatifs. *Everybodys Toolbox* se veut base de données, bibliothèque, maison d'édition, créateur de jeux ou partitions, autant que site de réflexion et de recherche. Dans cette boîte à outils ouverte à tous, on trouve l'auto-interview (*self-interview*), qu'on pourrait lire comme une forme ironique de détournement de l'interview journalistique, mais qui se définit surtout comme un outil stratégique d'écriture et de réflexion pouvant intervenir à différents moments du processus de travail de l'artiste, afin de le documenter, de l'étayer ou de le prolonger. Par une sorte de ruse nécessaire au développement de sa pensée, l'artiste chorégraphique en vient donc à préférer se passer de tout interlocuteur. L'auto-interview relève-t-elle d'une simple stratégie introspective stimulée par le format pseudo-dialogique ou bien entend-elle donner au passage une leçon au critique qui ne poserait jamais les bonnes questions ? La dimension comique ou parodique, jouant sur la rhétorique, propre en général aux interviews fantaisistes qui jalonnent l'histoire de la littérature ou du journalisme – telles les *Interviews imaginaires*[12] d'André Gide – ne prend cependant jamais ici le pas sur le contenu.

Aussi stimulante et inventive que soit cette production critique émanant des artistes, il faut pourtant aussi en révéler les limites. Noémie Solomon et Isabelle Ginot[13] ont montré, en 2003, combien la constellation fermée de ces artistes – Jérôme Bel, Alain Buffard, Xavier Le Roy[14], principalement – devenus critiques de leurs propres œuvres ou de celles de leurs pairs, conduisait à une forme d'homogénéisation des discours. La constitution nécessaire d'un vocabulaire commun et la naissance de préoccupations partagées pouvaient aussi mener à la formation d'évidences qui n'étaient progressivement plus interrogées : une forme de lieu commun du discours. Plus fascinant

11. Http://www.everybodystoolbox.net.

12. André Gide, *Interviews imaginaires*, Yverdon – Lausanne, Éditions du Haut-Pays, 1943. Sur ces questions, voir Marie-Ève Thérenty, « Frontières de l'interview imaginaire », dans Stéphane Hirschi, Élisabeth Pillet et Alain Vaillant (dir.), *L'art de la parole vive : paroles chantées et paroles dites à l'époque moderne*, Valenciennes, Presses Universitaires de Valenciennes, 2006, p. 97-110.

13. Noémie Solomon, *Des textes comme lieu commun ou une danse dessinée par le discours*, mémoire de DEA, Université Paris VIII, juin 2003 ; Isabelle Ginot, « Un lieu commun », *Repères*, n° 11, 2003, p. 2-9.

14. Chorégraphes français nés respectivement en 1964, 1960 et 1963, et qui commencent à chorégraphier dans les années 1990.

encore, ce discours endogène parvenait à neutraliser la fonction traditionnelle de la critique et opérait efficacement dans l'ensemble du dispositif de création, puisque c'est dans le même bain discursif qu'étaient plongés l'œuvre, la communication, les artistes, le public, sans qu'aucune voix alternative ne parvienne à gripper la machine. Ainsi, en 1999, Buffard et Le Roy dialoguent dans *Mouvement* pour et sur Bel[15]. En réalité, ce phénomène surgit alors même que les pièces des artistes portent en elles une dimension réflexive et discursive forte. Parce qu'elles sont déjà des commentaires sur leur propre processus artistique, des réponses à d'autres œuvres, elles obligent à revoir les distinctions traditionnelles entre les champs, entre celui de la critique et de la création, en particulier. Autrement dit, quand l'artiste prend la place du critique, quand l'œuvre s'affirme discours sur l'art ou manifeste, ou encore quand le critique se fait le porte-parole de l'artiste, la sorte de tension féconde qui peut exister entre la critique et l'œuvre d'art risque de se dissoudre. C'est un phénomène que signale déjà Foster dans la préface de *Reading Dancing*[16] à propos des artistes américains dits postmodernes. C'est peut-être à cette période, d'ailleurs, que paraissent les premiers entretiens entre artistes chorégraphiques, comme celui entre Yvonne Rainer et Anna Halprin publié dans *Tulane Drama Review* en 1965[17].

N'est-ce pas ce même danger de cercle fermé qui guette aussi l'entretien entre artistes ? Assurément, quoique tout dépende des deux artistes en présence et de leur appartenance, ou pas, au même cercle. Et que tout dépende aussi, sans doute, du motif de leur entretien.

L'entretien entre artistes : motifs et formes

L'une des particularités de l'entretien entre artistes est son point de vue résolument subjectif et spécialisé. Certes, le ton peut être badin, l'entretien autoriser la digression, l'anecdote, la répétition ou devenir le lieu d'une confidence, d'un aveu, voire d'une autocritique. Pourtant, quel que soit le ton, toujours une forme d'exigence sous-tend la relation : une exigence appelée par l'engagement dans l'art des deux interlocuteurs, qui ne peut tolérer une rhétorique qui se ferait à son détriment. Aussi, au cœur de la rencontre sont interrogés le travail du danseur et la fabrique de l'œuvre. Voici quelques questions de Rainer à Halprin en 1965 :

> Commenciez-vous par le corps ? / Les danses étaient-elles improvisées ? / Je me souviens de cet été, j'étais ici avec vous… / Les danseurs avaient-ils des vitesses établies ? / Comment faisiez-vous pour être dans le temps ? / Qu'est-ce qui détermine telle ou telle action ? / Comptez-vous délibérément provoquer le public ? / La méthode Stanislavski semble très proche…[18].

15. Alain Buffard et Xavier Le Roy, « Dialogue sur et pour Jérôme Bel », *Mouvement*, n° 5, 1999, p. 29-31.
16. Susan Foster, *Reading Dancing : Bodies and Subjects in Contemporary American Dance*, Berkeley, University of California Press, 1986.
17. Ann Halprin, « Yvonne Rainer interviews Ann Halprin », entretien publié dans *Tulane Drama Review*, vol. 10, n° 2, 1965, p. 142-167.
18. *Ibid.*

Lorsqu'un chorégraphe choisit d'interviewer l'un de ses pairs, il est mû par une curiosité fondée tant sur sa propre quête que sur une connaissance approfondie de l'œuvre de l'interviewé. Les motifs et la forme de l'entretien sont bien sûr variables, autant que la relation qui lie les deux chorégraphes.

Dans le cas de figure le plus courant, ils ont pu travailler ensemble, comme enseignant et élève, dans un écart de génération ou de savoir : Yvonne Rainer et Anna Halprin [19], Mathilde Monnier s'entretenant avec Viola Farber en 1994 [20], Nathalie Collantes avec Jacqueline Robinson en 1999 [21], Alain Buffard avec Anna Halprin en 2005 [22]. Ils sont parfois plus proches, par exemple collaborateurs dans le cadre de projets, issus de la même génération : ainsi Yvonne Rainer et Steve Paxton, dans l'entretien public mémorable de juillet 1996 à Montpellier [23]. Il s'agit dans tous les cas de revenir sur un parcours, de rendre public le témoignage, de rentre hommage.

Il faudrait aussi mentionner les correspondances entre artistes, publications souvent posthumes : les lettres de Mary Wigman à Hanya Holm entre 1920 et 1971 [24], celles d'Albrecht Knust à Martin Gleisner [25], dans les mêmes années. À travers ces quelques exemples, on décèle bien que les échanges sont de natures différentes : d'un côté, correspondance personnelle dont la publication peut placer le lecteur dans une situation sinon indiscrète, du moins inconfortable, car la lecture en sera malaisée (lettres manquantes, dialogues épars, références ou allusions incompréhensibles, etc.) ; de l'autre, des entretiens destinés à la diffusion. C'est le cas lorsqu'ils sont réalisés en vue d'un film documentaire où la mise en scène de l'entretien est savamment préparée (Buffard et Halprin) ou orchestrée au montage ; c'est aussi le cas lorsque l'entretien donne matière à spectacle comme dans *Pichet Klunchun and myself* de Bel, en 2005 [26].

Dans le cas de Brown interrogée par Huynh, les motifs et la forme choisie semblent assez uniques. Ces entretiens inauguraient une recherche pour la jeune danseuse chorégraphe, dont le format de restitution restait encore indéfini (une thèse universitaire ? un ouvrage en projet ?). Les entretiens ont en tout cas été enregistrés en vue d'une utilisation future ou d'une éventuelle divulgation. Ces conditions fournissent un cadre moins informel à l'échange et lui confèrent un caractère plus précieux. En réalité, rien ne rapprochait les deux artistes, si ce n'est la curiosité de l'une à l'égard du

19. Yvonne Rainer (née en 1934) suit en 1961 les ateliers d'Anna Halprin (née en 1920).

20. *Les entretiens de la danse : Viola Farber* [1994], entretien avec Mathilde Monnier et Geneviève Vincent, DVD, Montpellier, Centre chorégraphique national de Montpellier Languedoc-Roussillon, 2008, 40'.

21. De mai 1999 à janvier 2000, Nathalie Collantes réalise vingt-cinq heures d'entretiens avec Jacqueline Robinson (1922-2000) qui a été son professeur à l'Atelier de la danse à Paris.

22. Alain Buffard engage des recherches sur Anna Halprin qu'il rejoint chez elle à Kentfield (Californie) en 1996 avec l'aide d'une bourse Villa Médicis Hors les Murs. Alain Buffard, *My Lunch with Anna* [2005], DVD, Paris, Centre national de la cinématographie, 2009, 58'.

23. Steve Paxton et Yvonne Rainer, « Conversation », *Nouvelles de danse*, n° 32-33, 1997, p. 14-42.

24. Hanya Holm (1893-1992) a été l'élève de Mary Wigman (1886-1973) en Allemagne et ouvre une école Wigman à New York en 1931. Claudia Gitelman (éd.), *Liebe Hanya : Mary Wigman's Letters to Hanya Holm*, traduit de l'allemand par Marianne Forster et Catherine T. Klinger, Madison, University of Wisconsin Press, 2003.

25. Voir Laurent Sébillotte et Jacqueline Challet-Haas, « La correspondance d'Albrecht Knust, de l'amitié à l'histoire : l'exemple des lettres d'après-guerre », *Quant à la danse*, n° 5, 2007, p. 28-34.

26. Dialogue scénique entre le chorégraphe français et un danseur traditionnel thaïlandais.

travail de l'autre. Une curiosité que Brown choisit d'accueillir et reconnaît apprécier en raison des questionnements inhabituels formulés sur son œuvre lors de ces rencontres. Spectatrice des pièces de Brown depuis 1987, Huynh va également suivre différents stages, de 1992 à 1996, avec la chorégraphe mais surtout avec ses danseurs. Si cette expérience enrichit assurément l'analyse et, surtout, vient répondre à une nécessité dans son parcours à ce moment-là (elle était sur le point de tout abandonner), Huynh n'a jamais eu l'intention de devenir interprète de Brown. La traversée physique de cette danse constitue un autre lieu d'échange qui vient nourrir la réflexion, le regard sur les œuvres et, par ricochet, le contenu des entretiens.

Sept rencontres auront lieu entre 1992 et 2006, ponctuées de discussions plus informelles qui n'ont pas été enregistrées. Si ces entretiens ne sont pas nombreux, ils ont la particularité de s'étaler dans le temps : deux artistes contemporaines prolongent un dialogue hors de tout projet de création commun ou de toute forme de collaboration. La temporalité des entretiens entre artistes révèle aussi la nature d'une relation. Songeons aux cinquante heures d'entretiens entre Alfred Hitchcock et François Truffaut en août 1962 : six jours d'un « marathon verbal »[27] qui nécessitera quatre ans de mise en forme pour leur publication sous forme d'ouvrage. L'événement fait référence dans le milieu artistique[28]. Le « *hitchbook* », tel que l'appelait Truffaut, est cité par Ingmar Bergman, qui s'en tient pourtant, lors de sa conversation avec Olivier Assayas[29], à une rencontre de trois jours, en mars 1990, qui ne dure que six heures...

Dans le temps qui s'écoule de 1992 à 2006, le parcours de Huynh s'affirme, et son questionnement de même. Les enjeux de l'échange semblent se déplacer au fil des années, au gré non seulement des pièces de Brown, mais aussi des préoccupations de Huynh, bien que persistent des questions obsédantes, qui viennent pour le lecteur forger la cohérence de la quête propre à la chorégraphe française.

L'ENTRETIEN ENTRE ARTISTES : CONSTITUTION DE L'AUTEUR

L'entretien entre artistes peut se lire dans une double perspective, qui tient à la personnalité des interlocuteurs. Pour le lecteur, l'attrait est double, car l'on en apprend autant sur l'interviewer que sur l'interviewé. Il y a souvent un équilibre entre les « répliques », au point que Bergman se moquera de Truffaut qui « passe son temps à essayer de donner son opinion, page après page, et quelquefois on se demande : "Où est Hitchcock ?" [...] Il essaie sans arrêt d'expliquer à Hitchcock qu'il a compris Hitchcock mieux que lui-même. Et c'est très touchant »[30]. Ce qui est en jeu, c'est le regard d'un artiste sur l'œuvre d'un autre. Quelles préoccupations chorégraphiques l'intervieweuse dévoile-t-elle en interrogeant la chorégraphe complice de l'entretien ? Ce qu'elle décrit,

27. Les discussions se déroulaient de 9 h à 18 h sans interruption. François Truffaut, *Hitchcock / Truffaut* [1967], en collaboration avec Helen Scott, Paris, Gallimard, 1993, p. 11.

28. Il nous mettra sur la piste d'un titre : *Trisha Brown / Emmanuelle Huynh* comme *Hitchcock / Truffaut*.

29. Olivier Assayas et Stig Björkman, *Conversation avec Bergman*, Paris, Petite bibliothèque des cahiers du cinéma, 2006.

30. *Ibid.*, p. 88.

ce qu'elle approuve ou désapprouve, ce qu'elle relève en dit beaucoup sur ses propres choix artistiques : en même temps que l'analyse du travail de Brown, se dévoile toujours en creux un portrait de Huynh – son cheminement artistique et réflexif.

En 1992, date du premier entretien, Huynh a tout juste signé deux pièces ; son parcours de chorégraphe est à peine amorcé. Vingt-sept ans séparent les deux chorégraphes. C'est donc, pour reprendre quasiment sans ironie l'expression de Fritz Lang interviewé par Jean-Luc Godard en 1967, la confrontation du dinosaure et du bébé[31]. Huynh préférera parler de la chorégraphe américaine comme d'une « classique », c'est-à-dire celle dont on peut tirer leçon et dont l'œuvre continue de solliciter. C'est en jeune chorégraphe qu'elle se positionne d'abord. Ses méthodes d'entretien ne sont ni purement celles d'un journaliste, ni celles d'un critique d'art, ni celles d'un historien. Le cadre de l'échange – étiré dans le temps et nourri par la compréhension physique de certains des enjeux de cette danse – apparaît bien plus indéfini, non formaté, et sa visée, indéterminée. La relation est amicale, confiante aussi. Chez Huynh, elle évolue d'une admiration assumée vers une distance critique progressive. L'enquête n'est pas systématique, ni même chronologique : elle suit davantage le fil d'une actualité pour l'une ou l'autre des chorégraphes, l'urgence d'une question. C'est que contrairement à Truffaut, qui a pu voir et revoir les films d'Hitchcock et a préparé ses fiches et son plan d'interview, l'accès aux œuvres chorégraphiques est, on le sait bien, plus difficile. Si Huynh piste toutes les interventions et représentations de Brown, elle est loin d'avoir une connaissance de l'ensemble de son œuvre. Elle a pu trouver çà et là des descriptions de ses premières pièces, mais cela représente assez peu de choses (les films sont encore inaccessibles). C'est aussi ce qui motive l'enquête : en savoir davantage sur les œuvres. Réflexion esthétique, donc, interrogations artistiques, questions quant aux processus de création, surtout. Comment penser les rapports entre danse et musique ? Quelle est la place de l'improvisation ? D'où est née l'idée d'une pièce ? Comment s'est-elle construite peu à peu ? Comment les choix se sont-ils opérés ? Voilà le genre de questions qui ponctuent ces entretiens.

Ce qui fait la saveur de ces échanges, c'est surtout l'enquête quant au faire : ils informent sur la fabrication de la pièce, mais aussi sur le surgissement du geste. Comment le geste s'invente-t-il ? Quelle est la pratique quotidienne du danseur ? Quelles sont les sources du mouvement, les influences qui y président ? Huynh s'intéresse aux ressorts intellectuels et physiques du mouvement, aux pratiques qui rendent le corps disponible, à l'exploration d'une logique du geste, au quotidien du danseur. Ainsi demande-t-elle par exemple à Brown : « Dansez-vous tous les jours ? »

Il s'agit aussi pour elle de saisir la logique plus vaste d'un parcours pour en saisir les ruptures et continuité. C'est une question qui revient probablement dans la plupart des entretiens entre artistes. Elle relève du désir de reconstituer une forme de cohérence à l'intérieur d'une carrière artistique. Brown y répond volontiers, elle qui a décrit son

31. *Cinéastes de notre temps : le dinosaure et le bébé. Dialogue en huit parties entre Fritz Lang et Jean-Luc Godard*, émission réalisée par André S. Labarthe, diffusée le 15 mars 1967, ORTF, 61'. Quarante ans séparent Godard de Lang, trente-trois Truffaut de Hitchcock, mais leurs parcours sont plus affirmés lorsqu'ils se présentent à leur « dinosaure » respectif.

œuvre suivant des cycles successifs. D'autres artistes y résistent, comme Bergman, qui, malgré l'insistance d'Assayas, préfère évoquer vaguement l'entrecroisement de thèmes, d'acteurs ou de situations. L'on sent bien que derrière cette question pointe la préoccupation de l'élaboration de son propre cheminement. Ainsi Truffaut, dans son admiration sans bornes pour Hitchcock, écrit-il : « Le désir m'est venu, impérieux, d'interroger Alfred Hitchcock à la façon dont Œdipe allait consulter l'Oracle »[32]. Autrement dit, il vient auprès du maître chercher réponse à ses propres questionnements.

De la même manière, Huynh, en novembre 1994, demande à son interlocutrice : « Avez-vous déjà dansé les yeux fermés ? ». Question incongrue pour la chorégraphe américaine, mais pas pour celle qui a commencé à ébaucher ce qui deviendra *Mùa*, un solo dont la seconde partie se déroule en pleine lumière, mais les yeux fermés. Car l'orientation des entretiens peut soudain devenir très subjective, provoquant des incompréhensions, des décalages. Il y a des préoccupations qui s'ignorent. Les questions de l'intervieweuse ne rencontrent pas toujours une urgence similaire du côté de la chorégraphe américaine. Elles reviennent pourtant de manière obsédante : sur la réduction du geste, sa simplification, sur le rôle de l'interprète et la hiérarchie dans la compagnie, sur le répertoire. Ces questions, que l'on pourrait considérer comme des maladresses, viennent témoigner des écarts culturels entre les deux artistes. Elles reflètent les débats qui agitent alors une partie de la communauté des danseurs en France, ceux que côtoie Huynh (les Signataires du 20 août[33], en particulier). Le débat sur l'interprète, le collectif, la mémoire peut-il se poursuivre avec Brown alors que ces questions étaient centrales dans les années 1960 à New-York ? La compagnie Brown les a-t-elle intégrées dans son fonctionnement ? Au fil des entretiens, le questionnement se fait plus critique, et la distance prend le dessus sur l'admiration.

Les errements[34] de l'entretien peuvent précisément signaler le lieu où s'opère une invention du sujet-artiste dans le discours. En effet, ces entretiens espacés deviennent comme des points de repères pour Huynh, des points de retour à la réflexion où l'on voit progressivement se mettre en place la construction d'une pensée et d'un regard. S'y forge la cohérence de ses préoccupations. L'entretien entre artistes peut ainsi devenir le lieu d'un travail de soi comme auteur : travail d'une poétique du geste dans le discours, tout autant que lieu de constitution du sujet-danseur ou sujet-chorégraphe. On pourrait parler d'une forme de « politique de l'auteur », pour reprendre l'expression forgée par les *Cahiers du cinéma* en 1955 : dans les entretiens entre artistes est mise en évidence une approche intime de l'œuvre, de l'œuvre en train de se faire et dont la compréhension passe par une proximité avec l'auteur. Si la politique de l'auteur encourt le risque du culte esthétique de la personnalité (c'est le reproche de Bazin), elle sous-tend pourtant

32. Truffaut, *Hitchcock / Truffaut*, p. 10.

33. Ce groupe réunit une cinquantaine de danseurs-chorégraphes-chercheurs et voit le jour en août 1997 en réaction à la politique du ministère de la Culture de déconcentration des crédits en région et reste actif jusqu'en 2002. Les Signataires du 20 août engagent un travail de réflexion, en particulier lors de séminaires d'été.

34. Les problèmes de langue et de traduction dans ces entretiens entre les chorégraphes (comme chez Hitchcock et Truffaut, Bergman et Assayas, Lang et Godard, ou encore dans la correspondance entre Pablo Picasso et Gertrude Stein, etc.) seraient aussi à considérer.

aussi l'affirmation politique et juridique de l'auteur. C'est une singularité du cinéma à la française. Ce fut également un combat dans le domaine chorégraphique : le statut d'auteur chorégraphe et d'œuvre chorégraphique ne fut reconnu en France qu'en 1973. L'entretien entre artistes participe de l'affirmation de l'auteur, de même qu'il procède de l'espace d'appropriation de sa propre quête.

Pourtant, cette apparition de publications d'entretiens entre artistes chorégraphiques dans les années 1960 puis 1990, associée à la revendication politique et juridique de l'auteur, résonne étrangement avec un débat dans la critique littéraire qui leur est presque contemporain.

Contre la mort de l'auteur ?

Face à cette défense de la voix du danseur, une inquiétude persiste. On en a fait un combat évident et, on l'a vu, justifié. Il y a pourtant une forme de paradoxe à voir, par exemple, ceux-là mêmes qui ont bousculé, par leur geste artistique, la figure de l'auteur, revendiquer une prise de parole au nom de leur statut d'auteur, précisément. C'est plus particulièrement le cas en France pour les artistes Bel et Le Roy, mentionnés plus haut. Mais surtout et plus généralement, cette défense de la parole du danseur, la voix de l'auteur incluse, détonne dans le champ plus large de la critique. Qu'implique cette défense de l'auteur chorégraphique, alors même que la critique (littéraire, en particulier) a été bousculée par une controverse provoquée dans les années 1960 par le fameux texte de Roland Barthes « La mort de l'auteur » [35] (1968) ? Pourquoi la critique en danse, qui si souvent pourtant se réfère à Barthes (Louppe, Foster), a-t-elle choisi de rester à l'écart de ce débat ?

Ce qui est visé par Barthes, c'est bien un renversement des méthodes critiques traditionnelles qui font de la vie et de la personnalité de l'écrivain le mode d'explication du texte. Barthes entend démontrer la distinction entre la personne sociale de l'écrivain et le sujet qui s'invente dans et par l'écriture (tel que revendiqué par Stéphane Mallarmé). Il s'appuie sur l'exemple de Marcel Proust, qui conteste la méthode biographique de Charles-Augustin Sainte-Beuve pour revendiquer la séparation entre l'homme et l'œuvre, entre le moi social et le moi plus insaisissable, traversé par l'inconscient, du sujet de l'écriture. Il en appelle aussi au surréalisme qui, par ses jeux d'écriture, a définitivement « contribué à désacraliser l'image de l'Auteur » [36]. L'enjeu pour Barthes est de renvoyer le texte non à son origine mais à sa destination ; et c'est ainsi que se clôt son article : « Nous savons que, pour rendre à l'écriture son avenir, il faut en renverser le mythe : la naissance du lecteur doit se payer de la mort de l'Auteur » [37].

Cette conception de la littérature pourrait être aisément rapprochée de la conception de l'œuvre, de l'auteur, du spectateur, telle qu'elle s'énonce dans les discours du

35. Roland Barthes, « La mort de l'auteur [1968] » ; repris dans *Œuvres complètes*, t. III, Paris, Éditions du Seuil, 2002, p. 40-45.

36. *Ibid.*, p. 42.

37. *Ibid.*, p. 45.

chorégraphe Merce Cunningham, où la pratique du hasard est revendiquée, avec l'aide de John Cage, comme destitution de l'Auteur, et où l'œuvre trouve son interprétation dans le regard du spectateur, mais jamais dans les déclarations du chorégraphe lui-même, qui s'ingénie d'ailleurs à ne parler que des procédés de fabrication. Ce qu'évite toujours de dévoiler Cunningham, c'est son intention, c'est-à-dire ce rapport supposé de la danse à son auteur, ce dernier étant perçu comme responsable du sens ultime de l'œuvre. Pourtant, rarement les critiques des pièces de Cunningham se risquent-ils à l'interprétation, préférant épouser le discours de l'artiste, ramenant ainsi chaque pièce au discours plus général relatif aux modes de composition mis en place.

Doit-on en conclure que l'heure n'est pas encore venue en danse de tenir le pari du spectateur ? N'est-ce pas aussi dénier, dans le même temps, la capacité de l'œuvre chorégraphique à faire sens en elle-même ? Chez Barthes, faire taire l'écrivain, c'est redonner priorité à l'écriture. La mort de l'auteur (social ou biographique) revient à se défaire de l'idée d'un sens intentionnel et objectif de l'œuvre d'art. La question qui se pose dès lors pour le champ de la danse concerne la nature de la parole de l'artiste et son objet : dans quel but la convoque-t-on ? Peut-on échapper au culte de la personnalité, à une forme de fascination pour l'artiste ? Peut-on contourner le discours d'autorité sur l'œuvre ? Défendre la voix de l'auteur, n'est-ce pas se priver d'une nouvelle critique, telle qu'appelée de ses vœux par Barthes ?

Si la critique continue de convoquer le chorégraphe, plutôt que de chercher dans l'œuvre même une intention en acte, un sens à interpréter, si ces entretiens entre artistes chorégraphiques ont toute leur place aujourd'hui, c'est bien qu'un besoin de culture chorégraphique se fait fortement ressentir, que seuls les auteurs sont à même de nous délivrer. Tel est l'enjeu de la défense de la voix du danseur. Cette parole contient sa part de témoignage inouï. Elle délivre un savoir spécifique trop méconnu encore, dont la saisie directe dans l'œuvre n'est pas toujours aisée et dont la compréhension repose néanmoins sur le lien qui va s'opérer entre le discours et son référent – moteur, chorégraphique, artistique. La valeur de cette parole dépendra de sa capacité à dire les processus et les enjeux qui sous-tendent l'écriture chorégraphique. À ce titre, l'entretien entre artistes qui insiste sur le faire du danseur satisfait à cette exigence. La défense de la voix de l'auteur appelle donc une parole portée par cette exigence de savoir : c'est la leçon à tirer des débats critiques qui ont traversé la littérature, car la danse n'est pas à l'abri du risque du biographique ou de l'incursion de l'argument intentionnel dans la critique. Il ne s'agit pas de nier que tout événement d'une vie nourrit l'art, mais de sortir d'un mode d'explication des œuvres simpliste, causaliste, biographique.

C'est en ce sens que Louppe en appelle au développement d'une histoire orale de la danse, à même de faire progresser l'étude des savoirs vivants. La constitution de cette histoire orale ne dispense d'ailleurs pas d'une confrontation entre les différentes catégories de sources : la connaissance des pratiques corporelles, les œuvres, les notations des œuvres, les textes [38]. Et l'autobiographie peut constituer tout aussi bien l'une de ces sources, non tant pour les informations biographiques qu'elle pourrait fournir, mais

38. Laurence Louppe, « L'histoire de la danse : une discipline à inventer ? », dans *Trente ans d'enseignement de la musique et de la danse en France*, numéro spécial de *Marsyas*, 1997, p. 343-351.

parce que son intérêt majeur réside dans son geste créatif, celui de la naissance du sujet chorégraphe-écrivain à même de délivrer une poétique du mouvement. Autrement dit, si la critique peut être soumise à l'épreuve de la voix de l'artiste chorégraphique, réciproquement, celle-ci est susceptible d'être nuancée par la critique déployant d'autres sources (d'autres preuves) à l'appui.

LE « TEXTE » ET LE « CONTEXTE » : AUTOUR DE PASOLINI ET BERTOLUCCI

FABIEN S. GERARD

Sans doute convient-il de préciser, en préambule, l'inclination personnelle qui m'a toujours porté vers les correspondances, les Mémoires, les journaux intimes et les « entretiens d'artistes ». Ainsi, les lettres de Vincent Van Gogh à son frère Théo ou le livre *Être et avoir été* d'Igor Markevitch figurent depuis une éternité parmi mes livres de chevet. À la même enseigne, il m'avait été donné, adolescent, de pénétrer comme par effraction dans les coulisses de la littérature et du cinéma grâce à la parution de deux volumes d'entretiens conduits par Jean Duflot, chez Belfond, en 1970 : l'un avec le romancier Alberto Moravia, l'autre avec l'écrivain-cinéaste Pier Paolo Pasolini. Au temps de mes études en Art contemporain, à l'Université libre de Bruxelles, notre promotion aura eu par ailleurs le privilège de compter parmi les premiers lecteurs du fameux *Francis Bacon* de David Sylvester (1975), du *Hockney By Hockney* de Nikos Stangos (1977), ou encore du non moins remarquable *The Two Worlds of Andrew Wyeth* de Thomas Hoving (1978).

Soit autant de lectures qui m'incitèrent, sitôt diplômé, à publier dans la revue *Pour le cinéma belge* une série de conversations sur le septième art avec des artistes ou des auteurs belges : de Jean-Michel Folon à Suzanne Lilar, en passant par Dominique Rolin, Thomas Owen et Pierre Mertens. Cette initiative sera suivie, en Italie, par un dialogue plus approfondi avec le poète Attilio Bertolucci, dont l'enregistrement s'étala sur plusieurs semaines, au fin fond de l'Apennin parmesan, durant l'été 1985. Père du réalisateur du *Dernier Tango à Paris*, rappelons qu'Attilio Bertolucci (1911-2000) était aussi l'un des disciples du grand historien de l'art Roberto Longhi ; traducteur de Honoré de Balzac, de Charles Baudelaire et d'Ernest Hemingway, critique littéraire et accessoirement chroniqueur cinématographique, on lui doit en outre la « découverte » d'auteurs tels que Carlo Emilio Gadda et de Pier Paolo Pasolini, à l'époque où il exerçait la fonction de directeur de collection pour l'éditeur Livio Garzanti.

Toujours dans la première moitié des années 1980, alors que je travaillais à Rome sur la place de la peinture chez Pasolini (élève, lui aussi, de Longhi), je fus amené à assister – bien modestement – Laura Betti et Bruna Conti au moment de la réorganisation du Fonds Pasolini, créé au lendemain de l'assassinat de l'auteur de *Salò,* en novembre 1975, et devenu propriété de la Cinémathèque de Bologne depuis 2005. Ce stage déterminant me permit d'être aux premières loges pour mesurer le bien-fondé de la folle entreprise qui a consisté à rassembler et à classer quelque trente mille tirés à part et coupures de presse de toutes provenances (dont nombre d'interviews peu connues). De plus, il m'avait valu de rendre régulièrement visite à Attilio Bertolucci et son épouse, Ninetta, lesquels me proposèrent un beau jour de « mettre un peu d'ordre » parmi les vieux documents sur la carrière respective de leurs deux rejetons, Bernardo et Giuseppe, consistant en une montagne de journaux, de magazines et de manuscrits divers entassés au fil des ans dans quelques valises de toile. Une véritable mine d'informations, en partie inédites, dont l'exploration méticuleuse allait décider de la réorientation définitive de ma thèse [1].

Bref, il est assez manifeste que je n'ai jamais cessé d'accorder une importance primordiale à ce que les artistes ont à nous dire sur eux-mêmes et sur leur vision du monde, en ce sens que le processus créatif en soi me paraît certainement aussi passionnant à analyser, sinon davantage, que l'œuvre accomplie. En d'autres termes, à moins d'avoir affaire à des figures aussi désincarnées que les illustres inconnus passés à la postérité sous les noms de Homère ou de William Shakespeare, seule une mise en perspective de ce type permet d'entamer une étude digne d'intérêt à mes yeux. Si ce n'est que je viens de l'histoire de l'art et que les recherches en bibliothèque sur la biographie des créateurs du passé – songeons aux *Vite* de Giorgio Vasari (1550) – ont perdu toute commune mesure avec la croissance vertigineuse des textes disponibles de nos jours, depuis l'explosion des *mass media* au tournant des années 1960.

D'où l'utilité – pour d'évidentes raisons d'accessibilité – de réaliser de véritables livres d'entretiens avec les artistes contemporains, parmi lesquels les cinéastes occupent assurément une place de choix. À cet égard, *Le Cinéma selon Hitchcock* (1966) de Truffaut, aboutissement de la « politique des auteurs » établie par la génération des *Cahiers du cinéma* et de *Positif* [2], peut être considéré comme l'ouvrage fondateur en la matière, immédiatement suivi par le *John Ford* (1967) et le *Fritz Lang in America* (1968) de Peter Bogdanovich. Sans oublier le monumental *This Is Orson Welles* (1992), du même Bogdanovich, condensé de vingt-cinq heures de discussions méthodiques poursuivies sur plus de dix ans (et disponibles aussi sous forme audio, comme les échanges entre Alfred Hitchcock et François Truffaut).

1. Fabien Gerard, *La Certitude et le Doute : quête identitaire et recherche du mystère dans le cinéma de Bernardo Bertolucci*, thèse de doctorat, Université libre de Bruxelles, 2002.

2. On observera toutefois que les entretiens de fond menés avec des réalisateurs étaient déjà monnaie courante depuis longtemps de l'autre côté de la Manche, dans les pages de *Sight & Sound*, la revue du Bristish Film Institute (BFI), créé en 1932.

Les « Entretiens avec Pasolini » de Jean Duflot

En 1970, Jean Duflot, journaliste politique français actif en Algérie aussi bien qu'à Paris et à Rome, publie chez Belfond deux volumes d'entretiens réalisés, l'année précédente, avec Alberto Moravia et Pier Paolo Pasolini [3] (le contact avec Moravia ayant entraîné l'adhésion de Pasolini), dans une collection déjà riche de titres consacrés à Olivier Messiaen ou à Wieland Wagner, à Marcel Duchamp ou à Salvador Dalí, à Eugène Ionesco ou à Jorge Luis Borges, ou encore à Julian Beck et Judith Malina. En vérité, le *Pasolini* de Duflot suit tout juste d'un an la parution en langue anglaise du *Pasolini On Pasolini* d'Oswald Stack (alias Jon Halliday [4]) coédité par l'Indiana University Press et le British Film Institute (BFI), dont il recoupe la plupart des sujets abordés, sinon que le livre de Stack s'arrête à *Théorème* (1968) et celui de Duflot à *Médée* (1969). Pour l'essentiel, il s'agit d'une version française de la transcription, relue et préfacée par Pasolini, de conversations enregistrées au magnétophone (hormis les annexes, composées de quatre poésies et du *Manifeste pour un Nouveau Théâtre*, alors inconnus en France, plus un cahier de trente-deux photographies). Au-delà du contenu proprement dit du dialogue qui nous occupe, l'un des intérêts de cet ouvrage tient à la note liminaire « *da leggersi assolutamente* » (« à lire absolument »), dans laquelle Pasolini fait état de ses réserves quant à la pratique même de l'interview :

> Comme le lecteur de ce long entretien pourra le constater, je suis de ceux qui n'aiment pas ou, mieux encore, qui détestent les interviews : je ne refuse pas, comme je le devrais, d'en [accorder quelquefois], mais c'est par pure faiblesse, parce que je ne sais pas dire non, parce que je le crois peut-être utile, ne fût-ce qu'à l'interviewe[u]r. [...] En réalité, je [déteste] les interviews pour deux raisons :
> 1. – Celui qui consent à l'interview n'est plus un homme normal : il se [re]trouve dissocié, objectivement et subjectivement, et [est] à proprement parler schizoïde. De surcroît, il [apparaît] subjectivement et objectivement ridicule. On n'interviewe pas – si ce n'est dans un but très vulgaire, par exemple pour la télévision – le premier quidam venu, [susceptible] au demeurant de la plus extrême dignité. En revanche, un homme « arrivé » a déjà perdu [une bonne part] de sa dignité. La superposition de sa figure « publique » et de sa figure « privée » exige des soins particuliers qui finissent toujours par être dégradants [5].

Et Pasolini, dont on sait la vieille passion pour la linguistique, de poursuivre son analyse en faisant appel à une argumentation de plus en plus pointue qui universalise en quelque sorte son point de vue, dans la mesure où elle concerne n'importe quelle interview, quel que soit le statut de l'individu mis sur la sellette, ou plutôt, comme ici, « soumis à la question » :

---

3. Jean Duflot, *Entretiens avec Pier Paolo Pasolini*, Paris, Belfond, 1970, p. 170.

4. Oswald Stack, *Pasolini On Pasolini : Interviews with Oswald Stack*, Bloomington, Indiana University Press, 1970, p. 176. (Pour la précision, « Oswald Stack » est l'un des noms de plume de l'historien anglais Jon Halliday, qui, dans la même collection, publiera en 1971, sous son vrai nom, un autre recueil consacré cette fois au réalisateur Douglas Sirk, alias Detlef Sierck : *Sirk On Sirk : Interviews with Jon Halliday*, London, Secker & Warburg, 1971.)

5. Duflot, *Entretiens avec Pier Paolo Pasolini*, p. 7. Voir texte complet en annexe.

> 2. – L'interview est, sémiologiquement parlant, un système de signes mixte : elle comporte des signes linguistiques oraux et des signes iconiques (présence physique et mimique). Je connais des études de sémiologues américains qui ont tenté, en laboratoire, de restituer son unité représentative à ce système de signes mixte [...] Le système mixte, phonico-mimique, est [...] un ensemble exceptionnellement cohérent qui ne peut faire l'objet d'un examen partiel : il est impossible de dissocier la parole [...] du geste [...]. Le phonème sans le geste a une valeur sémantique différente. En réalité, les interviews finissent par réduire ce système mixte, phonico-mimique, à un système isolé de signes écrits. Je [signale] en passant que je ne suis pas napolitain et que ma mimique est [donc] réduite au minimum. [J'ai néanmoins un] corps et des yeux ; une présence physique, malgré moi, très expressive. Tout cela l'interview le trahit (d'abord par l'enregistrement, qui l'ampute de son contexte visuel, puis par la transcription, qui l'ampute de son contexte phonique). Jakobson a fait prononcer quarante ou soixante fois, je ne me [rappelle] pas au juste, le mot « bonsoir » à un acteur, avec quarante ou soixante significations diverses[6].

Pourtant, Pasolini – l'interviewé – obtient que soient rajoutées une cinquantaine de didascalies entre parenthèses, censées commenter ses réponses à chaque fois que Duflot – l'intervieweur – tente de le pousser dans ses ultimes retranchements ; invitation faite au lecteur afin que celui-ci n'oublie pas les mimiques et les inflexions de la voix accompagnant les propos recopiés par l'auteur du livre. Ce qui nous vaut autant d'incises – faussement ironiques – telles que : « Feignant de parler naturellement de choses et de moments dont il a la nausée » (p. 13) ; « Avec le désir impuissant de tout éclaircir une fois pour toutes, non sans quelque rancœur à l'égard des obstinés qui refusent de comprendre » (p. 25). Et plus loin : « Geste de la main sur le front, car de telles nomenclatures ne peuvent que donner la migraine : il ne s'en cache pas » (p. 36) ; « Imperceptible bâillement diplomatique » (p. 39) ; « Sourire pénible : mine de l'ours qui danse par contrainte » (p. 50). Ou encore : « L'air d'une bête vraiment traquée, tentant de semer ses poursuivants » ; « volte-face panique » ; « Continuant à fuir » ; « ... peine perdue, les poursuivants ne l'ont pas lâché... » (p. 59-60).

Mis à part les coquilles, les « faux amis » et autres erreurs qui émaillent les cent soixante-dix pages de cette publication (le sempiternel *Accatone* au lieu d'*Accattone*), le *hic* se fait jour à l'examen de la deuxième édition « augmentée », parue onze ans plus tard chez le même éditeur[7], soit bien après la disparition du principal intéressé. En vérité, il serait plus exact de parler d'une édition tout à la fois *augmentée* (116 pages de plus) et... *allégée*. D'un côté, Duflot nous livre presque un facsimilé du texte original, qui donne l'impression de ne pas avoir été soumis à la moindre relecture (on y retrouve exactement les mêmes approximations, coquilles comprises). Mais il a bien pris soin, par contre, d'éliminer en douce les didascalies exigées naguère par l'interviewé, comme le passage s'y rapportant dans sa préface, et une partie des annexes présentées en 1970.

D'un autre côté, le lecteur a droit à trois entretiens inédits accordés en août et en octobre 1975, pendant le montage de *Salò*, de même qu'à un copieux choix de textes et à deux chronologies (la première, strictement biographique, la seconde résumant la

6. *Ibid.*, p. 8-9. Voir texte complet en annexe.

7. Pier Paolo Pasolini, *Les dernières paroles d'un impie : entretiens avec Jean Duflot*, Paris, Belfond, 1981, p. 286.

longue « chronique judiciaire d'une vie violente » qui précéda l'assassinat – d'aucuns diront l'exécution – de Pasolini).

Il est surprenant de constater, dans cette toute nouvelle section, le naturel inhabituel avec lequel Pasolini s'exprime sur son orientation sexuelle, d'autant que les archives antérieures à novembre 1975 n'ont mis au jour aucun *coming out* aussi explicite sur sa propre « différence » (*diversità*), le plus souvent associée en ces termes à l'exclusion touchant « [les] noirs, [les] juifs, [les] homosexuels… ». Et *a fortiori* quand Duflot aborde son expulsion du Parti communiste italien (PCI) en 1948, suite à une plainte pour corruption de mineurs[8] ! En effet, si de tels éléments sont connus depuis des lustres, c'est oublier qu'ils n'émergèrent sur la scène publique qu'à travers la couverture médiatique de son assassinat et du procès qui s'ensuivit[9], puis grâce à la biographie de référence d'Enzo Siciliano[10] et à l'édition posthume des romans *Amado mio* ou *Petrolio*.

Sans préjuger de la bonne foi de l'auteur, il est toutefois significatif que quelques proches du disparu s'interrogèrent, à l'époque, sur la validité absolue de ce *scoop*. À cela s'ajoute le changement de l'intitulé du livre, rebaptisé *Les dernières paroles d'un impie*. Nouvelle initiative péremptoire où l'épithète « dernières » semble vouloir insister sur la valeur testamentaire dudit volume. Pour le reste, il est permis de regretter la substitution du portrait en couverture, tendant à présent à renforcer le cliché tapageur et l'image vaguement luciférienne de l'interviewé. Et puis, surtout, peut-être l'éditeur eût-il été mieux inspiré d'évoquer la figure d'un « corsaire » (en écho aux *Écrits corsaires*[11]) ou d'un « hérétique » (en écho aux *Lettres luthériennes*[12]) plutôt que celle d'un *impie*, à propos du réalisateur de *L'Évangile selon saint Matthieu* (1964), de *Théorème* (1968) ou de *Médée* (1969), auteur en outre d'un scénario sur saint Paul. Athée, certes, mais indiscutablement habité par « la nostalgie du sacré ».

Cette nuance ne devait pas échapper en revanche à Gian Carlo Ferretti, qui s'occupera en 1983 de faire connaître le classique de Duflot au lectorat italien, avec pour nouveau titre *Il sogno del centauro*[13] (d'après une citation de Pasolini renvoyant à la double figure – sacrée et profane – du centaure Chiron dans *Médée*), de même que Nico Naldini traduira en 1992 les conversations de 1969 avec Jon Halliday[14]. D'une rigueur philologique imparable, cette édition s'appuie tant sur les deux moutures parues en France que sur les autographes qu'il fut possible de retrouver dans les archives de la famille Pasolini, tout en respectant et les fameuses didascalies passées à la trappe en 1981 et la mise à jour relative à la période des *Écrits corsaires* (1970-1975).

---

8. *Ibid.*, p. 186-187.

9. Voir Laura Betti (dir.), *Pasolini : cronaca giudiziaria, persecuzione, morte*, Milano, Garzanti, 1977, p. 404. Version française (partielle) : *Pasolini : chronique judiciaire, persécution, exécution*, Paris, Seghers, 1979, p. 302.

10. Enzo Siciliano, *Vita di Pasolini*, Milano, Rizzoli, 1978. Version française : *Pasolini : une vie*, traduit de l'italien par Jacques Joly et Emmanuelle Genevois, Paris, Éditions La Différence, 1984.

11. Pier Paolo Pasolini, *Scritti corsari*, Milano, Garzanti, 1975. Version française : *Écrits corsaires*, traduit de l'italien par Philippe Guilhon, Paris, Flammarion, 1976.

12. Pier Paolo Pasolini, *Lettere luterane*, Milano, Einaudi, 1976. Version française : *Lettres luthériennes : petit traité pédagogique*, traduit de l'italien par Anna Rocchi Pullberg, Paris, Éditions du Seuil, 2000.

13. Pier Paolo Pasolini, *Il sogno del centauro : interviste con Jean Duflot*, Roma, Editori Riuniti, 1983, p. 181.

14. Pier Paolo Pasolini, *Pasolini su Pasolini : conversazioni con Jon Halliday*, Parma, Guanda, 1992, p. 157.

Enfin, en 2007, les Éditions Gutenberg, à Paris, ont ressorti à leur tour la version longue de cet incontournable des « entretiens d'artistes ». Peut-être soucieux de ne pas répéter l'impair des *Dernières paroles d'un impie*, l'éditeur a choisi d'en revenir au titre moins tape-à-l'œil de 1970, se limitant à permuter à bon droit les noms des deux *coauteurs* de l'ouvrage [15].

Le « Scene madri di Bernardo Bertolucci » d'Enzo Ungari [16]

C'est dans le droit fil de la tradition cinéphilique du *Hichcock* de Truffaut que s'inscrit davantage le *Scene madri di Bernardo Bertolucci* d'Enzo Ungari, entamé dès la fin des années 1970 et paru, dans sa première édition, en 1982 (peu après la sortie de *La Tragédie d'un homme ridicule*). Richement illustré, à la manière d'un « beau livre », l'ouvrage enchaîne une série de conversations à bâtons rompus brassant à la fois les lignes de force de l'œuvre du cinéaste et mille et un points de détail jamais abordés auparavant. Là toutefois où Pasolini se montrait passablement rétif vis-à-vis de l'institution encore récente de l'interview (tout en finissant toujours par s'y résigner), l'auteur du *Dernier Empereur*, familier des cabinets freudiens pendant trois décennies, paraît accueillir presque avec délectation cette forme de dialogue – une particularité qui le rapproche d'un Federico Fellini, sinon que l'auteur d'*Amarcord* se revendiquait, lui, de Carl Gustav Jung. Si bien qu'il suffit, dirait-on, qu'une question lui soit posée pour que s'ouvrent les vannes de la mémoire, de la pensée et de la parole, comme si un tel dispositif contribuait à prolonger dans son chef le processus d'auto-connaissance propre à l'expérience analytique, au point de perdre de vue par moments l'exposition immédiate liée à toute interview. Et cela, quel que soit son interlocuteur, que celui-ci travaille pour une revue de réputation internationale ou pour une gazette de province.

En l'occurrence, Ungari, qui s'était fait connaître en 1978 par un recueil de critiques justement intitulé – clin d'œil à Thomas de Quincey – *Confessions d'un mangeur de films de province* (*Confessioni di un mangiatore di film di provincia*), est un intime du réalisateur, et les deux hommes fonctionnent d'un bout à l'autre sur la même longueur d'ondes, comme l'attestent les associations libres, les digressions et les anecdotes auxquelles il arrive à l'interviewé de s'abandonner. Il serait néanmoins erroné de ne voir là qu'une excessive indulgence de la part de l'intervieweur car, à la différence des entretiens avec Alfred Hitchcock, Orson Welles ou Pier Paolo Pasolini, nous ne sommes pas, ici, en présence d'une simple transcription de bandes magnétiques. En effet, tout est voulu : la résonance de chaque terme, le choix de chaque titre et de chaque nom cités, les ruptures de ton, les cadences alternées, etc. Tout cela fut dûment soupesé par l'un et par l'autre, les enregistrements ayant avant tout servi de base à un vrai travail de réécriture, qui fit l'objet d'un « montage » élaboré (dans l'acception littéraire du terme

15. Jean Duflot, *Entretiens avec Pier Paolo Pasolini*, Paris, Gutenberg, 2007, p. 240. Cette nouvelle réédition, déjà épuisée depuis plus d'un an, n'est répertoriée, à première vue, au catalogue d'aucune bibliothèque à notre portée. Raison pour laquelle je me suis trouvé dans l'impossibilité matérielle d'en vérifier personnellement le contenu.

16. Enzo Ungari, *Scene madri di Bernardo Bertolucci*, Milano, Ubulibri, 1982, p. 251.

editing). Ungari n'a pas hésité non plus à greffer, quand il le jugeait utile, le produit d'autres échanges, moins formels, rédigés de mémoire avant d'être relus et reformulés, avec ses propres mots, par Bertolucci. Ainsi, le manuscrit définitif cherchait-il peut-être à répondre, *mutatis mutandis*, aux exigences de rythmique interne quasi musicales toujours au centre des préoccupations du cinéaste, comme en témoigne ce passage où il s'épanche sur son état d'esprit, venu le moment du tournage :

> Sur le plateau, je n'ouvre presque jamais le scénario. Je préfère travailler à partir de la mémoire que j'en ai conservée, en me déplaçant à la façon d'un aveugle parmi ses meubles. Je suis prêt à modifier beaucoup de choses pendant le tournage, mais ce que je ne peux pas changer, c'est la présence de la caméra. Je crois que c'est la chose la plus importante pour moi : c'est mon point de vue, ma présence physique à côté des acteurs... J'aime le fait que chaque plan soit une sorte de film à part entière. Ça m'oblige à trouver des solutions qui ne soient pas les sempiternelles solutions de montage : on commence par tourner le plan d'ensemble, puis les plans rapprochés, champ, contrechamp, etc. Pour chaque plan, je recherche donc une idée qui aille à l'encontre des conventions... C'est à ce moment-là que la « musique » se met également à jouer son rôle. Je parle d'une musique muette : la musique gestuelle qui anime la caméra, la manière dont elle se déplace, en mettant en relation dialectique l'espace et les personnages, les personnages et les objets, les objets et le décor. Je montre toujours de façon très très précise au caméraman comment il doit bouger, parce que, pour moi, la caméra devient alors comme un instrument de musique. C'est la raison pour laquelle j'ai souvent rêvé de mettre en scène, paradoxalement, une comédie musicale sans aucune musique d'accompagnement, en utilisant seulement les mouvements de la caméra ! De cette façon, le public pourrait imaginer la musique en s'attachant uniquement au rythme interne des images [17].

La disparition prématurée d'Ungari, en 1986, devait empêcher celui-ci de compléter lui-même son ouvrage lors de la réédition qui verra le jour un an plus tard, en concordance avec la sortie du *Dernier Empereur*. D'où l'intervention de l'Anglais Don Ranvaud à ce stade, lequel apparaît depuis comme le coauteur du livre à part entière [18], bien que sa participation se soit limitée au chapitre additionnel portant sur le tout nouveau long-métrage de Bertolucci (détail nulle part précisé). C'est cette version enrichie d'une quarantaine de pages qui a été publiée quelques mois plus tard en français, chez Calmann-Lévy, mais également en anglais, en espagnol, en allemand et en japonais, dans le sillage des neuf Oscars qui saluèrent paradoxalement une superproduction

17. « *Sul set non apro quasi mai il copione. Preferisco lavorare dalla memoria che ho della sceneggiatura, muovendomi come un cieco tra i mobili di casa. Sono pronto a cambiare molte cose durante la lavorazione, ma una cosa che non potrei mai cambiare è la presenza della macchina da presa. Forse è la cosa che per me conta di più : è il mio punto di vista, la mia presenza fisica in mezzo agli attori... Mi piace che ogni inquadratura sia una specie di film a sé stante. Mi costringe a trovare delle soluzioni che non siano sempre le solite soluzioni di montaggio (cioè prima si gira il totale, poi i primi piani, campo, controccampo, ecc). Così, per ogni inquadratura cerco un'idea che va in qualche modo contro le convenzioni... Allora la musica comincia anche la sua parte. Parlo di musica muta : la musica cioè delle carrellate, il modo di muoversi della macchina da presa, collegando dialetticamente spazio e personaggi, personaggi e oggetti, oggetti e ambiente. Indico sempre all'operatore con moltissima precisione come dovrà muoversi, perché per me la macchina diventa allora uno strumento musicale vero e proprio. Perciò ho spesso sognato di girare un musical senza nessuna colonna sonora, usando i soli movimenti della machina da presa ! Così il pubblico potrebbe immaginare la musica tenendosi soltanto al ritmo interno delle immagini.* » *Ibid.* Traduit par mes soins.

18. Enzo Ungari et Donald Ranvaud, *Scene madri di Bernardo Bertolucci*, Milano, Ubulibri, 1987, p. 303.

anglo-italo-chinoise dont l'un des challenges visait à concurrencer Hollywood sur son propre terrain.

Si l'on comprend aisément qu'il s'avérait impossible de reprendre le titre original – *Scene madri*[19] –, relevons une fois encore les leurres auxquels peuvent conduire certaines traductions. À titre illustratif, cette référence récurrente au court-métrage *La teleferica* (tourné par Bertolucci, à 15 ans, dans les Apennins), qui devient en français *Le Téléphérique*… un terme générique dont les connotations touristiques paraissent fort éloignées du « câble forestier » que désigne le contexte, installation essentiellement vouée à l'acheminement de bennes chargées d'écorces de bois jusqu'à une tannerie située en aval… soit. Signe des temps, il est un fait établi que les imprécisions de cet ordre relèvent dorénavant du quotidien dans le milieu éditorial. Plus grave s'avère l'interprétation de l'*excipit* du volume, clôturant l'entretien sur *Le Dernier Empereur* : « Bisogna cambiare tutto, perché non cambi niente », traduit par « Il faut tout changer *parce que* rien ne change ». Compte tenu de la fatigue accompagnant généralement le bouclage d'un manuscrit réclamé par l'éditeur, le responsable de cette bévue aura oublié ses classiques, cette nuit-là, mais aussi la signification variable du mot « *perché* » (tantôt « parce que », suivi de l'infinitif, tantôt « pour que », suivi du subjonctif), pour ne pas avoir saisi que l'interviewé entendait citer de mémoire, au sujet de son film peut-être le plus « viscontien », le célèbre paradoxe – si lourd de sens – énoncé dans *Le Guépard* de Giuseppe Tomasi di Lampedusa : « Il faut que tout change *pour que* rien ne change ».

Mais là encore, parlant d'expérience, je ne serai pas celui qui lancera la première pierre, après avoir connu quelques déboires non moins embarrassants. Comme ce fut le cas lors de la relecture des épreuves d'une anthologie bertoluccienne, commandée en 1999 par la University Press of Mississippi[20] pour la branche cinéma d'une mythique collection d'entretiens avec les grands auteurs du XXe siècle – de William Faulkner à William Styron, en passant par Johan Steinbeck, Anaïs Nin ou Lilian Hellman. En accord avec l'éditeur, nous nous étions partagé la tâche, entre Jackson, Bruxelles, Washington et Boston, afin de pouvoir offrir au public anglo-américain la primeur d'un corpus composé au moins pour moitié d'interviews parues initialement en Italie et en France. L'un de mes coéquipiers parlant notre langue à la perfection, aussi lui avais-je fait parvenir, sous forme de cassettes audio, un premier jet de ma sélection d'articles italiens traduits oralement en français, qu'il devait à son tour mettre en forme en anglais. Trois mois plus tard, tandis que je me concentrais sur les épreuves arrivées des États-Unis, je buttai soudain sur un mot tabou – « *butter* » – faisant tache dans un paragraphe consacré au souvenir innocent de « l'odeur » prégnante du père de Bertolucci, associée au parfum de vieilles amandes. C'est alors que je réalisai que « *butter* » se dit également

19. De fait, l'expression « *scena madre* » (au pluriel « *scene madri* »), d'origine théâtrale, s'avère proprement intraduisible telle quelle ; d'autant qu'elle joue ici sur un double sens : à la fois « scène principale » (dans une pièce, et par extension dans un film) et « querelle, algarade, esclandre » (au sens où l'on peut « faire une scène » à quelqu'un). Dans l'esprit de l'intervieweur, Ungari, Bertolucci accorderait à chaque plan le même soin, la même attention que s'il s'agissait de la scène-clé du film qu'il est occupé à tourner, tout en y exprimant autant de tension qu'à l'instant où doit exploser une violente altercation.

20. Fabien S. Gerard, T. Jefferson Kline et Bruce H. Sklarew (éd.), *Bernardo Bertolucci : Interviews*, Jackson, University Press of Missisippi, 2000, p. 79.

« *beurre* » et que mon traducteur, y percevant peut-être quelque affinité avec la jeunesse campagnarde du personnage de Marlon Brando dans *Le Dernier Tango*, avait dû confondre « l'odeur » avec « le beurre » (phonétiquement très proches l'un de l'autre) à l'écoute de ma cassette !

Toujours est-il qu'en dépit des points d'exclamation signalant le lapsus dans la marge du document, pour une raison qui m'échappe encore la correction ne fut pas faite et le mot « *butter* » passa bel et bien à l'impression. Un vrai désastre aux yeux des trois *editors*. Sur ce, le cinéaste, première victime de cet impair, s'efforcera avec sa philosophie coutumière de relativiser l'incident : « Vous vous en faites pour rien ; personne n'y fera jamais attention ». Et moi de rétorquer, en souvenir d'un roman récent de José Saramago : « Penses-tu ! C'est comme ça qu'un jour on réécrira l'Histoire ». L'année suivante, on pouvait lire les lignes qui suivent à la page « Culture » d'un grand quotidien londonien !

> Dans une interview sur l'enfance que Bertolucci accorda en 1973, il déclarait que le souvenir le plus marquant qu'il gardait de son père à cette époque concernait le beurre. Et il décrivait sa pensée en évoquant l'odeur du beurre qui s'y rattachait : « une odeur d'amandes amères qui l'entourait comme un halo ». Je rappelle cette citation [à Bertolucci] tout en ajoutant que je ne peux m'empêcher de penser en même temps à son film le plus notoire, dans lequel Marlon Brando utilise du beurre en tant qu'accessoire sexuel. J'ignore le sens de cette association, pour autant qu'elle en ait un, mais Bertolucci est un peu sous le choc. « Oh, mon Dieu. Je n'ai jamais… Non, non je crois que vous avez été mal informé. » Puis, il assouplit le ton, comme amusé à présent par cette petite farce de l'inconscient (le sien ou le mien). « Je ne sais pas », sourit-il, « peut-être était-ce du beurre de cacahuètes ! »[21].

Autre émotion forte sur le même projet : 24 heures avant la date fatidique, la maison d'édition nous informe en catastrophe qu'après plusieurs courriers de rappel de sa part l'autorisation d'utiliser le texte choisi pour parler du film *Beauté volée* (1996) vient de nous être finalement… refusée. Étant donné que toute la mise en page du livre était déjà prête, l'unique solution pour sauver la mise fut de profiter de la nuit pour composer une interview calibrée sur le format de celle qu'elle devait remplacer, à partir de passages tirés d'autres déclarations de la même période, puis de faxer aux aurores le résultat de l'opération à notre *interviewé*. De très bonne grâce, celui-ci accepta de jouer le jeu, apportant même suffisamment de retouches au texte pour en faire un entretien exclusif, accordé – comble de l'ironie – à un mensuel italien imaginaire. Les six heures de décalage horaire avec la capitale du Mississippi permirent de l'intercaler dans l'espace qui l'attendait, et tout rentra dans l'ordre *in extremis*.

21. « *In a very candid interview Bertolucci gave in 1973 about his childhood, he said that the most important thing he remembered about his father was butter. He went on to describe the smell – "an intense odour of bitter almonds that surrounded him like a halo". I mention this, and say that I can't help thinking of his most infamous movie scene – in which Marlon Brando uses butter as sexual accessory. I don't know what this association says, if anything, but Bertolucci is understandably shocked. "Oh my God. I didn't say... No, no, I think you have the wrong information." Then he softens a little, perhaps amused by the tricks of the unconscious – his or mine. "I don't know" he smiles, "maybe it was peanuts butter".* » [Anonyme], « How to kill your father… », *The Observer*, 21 octobre 2001 (accessible en ligne : http://www.theguardian.com/film/2001/oct/21/features.review). Traduit par mes soins.

Les autres entretiens dont il m'est arrivé de m'occuper, avec ou sans un pseudonyme, entre autres pour les livres attachés aux films *Un thé au Sahara* (1990) et *The Dreamers* (2003), répondent pour l'essentiel au *modus operandi* décrit plus haut à propos des *Scene madri* d'Ungari : enregistrement (souvent étalé sur plusieurs séances), transcription, première relecture commune, montage, coupes, ajouts, etc. En un mot : réécriture. Le tout avec le souci constant de dépasser si possible le caractère purement fonctionnel du genre, en vue d'un exercice littéraire autour de « l'art de la conversation », sur le modèle des entretiens de l'écrivain Claude Mauriac avec le comédien et metteur en scène Laurent Terzieff[22], qui m'avait fort marqué en son temps.

Par ailleurs, lorsqu'il s'agit d'une coédition multilingue se pose de surcroît le problème du contexte culturel auquel s'adressera chaque version, ce qui peut entraîner certaines modifications (toujours pratiquées en accord avec l'interviewé) au niveau de l'une ou l'autre référence. Lesquelles ne parlent forcément pas toutes de la même façon au lecteur français qu'à un Italien, un Espagnol ou un Anglo-Américain, ainsi que Borges l'a souligné naguère[23].

En tout état de cause, à la fois forme *express* de l'autobiographie (pour l'interviewé) et « introduction » idéale à la connaissance de son univers (pour le public), vu l'évolution de la sphère médiatique et de l'ensemble des nouvelles technologies, les ouvrages d'« entretiens d'artistes », si prisés à l'heure actuelle, présentent cependant le risque, à mon sens, de décourager, voire d'oblitérer l'indispensable recherche en archives, spécialement dans le champ du septième art. De plus, on observera que nombre de publications basées sur ce modèle nous font partager le regard rétrospectif que l'interviewé est invité à porter à un moment déterminé de son parcours, quand ce n'est pas au crépuscule de toute une carrière. D'où la nécessité de continuer envers et contre tout à se ressourcer parallèlement aux témoignages d'époque, moins sujets à l'inévitable travail du temps et à la trahison de la mémoire. C'est bien ce type de travers que tentent de pallier en revanche les volumes à vocation délibérément anthologique. Encore qu'il convienne de ne jamais perdre de vue la sélection drastique ayant souvent présidé à leur réalisation.

Enfin, la forme de l'entretien ne saurait faire abstraction de notre esprit critique, et tout dépend dès lors aussi de la qualité et de la préparation de l'intervieweur. Tout n'est pas à prendre pour argent comptant, ni au pied de la lettre, dans les déclarations de l'interviewé. Aussi est-ce au lecteur qu'il revient au final de savoir « lire entre les lignes ». En clair, le contexte devient à son tour un nouveau texte, qui appelle lui aussi décryptage, analyse, recoupements, etc. Il me revient, à cet égard, qu'à chaque fois que Pasolini cite le nom de « Bertolucci » dans le livre de Duflot, il parle implicitement du poète *Attilio* Bertolucci, et non de son fils *Bernardo*, comme l'entendra néanmoins la majorité des cinéphiles francophones ciblés en priorité par l'ouvrage. Un autre quiproquo notable, dans cet ordre d'idée, concerne une interview aussi tragique que cocasse où le même

22. Claude Mauriac, *Laurent Terzieff*, Paris, Stock, 1980, p. 280.

23. Voir, sur ce point, la manie de l'écrivain de Buenos Aires de modifier le contenu même de ses textes d'une langue à l'autre, avec la complicité de ses traducteurs. Voir Norman Thomas Di Giovanni, Daniel Halpern et Frank McShane (éd.), *Borges on Writing*, New York, E. P. Dutton & Co, 1973, p. 173.

Pasolini en vient à fustiger presque à chaque ligne le *comunismo* (communisme), pour la simple raison que l'intervieweur n'avait manifestement pas connaissance du néologisme *consumismo* (consumérisme, ou société de consommation). Résultat : un contresens absolu.

En maintes occasions, Bernardo Bertolucci, de son côté, attribue au moine tibétain Milarepa la source d'une fable racontée par Gina dans son film *Prima della rivoluzione* (1964). Sauf qu'il découvrira en 2001, pendant la préparation du court-métrage *Histoire d'eaux* (directement tiré du même récit), que la fable en question provenait en fait d'un livre de Râmâkrishna lu à la même époque. Et il en va de même quand le réalisateur évoque sa première rencontre avec Brando « à l'Hôtel Lutetia », dans le documentaire que Serge July a consacré en 2003 au *Dernier Tango*. Le tournage de l'entretien à peine terminé, l'interviewé devait confier sa méprise à l'intervieweur, pour avoir confondu le Lutetia avec… l'Hôtel Raphaël ! Dont acte.

Dans le même temps, seule l'attention portée à de tels éléments repérés dans le cadre d'une interview, puis dûment mis en perspective les uns avec les autres, permet-elle d'affiner un jour la connaissance que nous avons des œuvres du passé. Je songe ici aux paroles *Bammo* et *Mabba* (quelque chose comme « Mapa » et « Paman »), que babille soi-disant le bébé transporté par sa mère à bicyclette, en ouverture de *La Luna* (1979). Deux contrepèteries d'enfant absolument inintelligibles à l'écran, mais que Bertolucci a tenu à préciser, au passage, dans l'un de ses innombrables tête-à-tête avec la presse, à la sortie du film. Une subtilité à laquelle aucun spectateur n'aurait normalement prêté attention et qui nous informe pourtant par la bande sur le poids que l'artiste accorde à la confusion entre les figures paternelle et maternelle, perceptible également dans *Le Dernier Empereur* (1987) et *Little Buddha* (1993), où lamas et eunuques se retrouvent en charge de l'éducation d'un garçonnet.

Pareillement, on se souviendra d'une petite parenthèse ouverte ailleurs par Bertolucci, s'amusant de la consonance troublante entre le nom du personnage d'*Attila*, dans *1900* (1976), et celui de son propre père, *Attilio*. Sans cet aparté, jamais sans doute ne serait venu au jour le sens profond de la scène dite « des fourches », au début du même film, en écho à celle « des Ides de mars » dans *Le Conformiste* (1970) – autrement dit la fin tragique du professeur Quadri, ex-mentor du protagoniste, transpercé d'une trentaine de coups de couteau sous les yeux mêmes de Marcello, qui vient de le livrer à la police fasciste.

Enfin, comment résister à la tentation de mentionner cette poésie intitulée *L'ombra*, miraculeusement sauvée de l'oubli, en 1951, par un journaliste de Bologne venu « interviewer » (*sic*) à la sortie de l'école « le fils du poète Attilio », alors âgé de… 11 ans. Une poésie perdue depuis un demi-siècle, que le metteur en scène avait lui-même oublié avoir écrite, enfant, et grâce à l'exhumation de laquelle les clairs-obscurs si particulièrement dominants dans tout son cinéma devaient soudain acquérir une dimension insoupçonnée, remontant aux racines les plus lointaines de son inspiration.

Si les entretiens avec les artistes offrent sans conteste à l'amateur – et au chercheur – une foule d'informations précieuses en vue de mieux saisir les enjeux de chacune de leur création, est-ce à dire que les clés du mystère se cacheront toujours dans les replis du discours, en filigrane de l'autoportrait que les interviewés consentent à nous livrer ?

ANNEXE : NOTE LIMINAIRE À L'ÉDITION ORIGINALE DE L'OUVRAGE DE JEAN DUFLOT, *ENTRETIENS AVEC PIER PAOLO PASOLINI*[24]

PIER PAOLO PASOLINI

> Je regarde avec l'œil
> D'une image les préposés au lynchage.
> P. P. PASOLINI,
> « Poésies mondaines » (Poésie en forme de rose)

Comme le lecteur de ce long entretien pourra le constater, je suis de ceux qui n'aiment pas, ou mieux encore, qui [détestent] les interviews : je ne refuse pas, comme je le devrais, d'en [accorder quelquefois], mais c'est par pure faiblesse, parce que je ne sais pas dire non, parce que je le crois peut-être utile, ne fût-ce qu'à l'interviewe[u]r.

En réalité, je [déteste] les interviews pour deux raisons :

1. – Celui qui consent à l'interview n'est plus un homme normal : il se [re]trouve dissocié, objectivement et subjectivement, et [est] à proprement parler schizoïde. De surcroît il [apparaît] subjectivement et objectivement ridicule. On n'interviewe pas – si ce n'est dans un but très vulgaire, pour la télévision, par exemple – le premier quidam venu, [susceptible] au demeurant de la plus extrême dignité. En revanche, un homme « arrivé » a déjà perdu [une bonne part] de sa dignité. La superposition de sa figure « publique » et de sa figure « privée » exige des soins particuliers qui finissent toujours par être dégradants.

Or je me suis toujours efforcé d'ignorer que je suis également une « figure publique », avec les *devoirs* que cela entraîne. Je me suis toujours conduit le plus mal possible, c'est-à-dire comme je le voulais. Mais ce fut plus fort que moi : une sorte d'autorité abominable qu'on m'attribue, au besoin même controversée, m'investit tout à coup et s'empare de toute ma vie; je m'en avise, avec dégoût, surtout au cours des interviews, c'est-à-dire quand on m'interroge comme on vient consulter un prêtre, non sans quelque mépris – sans doute inconscient – [de la part] du consultant. Dans ce rapport oral qui s'établit entre l'interviewe[u]r et moi il se passe quelque chose de monstrueux : les opinions que j'exprime – ni plus ni moins courantes que les autres – sont élevées *a priori* et de façon artificielle à un niveau supérieur, promues au rang d'« échantillons », présentées dans la perspective frontale d'une charte hagiographique ou olographique comprenant tous les [gens] « arrivés », même les plus innocents. Il faut ajouter que chacun d'entre nous vit dans un camp de concentration en miniature, où les instruments de torture quotidienne ne sont autres que nos [tracasseries] personnelles et, en ce qui concerne les personnages publics, [celles-ci] relèvent en grande partie des rapports qu'ils entretiennent avec [l'ensemble de la société]. (Les médias m'ont dépeint comme un « pécheur public ».) Or il n'y a rien de plus misérable que nos propres ennuis. L'interview jette alors une lumière sans merci sur ces questions intimes, que l'interviewé cherche désespérément à soustraire au regard, ou qu'il a la faiblesse de livrer à l'opinion publique, ou dont il souffre en tout cas, dans un état de pitoyable frustration.

---

24. Jean Duflot, *Entretiens avec Pier Paolo Pasolini*, Paris, Belfond, 1970, p. 7-9 ; édition revue et corrigée, *Le rêve du centaure. Entretiens avec Pier Paolo Pasolini*, La Bauche, Éditions À plus d'un titre, 2016, p. 7-10.

Un exemple de ce que j'avance : aujourd'hui, en Italie, tout le monde s'indigne du code pénal fasciste, tout le monde y décèle l'instrument essentiel de la répression actuelle, etc. ; il ne se passe pas un jour sans que les journaux n'en parlent. Eh bien (en raison d'expériences personnelles qui n'ont rien d'agréable), je ne perds aucune occasion, depuis une quinzaine d'années, de partir en guerre contre un tel code, dans l'indifférence la plus complète, quand on ne me considère pas, avec une compassion bienveillante, comme une espèce de Cassandre. Je me sens donc aujourd'hui pour ainsi dire frustré du fait que personne ne reconnaisse mon effort, voire que l'on ne s'en souvienne même pas. Comment pourrais-je parler dignement aujourd'hui, dans une interview, de ce code fasciste en vigueur en Italie, à partir du moment où je me sens contraint de réprimer en moi le sentiment (si intime et si peu digne) d'être un « prophète incompris » ? Seul un saint pourrait résister à une interview : mais les saints ne sont pas interviewés, ou ils refusent de l'être.

2. – L'interview est, sémiologiquement parlant, un système de signes mixte : elle comporte des signes linguistiques oraux et des signes iconiques (présence physique et mimique). Je connais des études de sémiologues américains qui ont tenté, en laboratoire, de restituer son unité représentative à ce système de signes mixte : travail consciencieux dans le « champ » année, mois, lieu (mettons le 2 mars 1970, dans le bus qui conduit d'une rue à l'autre de Queen) ; dialogue entre la mère et la fille : « Mammie, tu m'achètes une glace ? » « Après, quand nous descendrons, Patty » ; la gamine, en parlant, fait une grimace, frottant sa joue de haut en bas, trois fois (chaque fois cinq petites secondes), contre le flanc de sa mère, laquelle, en répondant, extrait son nécessaire du sac et se reluque dans [un miroir de poche]. Le système mixte, phonico-mimique, est donc un ensemble exceptionnellement cohérent qui ne peut faire l'objet d'un examen partiel : il est impossible de dissocier la parole « glace » du geste de la joue qui se frotte, pendant cinq secondes, contre la fausse fourrure de la femme dans le bus. Le phonème sans le geste a une valeur sémantique différente. En réalité, les interviews finissent par réduire ce système mixte, phonico-mimique, à un système isolé de signes écrits. Je [signale] en passant que je ne suis pas napolitain et que ma mimique est réduite au minimum. [J'ai néanmoins un] corps et des yeux ; une présence physique, malgré moi, très expressive.

Tout cela l'interview le trahit (d'abord par l'enregistrement, qui l'ampute de son contexte visuel, puis par la transcription, qui l'ampute de son contexte phonique). Jakobson a fait prononcer quarante ou soixante fois, je ne me [rappelle] pas au juste, le mot « bonsoir » à un acteur, avec quarante ou soixante significations diverses.

En définitive, j'ai engagé avec Jean Duflot une sorte de duel au couteau ou, si l'on préfère, au tire-bouchon. Il voulait me faire dire certaines choses que je ne voulais pas dire. Et comme il n'a pas su se résigner tout de suite, voilà que tout l'entretien est une suite de tentatives plus ou moins manquées de revenir sur certains sujets que nous n'aurions jamais dû affronter. Il y a des choses qui se vivent seulement ; ou alors, si nous tenions à les dire, il eût fallu le faire en poésie.

En corrigeant les épreuves de ces entretiens, j'ai suggéré que l'on ajoutât des indications entre parenthèses : schématiques invitations au lecteur à s'imaginer certaines mimiques, certaines inflexions de la voix (la mienne), ou du moins à ne pas oublier l'absence de ces deux éléments dont il pâtit (ainsi que de ma bonne volonté).

LES ENTRETIENS DE ROBERT DELAUNAY (1938-1939) : DE L'ENGAGEMENT PÉDAGOGIQUE À LA PAROLE COLLECTIVE

DELPHINE BIÈRE

Durant l'hiver 1938-1939, le peintre Robert Delaunay (1885-1941) a reçu tous les jeudis soir, dans son atelier, des amis et de jeunes artistes venus chercher des conseils sur la peinture. Séances hebdomadaires, les entretiens se sont déroulés du 17 novembre 1938 au 27 décembre 1939 et ceux qui nous sont parvenus forment un ensemble parcellaire avec des interventions de diverses personnalités [1]. Une des assistantes du peintre, Denise Centore, a sténographié les moments les plus importants des échanges et a remis au couple Delaunay les bobines (sténotypie) qu'elle avait enregistrées. Une partie de ces bobines et les duplicatas tapuscrits et manuscrits, dont quelques passages importants ont été publiés par Pierre Francastel, sont conservés au Centre Georges Pompidou [2].

Si dans leur ensemble, les écrits du peintre préservent la spontanéité et les expressions frappantes et imagées du langage parlé en résumant ses prises de positions artistiques, leur objectif était de clarifier la position de Delaunay au sein de l'avant-garde. Les entretiens, plus tardifs, ont eu lieu à un moment où l'artiste développe un art abstrait monumental de rythmes colorés et se placent dans une perspective plus historique. La transcription conserve la fulgurance de la pensée du peintre, l'animation de sa parole face à ses différents interlocuteurs. Ainsi, ces entretiens, fragmentés dans leur transcription comme par essence, reflètent le dynamisme de l'oralité mais aussi un certain fractionnement de sa pensée qui s'élabore peu à peu face à la parole de l'Autre. La discontinuité, les coupures, les manques et la répétition façonnent ces dialogues

1. 70 noms ont été recensés. Les personnes présentes, celles qui participaient régulièrement aux séances, variaient, entre une dizaine et une vingtaine selon la liste établie par Sonia Delaunay après 1952 (*Notes de Sonia Delaunay*, [s. d.], Centre Georges Pompidou, Bibliothèque Kandinsky, Fonds Delaunay).

2. Les entretiens du 16 et du 23 février ont été publiés dans Pierre Fancastel (éd.), *Du cubisme à l'art abstrait : documents inédits de Robert Delaunay*, suivis du *Catalogue de l'œuvre de R. Delaunay* par Guy Habasque, Paris, Bibliothèque générale de l'École pratique des Hautes-Études, 1957.

tout en imposant un modèle d'entretien oral direct, non recomposé [3], qui ne manifeste pas un projet littéraire, mais relève d'un critère de variété et de créativité voulu où l'artiste propose un exemple d'échanges directs au sein d'un cercle artistique. Replacés dans leur contexte, ils corroborent la volonté d'une pratique artistique collective dans laquelle la parole [4] joue un rôle central et renvoie l'entretien à sa fonction première, celle d'un soutien mutuel [5]. En effet les idées développées lors de ces rencontres renforcent l'impact de l'œuvre, comme les différents interlocuteurs accompagnent le peintre dans le développement de sa pensée et de sa pédagogie, entraînant certes une fragmentation du discours, mais assumant l'expérimentation sous toutes ses formes.

Une succession fragmentée

Homme sociable, avide de compagnie et d'admiration, Delaunay a eu besoin d'échanges pour développer sa pensée. Les entretiens complètent les fragments manuscrits et poursuivent les idées du peintre dans la dernière période de sa vie [6]. « Combinaison d'académie libre » [7], où les jeunes gens exécutaient des études et des exercices corrigés, et « de club de discussions » [8], ces entretiens avaient comme objectif d'expliquer les étapes de la peinture de Delaunay jusqu'à son œuvre monumentale et abstraite des années 1930 tout en répondant aux questions qu'on lui posait. Le dialogue accompagné d'exercices pratiques, de « gammes » fondées sur les combinaisons de couleurs pour élaborer une nouvelle peinture, replace l'artiste dans un double statut, celui du pédagogue et celui du créateur. La conversation s'élabore progressivement tout en devenant la base d'une réflexion plus théorique : « Je crois que le fond de ces réunions, c'est de sortir de l'empirisme et de leur dire : voilà comment les choses peuvent se faire » [9]. Cependant, le lien étroit entre la pratique et des idées théoriques ajoute une valeur significative et technique à la peinture que Delaunay défend et permet d'instruire ses interlocuteurs en portant plus concrètement sa parole.

Si, depuis André Félibien (1619-1695) [10], la forme dialoguée, tributaire du modèle oral, a été utilisée pour réfléchir sur l'art, elle impose une présentation fragmentée avec des suspensions de sens et une forme discontinue. La liberté de la conversation permet d'introduire, à côté d'éléments biographiques et historiographiques, des anecdotes, de la

3. Ces entretiens ont été conservés par le couple Delaunay, sans projet de publication.

4. Le sens moderne d'« entretien » (1481) signifie « échange de paroles » mais aussi « sujet dont on s'entretient ». Voir art. « Entretien », dans Alain Rey (dir.), *Dictionnaire historique de la langue française*, Paris, Le Robert, 2010, p. 753.

5. Au Xᵉ siècle, le sens du verbe entretenir équivalait à « se soutenir mutuellement » dont le sens a disparu aujourd'hui (*ibid.*).

6. Delaunay quitte son atelier parisien quelques mois après les entretiens et meurt en octobre 1941.

7. Francastel (éd.), *Du cubisme à l'art abstrait*, p. 13.

8. *Ibid.*

9. Albert Gleizes dans l'entretien du 8 décembre 1938, Centre Georges Pompidou, Bibliothèque Kandinsky, Fonds Delaunay (ci-après : FD).

10. André Félibien, *Entretiens sur les vies et sur les ouvrages des plus excellents peintres anciens et modernes*, Paris, Les Belles Lettres, 1987. Les premiers entretiens (I et II) ont paru en 1666, puis en 1672 (III et IV), en 1679 (V et VI), en 1685 (VII et VIII) et en 1688 (IX et X) à Paris.

théorie, et évacue toute mise en système en faisant alterner des temporalités différentes. Dans les entretiens de Delaunay, il est question des transformations artistiques, celles de la modernité, avec Paul Cézanne ou Claude Monet, de la place de l'artiste dans la société, de l'importance du métier mais aussi des projets, des actions à venir, des pistes de travail. Le *tempo* de ces entretiens, où la répétition d'une idée sert à trouver de nouvelles voies à la réflexion, laisse apparaitre une certaine dissonance avec plusieurs prises de parole, des entrées diverses. Si Delaunay regroupe les arguments, oriente le sujet et souvent conclut la séance, ses interlocuteurs, souvent nombreux, artistes confirmés et amis comme Albert Gleizes, André Lhote ou artistes en formation, comme Étienne Perron [11], prennent la parole pour s'engager pleinement dans les discussions. Il ne s'agit pas de questions-réponses mais de prises de paroles, d'avis personnels qui ménagent des espaces de conversation pour nourrir la discussion.

Une partie importante des transcriptions est constituée des propos de Gleizes résumant sa doctrine, exprimée dans plusieurs de ses ouvrages publiés par la suite. Gleizes prend souvent la parole, en accord avec Delaunay, avec lequel il est toujours resté en contact depuis leur jeunesse. Cependant, malgré quelques affinités, leurs voies ne se rencontrent pas, l'aspect mystique et symbolique de Gleizes étant absent de l'œuvre de Delaunay. Si certaines interventions ne sont pas retranscrites, d'autres nous éclairent sur le déroulement de ces rendez-vous hebdomadaires. À plusieurs reprises, deux familiers du cercle, Étienne Perron et le mathématicien Lucien Brunet [12], prirent la parole pour résumer les entretiens antérieurs, mais aussi pour y apporter d'autres points de vue, plus scientifiques. Des comptes rendus de réunions qui se tenaient chez l'industriel et collectionneur Jean Coutrot [13] sont proposés par Brunet, « des bilans comptables » des entretiens précédents alternent avec des séances consacrées à certains grands peintres de la modernité (Claude Monet, Paul Cézanne, Vincent Van Gogh, Georges Seurat, Henri Matisse) ou aux questions pratiques sur la couleur, sur le métier. Venant d'horizons multiples, les contradicteurs, le critique Yvanhoé Rambosson, le collectionneur Jean Coutrot, le traducteur Anatole Jakovski, le mathématicien Lucien

11. Étienne Perron était un jeune peintre sur lequel on dispose de peu d'informations. La correspondance entre Perron et les Delaunay est conservée dans le Fonds Delaunay. Dans une lettre adressée au couple et datée du 1er octobre 1939, Perron semble prendre part au « combat des Réalités Nouvelles ».

12. Lucien Brunet est un jeune mathématicien qui a surtout correspondu avec Sonia Delaunay entre 1942 et 1965. Au régiment, le 22 octobre 1939, il écrit une lettre aux Delaunay : « Je pense à nos séances du jeudi et à tous ceux qui se réunissaient autour de vous. Que sont-ils devenus ? », Fonds Delaunay.

13. Jean Coutrot (1895-1941), ingénieur et théoricien, a développé dans ses écrits les possibilités de rénover le fonctionnement des entreprises et de substituer au capitalisme un humanisme économique ou « transhumanisme ». Homme controversé et ambigu, il s'intéressait à des domaines très variés, les sciences, la biologie, la psychologie mais aussi à l'esthétique. Collectionneur, il fut l'ami des Delaunay, d'André Lhote et participa aux séances du jeudi. Conseiller du ministre de l'Économie du Front Populaire Charles Spinasse, il anima aussi de nombreux groupements dits « non-conformistes » et des entretiens (de Pontigny de 1936 à 1939) bisannuels qui se définissaient comme une « méthode de recherche collective ». Voir Olivier Dard, *Jean Coutrot : de l'ingénieur au prophète*, Besançon, Presses Universitaires franc-comtoises, 1999. La correspondance entre Jean Coutrot et Robert Delaunay est conservée dans le Fonds Delaunay, et dans le Fonds Jean Coutrot, Archives Nationales (468 AP/10).

Brunet, des peintres (André Lhote et Albert Gleizes)[14], mettent, implicitement, en valeur la parole du peintre et son évolution personnelle.

Optant pour la variété, les conversations du jeudi prennent en charge la pratique : « Nous sommes ici dans un laboratoire, ces jeunes sont venus ici pour qu'on travaille la question du métier et technique, mais maintenant, de temps en temps, nous avons des désirs d'échapper et de parler d'art »[15]. Les entretiens organisent le déplacement de la pratique au discours et au fur et à mesure construisent une réflexion sur la peinture, dans laquelle Delaunay pose la question « de savoir ce que vous faites quand vous faites quelque chose »[16]. Le va-et-vient entre l'œuvre et le discours permet au peintre de penser sa production dans une perspective historique : par exemple, les entretiens du 16 et du 23 février[17] consistent à commenter des projections de ses œuvres anciennes (avant la guerre de 1914) ainsi que des créations plus récentes et affirment sa position au sein de l'avant-garde et son statut d'artiste. Il élabore aussi dans ce passage du *faire* au *dire*, sa création du moment en la légitimant par rapport aux maîtres du passé et à ses contemporains : se démarquer en s'appuyant sur des exemples et affirmer un temps nouveau pour la peinture, issue de son travail antérieur. Le peintre recompose la rupture amorcée par Cézanne puis par les cubistes, et reformule les événements passés, en prenant soin de rejeter certains termes employés par la critique : « On a employé des mots à tort et à travers pendant des années, en parlant d'abstrait, en parlant de concret, de non figuratif, en parlant de je ne sais quoi encore de quatrième dimension etc. »[18].

Des parties « théoriques » trouvent leur place sous une forme fragmentée, entre les exercices pratiques et la biographie artistique. Delaunay transmet sa connaissance technique, son savoir sur la valeur significative de la peinture, son expérience de la couleur, mais ne fournit ni une théorie sur l'ensemble de sa pratique picturale, ni une théorie artistique globalisante. L'illisibilité de l'écriture manuscrite, l'inaudibilité de certaines discussions, produisent des blancs, des manques indiqués par des signes (points de suspension, espaces vides, ou « xxx »). De même, les difficultés de déchiffrage des notes sténographiées provenant aussi bien des hésitations, du manque d'attention, des ruptures, mais aussi à des temps de parole pris collectivement soulignent et renforcent l'absence de dogmatisme de cette pratique. De fait, les entretiens se présentent comme des fragments théoriques, refusant tout système, adaptés à la situation du peintre, désirant autant instruire que convaincre. À l'instar de ses autres écrits, le peintre semble dans l'incapacité d'aller au bout d'un développement théorique, les formulations répétitives lui sont nécessaires pour convoquer sa mémoire, il est souvent question des étapes de son œuvre passée, mais il s'agit aussi de penser à une portée future de cette dernière. Les silences ou les absences du peintre entre les interventions, celles de ses

14. On note la présence, et non l'intervention, des peintres Otto Freundlich, Serge Poliakoff, Henry Valensi.

15. Robert Delaunay dans l'entretien du 12 janvier 1939, FD.

16. Robert Delaunay dans l'entretien du 5 mai 1939, FD.

17. Ces deux entretiens ont été publiés dans Francastel (éd.), *Du cubisme à l'art abstrait*, p. 220-234.

18. Robert Delaunay dans l'entretien du 10 février 1939, FD.

interlocuteurs, ne représentent pas des temps morts de la pensée, ils permettent un autre déploiement, mais sont aussi la preuve d'une « incertitude essentielle »[19].

La transcription de ces entretiens accentue la fragmentation de la parole, mais possède paradoxalement la capacité de maintenir le discours dans une possibilité, un inachèvement favorable à la réflexion et aux ouvertures, aux expansions de la pensée. Comme l'a souligné Francastel, les textes de Delaunay sont des textes parlés fixant les formules, de ce fait la forme des entretiens semble être la forme la plus adaptée à la fulgurance de ses paroles tout en prenant en compte le sujet qui s'exprime.

Au sein des entretiens, l'expérience de la rencontre permet à Delaunay de justifier la portée de sa création, de trouver des notions au contact direct de la réalité, celle de la pratique / peinture et celle de l'échange / dialogue. Ces entretiens sont donc un outil de recherche, une expérience vivante de la peinture qui s'inscrit dans l'espace du langage qui questionne le discours sur l'art en l'ouvrant à des voix plurielles. L'intérêt de ces entretiens hebdomadaires réside, semble-t-il, dans le questionnement du sens des discours qui se superposent et dans le fait qu'ils sont devenus une méthode patiente et répétitive de recherche, et un « langage autre »[20] dans la production de l'artiste.

Entretiens pédagogiques ou collectifs ?

Au-delà du caractère biographique et de la théorie qui se croisent et se mêlent, les entretiens de Delaunay ont aussi eu pour fonction de répondre indirectement aux critiques et aux attaques dont le peintre faisait l'objet. Entouré de ses amis et de ses collègues, Delaunay affirme sa mission de peintre et insiste sur la façon dont ses œuvres doivent être interprétées puisque « la plupart des critiques d'art, des écrivains même honnêtes et de bonne volonté, au fond ne savent pas quoi dire sur nos tableaux »[21]. Marqueurs de leur propre contemporanéité, les propos restent indissociables du contexte dans lequel Delaunay évolue à la fin des années 1930. Depuis une dizaine d'années, Delaunay cherche à intégrer son art dans un contexte plus vaste, celui de l'environnement, de l'espace de vie. De fait, la peinture doit développer sa capacité « représentative » dans un cadre architectural. Dans les entretiens, il insiste sur l'aspect social de l'art, souligne la place essentielle de l'artiste dans la société ainsi que l'association active de la peinture et de l'architecture, véritable enjeu social. Dès lors, le travail collectif et monumental se substitue à l'individualisme du peintre de chevalet.

C'est à l'Exposition internationale de 1937 que Delaunay a pu concrétiser ses ambitions artistiques, une peinture monumentale, collective et inobjective. Dans ce contexte, le statut de l'artiste, en tant qu'individu dont l'égotisme avait été cultivé par les avant-gardes, est remis en cause; l'artiste fait désormais figure de maître d'œuvre, entouré de collaborateurs[22]. Au Palais de l'Air, l'équipe composée d'artistes d'esthétique

19. Paul Valéry, « Du langage des dieux » ; repris dans *Œuvres complètes*, t. II, Paris, Gallimard, 1988, p. 898.

20. Maurice Blanchot, *L'entretien infini*, Paris, Gallimard, 1969, p. 235.

21. Robert Delaunay dans un entretien non daté, FD.

22. Pour le pavillon des Chemins de Fer de l'Exposition internationale de 1937, Delaunay a dirigé une équipe de peintres : Roger Bissière, Maurice Estève, Auguste Herbin, Alfred Manessier et Jean Metzinger.

cubiste[23] a eu en charge le décor du hall du Palais. Les rythmes colorés formaient un exemple d'art abstrait mural dans lequel les effets chromatiques et spatiaux produisaient un dynamisme en adéquation avec le thème du lieu. Les deux pavillons furent un des rares exemples de collaboration entre l'architecture et l'art abstrait et présentèrent un art socialement engagé dans lequel la collaboration des artistes entrait en phase avec l'aspect artisanal, manuel de l'activité du peintre. Cette logique du collectif, répondant à une crise des arts plastiques, fournissait également du travail aux artistes touchés par la crise ; le travail en équipe conciliait visée et travail collectifs et soutenait les fins contemporaines de la peinture : « Nous voulons déceler tout ce qui touche à la *grande représentation de l'humain*, dans ce qu'il y a de plus réel, de plus tangible, de plus essentiel à notre vie, de plus profond »[24]. Cette vision était partagée par Gleizes : « Il s'agit simplement de faire ces manifestations d'un homme nouveau en voie de régénération – pas régénéré – en voie de régénération »[25].

En 1938, Delaunay poursuit son travail sur la peinture monumentale et participe au troisième salon de l'Art Mural au mois de juin. Les entretiens, quant à eux, débutent en novembre de la même année et instaurent l'idée d'un développement collectif de la peinture et la nécessité de l'échange : « J'ai une très grande liberté avec eux, et c'est sur ce pied de collaboration, de liberté, que ces jeudis sont répétés et c'est curieux parce qu'ils ont créé une atmosphère assez spéciale dans Paris »[26]. Le peintre et ses interlocuteurs se forment mutuellement. C'est une entreprise de mise en question où l'artiste comme les autres intervenants peuvent être dérangés par les manques, les incompréhensions et la pratique, mais où l'Autre est nécessaire, comme le constate Delaunay : « Ce travail m'apprend à préciser davantage pour justement les formuler, ce qui fait le métier de peintre et en quoi il consiste. C'est donc un véritable champ d'expériences »[27].

Le projet de ces entretiens était de créer une atmosphère de stimulation, de participation, de formation et de réflexion collectives : « Ici nous travaillons en équipe ; c'est-à-dire, que nous ne devons nous réunir ici ni en spectateurs, ni en auditeurs, mais prendre part »[28]. Pour Delaunay, la peinture n'est pas un métier « qu'on apprend d'après des théories, ça se fait d'après la pratique, ça se fait en apprenant son métier »[29]. Le peintre insiste sur la qualité et la nécessité du *métier* lors de ces entretiens. Les conversations du jeudi deviennent une méthode de travail et de recherche collectifs avec des interventions incomplètes, hésitantes, mais conçues pour faire naître les idées aussi bien chez Delaunay que chez ses interlocuteurs ; « Ce n'est pas du tout une classe, c'est ici une bonne volonté générale »[30], et une volonté d'apprendre tous ensemble comme le confie Delaunay : « Je vais vous dire quelque chose qui va peut-être surprendre. C'est que moi-même j'apprends »[31].

23. Félix Aublet, Albert Gleizes et Léopold Survage.
24. Robert Delaunay dans l'entretien du 29 décembre 1938, FD. Souligné dans le texte.
25. *Ibid.*
26. Robert Delaunay dans l'entretien du 25 mai 1939, FD.
27. Robert Delaunay dans l'entretien du 5 janvier 1939, FD.
28. Robert Delaunay dans l'entretien du 22 mars 1939, FD.
29. Robert Delaunay dans un entretien non daté, FD.
30. Robert Delaunay dans l'entretien du 12 janvier 1939, FD.
31. Robert Delaunay dans l'entretien du 29 décembre 1938, FD.

Cette maïeutique accompagne le processus de légitimation de la production récente du peintre. Un des objectifs des entretiens est d'offrir à chaque interlocuteur la possibilité « de trouver sa personnalité réciproque avec un travail en commun, qui est contrôlé et qui sert aux uns et aux autres »[32], de créer « un état d'esprit »[33], prompt à répondre à l'environnement social et intellectuel et d'« attirer l'attention de la jeunesse sur ce fait que nous devons reconquerir [*sic*] quelque chose qui appartient à l'homme »[34].

À un renouveau pictural que Delaunay construisait et expliquait, correspondent des entretiens de circonstance, militants et pédagogiques dont l'objectif n'était pas seulement de transmettre et d'échanger des idées, mais aussi de proposer une forme préférentielle du discours sur l'art. L'entretien s'affirme à la fois en tant que parole et structure et affiche un potentiel créateur bien réel. Il constitue une médiation, faite de mouvement et de manque, et conserve une certaine authenticité. Ces entretiens hebdomadaires, qui ont fait naître des relations personnelles entre le peintre et des personnalités diverses, possèdent un contenu d'existence biographique que le langage a préservé.

La question que posent ces entretiens se situe aussi dans la difficulté rencontrée par les transcripteurs, faut-il exclure l'aspect fictionnel[35] inhérent au genre de l'entretien, même lorsque celui-ci « a eu "réellement" lieu, qu'il a été enregistré entre voix et oreille (duelles) et qu'il est transcrit de l'écoute à la lecture »[36] ?

Sources orales ou ébauches littéraires ?

Les entretiens de Delaunay restent un acte artistique d'*improvisation* :

> Je parle ici à bâtons rompus. C'est notre système ici. C'est dans cette espèce d'improvisation de conversations que nous avons une étincelle que nous transmettons dans ces causeries[37].

Cette spontanéité surgit à partir d'exemples précis produits par la pratique (les exercices ou les projections). Une partie de ces entretiens a été perdue ; une autre, non datée et partiellement retranscrite, avec de nombreux manques, nous permet de saisir l'ambiance de ces séances. Cependant, les transcriptions plus ou moins fiables, mais conservées, prouvent le désir de garder des preuves de l'existence de ces réunions :

> Ici toutes les paroles sont enregistrées ; nous pourrons tous nous relire et voir ce que nous avons dit. Les bonnes et les mauvaises choses, tout est enregistré ; nous sommes des gens très modernes et très pratiques[38].

32. Robert Delaunay dans l'entretien du 5 janvier 1938, FD.
33. *Ibid.*
34. Robert Delaunay dans l'entretien du 12 janvier 1939, FD.
35. Louis Marin, *De l'entretien*, Paris, Les Éditions de Minuit, 1997.
36. *Ibid.*, p. 14.
37. Robert Delaunay dans l'entretien du 25 mai 1939, FD.
38. Robert Delaunay dans l'entretien du 5 janvier 1939, FD.

Sans aucune réécriture ni arrangement[39], l'échantillonnage de ces entretiens a subi la transcription sténographiée puis, quelques années plus tard, le déchiffrage des sténogrammes. Si elles possèdent en grande partie l'authenticité du moment, ces conversations proposent une nouvelle forme de médiation, de relations entre l'artiste et ses interlocuteurs, interchangeables dans certaines situations. Interrogé, le peintre peut se faire aussi intervieweur.

Ces entretiens se lisent rétrospectivement comme des archives, des documents dont la fragmentation, la maladresse de la langue parlée préservent paradoxalement leur première fonction de la communication. Delaunay reprend consciencieusement l'histoire du cubisme, son activité et son rôle avant et après la Première Guerre mondiale, alternant avec des conseils sur l'emploi de la couleur, sur le métier. Il se présente comme un acteur et un témoin de son temps toujours conscient de la société dans laquelle il vit. Il imprègne ses entretiens de son enthousiasme, mais aussi d'un certain imaginaire qui a fait dire à Perron, après la guerre, que ses condisciples écoutaient Delaunay « [leur] conter la plus belle des histoires où il était question de rythmes, de vibrations cosmiques »[40], véritable « poète de la Forme-couleur »[41].

Si l'efficacité des entretiens peut se jouer dans l'écart existant entre l'ordre du récit et l'ordre du vécu, ceux du peintre répondent à une vocation pédagogique, mais aussi à celle de créer un mode de recherche à partir de l'échange. Restés empiriques, incomplets et hésitants, il n'en demeure pas moins qu'ils répondent à une préoccupation sociale et à un engagement politique et artistique. La présence de la parole, même fragmentée, épaule la création et devient à son tour une ébauche, sinon littéraire, du moins artistique et une expérience de « collaboration collective » selon l'expression de Gleizes, à l'image de l'art recherché. Le rythme de la parole, le changement de thèmes, les variations dans la longueur des prises de paroles, les reprises, pourraient refléter les cadences et le compartimentage du travail collectif où « il n'y a pas de destruction justement de la liberté de l'individu »[42]. La structure de l'entretien deviendrait alors un agencement créatif, concret et mobile qui s'imposerait à un moment de doute artistique, de retour à la figuration alors que Delaunay ne souhaitait que « faire voir justement, les possibilités du mobile »[43] par les combinaisons de couleurs. Paradigme du collectif, les entretiens semblent s'apparenter aux improvisations musicales, « les autres qui sont autour de vous, vous laissent partir, vous accompagnent en sourdine, comme cela se passe pour le jazz "hot" »[44] et captent dans l'échange les aléas de la communication, tels que les hasards, les accidents, les intentions, les déplacements, supports à une œuvre en train de se construire en permanence.

---

39. Les fautes d'orthographe, de frappe, les noms propres des interlocuteurs mal orthographiés (par exemple, le peintre Lhote devient Lotte), la grammaire et la ponctuation approximatives, sont conservés en l'état.

40. Discours de Péron (orthographié Perron) du 14 décembre 1945, FD.

41. *Ibid.*

42. Albert Gleizes dans un entretien non daté, FD.

43. Robert Delaunay dans l'entretien du 12 janvier 1939, FD.

44. Robert Delaunay dans l'entretien du 22 mars 1939, FD.

« LES ENTRETIENS DE TERVUREN » : CHRISTIAN DOTREMONT, DE LA VOIX À LA PAGE

Aliénor Debrocq

L'ouvrage au titre énigmatique, *Grand hôtel des valises, locataire Dotremont*, et sous-titré *Les entretiens de Tervuren, poèmes, manuscrits, photographies réunis et présentés par Jean-Clarence Lambert, avec Alechinsky, Appel, Pol Bury, Corneille, Constant, Doucet, Edouard Jaguer, Jorn, Joseph Noiret, Ubac, dans un dotremontage de Pierre Faucheux*, paru en 1981 aux éditions Galilée, s'appuie sur une série d'entretiens radiophoniques réalisés trois ans plus tôt par Jean-Clarence Lambert, pour le compte de France Culture, à l'occasion du trentième anniversaire de la création du mouvement Cobra. Au milieu du mois de novembre 1978, Lambert s'est ainsi rendu à Tervuren, aux abords de Bruxelles, pour y rencontrer Christian Dotremont, le poète membre fondateur de Cobra, qui séjourne depuis le début des années 1960 à la pension de Pluie-de-Roses. Ces trois jours d'enregistrement vont rapidement acquérir une « valeur ajoutée », car Dotremont décède l'année suivante, le 20 août 1979. Lambert déclare ainsi à ce propos : « Ces paroles, parce que la mort devait leur donner une résonance toute autre, ne sont-elles pas ce que Dotremont voulait que l'on retienne, à dernier escient, de Cobra et de ses travaux ? Sans prix, dès lors, irremplaçables » [1].

Suite à un accord donné par le poète avant sa mort, l'enregistrement sera mis en dialogue avec les déclarations de plusieurs compagnons de route, anciens membres de Cobra, comme Constant, Jacques Doucet, Joseph Noiret ou encore Pierre Alechinsky. Deux semaines de diffusion matinale sur France Culture permettront au public de découvrir cette mine d'informations. De larges extraits de ces entretiens seront ensuite mis par écrit, dans le recueil de 1981 que nous venons d'évoquer.

1. Christian Dotremont, *Grand hôtel des valises, locataire Dotremont : les entretiens de Tervuren*, poèmes, manuscrits, photographies réunis et présentés sous la direction de Jean-Clarence Lambert, Paris, Galilée, 1981, p. 22. L'illustration choisie pour la couverture est la reproduction d'une eau-forte de Pierre Alechinsky, *Dotremont en bonnet lapon*, réalisée en 1957.

L'ENTRETIEN D'ARTISTE : UNE SOURCE HYBRIDE ET MÉCONNUE

Le cas des *Entretiens de Tervuren* offre de nombreuses possibilités pour interroger le concept d'entretien d'artiste, ainsi que ses enjeux théoriques. Ces enjeux n'ont cependant pas encore été clairement définis, l'entretien d'artiste n'ayant jusqu'à présent fait l'objet d'aucune étude méthodologique ni épistémologique sérieuse. Il est cependant évident que la transcription de sources de ce type – leur passage de l'oral à l'écrit –, induit une série de modifications qui leur confèrent une relative hybridité – hybridité qui n'a jamais, jusqu'à présent, été théorisée. Quel statut peut-on dès lors accorder à ce type de sources ? Quelle valeur leur conférer ? Quel crédit accorder à la voix de l'artiste et à sa transcription sur papier ? Ces questions méthodologiques et critiques méritent d'être posées, tout particulièrement à une époque où les supports se diversifient, permettant aux sources et aux documents d'archives d'emprunter des voies multiples pour parvenir jusqu'à nous.

Parmi les rares auteurs à s'être interrogés sur la nature de l'entretien, Pierre Baracca, Geneviève Roussel et Marie-Claire Trân Vàn-Nory ont publié récemment un ouvrage consacré au cas d'un entretien avec Arman, le « père » du Nouveau Réalisme français – entretien réalisé en 2004[2]. Ce livre comprend bien évidemment la transcription de l'entretien, mais il pose également un faisceau de questions relatives aux « conditions de production » du texte présenté :

> Nous avons essayé de faire apparaître qu'un tel texte est un croisement de vies, qu'il s'inscrit dans un lieu, qu'il a une théâtralité, qu'il résulte des intentions des questionneurs [et] de l'interviewé qui ne pouvait pas ignorer [...] les usages divers qui pourraient être faits de l'entretien. Chacun avait nécessairement une intention de départ[3].

Selon les auteurs, l'entretien d'artiste sous-entend nécessairement au moins trois aspects, qui sont, premièrement, une préparation préalable ; deuxièmement, une retranscription – ce qui induit que le texte n'est pas une archive isolée – et, enfin, des réseaux de relations, visibles ou souterrains. Ils en arrivent dès lors à la conclusion qu'un entretien n'est pas un texte autosuffisant – une archive autonome :

> Il ne suffit pas de l'entourer d'informations historiques pour obtenir sa *contextualisation.* En effet, *l'entretien est d'abord l'intersection de différentes trajectoires de vie* (au moins l'enquêteur et l'enquêté) à un moment donné où se sont joués des rôles sociaux. Il n'est en somme que la partie visible d'un iceberg[4].

Tentons d'appliquer ces quelques constatations sociologiques aux *Entretiens de Tervuren.* Malheureusement, il est très difficile de récolter des témoignages et des documents pouvant éclairer les « conditions de production » de ces entretiens et, surtout, leur processus de transcription. Les recherches menées pour retrouver les bandes sonores originales se sont en effet avérées vaines : ni Lambert ni France Culture n'ont pu nous renseigner sur leur sort. Il semble que la source originale soit perdue, et

---

2. Pierre Baracca, Geneviève Roussel et Marie-Claire Trân Vàn-Nory, *Arman, un entretien d'artiste (2004) : le texte et ses conditions de production*, Paris, L'Harmattan, 2008.

3. *Ibid.*, p. 13.

4. *Ibid.*, p. 86. Souligné par l'auteur.

que seule sa transcription demeure à ce jour. Seule demeure donc la source imprimée pour tenter d'en dégager des éléments pertinents qui pourraient être utiles dans notre questionnement sur l'entretien d'artiste.

Les acteurs : le questionneur et le questionné

Il est essentiel, pour utiliser l'entretien comme un document d'archive, de cerner tant la personnalité que les motivations des acteurs concernés. Dans le cas qui nous occupe, il s'agit de Lambert (né en 1931) d'une part, et de Dotremont (1922-1979) d'autre part. Un technicien de France Culture a également accompagné Lambert à Tervuren, mais il semble qu'il n'ait pas joué de rôle particulier dans le déroulement des entretiens.

Le poète Dotremont rejoint le groupe surréaliste de la Main à Plume à Paris pendant la Seconde Guerre mondiale, puis participe à la fondation du mouvement franco-belge du Surréalisme-Révolutionnaire en 1947. L'année suivante, il crée le mouvement international Cobra, en compagnie du poète Joseph Noiret et de quelques peintres (Asger Jorn, Constant Nieuwenhuis, Guillaume Corneille et Karel Appel)[5]. Il assure la coordination artistique de Cobra jusqu'en 1951, année où il apprend qu'il est atteint de la tuberculose. La maladie ne l'empêche toutefois pas de poursuivre ses nombreuses activités artistiques et, en 1962, il invente le logogramme, forme poétique visuelle nouvelle[6]. Il faut également préciser qu'en dehors de sa production poétique, Dotremont a écrit beaucoup sur le plan théorique et sur l'histoire de Cobra (articles, correspondance, etc.)[7]. Établir un récit de l'aventure Cobra a toujours fait partie de ses préoccupations, ce qui nous donne une indication sur son degré de motivation dans la réalisation des entretiens dont il est question ici.

Lambert est un homme de lettres français, qui a joué un rôle un peu particulier au sein de Cobra : il n'a pas participé à la fondation du mouvement ni aux activités qui ont eu lieu ensuite, mais il affirme avoir bien connu ses acteurs et avoir suivi l'évolution de Cobra de près :

> Pendant mon adolescence – j'avais 15 ans –, j'étais en contact avec le groupe surréaliste, Breton, etc. J'allais au café avec eux, après la guerre, vers 1947-48. J'étais aussi en contact direct avec Paul Eluard. J'ai *raté* Cobra de peu car je n'avais que 17 ans à l'époque de sa création, mais j'étais déjà en contact avec eux. J'ai connu Cobra avant Cobra et, curieusement, pendant la brève époque Cobra, je n'étais pas là, j'habitais en

5. À propos de Cobra, nous renvoyons notamment aux ouvrages suivants : Edouard Jaguer, *Cobra au cœur du XXe siècle*, Paris, Galilée, 1997 ; Joseph Noiret, *ChronoCobra : feu Cobra va bien, merci, et vous ?*, Bruxelles, Didier Devillez, 2001 ; Willemijn Stokvis, *Cobra : la conquête de la spontanéité* [1974], Paris, Gallimard, 2001 ; Denis Laoureux, *Cobra, passages : la collection Thomas Neirynck*, Bruxelles, La Renaissance du Livre, 2008. Voir également Anne Adriaens-Pannier et Michel Draguet, *Cobra*, catalogue de l'exposition (Bruxelles, Musées royaux des Beaux-Arts de Belgique, 7 novembre 2008 au 15 février 2009), Bruxelles, Musées royaux des Beaux-Arts de Belgique, 2008.

6. Les logogrammes constituent une forme de poésie visuelle inventée par Dotremont en 1962. À ce sujet, voir entre autres l'article de Giovanni Buzi, « Labyrinthe et oracle : le mystère des logogrammes de Christian Dotremont », dans Paul Aron (dir.), *D'autres Dotremont*, numéro spécial de *Textyles*, n° 30, 2007, p. 49-60.

7. À propos de Dotremont, voir Françoise Lalande, *Christian Dotremont, inventeur de Cobra : une biographie*, Paris, Stock, 1998 ; Paul Aron (dir.), *D'autres Dotremont*, numéro spécial de *Textyles*, n° 30, 2007.

> Suède je pense. Mais j'ai toujours été en contact direct avec les Cobra. Ça a été une merveilleuse école pour moi [8].

Lambert a donc joué un rôle ambigu, à la fois proche et distant des Cobra. Il considère en outre Dotremont comme « un merveilleux personnage », qui « pratiquait l'humour au quotidien », « quelqu'un de très secret » et sans conteste l'un des plus grands poètes du XXe siècle.

Il est certes difficile de vérifier tous les dires de Lambert, mais on sait qu'il a effectivement eu de nombreux contacts avec les acteurs de Cobra et qu'il a publié sur eux ou avec eux à plusieurs reprises. Il est notamment l'auteur d'un ouvrage intitulé *Cobra, un art libre*, paru en 1983 [9]. La volonté de faire ce livre venait au départ de Dotremont lui-même qui, pendant des années, avait voulu faire un livre sur Cobra, écrit *par* les acteurs de Cobra. Il avait même signé des accords avec la maison d'édition Skira, mais, explique Lambert, « Dotremont était trop proche de Cobra et n'arrivait pas à faire le livre : il fallait quelqu'un qui soit dans le coup et en même temps en dehors. Si j'avais participé au moment Cobra, j'aurais eu plus de difficultés et je n'aurais pas accepté de le faire » [10]. Dotremont a donc demandé à Lambert de faire « le livre des Cobra sur Cobra ». La genèse du projet a duré plusieurs années, si bien qu'il est paru après la mort de Dotremont, en 1983. C'est donc pendant qu'il travaillait à cet ouvrage rétrospectif que Lambert a réalisé les *Entretiens de Tervuren* et le livre qui en découle.

De la voix à la page

Lors de notre rencontre avec Lambert, celui-ci évoque le contexte dans lequel il a réalisé les *Entretiens de Tervuren* :

> À l'époque, je faisais beaucoup d'entretiens avec les gens qui m'intéressaient personnellement – des poètes, des philosophes, des artistes, etc. Le meilleur moyen d'aller assez loin avec eux, c'était de faire des entretiens. Cela permettait d'aller en profondeur, d'explorer le côté socratique de la chose. Il y avait alors à la radio française un personnage qui m'aimait beaucoup : Claude Mettra [11]. Grâce à lui, j'ai pu réaliser et diffuser de nombreux entretiens. J'ai pu ainsi conserver la voix de gens qui détestaient parler en public, comme Pierre Alechinsky. Ça se passait toujours d'une façon très amicale [12].

Interrogé sur sa méthode de transcription des entretiens, Lambert n'est pas loquace, révélant néanmoins que ce travail comportait une grande part de réécriture : « Le parlé et l'écrit sont deux choses différentes. La tonalité de la voix révèle beaucoup. J'ai retranscrit, réécrit, restructuré » [13] a-t-il expliqué. Dans le long texte qui introduit les *Entretiens de Tervuren*, il déclare également :

---

8. Entretien de Jean-Clarence Lambert avec Aliénor Debrocq, Dracy, 12 août 2010. Souligné par l'auteur.
9. Jean-Clarence Lambert, *Cobra un art libre* [1983], Paris, Galilée, 2008.
10. Entretien de Jean-Clarence Lambert avec Aliénor Debrocq, Dracy, 12 août 2010.
11. Claude Mettra (1922-2005) est un écrivain français, auteur d'ouvrages dans le domaine de l'histoire, des arts et de la philosophie, producteur d'émissions à France Culture.
12. Entretien de Jean-Clarence Lambert avec Aliénor Debrocq, Dracy, 12 août 2010.
13. *Ibid.*

> Au décryptage des bandes, au passage de la voix à l'écrit, disparaît la présence concrète qui est pour beaucoup présence sonore. La voix, mais aussi l'environnement acoustique, les odeurs mêlées d'une maison de santé, les bruits à Pluie-de-Roses. La voix est l'image ultra sensible de celui qui parle. Peut-on la remplacer par la photo ? Quel autre expédient ? [14]

À l'origine, nous l'avons vu, ces entretiens étaient uniquement destinés à la diffusion radiophonique. L'idée de la publication est apparue par après, parce que la maison d'édition Galilée s'intéressait à Cobra. Selon Lambert, c'est l'éditeur qui a proposé de faire le livre : c'était une belle occasion de faire connaître Dotremont, qui venait de décéder. Il était alors pratiquement inconnu à Paris et en France : « Ce livre a sans doute aidé à le faire connaître, car personne ne savait vraiment qui il était. Quand il voyageait, c'était en Laponie, pas à Saint-Germain-des-Prés, donc il avait peu de chances de rencontrer les journalistes de la scène littéraire » [15].

La construction du recueil

Le recueil publié en 1981 est très construit, malgré le côté un peu chaotique de sa mise en page. Il s'ouvre par un long texte de Lambert, intitulé « Dotremont alias Logogus ». Comme l'ensemble du livre, ce texte est entrecoupé d'extraits de manuscrits de Dotremont, de reproductions de ses logogrammes et de photographies prises par Alechinsky, présentant le poète dans l'environnement de la maison de santé de Pluie-de-Roses. La maladie – maladie chronique, puisqu'il s'agit de la tuberculose – est donc très présente au fil des pages. Voici ce que dit Lambert de la vie de Dotremont à Tervuren :

> Il occupait en étage une chambre aux commodités minimales – mais avec une ligne directe de téléphone. L'indescriptible fouillis de livres, publications, affiches, œuvres d'art, archives non archivées, photos et lettres avait progressivement et irrémédiablement stratifié le peu d'espace. Ne restaient dégagés que le lit – et encore ! –, une petite partie de la table et, sur le sol, de quoi poser le pied pour aller de l'un à l'autre, guère plus séparés, à vrai dire, que dans le titre d'Eluard. Si Dotremont était, par ses récurrents séjours en Laponie finlandaise, une sorte de trappeur du Grand Nord, à Pluie de Roses il vivait plutôt en trappiste, en reclus. Tant bien que mal, car il avait le souffle court, nous enregistrâmes trois jours durant [16].

Mais, au-delà de la maladie, c'est aussi la poésie et la création artistique qui se manifestent au travers de la plume de Lambert et des photographies choisies, comme celles qui montrent les larges feuilles des logogrammes éparpillées sur le lit du poète.

La photographie occupe manifestement une place de choix dans le recueil. Est-ce, comme le laisse entendre Lambert, pour remplacer la « voix de celui qui parle », disparue lors du passage de l'oral à l'écrit ? Dans le livre évoqué précédemment, qui traite de l'entretien réalisé avec Arman en 2004, la photographie a également un rôle important

14. Lambert, *Grand hôtel des valises*, p. 22.
15. Entretien de Jean-Clarence Lambert avec Aliénor Debrocq, Dracy, 12 août 2010.
16. Lambert, *Grand hôtel des valises*, p. 18-22.

à jouer, puisque la journaliste et le sociologue chargés d'interviewer Arman se sont fait accompagner d'une photographe, qui a pris des clichés tout au long de l'entretien. Dans les *Entretiens de Tervuren*, le rôle de la photographie est différent, étant donné que les clichés ne sont pas parfaitement contemporains de la réalisation des entretiens : il s'agit essentiellement de clichés pris par Alechinsky au début des années 1970, ainsi que de photographies de différentes époques, témoignant des voyages et des collaborations artistiques de Dotremont.

En ce qui concerne la construction du livre, nous avons vu qu'il s'ouvre par un texte de Lambert – texte qui rend hommage à la figure récemment disparue de Dotremont et rappelle son rôle central dans l'histoire de Cobra et, plus largement, dans celle de la poésie du XXe siècle. La seconde partie de l'ouvrage, intitulée « Christian Dotremont parle », nous plonge au cœur des entretiens proprement dits. La transcription des entretiens de Lambert avec Dotremont commence en page 52 et se termine en page 133, mais elle est sans cesse « interrompue » par des reproductions de manuscrits et de manifestes originaux, ainsi que par les déclarations des autres membres de Cobra. Ce choix éditorial, couplé à une mise en page parfois quelque peu difficile à suivre, a pour conséquence de brouiller les pistes. Les nombreuses illustrations sont en outre livrées brutes, et seules les légendes se trouvant en fin de volume nous permettent de les identifier.

La transcription des entretiens ne clôture pas le volume : suivent en effet une chronologie détaillée de la vie et des diverses activités artistiques de Dotremont, puis la reproduction de certaines de ses œuvres poétiques, à commencer par « Ancienne Éternité », sa « première œuvre », conçue en 1940. Ensuite, « La reine des murs » (1942) et « Vues, Laponie » (1957) ; une longue lettre à Alechinsky, etc. Le volume se termine par un texte d'Alechinsky, « Dernier jour », qui relate les derniers moments de Dotremont. Le recueil est, une fois de plus, placé sous des auspices funèbres.

« Christian Dotremont parle » : une fiction ?

La transcription de l'entretien proprement dit commence sans préambule, si ce n'est son titre, « Christian Dotremont parle ». Aucun guillemet n'est là pour annoncer qu'il s'agit d'un discours rapporté. Seul l'usage de la première personne du singulier et le contenu du texte permettent de comprendre rapidement qu'il s'agit de la parole de Dotremont :

> En 1946, j'étais venu à Paris chercher de jeunes surréalistes, désireux de renouveler l'expérimentation surréaliste. J'ai trouvé une petite revue *La révolution la nuit*, que publiait Yves Bonnefoy. Et j'ai rencontré Bonnefoy au Notre-Dame Hôtel. C'est pourquoi en 1948 j'ai invité mes amis proches, le poète Joseph Noiret, de Belgique, Jorn, Appel, Constant et Corneille, au café du Notre-Dame Hôtel. J'ai rédigé rapidement une brève déclaration où il est significatif que ne se trouve pas le mot *art* mais le mot *travail*, le mot *expérimental*, etc. Cette déclaration a été signée par nous six, non français, à Paris, un peu

> contre Paris, contre l'impérialisme culturel parisien, la centralisation parisienne. C'est ainsi qu'est né Cobra [17].

Tout l'entretien transcrit par Lambert possède cette fluidité, mais on peut aisément imaginer que la vraie parole de Dotremont n'a pas coulé avec autant de facilité à l'oral, et qu'elle a dû s'entrecouper de nombreux temps de pause, d'hésitations et de répétitions. Donnons-en un exemple précis : l'énumération du contenu des dix numéros de la revue *Cobra*, qui court de la page 115 à 124. Il est peu probable que Dotremont ait récité tout cela d'une traite, sans hésitations ni reprises, au cours de l'enregistrement de 1978. C'est pourtant comme cela que le discours est reproduit dans le livre. Le titre de l'entretien, « Christian Dotremont parle », est donc en partie une fiction, puisqu'il ne s'agit pas de la parole brute de Dotremont, mais d'un texte très « littéraire », nettement retravaillé sur le plan du style et de l'articulation des idées, et documenté par le transcripteur. L'entretien écrit est donc en partie fictif. Il en va de même dans les cas des entretiens avec les autres membres de Cobra, qui s'intercalent tout au long du livre : il s'agit également de textes continus, dépouillés de toute trace d'hésitations et commentant les activités de Dotremont et le déroulement de Cobra.

En ce qui concerne la rhétorique des entretiens, on remarque que – dans la transcription du moins – Lambert pose très peu de questions et intervient rarement dans le fil des idées de Dotremont : celui-ci raconte les origines de Cobra, le contexte de la fin des années 1940, la volonté d'expérimentation et d'internationalisme des membres du groupe, puis passe au déroulement des trois années d'activités de Cobra et à la suite de son propre parcours : comment il a créé le logogramme, etc. Lambert pose parfois une question qui a pour conséquence de faire bifurquer le cours du récit, mais il semble que ses rares interventions fassent partie d'une rhétorique consciente : le discours est très clairement construit selon des stratégies discursives. Dès lors, les questions de Lambert ne sont pas de « vraies » questions mais plutôt un moyen d'articuler les idées de Dotremont à l'écrit de façon faussement naturelle.

Voici trois exemples des stratégies discursives employées par Lambert :

La plupart du temps, les interventions de Lambert sont d'ordre factuel, voire anecdotique. À la page 62, alors que Dotremont parle de son ami Asger Jorn, autre membre de Cobra, et du Danemark, Lambert lui demande abruptement : « Comment a eu lieu votre rencontre ? » et Dotremont se met à la raconter. Il s'agit donc davantage, selon nous, d'une façon d'articuler le récit, de le ponctuer de questions, afin de le rendre plus dynamique à la lecture. Ces questions paraissent spontanées, mais ont très bien pu être insérées *a posteriori* dans le texte. Seule l'écoute de la bande originale pourrait permettre de nous éclairer là-dessus.

Nous avons également relevé le fait que Lambert s'autorise parfois des remarques personnelles, qui ne sont pas des questions mais plutôt des affirmations. Ainsi, page 68, il déclare : « La question du réalisme socialiste a été déterminante dans votre rupture avec les communistes », et Dotremont enchaîne : « En Belgique, oui. Pas au Danemark ».

17. Christian Dotremont, « Christian Dotremont parle : les entretiens de Tervuren », dans Lambert, *Grand hôtel des valises*, p. 52. Souligné par l'auteur.

Il s'agit, cette fois encore, d'articuler le texte et de le rendre plus « lisible », mais il peut également s'agir de formuler une opinion personnelle.

Enfin, à d'autres moments, Lambert semble vouloir lui-même orienter le cours de la discussion, comme à la page 76, où il demande à Dotremont s'il n'y a pas « contradiction entre régionalisme et internationalisme ». La transcription écrite ne permet pas de savoir si Dotremont a pu hésiter avant de répondre ou non, car la réponse vient directement : « Je crois qu'il faut d'abord chercher sa primitivité locale… ».

Conclusion

Les *Entretiens de Tervuren* constituent un cas ambigu, et ce, pour plusieurs raisons. Premièrement, du point de vue formel : le passage de l'oral à l'écrit induit, on l'a vu, une série de modifications rhétoriques incontournables. Deuxièmement, du point de vue du rôle des acteurs : Dotremont joue ici le rôle de l'historien de Cobra, tout en étant lui-même l'objet du livre, comme en témoignent les nombreuses reproductions de ses poèmes et logogrammes, ainsi que les témoignages amicaux de ses compagnons de route. Lambert, quant à lui, est un ami de Dotremont, et cela a nécessairement eu un impact sur le déroulement des entretiens et leur transcription. Enfin, du point de vue de l'intention éditoriale : il semble que la dimension *post mortem* de l'ouvrage ne puisse pas être évacuée – la maladie et la mort de Dotremont sont omniprésentes –, et cela induit une atmosphère particulière : celle d'un hommage à Dotremont, depuis peu décédé.

Malgré les précautions nécessaires pour aborder cette source, les *Entretiens de Tervuren* constituent néanmoins la dernière « parole » de l'un des piliers de Cobra, une parole sans doute plus fluide que dans d'autres déclarations antérieures, une parole *adressée*, une parole qui résonne encore aujourd'hui, au-delà de quelques décennies de silence, ainsi que le rappelle son interlocuteur :

> Et je me rappelle aussi son apparition attendue, dans la nuit froide et brumeuse de novembre, un de ces vrais temps d'hiver qu'il aimait. Il nous avait réservé, à mon assistant et à moi, des chambres à l'hôtel de Tervuren, en face du Musée ethnographique, à trois arrêts de tram de Pluie de Roses. C'est du reste le terminus de la ligne, une petite gare irréelle et nostalgique, de celles qui ont inspiré Paul Delvaux. Dotremont vint nous rejoindre à l'heure du dîner. Vêtu d'un gros pardessus sombre, le col relevé, marchant de son pas de trappeur, la moustache broussailleuse, et le chef sommé d'un superbe bonnet lapon, bleu, jaune, rouge, à quatre pointes. Il s'assit à notre table sans pour autant partager le dîner, et fuma cigarette sur cigarette. Il savait, pourtant. C'était son défi. « Tes jours sont comptés mais non les siècles qu'il y a dedans » [18].

18. Lambert, *Grand hôtel des valises*, p. 26.

PRÉSENTATION DES AUTEURS

MARIE-HÉLÈNE BENOIT-OTIS est professeure à la Faculté de musique de l'Université de Montréal, chercheuse associée au Centre canadien d'études allemandes et européennes et membre de l'Équipe musique française de l'Observatoire interdisciplinaire de création et de recherche en musique (OICRM). Elle est l'auteur d'une monographie sur le wagnérisme (*Ernest Chausson,* Le Roi Arthus *et l'opéra wagnérien en France*, Francfort, Peter Lang, 2012), ainsi que de plusieurs articles sur Wagner, la musique française de la fin du XIXe siècle, la mise en scène lyrique et les opéras de Mozart. Elle a également coédité les ouvrages collectifs *Charles Koechlin, compositeur et humaniste* (Paris, Vrin, 2010) et *Écrits de compositeurs : une autorité en questions* (Paris, Vrin, 2013). Ses travaux lui ont valu plusieurs prix, dont le *Thurnauer Preis für Musiktheaterwissenschaft* 2011 et deux Prix Opus du Conseil québécois de la musique dans la catégorie « article de l'année » (2008, 2013). Également active en tant que traductrice, elle a notamment réalisé une première traduction française des *Fondements de l'histoire de la musique* de Carl Dahlhaus (Arles, Actes Sud / Paris, Cité de la musique, 2013).

DELPHINE BIÈRE est maître de conférences à l'Université de Lille III et chercheuse à l'Institut de recherches historiques sur le Septentrion (IRHiS) (UMR 85291-CNRS-Université de Lille III). Ses recherches portent sur les échanges et les relations artistiques au sein des avant-gardes dans la première moitié du XXe siècle. Elle a publié *Le réseau artistique de Robert Delaunay* (Publication de l'université de Provence, 2005) et des articles parmi lesquels « La revue Zenit : une avant-garde entre particularisme identitaire et internationalisme » (S. Bru, J. Baetens, B. Hjartarson, P. Nicholl, T. Ørum, H. van den Berg (dir.), *Europa ! Europa ? The Avant-garde, Modernism and the Fate of a Continent*, Berlin, W. de Gruyter, 2009). Elle a par ailleurs écrit des articles sur l'œuvre de Wols et ses différentes pratiques artistiques (dessin, photographie, écrit et peinture).

SYLVELINE BOURION a réalisé un doctorat en musicologie à la Faculté de musique de l'Université de Montréal, sous la direction conjointe de Dujka Smoje et de Jean-Jacques Nattiez. Depuis, elle enseigne à titre de chargée de cours dans cette même faculté. Elle a publié un ouvrage sur les duplications dans l'œuvre de Debussy, conçu sous la forme d'un traité de tactiques militaires où l'on voit un Debussy stratège procéder sans ménagement avec ses séquences musicales comme avec des régiments de parachutistes, de chasseurs alpins ou d'infanterie cycliste : *Le style de Claude Debussy* (Vrin, 2011).

Laurence Brogniez est professeur à l'Université libre de Bruxelles, où elle enseigne l'histoire littéraire du XIXe siècle et la littérature comparée. Dans sa thèse, publiée chez Champion sous le titre *Préraphaélisme et Symbolisme : peinture littéraire et image poétique* (2003), elle a abordé la question des rapports entre peinture et littérature à l'époque symboliste. En 2000, elle a dirigé un numéro de la revue *Textyles* intitulé « La Peinture (d)écrite ». Éditrice scientifique du volume *Écrit(ure)s de peintres belges* (Peter Lang, 2008), elle poursuit actuellement ses recherches sur la critique d'art et les écrits d'artistes en Belgique (XIXe-XXe siècles). Depuis 2005, elle anime le site *Pictoriana* (www.pictoriana.be), consacré aux écrits d'artistes belges, dont la revue électronique *arText* prendra le relais en 2015. Elle a édité plusieurs volumes collectifs, dont *Écrits voyageurs : les artistes et l'ailleurs* (Peter Lang, 2012). Elle a également coorganisé au Musée Félicien Rops (Namur) les expositions *Hystériques !* (2012) et *En route ! Sur les traces des artistes belges en voyage* (2014). Ses recherches actuelles portent sur l'histoire culturelle de Bruxelles à la fin du XIXe siècle et sur la géographie littéraire.

Rémy Campos enseigne l'histoire de la musique au Conservatoire national supérieur de musique et de danse de Paris (CNSMDP) et coordonne la recherche à la Haute école de musique de Genève. Ses travaux ont porté sur la redécouverte des musiques anciennes (*La Renaissance introuvable ? Entre curiosité et militantisme : la Société des concerts de musique vocale, religieuse et classique du prince de la Moskowa (1843-1847)*, Paris, Klincksieck, 2000), sur les conservatoires (*Instituer la musique : les débuts du Conservatoire de Genève (1835-1859)*, Genève, Éditions Université-Conservatoire de musique, 2003) et sur les questions d'historiographie (avec Nicolas Donin (dir.), *L'Analyse musicale : une pratique et son histoire*, Droz, 2009 ; *François-Joseph Fétis musicographe*, Droz, 2013). Il travaille actuellement sur l'histoire des pratiques musicales au XIXe et aux XXe siècles (avec Aurélien Poidevin, *La scène lyrique autour de 1900*, L'œil d'or, 2012).

Né en 1959, Manuel Couvreur accomplit des études de philologie romane à l'Université libre de Bruxelles. Il y soutient en 1989 une thèse consacrée à la tragédie en musique, de Lully à Rameau. Après une carrière de chercheur au Fonds national de la Recherche Scientifique (1985-2002), il entre à l'Université libre de Bruxelles où il est aujourd'hui professeur ordinaire. Ses enseignements portent sur la période des Temps modernes et sur la littérature française, l'histoire de l'art et sur une approche comparée des diverses formes d'expression artistique. Il a assuré la direction d'une série de cinq ouvrages collectifs retraçant les quatre siècles d'existence du théâtre royal de la Monnaie. Il a publié un ouvrage sur Jean-Baptiste Lully, ainsi que de nombreux articles et ouvrages collectifs sur les relations entre musique et littérature en France aux XVIIe et XVIIIe siècles. Dans le cadre de l'édition monumentale des œuvres du prince de Ligne chez Champion, il a assuré la direction scientifique des deux volumes consacrés aux Œuvres romanesques. Il a également donné une édition du *Coup d'œil sur Belœil* (Labor, 2003). Son édition critique de la traduction par Antoine Galland des *Mille et une nuit* dans la collection de la *Bibliothèque des génies et des fées* a été publiée chez Champion (2015).

Après des études en histoire de l'art contemporain à l'Université libre de Bruxelles, ALIÉNOR DEBROCQ obtient un mandat d'aspirant du Fonds de la recherche scientifique (F.R.S.-FNRS) pour préparer une thèse de doctorat, sous la direction de Michel Draguet. Intitulée *Le Surréalisme-Révolutionnaire et Cobra à l'épreuve de la violence : contribution à l'histoire des représentations*, cette thèse est soutenue en juin 2012. Elle devient ensuite collaboratrice scientifique du F.R.S.-FNRS dans le cadre de *Pictoriana*, projet consacré aux écrits d'artistes, ainsi que membre du groupe de contact F.R.S.-FNRS sur les écrits d'artistes. Ses recherches portent sur l'art européen d'après-guerre, en particulier le surréalisme et Cobra. Elle travaille dans le milieu radiophonique (Musiq'3) et s'adonne à la critique littéraire pour la revue *Indications*. Son premier recueil de nouvelles est paru aux éditions Quadrature en mai 2013.

Professeur à la Faculté de musique de l'Université de Montréal et titulaire de la chaire en musicologie de l'Université de Montréal, MICHEL DUCHESNEAU est l'auteur du livre *L'avant-garde musicale en France et ses sociétés de 1871 à 1939* (Mardaga, 1997), coéditeur des collectifs *Musique et modernité en France* (Presse de l'Université de Montréal, 2006), *Musique, art et religion dans l'entre-deux-guerres* (Symétrie, 2009), *Charles Koechlin, compositeur et humaniste* (Vrin, 2010), *Écrits de compositeurs* (Vrin, 2013), d'articles et de conférences sur la musique française de la première moitié du XXe siècle. Appuyé par des subventions du Conseil de recherche en sciences humaines du Canada et du Fonds de recherche québécois – société et culture, il a réalisé deux volumes consacrés aux écrits du compositeur et pédagogue français Charles Koechlin (vol. I : *Esthétique et langage musical*; vol. II : *Musique et société*, Mardaga, 2006 et 2009). Rédacteur en chef de la revue *Circuit, musiques contemporaines* de 2000 à 2006, son intérêt pour l'étude des courants musicaux d'avant-garde l'a conduit à publier sur la création musicale québécoise et sa réception. Depuis 2004, il dirige l'Observatoire interdisciplinaire de création et de recherche en musique (OICRM).

VALÉRIE DUFOUR est chercheuse qualifiée au Fonds de la recherche scientifique (F.R.S.-FNRS) et enseigne la musicologie à l'Université libre de Bruxelles. Elle a consacré plusieurs ouvrages au compositeur Igor Stravinski d'une part (dont l'édition récente de ses écrits et entretiens *Confidences sur la musique : propos recueillis (1912-1939)*, Arles, Actes Sud, 2013), et à l'histoire de l'intellectualité musicale d'autre part. Le livre *Écrits de compositeurs : une autorité en questions* (Paris, Vrin, 2013), édité en collaboration avec Michel Duchesneau et Marie-Hélène Benoit-Otis, précède à ce titre la réflexion menée ici sur les entretiens d'artistes. Elle a également publié plusieurs travaux relatifs à la vie musicale des XIXe et XXe siècles.

EVELYNE GAYOU est chercheur, compositeur, docteur en musicologie, membre depuis 1975 du Groupe de recherches musicales (GRM), de l'Institut national de l'audiovisuel (INA) à Paris, fondé par Pierre Schaeffer. Productrice et réalisatrice des émissions du GRM sur France Culture – Radio France (1975-1998), elle est responsable des publications du GRM, notamment de la collection *Portraits Polychromes*, livres et multimédia. Enseignante en musicologie à la Sorbonne Paris IV, chercheur invité au Center for Computer Research in Music and Acoustics (CCRMA) de l'Université Stanford, elle est l'auteur d'œuvres musicales électroacoustiques, de conférences-spectacles sur la musique concrète, d'articles, et du livre *GRM, Groupe de recherches musicales : cinquante ans d'histoire* (Fayard, 2007).

FABIEN GERARD (1956) a vécu pendant une dizaine d'années à Rome avant d'enseigner l'histoire du cinéma à l'Université libre de Bruxelles ainsi qu'à l'École nationale supérieure des arts visuels de La Cambre. Sa formation initiale d'historien de l'art l'a d'abord porté à travailler sur les liens existant entre peinture, littérature et cinéma, en particulier autour du Réalisme Magique cher au réalisateur André Delvaux. Toutefois, c'est en tant que spécialiste du cinéma italien qu'on lui doit ses principales publications à l'échelon international, consacrées entre autres à Pier Paolo Pasolini et à Bernardo Bertolucci (dont il compte aussi parmi les collaborateurs attitrés depuis l'époque du *Dernier Empereur*).

RICHARD HOBBS est membre du Département de français à l'Université de Bristol en Grande-Bretagne depuis 1971. Il y a fondé, en 1998, le Research Centre for the Study of Visual and Literary Cultures in France, dont il est resté directeur pendant dix ans, et au sein duquel il a organisé, entre autres, un colloque international annuel. Depuis 2008, il se consacre exclusivement à la recherche comme Senior Research Fellow. Spécialiste des relations entre texte et image, il s'est d'abord intéressé à la période symboliste (*Odilon Redon*, New York Graphic Society, 1977) et au milieu de Stéphane Mallarmé (articles sur Monet et Seurat). Il est l'éditeur d'un livre collectif sur la modernité en art et en littérature à partir du Second Empire (*Impressions of French Modernity*, Manchester University Press, 1998). Depuis quelques années, il s'intéresse au phénomène du peintre-écrivain en France, à la fois comme phénomène général à partir de romantisme et dans des cas particuliers (Rodolphe Töpffer, Thomas Couture, Jules Breton, Edgar Degas, Paul Gauguin, Auguste Rodin, James Ensor, entre autres). Il a également publié des études qui portent principalement sur la littérature (*From Balzac to Zola : selected short stories*, Bristol Classical Press, 1992) et sur les arts contemporains (article sur Christian et Luc Boltanski). En 2001, il a été nommé Chevalier dans l'Ordre des Palmes Académiques.

CHRISTIAN JANSSENS est docteur en information et communication, arts du spectacle, écriture et analyse cinématographiques de l'Université libre de Bruxelles. Sa thèse, soutenue en 2012, s'intitule *Maurice Maeterlinck, un auteur dans le cinéma des années 1910 et 1920 : une approche historique, sociologique et esthétique*. Il est l'auteur d'un article sur « Maurice Maeterlinck et le cinéma : étude sur une adaptation de *Monna Vanna* » (*Textyles*, n° 41, 2011). Ses domaines de recherche couvrent l'adaptation des auteurs belges au cinéma et à la télévision, l'intermédialité et l'histoire et la sociologie culturelles.

DENIS LAOUREUX est docteur en histoire de l'art et archéologie de l'Université libre de Bruxelles où il enseigne, depuis 2005, les matières relatives à l'art moderne et contemporain. Auteur et coauteur de nombreuses contributions consacrées à l'histoire de l'art en Belgique, il a d'abord orienté ses recherches sur l'intermédialité. Plusieurs de ses ouvrages, dont sa thèse de doctorat (*Maurice Maeterlinck et la dramaturgie de l'image*, Pandora, 2008), portent sur les relations entre les arts et les lettres. Il a ainsi notamment dirigé, avec Malou Haine, le volume *Bruxelles, convergence des arts (1880-1914)* (Vrin, 2013). Il s'intéresse aux interactions existant entre avant-garde artistique et expression musicale. Ses travaux portent également sur l'histoire de l'art abstrait ainsi que sur les écrits d'artistes. Denis Laoureux a pris en charge le commissariat d'une quinzaine d'expositions présentées tant en Belgique qu'à l'étranger.

Anaël Lejeune est docteur en histoire de l'art et chargé de recherches au Fonds de la recherche scientifique (F.R.S.-FNRS) de Belgique. Ses recherches portent principalement sur l'art américain des années 1960 et 1970. Figurent au nombre de ses récentes publications : Anaël Lejeune, *Perspective et géométral : problématisation de la sculpture aux États-Unis (1966-1973)*, Dijon, Les Presses du Réel, 2014; Anaël Lejeune, Olivier Mignon et Raphaël Pirenne (dir.), *French Theory and American Art*, Berlin, Sternberg Press / Bruxelles, (SIC), 2013; Anaël Lejeune (dir.), *Andy Warhol : To Shoe or not to Shoe*, Bruxelles, numéro spécial de *SIC*, 2012.

Françoise Levaillant, ancienne élève de l'École normale supérieure (ENS), docteur d'État en histoire de l'art contemporain, est directrice de recherche honoraire au Centre national de la recherche scientifique (CNRS, Centre André Chastel). Elle a enseigné aux universités de Paris X Nanterre puis de Paris I Panthéon-Sorbonne, où elle a dirigé des équipes sur les écrits d'artistes et sur l'art dans les périodiques parisiens en lien avec le Centre Pompidou. Sa spécialité est l'œuvre d'André Masson, dont elle a publié le catalogue raisonné des livres illustrés (Bulletin du bibliophile, 1973), l'anthologie préfacée et largement annotée de ses écrits (Hermann, 1976, rééd. 1994) puis de sa correspondance (La Manufacture, 1990). Un recueil de ses articles autour du rêve, du jeu et de l'automatisme, dans le surréalisme occidental, est paru en traduction japonaise sous le titre *Massacre de signes* (1991). Invitée régulièrement au Japon, elle mène aussi un travail comparatif autour du surréalisme pictural japonais des années 1920-1930. Après 2000, elle a coproduit des colloques sur la culture de l'écrit et de l'imprimé dans l'art contemporain : *Les écrits d'artistes depuis 1940* (Institut Mémoires de l'édition contemporaine, 2004), *Les bibliothèques d'artistes XX*e*-XXI*e *siècles* (Presses de l'Université Paris-Sorbonne, 2010). Parmi ses récentes publications : introduction au volume *Écrits voyageurs : les artistes et l'ailleurs* (Peter Lang, 2012), « Conversation sur les valeurs : la correspondance entre D. H. Kahnweiler et André Masson 1933-1939 » (*Correspondances d'artistes*, Marseille, Le Mot et le Reste, 2012), « Écrire la sculpture dans *Documents, magazine illustré* 1929-1930 » (*Écrire la sculpture, XIX*e*-XX*e *siècles*, Paris, Classiques Garnier, 2012). Elle a coorganisé en 2013 le colloque international sur *Carte postale et création*. Elle travaille actuellement sur les archives d'André Chastel concernant l'art contemporain. CV et bibliographie sur le site http://www.centrechastel.paris-sorbonne.fr/. Textes récents postés sur le site http://halshs.archives-ouvertes.fr/.

Julie Perrin est enseignante-chercheuse au département Danse de l'Université Paris VIII. Elle appartient au laboratoire d'analyse des pratiques et des discours en danse et est membre active de l'association des chercheurs en danse. Ses recherches portent sur la danse contemporaine à partir de 1950 aux États-Unis et en France, en particulier sur la spatialité en danse. Attentive à la création contemporaine, elle engage, sous différents modes, des collaborations avec des structures culturelles (les Laboratoires d'Aubervilliers ou le Théâtre de la Cité Internationale à Paris), des formations d'artistes (écoles supérieures d'art, d'architecture ou de danse) et des chorégraphes (Odile Duboc, Christophe Haleb, Trajal Harrell, Emmanuelle Huynh, Mickaël Phelippeau, Laurent Pichaud, Cécile Proust, Sylvain Prunenec). Elle est l'auteure de *Projet de la matière – Odile Duboc : Mémoire(s) d'une œuvre chorégraphique* (Centre national de la danse / Les Presses du réel, 2007) et *Figures de l'attention : cinq essais sur la spatialité en danse* (Les Presses du réel, 2012). Elle coordonne, avec Emmanuelle Huynh et Denise Luccioni, *Histoire(s) et lectures : Trisha Brown / Emmanuelle Huynh* (Les Presses du réel, 2012) et, avec Françoise Michel, *Les mots de la matière : écrits de la chorégraphe* d'Odile Duboc (Les Solitaires intempestifs, 2012). Articles disponibles sur : www.danse.univ-paris8.fr.

ANNE-LISE QUESNEL prépare une thèse de doctorat à l'Université de Versailles Saint-Quentin-en-Yvelines (CHCSC). Ses recherches qui concernent l'artiste contemporain Jacques Villeglé ont fait l'objet d'une dizaine de publications dans des catalogues d'exposition, des revues et des actes de colloque ; elle a également été la commissaire de l'exposition *Décodages* au Centre culturel La Graineterie. En 2012, elle a bénéficié d'une bourse offerte par le centre de recherche sur le texte et l'imaginaire Figura au Québec, a publié un article dans la revue *Critique d'art* et le livre *Bruxelles Art nouveau – Art déco* aux éditions 180°.

Sociologue et musicologue de formation, HYACINTHE RAVET est maître de conférences à l'Université Paris IV Paris-Sorbonne. Elle y enseigne la sociologie des arts et de la musique au sein de l'unité de formation et de recherche de Musique et Musicologie ainsi qu'aux étudiants du Département de sociologie. Auteure d'un ouvrage intitulé *Musiciennes : enquête sur les femmes et la musique* (Autrement, 2011), elle consacre ses recherches à la sociologie de la musique, des arts et de la culture, à la sociologie des professions et à l'analyse des rapports de genre. Plus particulièrement, elle mène actuellement des travaux sur la mise en place d'une interprétation musicale par un chef et des musiciens, et sur les femmes chefs d'orchestre. Chercheuse à l'Observatoire musical français, elle est membre du comité de rédaction de la revue *Travail, genre et sociétés* (La Découverte). Parmi ses dernières publications, on peut citer la codirection des ouvrages suivants : « Sociologies de la musique : Relectures et voies nouvelles » (numéro spécial), avec B. Brévan, *L'Année sociologique*, vol. 60, n° 2, 2010, p. 267-417 ; *25 ans de sociologie de la musique en France : ancrages théoriques et rayonnement international,* tome I : *Réflexivité, écoutes, goûts* ; tome II : *Pratiques, œuvres, interdisciplinarité*, avec E. Brandl et C. Prévost-Thomas (L'Harmattan, 2012) ; *Le genre à l'œuvre,* Mélodie Jan-Ré (collectif composé de Marie Buscatto, Mary Leonstini, Margaret Maruani, Bruno Péquignot et Hyacinthe Ravet), tome I : *Réceptions* ; tome II : *Créations* ; tome III : *Représentations* (L'Harmattan, 2012).

GILLES SAINT-ARROMAN est docteur en musicologie de l'Université Paris IV Paris-Sorbonne. Sa thèse, soutenue en 2010, porte sur les écrits de Vincent d'Indy. Pianiste, agrégé d'éducation musicale, diplômé du Conservatoire national supérieur de musique et de danse de Paris (CNSMDP) (Culture musicale et Analyse), il a été attaché temporaire d'enseignement et de recherche (ATER) à l'université de Nantes (2009-2010). Il a également fait paraître un ouvrage consacré au pianiste *Edouard Risler (1873-1929) et la musique française* (Champion, 2008) et a coédité avec Juliana Pimentel les actes de la journée *Piano et musique de danse dans la France du XIXe siècle* (Paris-Sorbonne, OMF, 2010).

SOPHIE STÉVANCE est professeure de musicologie à la Faculté de musique de l'Université Laval, à Québec, directrice du Groupe de recherche-création en musique (GRECEM) à l'Observatoire interdisciplinaire de création et de recherche en musique (OICRM) et rédactrice en chef d'*Intersections : revue canadienne de musique* (http://www.cums-smuc.ca/fr/publications/intersections). Auteure de plusieurs livres (*Musique actuelle*, PUM, 2011; *Duchamp, compositeur*, L'Harmattan, 2009 ; *Composer au XXIe siècle* (dir.), Vrin, 2010; *Tessier : l'itinéraire du timbre*, Millenaire III, 2006), elle a reçu deux prix de l'Académie Charles-Cros, en 2006 et en 2010. Elle se consacre à la recherche-création en musique (*La Recherche-création en musique : institution, définition, formation*, Presses de l'Université Laval, 2013) autour de plusieurs projets de collaborations avec des créateurs, notamment sur la modernisation de chants autochtones et l'analyse génétique du processus créateur en musique.

INDEX DES NOMS

TABLE DES MATIÈRES

Suite des ouvrages parus dans la collection

Bruxelles, convergence des arts 1880-1914, sous la direction de Malou HAINE et Denis LAOUREUX, avec la collaboration de Sandrine THIEFFRY, 2013, 408 pages.

Écrits de compositeur : une autorité en question, sous la direction de Michel DUCHESNEAU, Valérie DUFOUR et Marie-Hélène BENOIT-OTIS, 2013, 440 pages.

SERGE DIAGHILEV, *Danse, musique, beaux-arts : lettres, écrits et entretiens*, présentés et annotés par Jean-Michel NECTOUX, 2013, 542 pages.

Du politique en analyse musicale, sous la direction de Esteban BUCH, Nicolas DONIN et Laurent FEYNEROU, 2013, 256 pages.

CAMILLE SAINT-SAËNS, *Écrits sur la musique et les musiciens 1870-1921*, par Marie-Gabrielle SORET, 2012, 1172 pages.

Liszt et la France : musique, culture et société dans l'Europe du XIXe siècle, sous la direction de Malou HAINE, Nicolas DUFETEL, Dana GOOLEY et Jonathan KREGOR, 2012, 608 pages.

Généalogies du romantisme musical français, sous la direction d'Olivier BARA et Alban RAMAUT, 2012, 288 pages.

Le Conservatoire national de musique et de déclamation 1900-1930 : documents historiques et administratifs, par Anne BONGRAIN, 2012, 752 pages.

La symphonie dans la Cité : Lille au XIXe siècle, par Guy GOSSELIN, 2011, 504 pages.

Le style de Claude Debussy, par Sylveline BOURION, 2011, 514 pages.

Lettres de Franz Liszt à la princesse Marie de Hohenlohe-Schillingsfürst, née de Sayn-Wittgenstein, présentées et annotées par Pauline POCKNELL, Malou HAINE et Nicolas DUFETEL, 2010, 436 pages.

Charles Koechlin, compositeur et humaniste, sous la direction de Philippe CATHÉ, Sylvie DOUCHE et Michel DUCHESNEAU, 2010, 610 pages.

Composer au XXIe siècle : pratiques, philosophies, langages et analyses, sous la direction de Sophie STÉVANCE, 2010, 206 pages.

www.vrin.fr

Dépôt légal : août 2016
IMPRIMÉ EN FRANCE

Achevé d'imprimer le 19 août 2016
sur les presses de l'imprimerie *La Source d'Or*
63039 Clermont-Ferrand
Imprimeur n° 18538

PEFC/10-31-2008

Dans le cadre de sa politique de développement durable,
La Source d'Or a été référencée IMPRIM'VERT®
par son organisme consulaire de tutelle.
Cet ouvrage est imprimé - pour l'intérieur -
sur papier offset standard 80 g
provenant de la gestion durable des forêts,
produit par des papetiers dont les usines ont obtenu
les certifications environnementales ISO 14001 et E.M.A.S.